国际财务管理（第三版）

陈玉菁 薛跃 编著

立信会计出版社
LIXIN ACCOUNTING PUBLISHING HOUSE

图书在版编目(CIP)数据

国际财务管理 / 陈玉菁,薛跃编著. —3 版. —上海：立信会计出版社,2016.7(2025.7 重印)

ISBN 978-7-5429-5135-9

Ⅰ.①国… Ⅱ.①陈… ②薛… Ⅲ.①国际财务管理 Ⅳ.①F811.2

中国版本图书馆 CIP 数据核字(2016)第 175053 号

策划编辑　戎其玉
责任编辑　赵志梅
封面设计　南房间

国际财务管理(第三版)

GUOJI CAIWU GUANLI

出版发行	立信会计出版社		
地　址	上海市中山西路 2230 号	邮政编码	200235
电　话	(021)64411389	传　真	(021)64411325
网　址	www.lixinaph.com	电子邮箱	lixinaph2019@126.com
网上书店	http://lixin.jd.com		http://lxkjcbs.tmall.com
经　销	各地新华书店		
印　刷	上海万卷印刷股份有限公司		
开　本	787 毫米×960 毫米	1/16	
印　张	25.75		
字　数	529 千字		
版　次	2016 年 7 月第 3 版		
印　次	2025 年 7 月第 3 次		
书　号	ISBN 978-7-5429-5135-9/F		
定　价	45.00 元		

第三版前言

读者手中的这本《国际财务管理》是作者修改和增补后的第三版。国际财务管理是现代财务管理向国际领域发展的一门新学科。从20世纪70年代起，英美等许多国家的大学先后开设了国际财务管理课程。我国则是在20世纪80年代末开始涉足该领域，但能够开设这门课程的学校并不多。进入21世纪以后，跨国经营活动迅速发展，培养和造就国际财务管理的专门人才成为国际企业的当务之急。在立信会计出版社副总编戎其玉老师的支持下，本书第一版于2002年2月出版后，就被选为上海市自学考试指定用书。随着我国经济体制的改革，企业加快了走向世界的步伐，以及外国企业到中国投资持续升温，国际财务活动日益频繁，加之国际经济形势和世界政治格局的变化，国际财务管理的重要性再次被提到一定的高度。因此，根据实践以及教学的需要，有必要对本书进行修改、充实和提高。

本书对国际企业，特别是跨国公司财务管理的基本理论和基本方法作了较为系统和详尽的介绍。书中搜集了近几年来西方国际财务管理的新经验和新资料，同时也尽量结合了我国的实际情况。各章节内容在遵循国际惯例、注重理论研究的基础上，对实际操作进行了较为详尽的介绍。本书运用较多的图示、表格和案例，来直观、简明地解释一些重要和复杂的概念，而且每一章节后均附有复习思考题、练习题和案例分析题。本书在写作过程中力求文字简练、通俗易懂、循序渐进，有利于学生学习和掌握。

本书可作为高等院校国际财务管理课程教学的教科书，同时也可作为国际企业的财务管理人员，以及对外经济工作人员的参考读物。

由于国际财务管理学是一门正在发展的新学科，其内容体系还不完全成熟，加之作者水平有限，因此，书中内容及编写方法难免有不妥之处，恳请广大同行和读者批评指正，以便以后修订。

本书第一章、第八章至第十六章由陈玉菁编写。第二章至第七章由薛跃编写。

本书在撰写和修订过程中，一直得到戎其玉老师的鼎力支持和热情帮助，包括修订提纲的编写、内容的筛选等，戎老师都多次参与作者的讨论，并提出许多宝贵的意见。同时，本书在修订过程中得到了立信会计出版社赵志梅老师的大力支持和帮助。在此，一并表示衷心的感谢。

为了方便教学，如需本书练习题答案和教学用 PPT 可与责任编辑赵志梅老师联系(zhaozhimei @ lixin. edu. cn)。

作　者

2016 年 7 月

目　　录

第一篇　国际财务管理基础

第二篇　外汇风险管理

第三篇　国际融资管理

第四篇　国际投资管理

第五篇　国际税务管理

第一篇　国际财务管理基础

国际财务管理(International Financial Management),是现代财务管理学向国际领域发展的一个新分支。在西方,把国际财务管理作为一个专题加以研究,大约是在20世纪50年代至70年代,到80年代受到人们广泛重视,并发展成为众多跨国公司最主要的研究内容之一。我国对该学科的研究始于20世纪80年代后期,目前仍属于起步阶段。进入21世纪后,我国企业加快了走向世界的步伐并迅速融入全球经济大合唱。毋庸置疑,跨国公司在我们经济生活中的作用已是举足轻重。国际化经营和竞争给企业带来了机遇,也对企业财务管理人员提出了新的挑战。机遇与挑战最终都会反映在财务上。因此,如何了解国际经营环境,如何利用国际金融市场规避风险,以使企业在风云变幻的国际市场上运筹帷幄,求得生存和发展,就显得十分重要。为此,建立和普及我国的国际财务管理学势在必行。

第一章 国际财务管理概述

【本章学习目标】

通过本章学习，掌握国际财务管理的概念和内容；了解国际财务管理产生的背景；了解国际企业的定义；掌握财务管理延伸到国际领域遇到的特殊问题；熟悉国际财务管理目标理论与实践冲突的内容；熟悉国际财务管理目标实现的限制因素。

【本章关键词】

国际财务管理(International Financial Management)

国际企业(International Enterprise)

跨国公司(International Corporation)

国际财务管理目标(The Goal of International Financial Management)

利润极大化(Profit Maximization)

股东财富极大化(Shareholder Wealth Maximization)

代理成本(Agency Cost)

集权管理模式(Centralization Management Mode)

分权管理模式(Ecentralization Management Mode)

经济性限制(Economic Restriction)

非经济性限制(Uneconomic Restriction)

许多理论和学派长年不断围绕着一个议题打转：为何有些国家的产业在国际上具有竞争力？德国及日本常被认为是生产力素质最优秀的国家，它们往往是其他国家仿效的对象。根据麦肯锡公司针对美国、日本、德国多项产业生产力所做的调查显示，全球竞争力高低的关键如同打网球一样，越常和球技比自己好的对手练习，进步也越大。

生产力在国家间的转移正仿佛循此模式，对外贸易和对外直接投资是最主要的交流管道，其中以对外直接投资带来生产力提升效果更为显著，美国及德国的资料特别支持此现象。

提升国际竞争力之秘诀就在于学习全球环境的意愿，而国际财务管理正是国际环境中很重要的一环。

资料来源：William H. Marsh. 财务管理. 杨建昌，陈智诚译. 台北：扬智文化事业股份有限公司，2000

第一节　国际财务管理的概念

一、国际财务管理的定义

作为一门新的学科，国际财务管理的理论和方法体系还不十分成熟。对于什么是国际财务管理，迄今为止还没有一个严格的、公认的统一定义。其原因多种多样，但其中一个重要的原因是国际财务管理本身不是一门严格独立的学科，它涉及的范围与其他学科有不同程度的重叠，是一种交叉边缘性学科。尽管如此，但有一点是确定的，那就是国际财务管理是传统财务管理学的新分支，就像经济与国际经济、法律与国际法一样，是财务管理向国际领域合乎逻辑的延伸与拓展。

关于国际财务管理定义的表述概括起来主要有两种观点：一种观点认为国际财务管理主要研究跨国公司在组织财务活动、处理财务关系时所遇到的特殊问题，国际财务管理就是跨国公司财务管理。另一种观点认为国际财务管理主要研究能在世界范围内普遍适用的原理和方法，使世界各国的财务管理逐渐走向统一，国际财务管理就是世界财务管理。两种观点虽然都有一定的道理，但也存在不足或偏颇。国际财务管理所研究的重点的确是跨国公司的财务管理，但仅限于此是不够的，国际财务管理应研究所有国际企业在组织跨国财务活动和处理由此产生的财务关系时所遇到的特殊问题。至于世界财务管理的观点则有些脱离当今世界现实，只能说这是一种美好的、遥远的愿望，若要成为现实，各国政府和国际社会还需对此作长期协调和不懈的努力。

综上所述，可以把国际财务管理的定义表述为：国际财务管理是研究在国际经济条件下，国际企业从事跨国经营活动所面临的特殊领域的财务管理问题，是现代财务管理在国际领域中的延伸。国际财务管理学站在企业的角度，研究企业在国际市场的财务活动及其财务关系，是一门与“国际金融”“国际投资”“国际会计”“国际税收”等多种学科相交叉的边缘性学科。

下面我们就该定义的有关内容作进一步阐述说明。

二、国际财务管理产生的背景

国际财务管理产生的背景就是财务管理向国际领域延伸的条件和基础，也就是应用国际财务管理的环境。国际财务管理产生的条件主要包括以下几个方面。

（一）国际贸易发展形成外贸业务财务管理的理论与方法

国际贸易是商品经济国际化最早出现的形式。第二次世界大战后，由于世界市场容量的迅速扩大，导致了交易商品的种类和数量大大增加，商品结构和地域布局发生重大改变。工业制成品在进出口业务中所占比重上升，一些新兴工业、高科技产品比重越来越大，越来越多的发展中国家也成为国际贸易的伙伴。

国际贸易迅速发展还表现在出现了无形贸易。由于世界产业结构的变化，第三产业迅速发展加上日益兴旺的国际旅游业，使无形贸易的增长大大超过整个国际贸易的增长。无形贸易的项目不仅包括传统的银行业、保险业、交通运输业、国际旅游业等，而且还增加了一些新的项目，如租赁，咨询服务等。从事国际贸易，必然引起外汇资金的收支结算，通过长期实践，形成了一整套外贸业务财务管理的理论和方法。

（二）生产国际化形成国际直接投资财务管理的理论与方法

随着世界经济的发展，各国之间的经济联系很快突破流通领域进入生产领域，于是出现了与国际投资联系在一起的生产国际化。生产国际化是生产过程的全球化，是从生产要素的组合到产品销售的全球化。在生产的国际化方面，跨国公司起着重要的作用，并已成为国际化生产的主体。由于跨国公司规划全球化生产，它必然实行内部的、更合理的生产组织体系，从原材料的供应、加工工序到零部件的制造，一切都是在全球范围内进行的。其结果是：传统的以国家之间分工为定义的国际分工表现为以跨国公司内部生产组织为形式的分工。随着跨国公司在全球的扩展，国际直接投资的财务管理理论和方法逐渐形成。

（三）金融全球化形成国际筹资、国际证券投资等财务管理的理论与方法

金融全球化是当代世界经济的重要现象，是整个世界经济一体化的最为关键的一个发展环节。当今世界经济，是一个规模巨大、高度发达的金融化经济，国际金融本身已成为重要的国际产业。国际证券融资的制度障碍、货币障碍和政策障碍等变得越来越小。20 世纪 70 年代后，一大批新兴国际金融市场迅速崛起，金融市场国际化大大加快了财务管理的国际化，国际金融市场的形成和发展，为企业进行筹资和投资开辟了新的途径和领域，并形成了国际筹资和国际证券投资等一系列国际财务管理理论和方法。

三、国际企业的含义

国际财务管理是从微观的角度出发，研究国际企业从事跨国经营活动所面临的财务问题。那么什么是国际企业呢？根据我国的国情它一般包括以下几种：

（1）跨国公司。所谓跨国公司是指在其他国家和地区拥有工厂、矿山等生产机构、销售机构和其他资产，在母公司的统一控制、指挥下从事国际性经营活动的企业。

（2）出口企业。这种企业在国内从事生产，其产品的一部分或全部向国外市场出口，既可在国内市场环境中从事经营，又可以满足国外市场的需要。

（3）合资企业。国内企业与国外的法人或自然人进行股权式的联合经营企业，是直接投资的一种方式。这个企业可以是跨国公司的子公司，合营各方的权、责、利均以所拥有的股权为基础。

(4) 合作企业。国内企业与国外企业以及个人以契约为基础的联合经营,也是直接投资的一种方式,其各方的权、责、利在签订的合同中加以规定。

(5) 独资企业。全部资本由外国投资者直接投资的企业,一般是跨国公司的子公司。

需要指出的是,上述国际企业(包括跨国公司和非跨国公司)的财务活动既包括国内也包括国外,国际财务管理的对象只包括国际企业的国外财务活动,而不包括国际企业的国内财务活动,即这些企业的共同特点是资本的筹集、产品的生产及销售等跨越了国境。

2014 年福布斯世界 500 强前 20 名如表 1-1 所示。

表 1-1

2014 年福布斯世界 500 强前 20 名

排名	上年	公司名称(中英文)	营业收入(百万美元)	利润(百万美元)	国家
1	2	沃尔玛(WAL-MART STORES)	476 294.0	16 022.0	美国
2	1	荷兰皇家壳牌石油公司(ROYAL DUTCH SHELL)	459 599.0	16 371.0	荷兰
3	4	中国石油化工集团公司(SINOPEC GROUP)	457 201.1	8 932.1	中国
4	5	中国石油天然气集团公司(CHINA NATIONAL PETROLEUM)	432 007.7	18 504.8	中国
5	3	埃克森美孚(EXXON MOBIL)	407 666.0	32 580.0	美国
6	6	英国石油公司(BP)	396 217.0	23 451.0	英国
7	7	国家电网公司(STATE GRID)	333 386.5	7 982.8	中国
8	9	大众公司(VOLKSWAGEN)	261 539.1	12 071.5	德国
9	8	丰田汽车公司(TOYOTA MOTOR)	256 454.8	18 198.2	日本
10	12	嘉能可(GLENCORE)	232 694.0	−7 402.0	瑞士
11	10	道达尔公司(TOTAL)	227 882.7	11 204.6	法国
12	11	雪佛龙(CHEVRON)	220 356.0	21 423.0	美国
13	14	三星电子(SAMSUNG' ELECTRONICS)	208 938.4	27 245.3	韩国
14	18	伯克希尔-哈撒韦公司(BERKSHIRE HATHAWAY)	182 150.0	19 476.0	美国
15	19	苹果公司(APPLE)	170 910.0	37 037.0	美国
16	20	安盛(AXA)	165 893.5	5 950.1	法国
17	21	俄罗斯天然气工业股份公司(GAZPROM)	165 016.7	35 769.4	俄罗斯
18	15	意昂集团(E. ON)	162 560.0	2 843.6	德国
19	16	Phillips 66 公司(Phillips 66)	161 175.0	3 726.0	美国
20	23	戴姆勒股份公司(DAIMLER)	156 628.4	9 083.2	德国

四、财务管理延伸到国际领域遇到的特殊问题

财务管理，其英文是“Finance”理财，或“Financial Management”财务管理，或“Corporate(Business)Finance”公司(企业)理财，或“Managerial Finance”管理财务。“Finance”一词源于拉丁文“Finis”，含义是货币和信用合约，所以这一词汇也可以翻译成“金融”，其准确含义应看具体应用在哪里，从中可以看出财务和金融的密切关系，国际财务管理是在国际金融市场环境中财务管理与金融学等学科相结合的财务管理体系。因而，在国外的许多国际财务管理著作中，介绍国际金融的知识占了一定的篇幅，如外汇市场和外汇汇率、国际货币市场和国际资本市场以及货币期货和期权等，有的还介绍国际货币体系和国际收支等。需要指出的是，这些并不是国际财务管理的主要内容，而是学习国际财务管理必须具备的基础知识，是应当了解的国际财务管理的金融环境。

国际财务管理在国际领域遇到的特殊问题也是它与传统的“单国性”财务管理的主要区别，即它不仅面临着更大的风险，而且也享有更大的机遇。其风险主要有：各国通货膨胀率不同，汇率和利率经常波动，各国政府不断调整对外汇的管理措施，进出口税率经常变动，以及政治上的民族排他主义浪潮等。其机遇主要有：可以充分利用全球性资金市场，为企业的跨国经营选择融资方式和获取最低成本的资金提供便利。因此，避免风险、把握机遇，也就成为国际财务管理工作的两个基本职责。

第二节　国际财务管理的内容

国际财务管理的内容，到目前为止国内外理论界还没有形成完全统一的认识。美国著名财务学专家James C. Van Horne在他的著作《Fundamentals of Financial Management》中认为国际财务管理的内容主要包括：① 国际投资；② 汇兑风险管理；③ 跨国公司投资；④ 国际贸易融资等四个方面。美国另一位财务学专家Alan C. Shapiro在他的著作《Foundations of Multinational Financial Management》中则认为国际财务管理的内容主要包括：① 外汇风险管理；② 国际企业营运资金管理；③ 国外投资分析；④ 国外经营资金筹集等四个方面。本书根据前述国际财务管理所涉及的特殊领域，以及财务管理的基本职能(合理筹集资金和有效运用资金)，把国际财务管理的内容归纳为以下几个方面。

一、外汇风险管理

外汇风险管理是国际财务管理的最基本内容之一，也是国际财务管理与传统财务管理最根本的区别所在。国际财务管理的其他内容都是在此基础上展开论述的。

企业跨国经营活动最基本的特点是其在不同的国家之间进行，在浮动汇率制下，由于受多种因素影响，汇率变化不定，因而产生外汇风险。外汇风险可以使一个企业遭受意想不到

的巨大损失，也会使企业获得额外收益。国际财务管理研究有关外汇风险的性质，以及避免和减少外汇风险的方法，并作出相应决策。例如，在商品进出口交易中，为了防范外汇风险，就需作出是采用远期外汇合同法，还是采用外汇期权合同法或其他方法的决策。

二、国际融资管理

融资管理是财务管理的最基本的职能，以低成本、低风险筹集大量资金，是国际企业具有竞争能力的主要表现。国际企业的资金来源十分广泛，筹资方式十分灵活。例如，可以进行全球性的股本融资，可以在国际金融市场上筹集短期或中长期信贷，可以进行项目融资或租赁融资，等等。国际财务管理研究各种融资方法、融资机会和金融工具，对各种融资方案进行预测、分析，从中选择资金成本低、投资风险小的最佳方案。例如，企业因扩大生产规模的需要向外国银行借款，是借美元还是日元？若增添设备，是通过买方信贷还是国际租赁，等等。

三、国际投资管理

国际投资是把筹集到的资金用于国际生产经营活动，以获取收益的行为。国际企业投资，按投资方式可分为直接投资和间接投资，按时间长短可分为中长期投资和短期投资。国际企业投资，往往要涉及比较复杂的环境因素和冒相当大的风险。所以，为了正确作出投资决策，国际财务管理就要研究投资机会，并进行评估和分析，掌握可行性研究的方法。例如，企业决定对外投资，是购买股票还是债券？是投资于美国还是日本，等等。

四、国际营运资金管理

营运资金管理是国际财务管理的一个重要内容，合理安排、调度企业的营运资金，是避免外汇风险、实现财务管理目标的重要手段。营运资金管理主要包括现金、应收账款及存货的管理。营运资金管理着眼于流动资金的处置，目的是使现金、应收账款和存货处于最优的持有水平，最大限度地利用营运资金，以获取最佳的经济效益。

五、国际税务管理

跨国公司组织机构的特点，使跨国公司具有内部转移资金的渠道，这种渠道可以通过法律上存在的产权关系，子公司之间进行的商品、劳务和技术交易以及公司内部互相提供贷款等形成。利用这些资金转移的渠道，跨国公司可以在全球范围内调配财源，把资金投放到最有利可图的地方；可以利用转移定价调节收入和费用，减少税收。另外，跨国经营所得也可能会产生双重征税，使纳税人承担沉重的税收负担。所以，近年来国际税务问题越来越受到人们的重视，并成为国际财务管理的一个不容置疑的内容。

综上所述，国际财务管理研究的内容是在国际经济条件下，国际企业在从事跨国经营活动中，对财务活动以及由此产生的财务关系的管理，即筹集、运用和分配资金，以及避免风险、降低成本和提高盈利的方法与策略。

小知识

国际化行为

1. 多国化战略

多国化战略，是指一个企业的大部分活动，如战略和业务决策权分配到所在国以外的战略业务单位进行，由这些战略业务单位向本地市场提供本土化的产品，把自己有价值的技能和产品推向外国市场从而获得收益。多国化战略注重每个国家或地区之间的竞争，认为各个国家市场情况不同，于是以国界来划分市场区域。它采用高度分权的方式，允许每个部门集中关注一个地理区域、地区或国家。换句话说，每个国家的消费需要与需求、行业状况（如竞争者的数量和类型）、政治法律制度和社会标准都各不相同，多国化战略让各国子公司的管理者有权将企业产品个性化来满足本地消费者的特殊需求和爱好，因此该战略能使企业面对各个市场的异质需求时的反应最优化。

2. 全球化战略

全球化战略，是指在全世界范围生产和销售同一类型和质量的产品或服务。企业根据最大限度地获取低成本竞争优势的目标来规划其全部的经营活动，它们将研究与开发、生产、营销等活动按照成本最低原则分散在少数几个最有利的地点来完成，但产品和其他功能则采取标准化和统一化以节约成本。全球化战略更加集权，强调由母国总部控制。不同国家的战略业务单元相互依存，而总部试图将这些业务单元整合。虽然全球化战略降低了企业所承担的风险，但也可能带来一些负面影响，如放弃本地市场的一些发展机遇，或者因为这些市场难以辨认，或者因为该机遇要求产品进行本土化。全球化战略对本地市场的反应相对迟钝，并且由于企业需要跨越国界的协调战略和业务决策，所以难以管理。例如，一个全球流行的拍卖网站在试图将它在北美的商业模式和方法引进日本和中国市场时就面临这些挑战。

3. 跨国化战略

当一个企业在许多国家从事经营，但总部仍设在其所在地时，即称为跨国成长。为此，它们一改以往那种仅由母公司向分布在外的子公司输出经营才能销售产品的做法，而是在全部企业之间互相转让与推广竞争优势。跨国化战略是让企业可以实现全球化的效率和本土化的敏捷反应的一种国际化战略。在跨国成长中，企业同时为获取低成本和适应各地区差别化而努力，一方面按照成本最低原则在全球范围内规划其全部功能活动，另一方面则高度重视地区差别对企业活动的要求。

第三节　国际财务管理的目标

一、国际财务管理目标的理论

国际财务管理的目标是企业进行理财活动所要达到的目的,也是评价国际企业财务活动是否合理的标准。以下是在西方国家较常见的财务管理目标理论。

(一) 利润极大化

在20世纪初期,财务管理只是企业经济管理的一个环节,当时主要研究的大多是财务结构、市场销售以及各种投资的法律限制及规定,较少涉及企业的财务目标或投资决策,因此一般企业的财务目标都被假定为利润极大化。

(二) 净现值极大化

在第二次世界大战时期,企业在财务管理中逐渐重视如何有效分配资金,以及如何提高投资效率的问题。净现值极大化成为财务管理的目标,即企业必须估计各投资计划的预期现金流量与贴现率、预期现金流量的稳定性、期间及风险程度,尽量把资金分配到使净现值最大的几个投资计划中去。

(三) 资金成本极小化

资金成本极小化实际上与净现值极大化是一个问题的两个不同的方面:一个是从成本方面来考虑财务目标;另一个则是从收益方面来考虑财务目标。两者合起来便构成资本预算决策。自20世纪50年代起,这类的财务决策已逐渐被列为企业重要的财务目标之一。

(四) 股东财富极大化

由于股价能够反映企业经营情况及未来的发展趋势,因此很多学者都主张以股价极大化,即股东财富极大化作为企业财务管理的目标。因为无论现有的股东还是潜在的投资者,其投资的目的都在于追求财富,不同的只是有人做长期投资,有人做短期投资而已。因此,企业财务管理的主要目标,应该是使股东财富极大化。

以上四种观点中利润极大化观点在20世纪50年代以前在西方国家中根深蒂固,许多经济学家如亚当·斯密、大卫·李嘉图等都是以利润极大化这一概念来分析和评价企业行为和业绩的。

以利润极大化作为财务管理的目标,其合理性在于:在市场经济条件下利润的多少不仅可以用来衡量企业创造剩余产品的数量,而且高额利润有利于企业最大限度地获取资金,而取得资金,也就等于取得了经济资源的支配权;同时,企业在追求利润极大化时,就会加强日常管理,讲究经济核算,有利于提高企业的经济效益。

但是,以利润极大化作为财务管理的目标存在的缺点也是明显的。利润极大化没有考虑货币的时间价值、风险价值以及投入和产出的关系，导致财务决策往往带有短期行为，因此逐渐被实践所否定。

20 世纪 80 年代后，西方国家普遍接受的财务管理目标是股东财富极大化。这是因为财富的大小取决于拥有股票数量的多少和股票市场价格的高低。在股票数量一定的情况下，当股票价格达到最高时，股东财富也达到最大。所以股东财富极大化也可直接表述为股票价格极大化。

股东财富极大化作为企业财务管理的目标不仅克服了利润极大化的缺陷，而且有利于社会财富的增加。当各个企业都把追求财富极大化作为自己的目标时，整个社会的财富也就得到了增加。由于股东财富极大化观点体现了对经济效益的深层次认识，因而通常被认为是国际财务管理的最优目标。

二、国际财务管理目标理论与实践的冲突

前面，我们从理论上分析了股东财富极大化是企业理财的最主要的目标，但是在实践中，理论与实践不可避免地会产生一定的冲突。我们可以用企业整体的财富极大化来解释。财务部门只是企业许多部门中的一部分，企业各部门各有其目标，有些目标是非财务的，因此在综合所有目标后，依据总目标而制定的各部门的目标，必然距离理论目标有段距离。理论往往是在假设理想的情形或可控制的情况下发展出来的。此外，以下两个方面也是引起冲突的主要原因，并逐渐为大家所重视。

（一）委托代理问题

依照代理理论，来自组织的阻力会影响股东财富极大化。在所有权与管理权分离的情况下，管理者受股东委托经营公司，由于管理者与股东的目标不一致，管理者也许会作出一些不会使股东财富极大化的决策。例如，一个关于在某个地区而不是在其他地区建立子公司的决策，或许是基于该地区能使管理者得到更多的权利和补偿，而不是基于对股东潜在利益的考虑。如果公司归一个人拥有并由其担任唯一的经理，这种冲突就不会发生。然而，对于那些股东与管理者不是同一个人的公司而言，这种冲突就会存在，它被称做委托代理问题。

对于国际企业来说，要使股东财富极大化，为之付出的代理成本一般要大于国内企业。例如，那些拥有分散在各地的子公司的跨国公司就会有较大的代理问题，因为母公司很难监督国外子公司管理者的行为，监督成本便会由此增加。

一般而言，代理成本的大小因国际企业的管理模式而异。国际企业的管理模式一般分为集权管理和分权管理两种。集权管理可以减少代理成本。例如，对跨国公司而言，因为它允许母公司的管理者控制国外子公司，这样就可削减子公司管理者的权利。然而，母公司对子公司有可能决策不当，因为它不可能像子公司的财务人员那样详细掌握子公司的财务信息。相反，如果子公司管理者的决策不能最大限度地使跨国公司总体价值极大

化，分权管理模式可能导致较高的代理成本，但这种模式能给予那些熟悉子公司经营状况和经营环境的管理者有更多的控制权。

在实际操作中可以吸收这两种模式的优点。比如，母公司允许子公司的管理者做出有关其未来经营的主要决策，但是这些决策必须受母公司的监督，以保证跨国公司总体利益的最大化。

（二）各国财务管理目标的差异

国际上，尽管许多国家的财务管理目标（如美国、英国）也都是建立在股东财富极大化之上的。但在实际操作中，不同国家所面临的财务管理环境存在明显差异，因此对财务管理目标具体内容的选择和具体表述也就不完全相同。为了探讨不同国家企业财务人员对财务目标的态度，美国著名经济学家 Stonehill 等人曾在法国等 5 个国家的 87 个企业（法国 8 个，日本 20 个，荷兰 13 个，挪威 26 个，美国 20 个）做过一项调查，反映企业财务目标的差异。所调查的具体财务目标有 12 个，分别是：① 股票增值及股利极大；② 担保资金有效运用；③ 账面价值极大化；④ 股价极大化；⑤ 清算价值极大化；⑥ 每股盈余成长极大化；⑦ 本益比极大化；⑧ 利息及税前盈余极大化；⑨ 投资报酬极大化；⑩ 销售报酬极大化；⑪ 每股现金流量极大化；⑫ 其他。

调查结果显示：在财务目标中，法国企业最重视每股盈余成长极大化，最不重视账面价值和清算价值最大化。日本企业最重视每股盈余成长极大化，最不重视清算价值及本益比极大化，对担保资金有效运用的看法最有分歧。荷兰企业最重视每股盈余成长极大化，最不重视股票增值及股利极大化，对担保资金有效运用及投资报酬率极大化的看法最有分歧。挪威企业最重视投资报酬极大化，最不重视股价极大化，对销售报酬极大化的看法最有分歧。至于美国企业，最重视每股盈余成长极大化，最不重视清算价值极大化，对股价极大化的看法最有分歧。

从上述调查显示可以看出，各国企业的财务管理目标都比较重视每股盈余成长极大化，而比较不重视清算价值极大化。事实上，对一个国际企业而言，要选择一个理性的财务目标并不容易，不同的政治、经济、文化背景，会导致不同的财务管理目标。

三、国际财务管理目标的限制

国际企业及其分支机构可能遍及世界各国，因而这些国家的有关政策、环境等规定往往会对国际企业及其分支机构的财务目标产生影响，并进行限制。对东道国的限制，一般可分为经济性限制与非经济性限制两种。

（一）经济性限制

1. 货币政策

几乎每一个国家都会试图以控制信用及长期资金成本作为工具，来影响本国的经济、就业、价格、国际收支及所得分配。由于各个国家的货币市场及资本市场发展程度不同，政府在这方面的干预能力和影响程度也就不同。东道国的货币政策，对国际企业在当地的分支机构往往有着重大影响，如资金筹措、资金成本等都会因东道国的规定或政策而改变。

2. 财政政策

国际企业受到东道国财政政策的最大影响莫过于税收方面。通常，东道国若欲凭借外国企业的力量来带动国内经济的发展，必然实行相当程度的税收优惠政策，以招徕外国企业对其进行投资；若欲摆脱国际企业对国内经济的控制，便增加其税收负担，使其知难而退。所以，站在国际企业的观点，国际企业在世界各地的每一项投资，都必须仔细研究东道国的财政政策，以减少税收负担。

3. 汇率政策

许多国家对汇率都采取干预手段。应该看到，当汇率的变动幅度很大时，对国际企业的影响不亚于税收政策。例如，当东道国的货币贬值50%时，则在当地的子公司将盈余汇回国内母公司时，就会发生50%的汇兑损失。当然，由于各国外汇市场自由化的程度不同，东道国汇率政策的影响便有所差异，因此国际企业若能妥善运用，抓住机遇，也将不难获取汇兑收益。

4. 保护主义

许多国家为了保护国内产业，通常会制定一些限制性的经济政策，较常用的做法一是关税障碍，二是非关税障碍。关税障碍，一般指高关税壁垒，即政府制定较高的关税以减少外国产品的进口，避免国内的相关产品受到冲击。至于非关税障碍，其种类较多。例如，直接限制进口数量或施行繁杂的进口程序；海关或行政单位对进口货物的评价、单据的分类、课税的规定经常变动；用关税以外的其他税目或应交费用，来加重进口物品的成本，如附加增值税、货物税，企业所得税、行政管理费等。

5. 经济发展政策

一般而言，一个国家的经济发展政策对国际企业的发展有很大的影响。由于国际企业，特别是跨国公司拥有技术与市场，因此许多国家(尤其是发展中国家)都很想凭借跨国公司的力量，来协助国内重点工业和幼稚工业的发展。许多国家在制定经济发展政策时，若其所欲发展的工业在国内尚属幼稚工业时，便会以高关税来保护这些工业，使这些工业在国内能够生存发展；若为防止跨国公司垄断该国市场利益，东道国则往往会用一些规定来限制跨国公司的活动，如规定某种产品的零部件必须由东道国国内提供、产品的外销比例应占多少，等等。

（二）非经济性限制

1. 政治风险

政治风险通常是影响国际企业选择投资地点的重大考虑因素。政治风险一般起因于国际企业与东道国各党派之间的利害关系，有时国际企业还会担任东道国与母国之间沟通的桥梁，角色非常微妙。公共关系常常是国际企业在东道国境内扩展事业成功的关键之一。

2. 宗教及文化传统

所有国家和地区都有其深厚的宗教及文化传统，国际企业若没有对这些传统习惯进行深入的了解，将很难在这些国家和地区生存和发展。例如，在中东伊斯兰教国家，一切与猪有关的事物都会被认为是低俗的，男女之间必须有明显的区隔，不能喝酒，等等，因此国际企业在这些国家和地区若以本国的标准来从事各项活动，将会遭遇到很大的阻力。

3. 环境制约

当今世界上差不多每一个国家都有自己的环境限制规定。一些国家会针对国外母公司建立的子公司实施许多环境制约。如建筑法规、生产废料的处理和污染控制等，使得子公司的成本增加。

四、国际财务管理目标的设定

从以上分析可以看出，从理论上讲，国际财务管理的目标是不断提高企业价值，增加股东财富，但是由于各个国家在政治、经济、文化等方面都存在很大差异，各国企业财务人员所设定的财务管理目标也不完全一样，如果国际企业只是单纯地追求“股东财富极大化”目标，不考虑其他因素，就不可避免地会与东道国的期望以及当地的经营标准发生冲突。如果子公司管理人员雇佣的是东道国当地居民，还会因财务目标差异，而在国际企业内部发生冲突。

因此，国际企业在选择理财目标时，首先必须重视各国财务目标的差异，同时注意各国制度、文化、政治及税收等因素的影响。事实上，为国际企业选择一个单一的财务目标是很难做到的，国际企业的财务管理目标可以通过合理组合后确定。在这个组合体中，起决定作用的主导目标仍是“股东财富极大化”，同时结合国际企业的特点及东道国的具体情况，设定若干辅助目标，一般认为辅助目标应包括长期合并收益额、资金的流动性和偿债能力，以及结合子公司东道国的特点设置的相应目标。例如，跨国公司在中国设立子公司，就要考虑与中国的社会主义制度不发生冲突；跨国公司在日本设立子公司，就要考虑与金融机构保持良好关系，因为日本企业的资金，主要来自金融机构的贷款；跨国公司在挪威设立子公司，就要比较多地考虑公司与雇员之间的关系，因为挪威已进入工业民主化，其公司的董事会成员有 1/3 是由雇员选举的，其中 1/6 左右的董事由雇员担任。只有这样，才能做到理论与实践的有机结合和企业内部的协调统一，使企业总体价值达到最大，也就是使股东财富达到极大化。

本章小结

国际财务管理研究在国际经济条件下，国际企业从事跨国经营活动所面临的特殊领域的财务管理问题，是现代财务管理在国际领域的延伸，与“单国性”财务管理相比，它不仅面临更大的风险，而且也带来更大的机遇。国际财务管理产生的背景是国际贸易的发展、生产国际化的形成和金融全球化。国际财务管理站在企业的角度，研究企业在国际市场的财务活动及其财务关系，是一门与“国际金融”“国际投资”“国际会计”“国际税收”等多种学科相交叉的边缘性学科。因此，国际财务管理的内容包括外汇风险管理、国际融资管理、国际投资管理、国际营运资金管理和国际税务管理。国际财务管理的目标一般认为是股东财富极大化。国际财务管理目标的实现会受到理论与实践的冲突，以及经济性与非经济性的限制。

复习思考题

1. 国际财务管理的定义有哪几种主要观点？你的观点是什么？
2. 国际财务管理产生的背景是什么？
3. 国际财务管理包括哪些内容？
4. 与“单国性”财务管理相比，国际财务管理的风险与机遇有哪些？
5. 国际财务管理的目标是什么？实现国际财务管理的目标有哪些限制？

练 习 题

1. 申江公司发行公司债券，面值为1 000万元，还有2年到期，票面年利率为12%(按单利计算)，现根据国家宏观经济运行状况，预计金融机构近期将调低银行存贷款利率，贷款平均年利率预计会调低至8%左右。要求：如果你是申江公司的财务经理，应向该公司决策层提供哪些理财建议？

2. 东方跨国公司有A、B、C、D四个下属公司，2016年四个公司计税所得额和所在国的所得税税率分别为：

A公司：500万美元　　33%
B公司：400万美元　　33%
C公司：300万美元　　24%
D公司：−300万美元　　15%

东方公司的计税所得额为−100万美元，其所在地区的所得税税率为15%。请从税务角度选择成立子公司还是分公司？

案例分析

世界 500 强的跨国经营策略

近年来，世界 500 强以本国为基地，在全球迅速发展，对国际经济产生着日益重要的影响，其平均销售规模都在 250 亿美元以上，资产规模高于 300 亿美元。跨国公司有着许多进入市场的方式：通过出口或进口物质产品，即所谓贸易方式进入；通过无形资产的转移，如技术、商标、经营方法、管理经验等，即所谓契约式进入；通过对外直接投资，即所谓投资进入。

一、跨国投资

同在海外重新设立工厂、分公司和子公司相比，与当地合资或购买当地现成公司的股份则显得更为灵活方便。请看印度的情况：

(1) 美国福特公司 1994 年以 5 000 万美元购得印度马亨德拉公司 7%的股份，并商讨各自出资 50%生产福特汽车的事宜。

(2) 美国通用公司与印度斯拉公司合资生产通用公司的欧宝爱斯华小轿车。

(3) 德国的奔驰公司持有世界著名商用机动车生产厂商之一的印度塔塔公司 10%的股份。

(4) 大众汽车公司计划与艾歇尔拖拉机公司合资建厂。

(5) 韩国大宇公司购得原来专门生产丰田汽车的 DCM—丰田汽车公司超过 50%的股份，并将之改名为 DCM—大宇公司。

不仅一般产品制造业或商业企业开展对外投资，能源、交通、通讯等基础设施行业的企业也不甘落后，这样就使得这些企业彻底突破了本国地域的疆界，例如：

(1) 美国一家以达拉斯为基地的地区性电能服务公司，1995 年 1 月以 26 亿美元的高价买下了英国的西鲍德公司，得克萨斯能源公司以 16 亿美元买下了澳大利亚德熬东方能源公司。

(2) 英国电信公司买下了美国 MCI 通讯集团价值 43 亿美元的 20%的股份，与挪威、丹麦、芬兰、瑞典、德国等国的电信公司合作，在西班牙拥有桑坦德银行一半的资本，在意大利的战略重点是成立一家与国家劳工银行合资的企业。

二、跨国销售

跨国公司以世界为市场，常常一半以上的业务活动在国外，例如：

(1) 美国波音公司 70%的产品销到国外(其中 1/7 是到中国)，美国花旗银行总公司利润的 44%来自发展中国家。

(2) 发展中国家和地区的跨国公司，如墨西哥的西梅克斯公司、中国香港的和记黄埔、韩国大宇集团、三星集团等，其海外业务活动均在40%以上。

(3) 美国可口可乐公司产品风靡世界，行销135个国家和地区，分散在世界各地的联营厂多数是用总公司提供的主剂配制饮料进行罐装，以保证质量。

(4) 日本有5家财险公司和24家人寿保险公司，与美国3 000家保险公司相比，数量少但是规模大，保险收入居世界第四的东京海上火灾保险公司在国内有500家分公司，在海外105个国家和地区设有分公司或办事处，即使顾客在异国他乡遇到意外事故也能在当地得到迅速处理。

三、跨国生产

跨国生产最基本的表现是，在国外建立生产线并在国外生产。例如，在德国，缝纫公司先把工厂搬到劳动力便宜的国家，金属加工企业接踵而至。奥迪公司在匈牙利建立发动机厂。奔驰公司把微型车生产线搬到法国。施博电机公司1995年关闭国内分厂的同时却扩大了国外的生产网，这家公司的产品很快就在土耳其和俄罗斯生产。德国一家造船厂在加里宁格勒办起了分厂，其经理说："我只给俄罗斯公司200马克的月平资，得到的却是一流的产品。"柏林一家肉食厂晚间把原料运到波兰，早晨再把加工好的羊肉串半成品运回德国。

再如日本，1986年在美国投资建厂总金额达29.7亿美元，其中大多数是汽车厂：丰田公司在肯塔基州用8亿美元建厂，本田公司在俄亥俄州花了3亿美元建厂。在泰国，日本兴建了柴油车引擎、机电和电器设备厂。在新加坡设立高科技信息工业。在菲律宾建设电脑装配生产线。

值得一提的是，中国已经成为吸引跨国投资和生产资源最多的发展中国家。中国为世界生产从飞机尾翼、电脑芯片到棉袜、足球等数不清的产品，这得益于中国开放的政策、廉价而高质量的劳动力以及在10年中就翻天覆地的便利的基础设施。这一趋势起码现在还看不到尽头。

四、跨国人才

跨国公司不仅到国外生产、销售、投资，而且在人员方面也表现出明显的国际性：

(1) 混合干部队伍。菲利普公司始终认为，近亲繁殖难免缺乏开拓进取精神，只有广揽人才，才能开阔思路；在集团管理委员会中，大部分是荷兰以外的国家的人员。

(2) 发挥当地人的作用。可口可乐公司之所以能够称霸世界，与其坚持的"特许经营权"方式有着密切关系。这是一种联营店，当地人所有，当地人经营，只要缴纳特许经营费就可开一家可口可乐店，总公司提供统一的广告宣传，而各地商人自行筹集发展资金而经营。这极大地调动了各地商人经营其产品的积极性，同时也使得可口可乐享誉全球。福特公司1994年开始在中国设厂，目前已经投资数亿美元建立了多家合资企业。该公司1980年开始就为中国培养工程师，其中的一些人直到现在还在一些重要的岗位上从事汽车制造的事业。

五、跨国资本

前面提到过,建立海外分公司或子公司不如与当地资本合作或入股。

(1) 比利时的"Le Lion"超市集团经过数回艰苦谈判,终于将希腊第四个超市企业"AB"的52%的股份购买到手,该超市其余48%的股份则分属3家希腊私人企业。

(2) 美国福特公司于1979年买下了日本马自达公司24.5%的股份,从那时起,马自达公司一直扮演着"导师"的角色,教福特如何制造轻便的小轿车,如何管理生产线等,并向福特提供技术帮助。由于马自达公司1993年和1994年陷入亏损,福特公司应主要债权人要求在1994年全面接管马自达公司,真可谓"三十年河东,三十年河西"。

(3) 作为世界啤酒业的头牌企业,美国AB公司用6亿美元收购了墨西哥和巴西的主要啤酒厂,通过收购控制了原来英国拥有的Gouvage;1993年投资1 640万美元,收购了中国最大的啤酒商青岛啤酒5%的股份,1994年又出资1.4亿美元收购了武汉一家啤酒厂80%的股份。

以上都是一些通过购买股份的办法实现资本融合的例子。实际上,还有一开始就属于不同国家联合投资的情况。比如,皇家壳牌石油公司就是由英国和荷兰联合出资的公司。欧洲空中客车公司由4个欧洲国家联合组建,其中法国宇航公司占37.9%的股份,德国奔驰宇航占37.9%,英国宇宙占20%,西班牙航空制造公司占4.2%。

我们还可以举出其他例子,如英国的《独立报》的母公司"报纸出版公司"的股份由意大利的《共和国报》以及西班牙的《国家报》共同持有37%的股份。

跨国经营对于世界500强的崛起具有不可取代的作用。企业的不断发展催生了跨国经营,跨国经营又为500强的迅速增长注入了不可或缺的动力,成为500强发展的重要手段和途径。从某种意义上讲,500强的发展过程就是跨国经营的发展史。

资料来源:吴丛生等.国际财务管理理论与中国实务.北京:北京大学出版社,2006

第二章 外汇汇率与外汇市场

【本章学习目标】

通过本章学习，了解、掌握当今世界外汇市场的特点、作用和发展动态；掌握外汇市场几种主要的外汇交易业务以及运作方式；理解汇率变化对外汇交易的影响。

【本章关键词】

外汇(Foreign Exchange)

汇率(Exchange Rate)

直接标价法(Direct Quotation)

间接标价法(Indirect Quotation)

基本汇率(Basic Rate)

完全报价法(Outright Quotation)

小数点报价法(Points Quotation)

外汇市场(Foreign Exchange Market)

即期外汇市场(Spot Mmarket)

远期外汇市场(Forward Mmarket)

掉期交易(Swap Exchange Transaction)

外汇投机(Foreign Exchange Speculation)

2014 年，由于受到石油价格大幅下跌的影响，投资者开始质疑俄罗斯的经济状况并开始抛售美元，卢布初显贬值预期。与此同时，由于克里米亚事件的爆发，以美国和欧洲为首的西方国家对俄罗斯进行经济制裁，很多在西方国家发行债务的俄罗斯公司不再能够为其债务展期，这迫使他们不得不在外汇市场上大量抛售卢布买入美元还债，进一步加速了卢布的贬值。俄罗斯企业面临卢布贬值带来的巨大经济风险。

为防止过度的资本外逃，对抗卢布贬值，稳定汇率，俄罗斯央行通过一系列措施进行积极干预。2014 年，俄罗斯央行通过消耗 26%的外汇储备来对抗卢布贬值，这一措施，致使其外汇储备大幅度下降，截至 2014 年 12 月 15 日，其外汇储备只剩下 4 000 亿美元。然而大量外汇储备的投入并没能阻止卢布的进一步贬值，2014 年 12 月 16 日，俄罗斯央行宣布其隔夜拆解利率从 10.5%大幅提升至 17%，并承诺不实施资本管制。这虽然直接提升了持有卢布的吸引力，但也间接提升了所有俄罗斯公司的融资成本，降低了企业竞争力，导致 2015 年俄罗斯 GDP 萎缩了 2.7%。

第一节　外　汇　汇　率

一、外汇

外汇(Foreign Exchange)是国际汇兑一词的简称。概括地说,外汇指的是外币或以外币表示的用于国际间债权债务结算的各种支付手段。外汇可以理解为动态外汇和静态外汇两种含义,动态外汇是指把一国货币兑换成另一国货币,借以清偿国际间债权、债务关系,实现资金在不同国家之间转移的行为;静态外汇是指外国货币和以外国货币表示的用于国际间结算的支付手段。国际货币基金组织把外汇表述为:"外汇是货币行政当局以银行存款、财政部国库券、长短期政府证券等形式所持有的在国际收支逆差时可以使用的债权。"财务管理中使用的外汇概念,一般指的是静态外汇。

根据《中华人民共和国外汇管理条例》第三条的规定,外汇是指下列以外币表示的可以用作国际清偿的支付手段和资产:① 外国货币,包括纸币、铸币等;② 外币支付凭证,包括票据、银行存款凭证、邮政储蓄凭证等;③ 外币有价证券,包括政府债券、公司债券、股票等;④ 特别提款权、欧洲货币单位;⑤ 其他外汇资产。

二、外汇汇率

(一) 汇率

汇率(Exchange Rate)又称汇价,是两种货币之间的兑换比率。例如,1 美元=6.50 元人民币,1 英镑=1.45 美元。不同货币之间的兑换可以看作是不同货币之间的买卖,因此汇率也可以看作是以一国货币表示的另一国货币的价格。例如,6.50 元人民币兑换 1 美元也可看作是用 6.50 元人民币可以购买 1 美元。在这里我们把美元视为买卖对象的商品,即标价货币,把作为支付货币的人民币视为计价货币,6.50 元人民币就是购买 1 美元所需支付的价格。

(二) 汇率的标价

确定两种不同货币的比价,首先要确定用哪国的货币作为标准。在国际上,根据标价货币和计价货币的不同,可以把标价方法分为两种:直接标价法和间接标价法。

直接标价法(Direct Quotation)就是把外国货币作为标价货币,把本国货币作为计价货币,是以一定单位(通常以 1、100 或 10 000 为计价单位)的外国货币为标准,折算成一定数额的本国货币来表示其汇率的标价方法。因为这种方法是站在支付者的立场上进行的,又被称为应付标价法(Giving Quotation)。在直接标价法情况下,外国货币数额固定不变,汇率涨跌都以相对本国货币数量的变化来表示。一定数量的外国货币兑换的本国货币数量增加,意味着外币汇率上涨或本币汇率下跌,即外国货币升值,本国货币贬值;反之，一定数量的外国货币兑换的本国货币数量减少，意味着外币汇率下跌或本币汇率上升，即外国货币贬值，本国货币升值。

间接标价法(Indirect Quotation)与直接标价法正好相反，它将本国货币作为标价货币，将外国货币作为计价货币，是以一定单位(通常以 1、100 或 10 000 为计价单位)的本国货币为标准，折算成一定数额的外国货币来表示其汇率的标价方法。因为这种方法是站在货币收入者的立场上进行的，又被称为应收标价法(Receiving Quotation)。在间接标价法情况下，本国货币数额固定不变，汇率涨跌都以相对外国货币数量的变化来表示。一定数量的本国货币兑换的外国货币数量增加，意味着本币汇率上涨或外币汇率下跌，即本国货币升值，外国货币贬值；反之，一定数量的本国货币兑换的外国货币数量减少，意味着本币汇率下跌或外币汇率上升，即本国货币贬值，外国货币升值。

直接标价与间接标价之间的关系为倒数关系。例如，1 美元＝6.50 元人民币，则 1 元人民币＝1/6.50 美元＝0.15 美元。从国家、地区来说，两者的关系也互为相反。例如，1 美元＝6.50 元人民币，对于美元来说是间接标价，对于人民币来说是直接标价。

目前世界上绝大多数国家都采用直接标价法，我国的外汇牌价也采用此法。美国本来也采用直接标价法，但第二次世界大战后，由于其在国际支付和国际储备中逐渐取得统治地位，各国的外汇交易商和经纪商逐渐采用美元报价，为了取得国际外汇市场上对美元标价的一致性，所以美国从 1978 年 9 月 1 日起，除对英镑继续使用直接标价法以外，对其他货币一律改用间接标价法公布汇率。英国则一直采用间接标价法。

三、汇率的种类

外汇汇率可以按照不同的分类标准进行分类。

(一) 买入汇率、卖出汇率、中间汇率和现钞汇率

从银行买卖外汇的角度划分，汇率可以分为买入汇率、卖出汇率、中间汇率和现钞汇率。

买入汇率(Buying Rate)又称外汇买入价(Bid Price)，是指商业银行等机构向同业或客户买入外汇时所使用的汇率。采用直接标价法时，外币折合本币较少的那个汇率是买入汇率；采用间接标价法时，本币折合外币较多的那个汇率是买入汇率。

卖出汇率(Selling Rate)又称外汇卖出价(Offer Price or Ask Price)，是指商业银行等机构向同业或客户卖出外汇时所依据的汇率。采用直接标价法时，外币折合本币较多的那个汇率是卖出汇率；采用间接标价法时，本币折合外币较少的那个汇率是卖出汇率。

买入汇率与卖出汇率之间的差价是银行买卖外汇的收益，一般为 1‰～5‰。在通常情况下，银行同业之间买卖外汇的汇率差价比银行同一般客户(个人或工商企业)的买卖差价要小。

中间汇率(Middle Rate)是指外汇买入汇率和卖出汇率的简单平均数。它常被用于

银行同业间买卖外汇、媒体报道汇率消息、会计核算和对汇率的分析。

现钞汇率(Bank Notes Rate)是指银行买入或卖出外币现钞时所使用的汇率。银行买入外币现钞时使用的汇率要低于买入其他外汇的汇率,这是因为一般国家都不允许外国货币在本国流通,因此需要将买入的外币现钞运送到各发行国或能够流通的地区去,需要花费一定的运费和保险费,这些费用需要客户来承担。银行卖出外币现钞时使用的汇率与其他外汇卖出价相同。

中国银行外汇牌价如表 2-1 所示。

表 2-1

中国银行外汇牌价

2015 年 12 月 31 日(人民币/100 外币)

货币名称	现汇买入价	现钞买入价	卖出价	中间价
英镑	959.15	929.55	965.89	961.59
港币	83.61	82.94	83.93	83.78
美元	648	642.81	650.6	649.36
瑞士法郎	653.3	633.14	657.88	640.18
日元	5.3762	5.2103	5.414	5.3875
加拿大元	465.39	451.02	469.13	468.14
澳大利亚元	473.43	458.82	476.75	472.76
欧元	707.01	685.19	711.97	709.52

(二) 基本汇率和套算汇率

基本汇率(Basic Rate)是指本国货币与关键货币(Key Currency,又称基准货币)的汇率。由于外币种类很多,各国在制定本国货币的汇率时,先选择某种货币作为关键货币,制定出本币对此种货币的汇率,然后根据基本汇率套算出本币对其他货币的汇率。目前,国际上大部分国家都将美元作为关键货币,将本币对美元的汇率作为基本汇率。

套算汇率(Cross Rate)是指在基本汇率确定的基础上,根据各种货币对关键货币的汇率套算出的本币对各种货币的汇率。

在国际市场上,几乎所有的货币兑美元都有一个兑换率。一种非美元货币对另外一种非美元货币的汇率,往往就需要通过这两种对美元的汇率进行套算,这种套算出来的汇率就称为套算汇率。套算汇率的一个显著特征是一个汇率所涉及的是两种非美元货币间的兑换率。

例如,已知美元对人民币的汇率是￥6.4936/$,美元对日元的基本汇率是JP￥120.5309/$,则人民币对日元的套算汇率如下:

JP¥1＝6.4936÷120.5309＝0.053875

或：　¥1＝120.5309÷6.4936＝JP¥18.5615

（三）即期汇率和远期汇率

即期汇率(Spot Rate)是指进行即期外汇交易时所使用的汇率。所谓即期外汇交易是指外汇买卖成交后，买卖双方在当天或 2 个营业日内进行交割的交易。其中，交割是指外汇交易双方交钱、付汇的过程。例如，2006 年 8 月 16 日（星期三）成交，2006 年 8 月 17 日（星期四——第二个营业日）交割。由于国际间的外汇交易涉及时差问题，所以习惯上在成交后第二个营业日进行交割。但如果所交易的通货，都是在同一个时间，即期交易的交割日也可以是当天。

远期汇率(Forward Rate)是指进行远期外汇交易时所使用的汇率。所谓远期外汇交易是指外汇买卖成交后，根据合同约定的时间，按照约定的汇率，办理交割的外汇交易。远期外汇交易的时间通常为 1 个月、3 个月、6 个月、9 个月、12 个月，随着国际金融市场的不断发展，市场上已经出现时间较长的合约，最长期限可达 10 年。为进行远期外汇交易，银行会相应制定各种期限的远期汇率，与当日的即期汇率一起挂牌公布。

远期汇率的报价方法有完全报价法和小数点报价法。

完全报价法(Outright Qotation)是指直接报出远期汇率的全部数字。例如，中国银行 2016 年 1 月 4 日人民币对美元的即期汇率和远期汇率报价如表 2-2 所示。

表 2-2

中国银行 2016 年 1 月 4 日美元兑人民币远期汇价表

期　　限	买　入　价	卖　出　价
即期汇率	6.5192	6.5454
3 个月(3M)	6.5275	6.5890
6 个月(6M)	6.5541	6.6176
9 个月(9M)	6.5810	6.6460
12 个月(1Y)	6.6052	6.6717
小数点报价法		
3 个月(3M)	82.91	435.88
6 个月(6M)	348.58	721.68
9 个月(9M)	617.99	1 006.12
12 个月(1Y)	859.81	1 263.25

资料来源：中国银行网站。

从表 2-2 可以看到，3 个月远期美元汇率银行买入价 6.5275，银行卖出价 6.5890。

1 年期的远期美元汇率银行买入价 6.6052，银行卖出价 6.6717。完全报价法通常在报刊和零售交易中使用。

小数点报价法（Points Quotation）是指报出远期汇率偏离即期汇率的点数。在电传、电话报价时，为加速信息传递，远期汇率往往采用小数点报价法。通常采用小数点报价法时，前面的数字表示买价点数，后面的数字是卖价点数。如表 2-1 中 3 个月美元的汇率点数为 622－544。点数是表明货币比价数字中的小数点后的第四位数，1 点＝0.0001。

采用小数点报价法，远期汇率的全价确定方法是：在即期汇率的基础上加减小数点报价。具体做法是，当前面的点数（买入价点数）小于后面的点数（卖出价点数），表示远期汇率溢价，远期汇率为即期汇率加上小数点报价。当前面的点数大于后面的点数，表示远期汇率折价，远期汇率为即期汇率减去小数点报价。例如，表 2-2 中，3 个月期的远期汇率点数为 83－436，买入价小于卖出价，远期汇率溢价，远期汇率应在即期汇率基础上加上点数得到，即：3 个月期美元银行买入价 1 美元＝6.5192 元人民币＋0.0083 元人民币＝6.5275元人民币；3 个月期美元银行卖出价 1 美元＝6.5454 元人民币＋0.0436 元人民币＝6.5890 元人民币。

【例 2-1】 某天中国银行的外汇市场银行间报价情况为，英镑即期汇率是￥9.3173－827，3 个月英镑的远期汇率点数为 303－907。要求：计算确定 3 个月英镑的远期汇率全价。

分析：远期汇率点数报价的前面点数小于后面点数，表示远期汇率为溢价。远期汇率确认采用相加的方法。即在即期汇率的基础上加上报价点数。所以，3 个月英镑的远期汇率如下：

银行的买价：￥9.3173＋0.0303＝￥9.3476/£

银行的卖价：￥9.3827＋0.0907＝￥9.4734/£

四、汇率的变化

远期汇率溢价又称远期升水，表明外币在远期市场上比在即期市场上价值更高；远期汇率折价又称远期贴水，表明外币在即期市场上比在远期市场上价值更高。当远期汇率与即期汇率完全一致，就称为“平价”。平价出现的概率极少。

远期汇率的变化可用百分比来表示，如果期限不满 1 年，变化百分比要折算至年。其计算公式如下：

$$\begin{matrix}\text{远期汇率升水}\\\text{或贴水(每年)}\end{matrix}=\frac{\text{远期汇率}-\text{即期汇率}}{\text{即期汇率}}\times\frac{12}{N}\times 100\%$$

式中　N——期限，以月数表示。

计算结果为正时，表示远期汇率升水；计算结果为负时，表示远期汇率贴水。使用上述公式时必须注意，目标货币（即计算升水或贴水程度的货币）的标价必须采用间接标价法。如果目标货币采用直接标价法，则应将目标货币的标价调整为间接标价，然后代入公式计算。或者直接采用下列计算公式：

$$\text{远期汇率升水或贴水(每年)}=\frac{\text{即期汇率}-\text{远期汇率}}{\text{远期汇率}}\times\frac{12}{N}\times 100\%$$

【例 2-2】 假定美元对人民币的即期汇率为￥6.5192/＄，3 个月远期汇率为￥6.5275/＄。请分别讨论美元对人民币和人民币对美元的远期汇率升水或贴水情况。

分析：(1) 美元对人民币汇率采用的是间接标价，可以直接计算如下：

$$\text{美元远期汇率升水(贴水)}=\frac{6.5275-6.5192}{6.5192}\times\frac{12}{3}\times 100\%$$

$$=0.51\%\text{(升水)}$$

(2) 人民币对美元汇率采用的是直接标价，应先将直接标价转化为间接标价，然后计算变化百分比：

人民币即期汇率：￥1＝1/6.5192＝＄0.15340

人民币远期汇率：￥1＝1/6.5275＝＄0.15320

$$\text{人民币远期汇率升水(贴水)}=\frac{0.15320-0.15340}{0.15340}\times\frac{12}{3}\times 100\%$$

$$=-0.51\%\text{(贴水)}$$

或：

$$\text{人民币远期汇率升水(贴水)}=\frac{6.5192-6.5275}{6.5275}\times\frac{12}{3}\times 100\%$$

$$=-0.51\%\text{(贴水)}$$

第二节　外　汇　市　场

外汇市场(Foreign Exchange Market)是指由银行等金融机构、自营交易商、大型跨国企业参与的，通过中介机构或电讯系统联结的，以各种货币为买卖对象的交易市场。它可以是有形的——如外汇交易所，也可以是无形的——如通过电讯系统交易的银行间外汇交易。据国际清算银行最新统计显示，国际外汇市场每日平均交易额约为 1.5 万亿美元。目前，纽约、伦敦和东京是世界最大的外汇交易中心。

一、外汇市场的分类

(一) 有形市场和无形市场

外汇市场依照有无集中交易场所可分为有形市场和无形市场。

小知识

纽约金融市场

纽约是世界最重要的国际金融中心之一。第二次世界大战以后，纽约金融市场在国际金融领域中的地位进一步加强。美国凭借其在战争时期膨胀起来的强大经济和金融实力，建立了以美元为中心的资本主义货币体系，使美元成为世界最主要的储备货币和国际清算货币。西方资本主义国家和发展中国家的外汇储备中大部分是美元资产，存放在美国，由纽约联邦储备银行代为保管。一些外国官方机构持有的部分黄金也存放在纽约联邦储备银行。世界各地的美元买卖，包括欧洲美元、亚洲美元市场的交易，都必须在美国，特别是在纽约的商业银行账户上办理收付、清算和划拨，因此纽约成为世界美元交易的清算中心。此外，美国外汇管制较松，资金调动比较自由。在纽约，不仅有许多大银行，而且商业银行、储蓄银行、投资银行、证券交易所及保险公司等金融机构云集，许多外国银行也在纽约设有分支机构，1983 年世界最大的 100 家银行在纽约设有分支机构的就有 95 家。这些都为纽约金融市场的进一步发展创造了条件，加强了它在国际金融领域中的地位。

纽约外汇市场是美国，也是世界上最主要的外汇市场之一。纽约外汇市场并无固定的交易场所，所有的外汇交易都是通过电话、电报和电传等通讯设备，在纽约的商业银行与外汇市场经纪人之间进行。这种联系就组成了纽约银行间的外汇市场。此外，各大商业银行都有自己的通讯系统，与该行在世界各地的分行外汇部门保持联系，这种联系又构成了世界性的外汇市场。由于世界各地时差关系，各外汇市场开市时间不同，纽约大银行与世界各地外汇市场可以昼夜 24 小时保持联系。因此它在国际间的套汇活动几乎可以立即完成。

纽约货币市场即纽约短期资金的借贷市场，是资本主义世界主要货币市场中交易量最大的一个。除纽约金融机构、工商业和私人在这里进行交易外，每天还有大量短期资金从美国和世界各地流入、流出。和外汇市场一样，纽约货币市场也没有一个固定的场所，交易都是供求双方直接或通过经纪人进行的。在纽约货币市场的交易，按交易对象可分为联邦基金市场、政府库券市场、银行可转让定期存单市场、银行承兑汇票市场和商业票据市场等。

纽约资本市场是世界最大的经营中、长期借贷资金的资本市场。可分为债券市场和股票市场。纽约债券市场交易的主要对象是：政府债券、公司债券、外国债券。纽约股票市场是纽约资本市场的一个组成部分。在美国，有 10 多家证券交易所按证券交易法注册，被列为全国性的交易所。其中纽约证券交易所、纳斯达克和美国证券交易所最大，它们都设在纽约。

有形市场又称“大陆式”外汇市场，是指有固定交易场所的外汇市场。从事交易的当事人，在固定的交易场所和规定的营业时间内进行外汇买卖。例如，德国的法兰克福、法国的巴黎、荷兰的阿姆斯特丹、比利时的布鲁塞尔等，都设有这种交易市场。

无形市场又称“英美式”外汇市场，是指外汇交易无具体交易场所，进行外汇交易的银行、经纪人通过电话、电传、电报、网络等通讯设备相互接触和联系，协商达成外汇交易。美国、英国、加拿大、瑞士等大多数国家的外汇市场均属于无形外汇市场。

自 20 世纪 70 年代以来，国际外汇市场迅猛发展。随着亚太地区的香港、新加坡等外汇市场的兴起，从时差上使世界各地外汇市场的营业时间相互衔接起来。英国与欧洲各国从欧洲时间上午 9 时开始营业，纽约外汇市场从欧洲时间 14 时开始营业，以后是旧金山、东京、香港、新加坡、孟买、中东外汇市场陆续开业，每天东京、香港外汇市场即将收盘时，伦敦等欧洲外汇市场又重新开市。周而复始，世界外汇市场形成一个遍布全球各地的相互间有机联系的巨大网络。电子通讯技术的现代化，使得专业外汇交易商和经纪人可以直接在办公室通过计算机终端获取市场信息和汇率报价，通过通讯网络保持联系，通过电话、电传直接与对方银行进行外汇交易。通过无形市场进行交易已经成为当今外汇市场的主流。

（二）顾客市场和银行间同业市场

外汇市场依照其业务类型可分为顾客市场和银行间同业市场。

顾客市场（Customer Market）又称零售市场，是指公司和个人与外汇银行间进行外汇交易的市场。其交易的内容包括货币兑换、进出口结算和外汇买卖。

银行间同业市场（Interbank Market）又称批发市场，是指外汇银行、外汇经纪商和中央银行为资金调度及运用、规避外汇风险，以及获取利润在银行间相互买卖外汇的市场。银行间外汇交易的特点是交易额巨大，交易频繁，据统计银行间外汇交易量占总外汇市场交易量的 80%～90%。

（三）即期外汇市场和远期外汇市场

外汇市场依照合同交割的时间不同分为即期外汇市场和远期外汇市场。

即期外汇市场（Spot Market）是指进行即期外汇交易的市场。即期外汇交易又称现汇交易，是指买卖双方以当时的外汇市场价格成交，并在外汇买卖成交后的当天或两个营业日内进行交割。

远期外汇市场（Forward Market）是指进行远期外汇交易的市场。远期外汇交易又称期汇交易，是指买卖双方在交易时，就货币交易的种类、汇率、数量及交割的期限达成协议，并以合约的形式固定下来。然后在规定的交割日双方再履行合约，按规定的汇率办理有关货币金额的收付结算。简单地讲，远期外汇交易的交割日是在第二个营业日后的未来某日。

二、外汇市场的参与者

外汇市场的参与者主要包括各国的中央银行、商业银行、非银行金融机构、经纪人公司、顾客(自营商及大型跨国企业)等。它们交易频繁,交易金额巨大,每笔交易均在几百万美元,甚至几千万美元以上。

(一) 中央银行

中央银行是外汇市场的统治者或调控者。中央银行作为政府代表者或执行者,行使对外汇市场的统治与调控。其活动主要有:为完成国际贸易支付与商业银行和其他国际金融组织直接进行外汇交易活动;通过制定一些经济政策或采用一些措施,如购入或抛出某种国际性货币,对外汇市场进行干预。

(二) 外汇银行

外汇银行(Authorized Bank)指由中央银行指定或授权经营外汇业务的银行。它具体包括专业外汇银行、兼营外汇业务的本国银行、外国银行设在本国的分支行以及其他办理外汇业务的金融机构。外汇银行是外汇市场最重要的参与者,它居于外汇供需的中介地位,代替顾客买卖外汇,转换进出口商所需货币,在银行之间进行外汇交易,为市场制造买卖头寸。

(三) 外汇经纪人

外汇经纪人(Broker)是指在中央银行、外汇银行和客户之间进行联系、接洽的商人或媒介者(中间人)。外汇经纪人熟悉外汇市场的供求关系和市场行情信息,在买主和卖主之间进行积极活动,为双方提供"集合点",促成交易。外汇经纪人本身并不买卖外汇,只是联结外汇买卖双方,促成交易,并从中收取佣金。

(四) 顾客

在外汇市场中,凡是在外汇银行进行外汇交易的公司或个人,都是外汇银行的顾客(Customer),包括进口商、出口商、保险公司、运输公司、跨国公司、旅游者、留学生、侨居者及国际证券投资者。顾客参与外汇市场的主要目的是转移购买力,获得贸易信用或规避外汇风险。其中,跨国公司在全球范围内从事经营活动、投资活动和筹资活动,需要多国货币和经常性的资金转移,是外汇市场中的最重要的供求者。顾客一般通过外汇银行进行外汇买卖交易,彼此间不直接从事外汇交易。

外汇交易的参与者,按其交易的目的,可以划分为投资者和投机者两类。

三、外汇市场的功能

外汇市场的功能主要有实现购买力转移、提供信贷融通资金、减少外汇风险和提供投机机会等几个方面。

(一) 实现购买力转移

国际交易活动与一般国内交易活动最大的区别在于:国内交易过程使用同种货币,不涉及货币转移问题；而国际交易过程涉及货币转移问题。国际交易活动涉及不同国家的交易者和不同国家货币，而不同交易者都希望在交易前后均持有本国货币，货币转换问题由此产生。例如，中国香港出口商向一英国进口商出口一批商品，如果该商品以港币计价并进行结算，英国进口商必须用英镑购买港币才能完成支付活动；如果该商品以英镑计价并进行结算，则中国香港出口商收到英镑后需要将其转回成港币；如果该商品以美元计价并进行结算，则英国进口商必须出售英镑购买美元完成支付，而中国香港出口商则需将收到的美元兑换成港币。外汇市场解决了不同国家货币的相互转换难题。

（二）提供信贷融通资金

在国际贸易中，商品的转移需要一定的时间。在商品转移的这段时间内，交易双方出于资金紧张或规避风险的考虑，一般不愿使用现金结算，而要求第三者提供信用中介和融资便利。外汇市场发挥了第三者的作用。例如，外汇银行为进口商开出信用证；凭出口商运送货物的凭证为进口商提供信用担保；对出口商所持有的进口商债务凭证予以贴现，融通资金等。

（三）减少外汇风险

不论是进口商、出口商还是一般投资者，都不愿意承担汇率风险。外汇市场的套期保值交易提供了抵补风险的可能。例如，英国进口商 3 个月后有一笔 100 万美元的应付款需要支付，它可以在远期外汇市场上签订一项购买 100 万美元的 3 个月期的期汇合约，以避免因美元升值带来的风险，锁定美元成本。

（四）提供投机机会

对于那些愿意承担风险以获取较高风险收益的投机者来说，外汇市场同样给他们提供了施展身手的机会。投机者们可依据对汇率升值或贬值的预测而购买或抛售某种外汇资产，若预测准确，可以获得较高的收益。当然，预测的错误也会令投机者遭受巨大损失。

第三节　外汇交易方式

外汇交易的定义有狭义和广义两种。狭义的外汇交易是指各种外国通货的买卖；广义的外汇交易，则包括各种以外国货币计价的债权工具、股权工具等信用工具的买卖及黄金交易。本节就狭义的定义介绍外汇交易的方式。

一、即期外汇交易

即期外汇交易(Sport Foreign Exchange Transaction)又称现货交易或现期交易，是指外汇买卖成交后，交易双方于当天或两个交易日内办理交割手续的一种交易行为。在中国香港外汇市场，港币对美元的即期交易在当天交割完成；港币对日元、新加坡元、澳大利亚元等的交割在下一个营业日里办理；港币对其他货币的即期交易则在 2 个营业日内交割。即期外汇交易是外汇市场上最常用的一种交易方式，其交易总额占外汇交易总额的大部分。即期外汇交易主要有电汇、信汇和票汇和托收等。

电汇（Telegraphic Transfer, T/T）是指汇款人向当地外汇银行交付本国货币，委托银行以电报、电传、环球银行间金融电讯网络等方式，通知收款人所在地的分行或代理行，立即付出外币给收款人。

信汇（Mail Transfer, M/T）是指汇款人向当地银行交付本国货币，由银行开具汇款委托书或支付委托书，用航邮寄给国外代理行，办理付出外汇业务。

票汇（Demand Draft, D/D）是指汇出行应汇款人申请，并在汇款人把汇款（本国货币）交给银行后，代汇款人开立以其分行或代理行为解付行的银行即期汇票，交由汇款人自行寄送给收款人或亲自携带出国，收款人凭票取款。

托收（Collection）是指出口商向银行（托收行）提交凭以收取款项的金融票据和商业单据，要求托收行通过国外代收行向付款人（进口商）请求付款的一种结算方式。

例如，中国 M 贸易公司向美国 JH 公司购入总金额为 390 万美元的货款，货到付款，采用电汇方式结算货款。货已运达，M 贸易公司持进口合同、进口付汇核销单、发票正本、进口货物报关单、正本运输单据等，到其外汇指定银行（中国银行×分行）以人民币 3 120万元（汇率￥8.0/＄）购买美元，委托银行支付美元货款。其外汇指定银行根据有关规定，在审核 M 公司提供的有效凭证和商业单据后，电告美国往来银行美洲银行，将 M 公司的 390 万美元购货款汇付到美国 JH 公司的账户上。美洲银行收到中国银行×分行电告后，通知收款人取款，或将 390 万美元转记到 JH 公司的账上。最后，两银行进行凭证交接和头寸清算。M 公司用人民币兑换外币存款，然后采用电汇方式将外币所有权转移到客户账户所用的时间最长不超过 2 个营业日。

二、远期外汇交易

远期外汇交易（Forward Foreign Exchange Transaction）又称期汇交易，是指买卖双方在交易时，就货币交易的种类、汇率、数量及交割的期限达成协议，并以合约的形式固定下来。然后在规定的交割日双方再履行合约，按规定的汇率办理有关货币金额的收付结算。

远期外汇交易一般发生在银行与非银行客户之间。远期外汇合约包括五部分内容：类型（买或卖）、货币种类、数额、远期汇率和到期日。远期合约的期限一般为 1 年以下，如 1 个月、2 个月、3 个月、6 个月、9 个月和 12 个月。随着国际金融市场的不断发展，世界上已经出现了长期的远期合约，最长的可达 10 年。买卖双方签订远期合约后，不管汇率如何变动，都必须按照事先约定的汇率进行交割。

远期外汇交易按照实际交割日是否确定，划分为固定远期外汇交易和择期远期外汇交易两种。

（一）固定远期外汇交易

固定远期外汇交易是指外汇买卖双方按照成交日商定的具体日期进行实际交割的外汇交易。交割日既不能提前，也不能推后。

在出口商以短期信贷方式出卖商品，进口商以延期付款方式购买商品的情况下，从成交到结算之间有一段时间差。这一段时间差会给出口商或进口商带来汇率风险。出口商可能因汇率变化本币收入减少，进口商可能因汇率变化本币支付增加。为减少外汇风险，进出口商会运用远期外汇交易进行套期保值。有远期外汇收入的出口商与银行签订卖出远期外汇合约，在合约规定的时候，按规定的价格将其外汇收入卖给银行，锁定本币收入，防止因汇率下跌而减少收入；有远期外汇支出的进口商与银行签订买入远期外汇合约，一定时期后按规定的价格向银行购买规定数量的外汇，锁定本币成本，防止因汇率上升增加本币支出。

【例 2-3】　一家美国公司向一家德国公司购进一批价值为 10 000 欧元的设备，合同约定货款在 30 天后支付。即期汇率为 1 欧元＝1.10 美元。远期汇率为 1 欧元＝1.120 美元。美国公司根据对外汇市场汇率的预测，判断 30 天内美元将继续贬值。要求：讨论美国公司该如何进行套期保值？

分析：如果美国公司根据对外汇市场汇率的预测，判断 30 天内美元将继续贬值，该公司可与银行签订购买欧元的远期合同以固定美元应付数。其具体操作方法是：按远期汇率 1 欧元＝1.120 美元与银行签订一份为期 30 天的欧元远期合同。30 天后，如果美元贬值（假定 1 欧元＝1.130 美元），美国公司将按照其所签的欧元远期合同，以11 200美元购买 10 000 欧元以支付货款，由此将节约美元支出 100 元；反之，如果美元升值（假定 1 欧元＝1.11 美元），美国公司也将按原定汇率出售美元，尽管由此要多花费 100 美元支出，但与不使用套期保值方案相比，此举能避免因美元贬值带来的风险。

（二）择期远期外汇交易

择期远期外汇交易是交割日不固定的远期外汇交易。择期远期外汇交易能够满足交割日难以确定的客户的特殊需要。

对于一个进口商来说，如果他能确定在某一固定时间（如 3 个月后）有一笔外汇支付，为避免汇率风险，他可以在现在与银行签订远期固定合约，向银行买入固定交割日的期汇，以固定换汇成本。如果该进口商的支付日期一直无法确定，那么他可以与银行签订远期择期合约，在规定的择定期内的任何一天实施交割。择期远期外汇交易对于客户来说，最不利的地方是与银行成交的择期汇率是整个择期内最贵的汇率，也就是对客户最不利的汇率。

例如，在纽约外汇市场上，美元与日元的汇率情况为：即期汇率 JP￥111.20－30/＄；1 个月远期汇率 JP￥117.15－25/＄；2 个月远期汇率 JP￥117.05－15/＄。如果日本进出口商可能在未来1～2个月内有美元收入，为避免汇率风险，与银行签订择定期为2个月的远期合约卖出美元，因为1个月的远期美元汇率低于2个月的远期美元汇率，银行将按2个月的远期美元买入价117.05确定择期汇率；反之，如果日本进出口商可能在未来1～2个月内有美元支出，为避免汇率风险，与银行签订择定期为1个月的远期合约买入美元，银行将按照1个月期的美元卖出价117.25确定择期汇率，因为此时的美元卖出价最高。

择期远期外汇交易无须交付手续费，通过外汇经纪人成交的交易则需要支付一定比例的佣金。

三、套汇交易

在一般情况下，由于电讯联系的发达，信息传递的迅速，资金调拨的通畅，各外汇市场的汇率非常接近，套汇活动不易进行。然而，偶发的、特殊事件的发生，会引起很短的时间内不同外汇市场汇率出现较大的差异，从而引发套汇活动。所谓套汇(Arbitrage)，就是利用不同外汇市场汇率的差异，同时在不同地点进行外汇买卖，以赚取汇率差额的交易活动。

套汇主要有以下三种形式。

(一) 直接套汇

直接套汇(Direct Arbitrage)又叫两角套汇(Two Point Arbitrage)，是指利用两种货币的汇率在两个外汇市场上的差异，同时在两个市场中买低卖高，从中赚取汇率差额的套汇活动。

【例2-4】 2015年12月30日伦敦市场和纽约市场英镑对美元的汇率分别为：伦敦市场＄1.4748－55/￡，纽约市场＄1.4780－85/￡。假定不考虑套汇成本，讨论：如果套汇者有英镑100万元，可以如何进行套汇？

分析：英镑在伦敦市场价格较低，在纽约市场价格较高，套汇者可在伦敦市场以＄1.4748－55/￡的汇率买入英镑卖出美元，同时在纽约市场以＄1.4780－85/￡的汇率买入美元卖出英镑。

假定不考虑套汇成本，以上两笔交易完成后，每1英镑可赚取利润＄0.0025(1.4780－1.4755)，100万英镑可赚取利润＄2 500(1 000 000×0.0025)。

(二) 间接套汇

间接套汇(Indirect Arbitrage)又称三点套汇(Three Point Arbitrage)或多角套汇(Multiple Point Arbitrage)，是指利用三种或多种不同货币之间的交叉汇率在三个或多个外汇市场上的差异进行的套汇活动。

【例2-5】 同一时间纽约、伦敦、东京外汇市场有如下报价：

纽约外汇市场：＄1.4780－85/￡

伦敦外汇市场：JP¥177.36－50/£

东京外汇市场：JP¥121.35－50/＄

讨论：是否存在套汇机会？如果有存在套汇机会，现有100万美元，如何进行操作？

分析：根据纽约外汇市场和伦敦外汇市场汇率计算日元对美元的套算汇率：

银行买入价：1美元＝177.36÷1.4785＝JP¥199.96

银行卖出价：1美元＝177.50÷1.4780＝JP¥120.09

套算汇率JP¥119.96－120.04/＄，东京外汇市场实际汇率是JP¥121.35－50/＄，两者存在差异，有套汇机会。套汇操作方法如下：

东京外汇市场美元换日元：＄100×121.35＝JP¥12 135(万)

伦敦外汇市场日元换英镑：JP¥12 135÷177.50＝£68.362(万)

纽约外汇市场英镑换美元：£68.3662×1.4780＝＄101.0452(万)

经过上述套汇活动，如果不考虑交易费用，100万美元可以获得套汇利润10 452美元。

套汇具有强烈的投机性。市场上出现大量套汇活动后，会使贱的货币上涨，贵的货币下跌，套汇的结果会使各个市场的汇率很快趋于平衡，因此外汇套汇有促使各个外汇市场供需均衡的功能。

（三）套利

套利(Interest Arbitrage)又称时间套汇或利息套汇。当外汇市场同一种货币的即期汇率与远期汇率之差小于当时两种货币的利率差，而两种货币的汇率在短期内波动幅度不大时，套汇者就可以在即期和远期市场上进行套汇活动，牟取利润。

【例2-6】 某日在美国金融市场上美元利率年息为10%，在英国英镑利率年息12.75%，当时美元的即期汇率为＄1.5000－10/£，3个月期的远期点数汇率为170－160点。讨论:套汇者是否存在套利机会？如果存在，如何进行套利？

分析：在本例中，买卖的币种是英镑，价格以美元表示，远期汇率点数为170－160，前面数字大于后面数字，英镑远期贴水。3个月期英镑远期汇率为＄1.4830－50/£(其中，＄1.4830/£＝＄1.5000－0.017；＄1.4850/£＝＄1.5010－0.016)。远期英镑贴水百分比绝对值为4%①，比英镑与美元的利率差异2.75%(12.75%－10%)高，因此套利者有套利机会。

套利者可以在货币及外汇市场进行如下的交易，以赚取差额利润：

(1) 借入英镑，按12.75%年利率计息。

---

① 3个月期的远期英镑贴水百分比如下：

$$\frac{1.4850-1.5000}{1.5000}\times\frac{12}{3}\times100\%=-4\%$$

(2) 按即期汇率＄1.5000/￡卖出英镑，将借入的英镑兑换成美元。

(3) 将兑换的美元存入货币市场，按10%年利率计息。

(4) 按远期汇率＄1.4850/￡买入3个月期远期英镑，卖出美元。

假定借入1 000万英镑，进行无风险利率套汇交易，套利者可以获得收益8 706英镑。计算如下：

借入3个月期1 000万英镑，按12.75%年利率计息，到期应偿还：

$$￡1\,000\times\left(1+12.75\%\times\frac{3}{12}\right)=￡1\,031.875(\text{万})$$

依照“借入英镑——兑换美元——计息——兑换英镑”，到期可获得：

$$￡1\,000\times1.5000\times\left(1+10\%\times\frac{3}{12}\right)\div1.4850=￡1\,035.3535(\text{万})$$

此项套利交易可获得收益：

$$￡1\,035.3535-1\,031.875=￡3.4785(\text{万})$$

四、掉期交易

掉期交易(Swap Exchange Transaction)是指买进或卖出一定数额即期外汇的同时，卖出或买进同等数额的远期外汇。从交易的构成看，掉期交易由即期交易和一笔反向的远期交易构成。进行这种交易的目的是为了弥补已经购入或出售某种外汇可能发生的风险。例如，美国的某银行购买100万英镑投资于英国6个月的短期国库券。为了防止英镑6个月后汇率下跌，该银行在买进英镑的同时，卖出6个月的英镑期汇。运用掉期交易，可以达到保值的目的。

即期对远期的掉期交易是最基本的、最常见的掉期交易。除此以外，还有“即期对即期的掉期(Spot-spot Swaps)”和“远期对远期的掉期(Forward-forward Swaps)”，前者用于大银行之间的短期资金拆借，后者则将交割期限不同的两个期汇交易结合起来。

五、外汇投机

外汇投机(Foreign Exchange Speculation)是指投机者为获取汇率变动所带来的预期风险收入而故意建立货币开放性头寸的外汇交易，投机者根据对未来汇率的预期，通过买低卖高交易谋取利润。投机与一般交易最大的区别在于：一般人利用外汇交易消除外汇风险，而投机者则希望承担外汇风险，利用汇率波动谋求利益。外汇投机可发生在即期市场，也可能发生在远期市场。

(一) 即期市场投机

如果投资者相信现行外汇即将升值，可以在即期市场上买入外汇，一旦外汇果真如他所预料的升值，这个投机行为就可以获利。

例如，欧元与英镑的即期汇率为€0.7486/£，6个月的远期汇率为€0.7475/£。如果投机者认为英镑贬值确定，并且其现有100万英镑可以操作，他可以采用以下投机方式：按即期汇率购入74.86万欧元(100×0.7486)；当市场汇率达到预期的€0.7475/£时，卖出欧元，买入100.1472万英镑(74.86÷0.7475)，实际获得收益1 480英镑。

当然，如果投机者预测错误，英镑升值，则投机者将面临很大的损失。

(二) 远期市场投机

当投机者预计未来某日即期汇率与同日到期的远期汇率不同，并相信自己对未来汇率变化趋势的预测，他就可以在远期市场上投机。远期市场上的投机方式和是否获得成功取决于未来即期汇率的变动方向及未来即期汇率与目前远期汇率的相对位置。假设：

SR：目前即期汇率

ER(S)：投机者预计未来某一天的即期汇率

FR：目前远期汇率

SR、ER(S)和FR的相对位置有四种形式，以美元和港元交易为例：

类型一：投机者认为美元未来即期汇率ER(S)的贬值幅度将大于未来同一天到期的远期汇率FR的贬值幅度。例如：

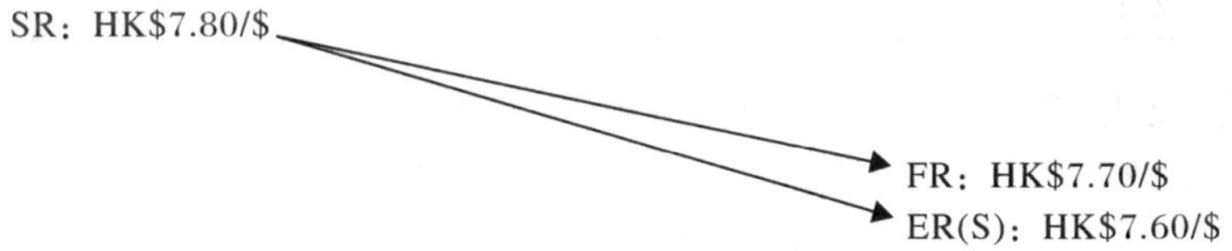

类型二：投机者认为美元未来即期汇率ER(S)的贬值幅度将小于未来同一天到期的远期汇率FR的贬值幅度。

类型三：投机者认为美元未来即期汇率ER(S)的升值幅度将大于未来同一天到期的远期汇率FR的升值幅度。

类型四：投机者认为美元未来即期汇率ER(S)的升值幅度将小于未来同一天到期的远期汇率FR的升值幅度。

远期市场上的外汇投机可以通过两种方式进行，一种是“买空”(Buy Long)或“做多头”(Bull)，当外币的预期贬值幅度小于远期市场的报价，或预期升值幅度大于远期市场的报价，就采用先买后卖(买低卖高)方式。另一种是“卖空”(Sell Short)或“做空头”(Bear)，即在外币的预期贬值幅度大于远期市场的报价，或预期升值幅度小于远期市场的报价，采用先卖后买(卖高买低)方式。如上述类型一，投机者以HK＄7.70/＄(FR)在远期市场上预售美元，等到期时履行合约卖出美元，同时在即期市场上以HK＄7.60/＄[ER(S)]买回美元。此时，每1美元可赚取利润0.10港币。远期市场上的外汇投机方式汇总见表 2-3。

表 2-3

外汇投机方式选择

类型	现　象	举　例	投　机　方　式
1	美元未来即期汇率 ER(S)的贬值幅度将大于未来同一天到期的远期汇率 FR 的贬值幅度	SR：HK$7.80/$ FR：HK$7.70/$ ER(S)：HK$7.60/$	以 HK$7.70/$在远期市场上预售美元，到期交割，并在即期市场上以 ER(S)HK$7.60/$买回美元，轧差后 1 美元赚取利润 0.10 港币
2	美元未来即期汇率 ER(S)的贬值幅度将小于远期市场的报价	SR：HK$7.80/$ FR：HK$7.60/$ ER(S)：HK$7.70/$	在远期市场上以 HK$7.70/$购入远期美元，到期交割，并在即期市场上以 ER(S) HK$7.70/$出售美元
3	美元未来即期汇率 ER(S)的升值幅度将大于远期市场的报价	SR：HK$7.80/$ FR：HK$7.90/$ ER(S)：HK$8.0/$	在远期市场上以 HK$7.90/$购入远期美元，到期交割，并在即期市场上以 ER(S) HK$8.0/$出售美元
4	美元未来即期汇率 ER(S)的升值幅度将小于远期市场的报价	SR：HK$7.80/$ FR：HK$8.00/$ ER(S)：HK$7.90/$	在远期市场上以 HK$8.00/$出售远期美元，到期交割，并在即期市场上以 ER(S) HK$7.90/$买回美元

总而言之，投机的重点在于正确预测汇率，以买低卖高的方式，谋取差价利益。远期外汇投机不需要像即期外汇投机那样持有大量现汇或本币资金，它只需到期轧差，收取或支付差额。因此，远期外汇投机更具有投机性、风险性。一旦汇率预测错误，汇率走势相反，投机者将遭受重大损失，可能一瞬间破产。

本章小结

外汇是国际汇兑一词的简称。外汇可以理解为动态外汇和静态外汇两种含义。财务管理中使用的外汇概念一般是指静态外汇。

汇率是指两种货币之间的兑换比率。在国际上，根据标价货币和计价货币的不同，汇率的标价方法有直接标价法和间接标价法两种。

按照不同的分类标准和用途，有不同的汇率。从银行买卖外汇的角度看，有买入汇率、卖出汇率、中间汇率、现钞汇率。从汇率的确定角度看，有基本汇率、套算汇率。从使用(交割)的时间看，有即期汇率、远期汇率。远期汇率的报价方法有完全报价法和小数点报价法。远期汇率的变化用百分比表示，期限不满 1 年的，变化率要折算至年。

外汇市场是指由银行等金融机构、自营交易商、大型跨国企业参与的，通过中介机构或电讯系统联结的，以各种货币为买卖对象的交易市场。外汇市场依照其业务类型分为顾客市场和银行间同业市场。

外汇市场上的交易按照交割的方式和期限分为即期外汇交易和远期外汇交易。

套汇是指套汇者利用不同外汇市场汇率的差异，同时在不同地点进行外汇买卖，买低卖高，以赚取汇率差额的交易活动。套汇有直接套汇、间接套汇和无风险套汇三种形式。

掉期交易由一笔即期交易和一笔反向的远期交易构成，是指买进或卖出即期外汇的同时，卖出或买进同等的远期外汇。掉期交易的目的是为了弥补已经购入或出售某种外汇可能发生的风险。

外汇投机是指投机者为获取汇率变动所带来的预期风险收入而故意建立货币开放性头寸的外汇交易。外汇投机的目的是利用汇率波动谋求利益。外汇投机的成功与否，收益金额的大小，取决于对汇率变动趋势的正确预测。外汇投机可同时在即期市场和远期市场发生。

复习思考题

1. 简述直接标价法和间接标价法及其相互之间的关系。
2. 如何确认远期汇率的升水与贴水？
3. 什么是即期外汇交易？什么是远期外汇交易？什么是掉期交易？
4. 如何选择使用固定远期外汇交易和择期远期外汇交易？
5. 套汇有哪些基本形式？如何进行操作？

练　习　题

1. 表 2-4 是 2015 年 12 月×日人民币外汇牌价（人民币/100 外币）。

表 2-4

人民币外汇牌价

货币名称	汇买价	汇卖价
英镑	959.15	965.89
港币	83.61	83.93
美元	648	650.6
瑞士法郎	653.3	657.88
日元	5.3762	5.414
加拿大元	465.39	469.13
澳大利亚元	473.43	476.75
欧元	707.01	711.97

要求：计算 600 欧元可以兑换多少人民币？100 元人民币可以兑换多少日元？100 美元可以兑换多少英镑？10 加元可以兑换多少澳元？200 瑞士法郎可以兑换多少欧元？500 港币可以兑换多少美元？

2. 2014 年 12 月 31 日 \$1＝¥6.1190，2015 年 12 月 31 日 \$1＝¥6.4936。要求：计算人民币升值百分比和美元贬值百分比。

3. 某日伦敦外汇市场£1＝HK\$11.2730—50，3 个月远期汇率点数 248—256。要求：根据远期报价点数计算远期汇率数。

4. 某日纽约市场 \$1＝€1.0893—905，法兰克福市场£1＝€1.3349—56，伦敦市场£1＝\$1.4532—50。套汇者拟用 200 万英镑进行间接套汇。要求：分析该套汇者是否能通过套汇获得收益？如何进行套汇？如果进行套汇，计算其套汇收益(或损失)。

案例分析

1. 中国某进出口企业收到国外进口商支付的出口货款 500 万美元，该企业需将货款兑换成人民币用于国内支出。另外该企业进口原材料一批，将于 3 个月后支付 500 万美元的货款。根据中国银行人民币外汇牌价得知，人民币对美元即期汇率¥6.4945—6.4970/\$，3 个月期远期汇率¥6.5275—6.5890/\$。中国进出口企业担心 3 个月后人民币贬值，决定利用远期外汇合约抵补汇率风险，与银行办理一笔即期对 3 个月远期的人民币与美元的掉期业务。按即期汇率¥6.4945/\$卖出 500 万美元，取得相应的人民币，同时与银行签订 3 个月远期合约，按汇率¥6.5890/\$，以人民币买入 500 万美元。3 个月后，履行合约，购入 500 万美元，支付进口原材料款。

分析：通过上述交易，该企业既可以轧平其中的资金缺口，满足目前国内资金使用的需要；又锁定了未来的人民币现金流出，将汇率固定在¥6.5890/\$。当然，与 3 个月前的即期汇率¥6.4945/\$相比，损失 47.25 万元人民币[500×(6.5890—6.4945)]，这是企业所能够承受的外汇风险。实际操作中还可能存在以下两种情况：

(1) 3 个月后人民币贬值损失超过预期。假设 3 个月后的即期汇率为¥6.5805—6.5925/\$。中国进出口企业没有签订远期合约，也没有采用任何其他抵补措施，与合约汇率¥6.4945/\$相比，多支付 1.75 万元人民币[500×(6.5925—6.5890)]，与 3 个月前的即期汇率¥6.4945/\$相比，损失 49 万元人民币(47.25＋1.75)。

(2) 3 个月后人民币升值或贬值损失低于预期。假设 3 个月后的即期汇率为¥6.5175—6.5390/\$。与合约汇率¥6.5890/\$相比，中国进出口企业将因签订远期合约多支出 25 万元人民币[500×(6.5390—6.5890)]。

2. 环球公司现在需要 100 万美元的资金来解决生产经营上的需要，它可以直接从银行借入 6 个月浮动一次的浮动利率贷款 100 万美元，公司财务分析后认为风险太大，经市场询价，发现可以从一家外汇银行以年利率 2.5%的代价借得 1 年期借款 78.50 万欧元。已知：外汇市场上欧元的即期汇率是€0.918/$，1 年期远期汇率是€0.9205/$。经研究公司决定向外汇银行借入 91.81 万欧元，立即兑换成 100 万美元。为消除汇率风险，同时与该银行签订 1 年期的外汇远期合约，按远期汇率€0.9205/$购买借款本息 94.10525 万欧元。1 年后贷款到期，履行合约，以美元购买欧元，偿还欧元贷款本息。

分析：公司借入 91.81 万欧元在即期市场上买入 100 万美元。

€918 100÷€0.9181/$＝$1 000 000

1 年后公司需要偿还银行本息 80.4625 万欧元。

€918 100×(1＋2.5%)＝€941 052.5

公司在远期市场上卖出 101.2107 万美元，买入欧元，偿还欧元本息。

€941 052.5÷€0.9205/$≈$1 022 328

归还欧元贷款所需 102.2328 万美元与原来需要 100 万美元之间的差额 2.2328 万美元，就是借入这笔资金的成本，相当于年利率 2.23%的美元贷款成本。

$$\$1\,000\,000\times(1+X)=\$1\,022\,328$$
$$X=1\,022\,328\div1\,000\,000-1=2.23\%$$

1 年以后，不管欧元与美元汇率如何变化，环球公司都按€0.9205/$的价格购买欧元，这样在贷款偿付日以前汇率的变动所造成的风险就被消除了。

第三章　外汇汇率预测

【本章学习目标】

通过本章学习，了解、掌握购买力平价理论、费雪效应、国际费雪效应、利率平价，以及远期汇率作为未来即期汇率无偏估计等平价关系；掌握汇率预测的要点、步骤及方法；理解汇率预测对于企业的重要性。

【本章关键词】

购买力平价理论(The Theory of Purchasing Power Parity)
一价定律(The Law of One Price)
费雪效应(Fisher Effect, FE)
国际费雪效应(International Fisher Effect)
利率平价说(Interest Rate Parity)
期望说(Foreign Exchange Expectations)
技术预测法(Technical Forecasting)
基本因素预测法(Fundamental Forecasting)
市场预测法(Market-based Forecasting)
混合预测法(Mixed Forecasting)
回归分析(Regression Analysis)
敏感性分析(Sensitivity Analysis)

体育用品出口公司每月把英镑兑换成美元。当前英镑的即期汇率约为＄1.65美元，但英镑的未来值有极大的不确定性。体育用品出口公司的老板吉姆·劳甘预期英国通货膨胀率在未来会大幅度上升。在前些年，英国通货膨胀率很高，结果英镑贬值。当前，英国利率比美国略高，而且英镑在过去几个月内有小幅攀升。吉姆想预测以后20个月各月的英镑价值。

资料来源：[美]Madura J. 杨淑娥，张俊瑞主译. 国际财务管理. 大连：东北财经大学出版社，2000

第一节　外汇市场上的主要平价关系

外汇市场的经济关系是指在外汇市场上几种经济因素或经济力量相互作用对外汇汇率的影响，也就是物价、利率和汇率之间的关系。西方经济学的有关理论揭示了外汇市场存在的特定的经济关系以及在外汇市场起作用的几种力量。这些理论包括购买力平价理论、费雪效应、国际费雪效应、利率平价和远期汇率平价理论等。

一、购买力平价理论

购买力平价理论（The Theory of Purchasing Power Parity）是瑞典经济学家卡塞尔在 20 世纪 20 年代初提出的，是有关通货膨胀与汇率之间关系的理论，至今其依然是汇率决定理论中最具有影响力的一种，是浮动汇率制下预测汇率变动趋势的重要理论依据。购买力平价理论的基础是"一价定律"（The Law of One Price）。

"一价定律"认为，若国际商品市场和金融市场是完全有效的话，那么在忽略运输费用的情况下，一件商品在国际上的价格应该是一致的。因此，各国货币之间的汇率就是同一种商品在各国以各自货币表示的价格之比。

【例 3-1】 假定甲国 A 商品的单位售价为 1 000 甲元，乙国 A 商品的单位售价为 10 000 乙元。则甲国货币与乙国货币的购买力之比为：1 000 甲元＝10 000 乙元。甲元与乙元的汇率为：

1 甲元＝10 乙元

或：　　1 乙元＝0.1 甲元

如果甲国货币与乙国货币的现行汇率为 1 甲元＝9 乙元，就会出现套利机会。在不考虑运输费用的情况下，乙国商人会在甲国购买 A 商品，然后运输到乙国销售，获得毛利每单位 1 000 乙元（10 000－1 000×9）。随着商品的转移，甲国 A 商品因需求的增加而价格上升，乙国的 A 商品因供给的增加而价格下跌，套利使得 A 商品的价格在两个市场上趋于一致。

"一价定律"的不足之处在于其假设条件存在一定的局限性，因为"一价定律"假设同种商品的不同生产买卖不涉及交易成本（如运输成本、关税）和其他差异条件，然而，对大多数商品而言，在不同市场的买卖都会涉及交易成本，对国际贸易任何形式的干预都会直接影响交易成本。而正是交易成本的存在和差异，刺激了套利活动的愈演愈烈。因此，"一价定律"只适合于某些特殊的商品，如黄金等。

（一）绝对购买力平价

购买力平价理论分为绝对购买力平价和相对购买力平价。

绝对购买力平价理论认为，两国货币之所以能够互相兑换，是因为它们在各自国内具有购买力。X 国居民之所以需要 Y 国货币，是因为用它能购买一定数量的 Y 国商品，而 Y 国居民之所以需要 X 国的货币，也是因为用它可以购买一定数量的 X 国商品。绝对购买力平价的基本含义是：一国货币按其所能购买的商品和服务定价。两国货币之间的汇率应该与两国的一般物价水平比率相一致。因此，应该用一组（一批或全部）商品的价格水平来确定两国货币的比率。用公式表示如下：

$$R=\frac{\sum W_{xi}P_{xi}}{\sum W_{yi}P_{yi}}$$

或：

$$R=\frac{\sum P_{x}}{\sum P_{y}}$$

式中 R——Y 国货币对 X 国货币的汇率（即单位 Y 国货币等于一定数量的 X 国货币）；

P_{xi}——X 国选定商品的价格；

P_{yi}——Y 国选定商品的价格；

W_i——选定商品的权数；

P_x——X 国的一般物价水平；

P_y——Y 国的一般物价水平。

该公式就是绝对购买力平价公式。

【例 3-2】 根据表 3-1 确认汇率。

表 3-1

各国商品与价格的关系

一组货物	价格		
	瑞士：SFr	英国：£	美国：$
2 升啤酒	2.97	2.05	3
1 磅羊毛	1.51	0.47	1
1 磅牛肉	3.48	3.00	4
合　计	7.96	5.52	8

根据绝对购买力平价公式，可以计算确定以下三组汇率：

瑞士法郎对英镑：£1＝SFr 1.44　或　SFr1＝£0.6935

瑞士法郎对美元：$1＝SFr1.005　或　SFr1＝$0.995

美元对英镑：　£1＝$1.4493　或　$1＝£0.69

因为购买力又表现为一般物价水平的倒数，所以上式可以写成：

$$R=ZB/ZA$$

式中 ZB——B 国的物价指数；

ZA——A 国的物价指数。

绝对购买力平价所反映的汇率代表一个国家货币的实际汇率(Real Exchange Rate)。实际汇率与外汇市场名义汇率(Nominal Exchange Rate)的差异,反映了一国货币的被高估或低估,是预测长期汇率的依据。

(二) 相对购买力平价

相对购买力平价理论认为:各国的货币购买力是随着通货膨胀率的变化而变化的。通货膨胀率的变化将导致购买能力的变化,又必然会直接反映在即期外汇汇率的变动上。汇率的变动与同一时期两国物价水平的相对变动成比例。用公式表达如下:

$$ER=SR\times[(1+P_x)/(1+P_y)]$$

式中 SR——基期汇率;

ER——通货膨胀后的预期(即期)汇率;

P_x——X 国的通货膨胀率;

P_y——Y 国的通货膨胀率。

【例 3-3】 接[例 3-2]。假定英国的年通货膨胀率为 9%,美国年通货膨胀率为 7%。1 年后,在英国和美国购买同样一组商品将分别需要£4.36 或$8.56。按照购买力平价理论,1 年后美元和英镑之间的预计即期汇率为$1.9633/£。

分析:1 年后购买同同样一组商品需要英镑:£5.52×(1+9%) =£6.0168

1 年后购买同同样一组商品需要美元:$8×(1+7%)=$8.56

1 年后美元和英镑之间的预期(即期)汇率:$8.56/£6.0168=$1.4227/£

或表示为:预期汇率 $1.4493\times\dfrac{(1+7\%)}{(1+9\%)}=\$1.4227/£$

上述案例告诉我们,由于英镑的年通货膨胀率高于美元的年通货膨胀率,影响到英镑对美元的汇率下降。

一国货币的对内价值决定了它的对外价值,当一国货币贬值后,它的对外汇率就要下跌,购买力平价理论的相对形式反映了两个国家相对通货膨胀率和货币的升值或贬值率的关系。由于相对通货膨胀率容易观察,所以相对形式是企业和汇率预测者经常采用的形式。上式也可以写成:

$$ER/SR=(1+P_x)/(1+P_y)$$

如果用 K 表示某一时期货币的升值或贬值率,则:

$$K=\frac{ER-SR}{SR}=\frac{(1-P_x)-(1-P_y)}{(1-P_y)}$$

$$=(P_x-P_y)/(1-P_y)$$

当通货膨胀率较低时,我们将分母省略,得到近似值:①

① 但在有些国家,通货膨胀率达两位数或三位数,省略这一系数则不太合适。

$$K \approx (P_x - P_y)$$

该式表明两国货币的升值或贬值等于两国相对通货膨胀率。

上述公式可以表明：汇率的变动程度（两国货币间汇率在两个时期的变化）取决于两国的通货膨胀率。当本国货币的通货膨胀率超过外国货币的通货膨胀率，即 $(P_x - P_y) > 0$，$K > 0$ 时，表明外币（基础货币）相对本币（标价货币）升值，本币贬值。当 $(P_x - P_y) < 0$，$K < 0$ 时，表明外币（基础货币）相对本币（标价货币）贬值，本币升值。即：两国通货膨胀率差异的任何变化将在未来很长的时间内，由即期汇率的反方向等同大小变化来抵销。

二、费雪效应

费雪效应（Fisher Effect）揭示的是名义利率（金融机构公布的利率）、实际利率（真实利率）与通货膨胀率之间的关系，也就是其与购买力之间的关系。费雪认为：当投资者购买金融资产时，他们希望能够得到更多的实际收入。实际收入一方面取决于投资的报酬，主要是利率；另一方面也受通货膨胀所造成的购买力变动的影响。如果一个投资者得到20%的实际收入，但是这期间的通货膨胀率为20%，那么金融资产的增加完全被货币购买力的下降所抵销，它的实际收入为零。所以费雪效应表明：一国名义利率等于资产的实际收益和通货膨胀率之积。用公式表示如下：

$$(1+i) = (1+r) \times (1+P)$$

或：

$$i = (1+r) \times (1+P) - 1$$

式中 i——名义利率（名义收益率）；

r——实际利率（实际收益率）；

P——通货膨胀率。

这个公式还可以表示如下：

$$(1+r) = (1+i)/(1+P)$$

或：

$$r = (1+i)/(1+P) - 1$$

即：一个国家的实际收益率等于名义收益率除以通货膨胀率。所以一个国家的实际收益要扣除通货膨胀的影响。

【例 3-4】 假定 G 国的通货膨胀率 P_g 为 5%，G 国投资者所要求的实际收益率 r_g 为 5%。要求：计算 G 国的名义收益率 i_g。

$$\text{G 国的名义收益率 } i_g = (1+5\%)(1+5\%) - 1 = 10.25\%$$

它说明投资者所投资的资产必须提供 10.25% 的名义收入，才可以抵补 5% 的通货膨胀率，取得 5% 的实际收益率。

费雪效应的基本思想是：在国际金融市场上，各国的实际利率趋于一致，即只存在一个实际收益率。即：如果两国的贷款期限相同，贷款人的信用、偿债能力相同，则两国的实际利率应当基本相同。用公式表示如下：

$$r_w = r_g = r_u$$
$$1 + r_w = 1 + r_g = 1 + r_u$$

式中 r_w——世界实际收益率；
r_g——G 国的实际收益率；
r_u——U 国的实际收益率。

费雪效应的理论依据是：如果一个国家的实际收益率较高，那么这个国家就会马上变成投资的热点，投资者将把它的资金投在实际收益率较高的国家，直到那个国家的实际收益率下降。最后导致的结果是所有国家的实际收益率都趋于相等。

根据费雪效应，各国的实际收益率相等，那么上例中，如果 G 国的实际收益率为 5%，那么 U 国的实际收益率也应该为 5%，即：

$$1 + r_g = 1 + r_u = 5\%$$

因为： $(1+i) = (1+r) \times (1+P)$

所以： $(1+r) = (1+i)/(1+P)$

$(1+r_g) = (1+i_g)/(1+P_g)$

$(1+r_u) = (1+i_u)/(1+P_u)$

因为： $(1+r_g) = (1+r_u)$

所以： $(1+i_g)/(1+P_g) = (1+i_u)/(1+P_u)$

移项： $(1+i_g)/(1+i_u) = (1+P_g)/(1+P_u)$

推论： $(1+i_x)/(1+i_y) = (1+P_x)/(1+P_y)$

式中 i_x——X 国(本国)的名义利率；
i_y——Y 国(外国)的名义利率；
P_x——X 国(本国)的通货膨胀率；
P_y——Y 国(外国)的通货膨胀率。

这是费雪效应的直接推论：投资在金融资产的名义利率和相对的通货膨胀率存在着联系，两个国家价格水平的相对变动体现在两国利率的相对差异上；反之，亦然。

名义利率和通货膨胀率之间的关系有时可以近似地表现如下：

$$i_g - i_u = P_g - P_u$$

或： $i_x - i_y = P_x - P_y$

这个公式表明：两国名义利率之差，约等于两国相对通货膨胀率之差。但是这个公式只是一个近似的公式，存在着一定误差。

【例 3-5】 接[例 3-4]。如果 U 国的通货膨胀率 P_u 为 10%，计算 U 国与 G 国两国名义利率之差和通货膨胀率之差。

U 国的名义利率：$i_u=(1+5\%)(1+10\%)-1=15.5\%$

G 国的名义利率：$i_g=(1+5\%)\times(1+5\%)-1=10.25\%$（已知）

两国名义利率之差：$i_g-i_u=10.25\%-15.5\%=-5.25\%$

两个通货膨胀率之差：$P_g-P_u=5\%-10\%=-5\%$

从这个例子中可以看出两国名义利率之差与两国通胀率之差存在一定误差。尽管这是一个近似的公式，但是这个公式是费雪效应常见的公式。

三、国际费雪效应

国际费雪效应（International Fisher Effect）揭示的是预期汇率变动和名义利率之间的关系。如前所述，费雪效应说明了名义利率和预期通货膨胀率之间的关系，购买力平价理论告诉，汇率的变动将会抵销通货膨胀差异的变化。因此，一国的通货膨胀率相对于其他国家的通货膨胀率上升，将意味着该国货币贬值，同时也意味着该国的利率将相对于外国利率上升，将这两个条件综合起来，就得到了国际费雪效应。其推导过程如下：

购买力平价理论揭示预期汇率和通货膨胀率之间的关系，即：

$$ER/SR=(1+P_x)/(1+P_y)$$

费雪效应揭示名义利率和通货膨胀率之间的关系，即：

$$(1+i_x)/(1+i_y)=(1+P_x)/(1+P_y)$$

通过数学运算可以推导出：

$$ER/SR=(1+P_x)/(1+P_y)=(1+i_x)/(1+i_y)$$

或：

$$ER=SR\times[(1+i_x)/(1+i_y)]$$

如果用 K 表示货币的升值或贬值率，则：

$$K=(ER-SR)/SR=(i_x-i_y)/(1+i_y)$$

国际费雪效应表明预期汇率的变动可以从名义利率的差异中推导出，而名义利率可以在市场上观察到，这样就为预测汇率指明一个方向，可以通过对名义利率的变动来预测汇率的变动。根据这个理论，如果一个国家利率相对较高，反映这个国家所预期的通货膨胀率较高，预示这个国家的货币将贬值。从另一个角度来说明，当各个国家的金融资产实际收益率不同时，利率较高的国家表明有较高的实际收益率，这将吸引资本投入，因而提高了汇率。

【例 3-6】 接[例 3-4]。如果 U 国的名义利率 i_u 为 15.5%，G 国的名义利率 i_g 为 10.25%，G 国货币的即期汇率 1G 国货币＝0.50U 国货币。要求：预测 G 国货币的期末汇率。

分析：期末预期汇率 $ER=SR\times[(1+i_u)/(1+i_g)]$

$=0.5\times[(1+15.5\%)/(1+10.25\%)]$

$=0.5238$（即：1G 国货币＝0.5238U 国货币）

货币升值或贬值率 $K=(ER-SR)/SR$

$$=(i_u-i_g)/(1+i_g)$$
$$=(15.50\%-10.25\%)/(1+10.25\%)$$
$$=4.76\%$$

根据分析结果可以看到,G 国货币对于 U 国货币来说,预计将升值 4.76%。

四、利率平价理论

利率平价理论(Interest Rate Parity)和其他平价关系一样,是当今国际金融交易的奠基石。利率平价理论由凯恩斯提出。该理论以证券金融市场为研究对象,其基本假设是套利保值资金的流动最终使两国的投资收入趋于一致。该理论认为:在两国利率存在差异的情况下,资金将从利率低的国家流向利率高的国家,以牟取较高的利润。同时为避免投资风险,会使用远期汇率交易来抵补。远期汇率会上浮从而形成均衡,使抵补套利无利可图。这时,远期汇率与即期汇率的比率会和两国的利率比率相同。用公式表示如下:

$$FR/SR=(1+i_x)/(1+i_y)$$

式中 FR——远期汇率;

SR——即期汇率;

i_x——某个国家的汇率(或国内汇率);

i_y——另一个国家的汇率(或国外汇率)。

利率平价公式揭示了利率和汇率之间的关系。如果国内利率高于国外利率,远期汇率升水;反之,则为贴水。所以,两国名义利率之差等于远期外汇市场上两国货币的升水或贴水数。

如果用 K 表示汇率的升水(贴水)数,则:

$$K=(FR-SR)/SR$$

或:

$$K=(i_x-i_y)/(1+i_y)$$

上述公式常被近似地表示如下:

$$K\approx(i_x-i_y)$$

利率平价理论反映了利率对汇率的影响。利率平价利率告诉我们,如果没有实现利率平价,投资者必然会对更高的资产进行投资,并为这种投资做出必要的外汇交易。

【例 3-7】 假定英镑的即期汇率为 \$1.4/£,3 个月的远期汇率为 \$1.386/£。另外:英国 3 个月期的利率为 12%;美国 3 个月期的利率为 7%。要求:分析如果投资者有 500 万美元资金,应该如何进行投资?

分析:方案 1:如果直接进行美元投资,没有外汇风险,3 个月后收回的美元本利和如下:

$$\$500\times(1+7\%\times3/12)=\$508.75(万)$$

方案 2：进行英镑投资。即在即期外汇市场上卖出美元，买进英镑，进行英镑投资。同时做掉期交易，在远期外汇市场上卖出投资于英镑的本金和利息，3 个月后收回的美元本利和：

$$\$500/1.4\times(1+12\%\times3/12)\times1.386=\$509.85(万)$$

显然，方案 2 的收益要大于方案 1 的收益。这种情况使人们纷纷用美元购买英镑，进行英镑投资。其结果为：① 对美元需求减少，美元名义利率上升，对即期外汇需求增加，即期汇率上升；② 对英镑需求增加，英镑名义利率下降，对远期外汇供给增加，远期汇率下降。最终即期汇率和远期汇率趋于相等，在两国的投资收入也相等。

上式中：$(FR/SR)\times(1+i_y)$表示 1 单位本国货币在国外的风险收入；$(1+i_x)$表示 1 单位本国货币在本国的投资收入。

当$(FR/SR)\times(1+i_y)>(1+i_x)$时，即：1 单位货币在国外的投资收入大于 1 单位的本国货币的投资，到国外投资，套利。

当$(FR/SR)\times(1+i_y)<(1+i_x)$时，在本国投资。

当$(FR/SR)\times(1+i_y)=(1+i_x)$时，利率平价。

利率平价最好的例证是欧洲货币市场，因为在这里交易费用很低，没有税收和政府干预的问题，即使存在交易费用，这一关系也仍然成立。事实上，国际金融市场上的各大商业银行都是根据利率平价来计算和报出远期汇率的。在实际的外汇市场上，远期升水或贴水的计算值往往存在偏差。应该说，这种活动的出现大都与投机活动、交易费用、税收和其他控制措施的存在有关。

五、期望说

期望说(Foreign Exchange Expectations)又称“远期汇率平价假说”。由于一种货币远期升水或贴水反映的是该货币在同一时期的预期升值或贬值率，那么远期汇率和预期的即期汇率应该是相等的。

国际费雪效应揭示了名义利率和预期汇率之间的关系，即：

$$ER/SR=(1+i_x)/(1+i_y)$$

利率平价理论揭示了名义利率和远期汇率的关系，即：

$$FR/SR=(1+P_x)/(1+P_y)=(1+i_x)/(1+i_y)$$

经过数学公式推导，预期汇率和远期汇率之间的关系是：

$$ER/SR=(1+i_x)/(1+i_y)=FR/SR$$

化简：

$$ER/SR=FR/SR$$

$$ER=FR$$

即某一时期的远期汇率应等于期末的预期汇率。

有人不同意此种观点，他们通过一系列的实证研究，提出在一定条件下这个结论是正确的，而在其他条件下，远期汇率是预期汇率有偏差的预测器。偏差存在，风险也存在，所以存在投机，存在丰厚的利润。如果远期汇率大于预期汇率，即 $FR>ER$，投资者可以通过卖出远期外汇到时按低的即期汇率买进而获利；如果预期汇率大于远期汇率，即 $ER>FR$，投资者可以买进远期外汇到时按更高的即期汇率卖出。远期汇率因通过投机交易而变动，直至投机动力消失，最后达到理论上的完美，即 $ER=FR$。

根据期望说，一些市场分析家认为，对那些采用浮动汇率安排的主要货币而言，外汇市场是充分有效的，远期汇率是未来即期汇率的无偏估计。

图 3-1 解释了利用远期汇率来预测外来即期汇率时，如果远期汇率是未来即期汇率的无偏估计，则 t_2 时刻的即期汇率的期望值将与当期合约所确定的 t_2 时刻成交的远期汇率相等，也就是 $E(S_2)R=F_1R$。

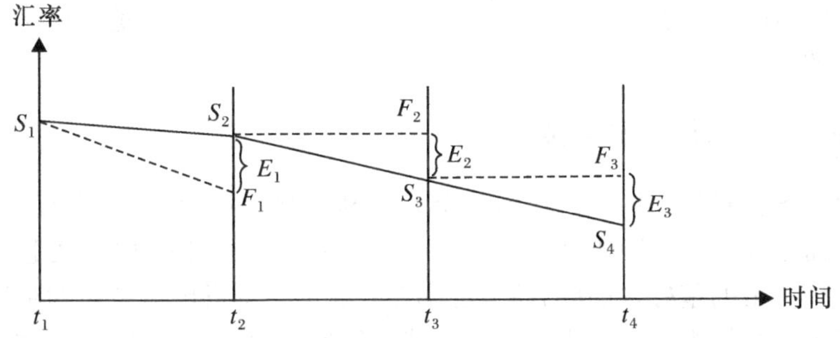

图 3-1　远期汇率作为未来即期汇率的无偏估计量

六、对相关理论与经济关系的总结

根据上述经济理论对通货膨胀率，名义利率和汇率之间的关系所进行的有意义的揭示，可以从中找到有用的经济价值。运用购买力平价理论可以通过两国通货膨胀率的分析得到将来的预期汇率；运用国际费雪效应可以通过两国名义利率的分析得到预期的汇率；运用利率平价理论可以通过对两国名义利率的分析得到远期汇率；运用远期汇率是预期汇率的无偏差预测器可以推论：远期汇率与未来的预期即期汇率相等。

然而，这些理论是建立在一种假设的前提条件下的，即通过市场力量的调节作用，达到种种均衡。例如，购买力平价理论假定汇率的自动调节可以消除消费者在各个市场上进行的选择；费雪效应假定投资的结果使得各国都能得到相等的实际收益率；利率平价理论假定投资者可以在各国自由转移资金直到各国的投资收益率相等，投机者买卖远期的货币直到投机的动力消失；国际费雪效应假设投资者的行为通过汇率的调整使得两国的名义收入相等。

然而，外汇交易者从事的交易活动有多少自由度能够保证这些均衡关系的成立仍是一个重要的问题。事实上是:这些交易活动受到各方面的限制,也就是说市场存在着不完全性。市场活动所处的各个国家的法律、政治、文化环境的不同,使得这些交易活动不能自由动作。例如,远期外汇市场的投机被大多数国家政府认为是不合法行为,政府干预外汇市场,使远期汇率出现特定的升水或贴水,等等,使这些均衡关系很难存在。所以建立在这种均衡前提下的经济关系,以及由此所做出的预测只能作为进行经济决策和理财时的一种预测基础。

第二节 汇率预测

汇率预测,就是指对货币间比价关系的波动范围和变化趋势做出判断和预测。汇率波动是造成外汇风险的重要因素,把握汇率波动方向,对其波动幅度进行预测,是确定风险大小和程度的重要工作。

一、企业预测汇率的重要性

国际企业在进行对外长期投资或内部企业管理时都会涉及外汇,都有一个外汇风险防范的问题。而绝大多数风险管理方法都是建筑于对汇率的正确预测之上,即汇率预测是外汇风险管理决策的基础,准确的预测汇率变动有助于提升跨国公司的决策质量。

准确的汇率预测结果是公司进行长期经营决策的前提。跨国公司在制定长期战略决策时,如在国外进行直接投资决策、筹措外币长期资金决策、跨国资本预算决策等,都必须对未来汇率进行预测,掌握未来汇率走势。在一个持续严重通货膨胀国家进行直接投资,公司将面临投资资金难以收回的窘境。相对短期预测而言,长期汇率预测的难度大,准确性差,汇率预测人员必须依据影响汇率变动的诸多因素,如被预测国家的物价、利率、国际收支、政府管制、金融市场等的分析,确定未来汇率的变动方向。

准确的汇率预测结果是国际企业进行短期财务决策的依据。国际企业必须根据汇率预测结果不断做出或调整自己的短期财务决策,特别是对应收账款和应付账款的管理。给予客户的信用期该是多长?是否要提前支付货款?是否需要通过货币市场进行套期保值?是否需要通过价格机制避免可能出现的损失?

汇率预测结果会影响跨国公司对国外子公司的评价。许多跨国公司是根据计划完成情况来综合评价子公司业绩的。汇率预测的结果与实际情况偏差非常大的话,既会影响子公司的经营,也会影响对子公司的公正评价。

二、影响汇率变动的主要因素

(一)政府对外汇市场的干预

各国政府对外汇市场的干预,一定程度上会影响汇率的变动。政府对汇率的干预主

要是通过汇率政策的制定进行的。汇率政策是中央银行调节货币对外币价值的有关措

小知识

日元承运交易

来自东京的报道——日本已经降到最低点的利率,促使国际投资者重新进行所谓的"日元承运交易(The Yen Carry Trade)"的运作。

1998年,由于日元的猛冲侵蚀了从这些交易中获得的利润,使得从事这些交易的投资者颇受打击,这种交易是将廉价的日元投资于以其他货币计价的高收益的资产。经济学家预言日元汇率将比1997年更加琢磨不定。

如果日本货币市场不是如此动荡不安,则目前日元承运交易将较以前任何时候都更有吸引力。周二,东京金融机构宣布东京货币市场日元年利率为0.4%,这几乎相当于1998年利率的一半,也是第二次世界大战后最低的历史纪录。如果在当时的汇率下,把廉价的日元兑换成美元后去买短期美国政府证券,将会获得5%的资本回报率,再从中扣除0.4%的货币转换成本,投资商将获得4.6%的净利润。

1995年以来,为了促进国内经济的复苏,为了提高贷款利润以拯救处于困境中的银行,日本中央银行不断下调利率,全世界的投资者特别是那些美元对冲基金也在日元承运交易中不断进行变通。随着投资者更愿意用廉价的日元从事杠杆收购,这些交易也日益变得复杂。从东京筹集的资金常常被投资在从伦敦到吉隆坡市场,目的是为了购买高收益证券。

日元承运交易的利润取决于日元汇率保持稳定或者走软,就像1995年和1998年初期那样。然而,就在1998年7月,不幸的事情发生了,日元开始强劲反弹,仅仅2天时间,美元便相对日元走低9%。10月份,美元再度下跌12%。至此,由于利差产生的利润便被美元贬值所抵销了,投资商不得不再度出售其所投资产,以偿还他们的日元。

资料来源:Risky Tactic In Yen Trade Shows Life as Rates Fall. Wall Street Journal,3/10/99

施。它包括两个方面:宣布本国货币贬值或升值;干预外汇市场。

中央银行宣布货币贬值或升值的目的在于调节国际收支平衡。当一国发生国际收支逆差时,一般会使用贬值的汇率政策,即在保持本国政局稳定的前提下宣布本币贬值。本币贬值,本国出口商品以外币标价的价格下降,从而促进出口,而进口商以本币标价的价格上涨,从而限制进口。其结果,对外贸易收入增加,支出减少,国际收支逆差缩小;反之,若一国发生国际收支顺差时,该国就会运用升值的汇率政策,其结果正好与上述情况

相反。

干预外汇市场的目的是为了稳定汇率。根据《国际货币基金协定》的规定，各会员国的中央银行必须承担干预外汇市场，将市场及其汇率稳定在规定的界限内的义务。因此，当一国外汇市场上外币供不应求，汇率突破规定的上限时，该国中央银行就应该投放外币，同时收购本币，使汇率降至正常水平；反之，当一国外汇市场上外币供过于求，汇率突破规定的下限时，该国就应该采取投放本币，同时收购外币的政策，使汇率升至规定的下限之上。

在有管理的浮动汇率制和固定汇率制下，即期汇率与远期汇率，利率和通货膨胀率达到平衡的趋势依然存在，但会在政府和中央银行的干预下被人为制止。当然，政府也会因政治因素或市场压力而做出允许汇率变动的改变。因此，预测汇率变动就变得十分棘手。

(二) 国际收支

国际收支是影响汇率短期变化的一个非常重要的因素。当一国的国际收支出现顺差时，该国的外汇供给和国外对该国货币汇率的需求就会增加，进而引起外汇的汇率下降或本国货币汇率的上升；反之，当一国的国际收支出现逆差时，该国的外汇需求和本国货币的供给就会增加，进而导致外汇汇率的上升或本国货币汇率的下降。在国际收支中，经常性收支尤其是贸易收支，对外汇汇率起着决定性的作用。

当一国出现持续的国际收支逆差时，该国货币贬值的可能性将增大，至于是否真正贬值，则取决于外国人是否愿意持有该国的金融资产。如果外国人愿意持有该国货币或者购买该国市场上的金融资产，那么该国货币就不需要贬值；反之，如果外国人把该国的货币兑换成其他国家的货币，那么对该国货币贬值的压力就会显著增大。

(三) 外汇储备

在固定汇率制度下，政府为维持固定利率，必须持有一定数量的外汇储备，以便随时干预外汇市场。外汇储备充裕的国家，能承受较长时间的国际收支逆差，不必急于对本币实行贬值；外汇储备不足的国家，承受国际收支逆差的能力较弱，随时会受到货币贬值的压力。因此，外汇储备量的多少，直接影响汇率变动的幅度和频率。

(四) 通货膨胀率

通货膨胀率的高低是影响汇率变化的基础因素。通货膨胀率的通俗解释是流通的货币量超过了商品流通过程中的实际需求。一国的通货膨胀率如果长期高于其贸易伙伴，就会引起该国出口商品、劳务的国内成本提高，进而影响其国际价格的上涨，削弱该国商品和劳务在国际市场的竞争力。同时，在汇率不变的情况下，该国的进口商品成本会因本币的贬值而相对下降，在按已上涨的国内物价出售的情况下，进口利润增加，这样会刺激进口，增加外汇支出。如此下去，该国的商品、劳务收支会恶化，外汇市场供求缺口扩大，推动外币汇率上升和本币汇率下降。所以，通货膨胀率经常被选为评价一国贸易收支前景的先行指标。

值得注意的是，在一些情况下，通货膨胀和货币贬值都是因为同一因素（如进口石油成本的变化）造成的，而在大部分情况下，通货膨胀和货币贬值的关系是恶性循环的。国内通货膨胀导致出口商品的价格上涨，而进口商品的价格更具有吸引力，从而造成国际收支状况的恶化并且伴随失业问题的产生，而后者又导致货币贬值。然而货币贬值又会引起对国民经济至关重要的进口商品的价格上涨，从而造成新一轮的通货膨胀。

然而，作为经济参数，通货膨胀律的差异无助于预测货币贬值的时机，因为通货膨胀率较高的国家可以通过采取关税、出口补贴以及进口配额等措施来阻止本国国际收支状况的恶化。汇率预测中必须注意这一现象。

（五）利率水平

利率对汇率的影响是通过不同国家的利率差异引起的资金流动而起作用的。一般来说，资金总是从利率低的地方流向利率高的地方，一国的利率水平较高，其他国家的资金就会流向该国，引起对该国货币的需求增加，从而该国货币的汇率就可能上升；反之，则可能下降。

（六）货币供应量

货币的供应量是指一国的中央银行发行货币的数量。一个国家必须保证本国货币供给保持一定的数量。如果发行的货币过多，就会造成货币贬值，增加通货膨胀的压力，其最严重的后果可能会造成整个金融市场的崩溃。通常情况下，一国的经济增长缓慢，或者发生衰退，这个国家的政府就会考虑采用增加货币的供应量来刺激本国经济的复苏，此时，这个国家降息的可能性就会增大；反之，如果该国国内经济好转，货币发行量增长过快，这个国家的政府就会考虑采取紧缩的货币政策，减少货币供应量，避免通货膨胀。此时，这个国家升息的可能性就会增大。因而，在预测汇率变动时，必须关注国家之间的货币供应量情况。

（七）外汇黑市市场利率

世界上很多国家除了限制进口和资本流动外，还普遍实行外汇管制。在外汇管制情况下，只要存在官方汇率和平衡汇率的差异，就会引发外汇黑市市场。

在绝大多数情况下，外汇黑市交易是非法的，黑市交易带有一定的风险。因此，黑市市场利率并不完全由市场的供求关系决定，而是取决于官方汇率与平衡汇率的差异，以及政府对非法黑市交易的惩罚程度。

尽管我们不能期望官方汇率会与黑市汇率完全一致，但官方汇率会朝着接近黑市汇率的方向变动，外汇黑市汇率能大致告诉我们官方汇率的变动方向。因此，黑市汇率的变动也能作为汇率预测的一种参考因素。

一些国家尽管实行外汇管制，但同时也允许自由汇率用于某些类型的外汇交易。例如，出口创汇也需要按官方汇率来结算，但同时允许国内居民出国或外国旅游者入境时按自由汇率来兑换货币。这种市场称之为“平行”市场。

除此以外，政治与新闻舆论等暴发性因素（如政府更迭、国内战争、国家之间的冲突、国内罢工、自然灾害、小道消息），人们的心理预期，投机因素，及其他因素（如证券市场价格、黄金价格等）也会影响外汇市场的汇率变动。

三、汇率预测步骤

一般情况下，汇率预测可以采用下列步骤进行：

第一步，分析影响汇率变动的各种经济因素，如通货膨胀率、名义利率等，参照外汇黑市市场利率或者“平行”市场汇率，计算平衡汇率（没有任何管制的市场利率），以及目前即期汇率和计算出的平衡汇率之间的差异。

第二步，预测国际收支平衡状况，包括贸易收支、资本流动及外债偿还等。

第三步，根据第二步预测的结果估计中央银行的外汇储备水平，以及中央银行能从国际金融机构获得外汇贷款的能力。这些信息可能帮助分析人员估计政府在当前汇率水平情况下能坚持地最长时间。

第四步，预测政府可能采取的对策。除了货币贬值之外，政府还有很多其他的选择，如紧缩货币、外汇管制、从国外借款等。分析人员必须预测政府未来可能采取的对策对未来汇率走势的影响。此外，分析人员还应注意一国的主要贸易伙伴对该国施加的政治压力。

四、汇率预测方法

汇率预测的方法有很多，国际上常见的汇率预测方法通常可以分成四类，即技术预测法、基本因素预测法、市场预测法和混合预测法等。

（一）技术预测法

技术预测法（Technical Forecasting）是指利用汇率变化的历史数据来预测未来的汇率。通常采用图表方式把汇率的历史变动情况记录、表示出来，对各种数据进行统计分析，在图表上标出其变化规律，借以分析预测汇率未来的变动趋势。

技术预测法不考虑经济和政治因素，而是根据过去的汇价以及数量的变动状况，采用走势图的方法对汇率变化的趋势、变化周期进行分析，预测未来的汇率变动。技术预测法有时也借助数理统计分析来预测汇率，分析人员运用电脑对过去的汇率走势进行分析，找到某些波动规律，对未来汇率波动进行预测。

技术预测法的基本假设是：

第一，外汇市场是一个强势有效市场，所有影响汇率走势的因素都反映在当期和历史的外汇市场价格中，市场行情说明一切。这个理论是技术分析法的理论基石。他们认为各种各样的因素，不论是政治的、经济的还是其他因素都会影响市场汇率，换言之，市场汇率也就是各种因素作用的体现，反映着所有事物的状况。

第二，汇率按一定的趋势变动。汇率的变动不是随机的、无序的，而是有其内在的连续性，是按趋势变动的，而趋势变动是渐变的。因此，可以采用趋势外延法来预测汇率变动。

第三，历史会重演。汇率变化具有周期性，当现实与历史的外部环境相似时，历史将会重演。因此，过去获得的正确认识可以用来预测未来。例如，分析人员通过研究过去一段时间内某一货币的走势图后发现这样一个规律：当该货币在连续七天升值后，第八天就会贬值，如果现在这一情况再次发生，即连续七天升值，那么预测第八天也将贬值。

技术分析法具有程序简单、预测结果直观的特点，因此被广泛应用于短期汇率预测。但对于跨国公司来说，技术预测法的时间跨度较短，不利于公司制定长期的经营战略。另外，技术预测法不提供点估计或者汇率波动可视范围的估计，因此它不常被跨国公司应用。对于外汇投机者来说，他们却往往偏爱使用技术分析模型来预测短期内外汇汇率的走势，并且利用预测结果进行外汇投机。但实证研究表明，没有任何一种技术分析模型能带来持续的投机利润。

（二）基本因素预测法

基本因素预测法(Fundamental Forecasting)，又称基本因素分析法，是根据宏观经济政策和经济变量与汇率之间的基本关系来进行汇率预测。基本因素分析法通过分析影响汇率变动的各种因素，依据各种因素发生作用的方向和强度来预测汇率变动的趋势。

如上所述，影响汇率变动的基本因素是多方面的，既有经济的因素，又有政治的、心理的因素(如国际收支状况、通货膨胀率、利率、政府干预、外汇储备、货币供应量、国际政治局势的变化)，以及人们的市场预期心理等因素都会对货币的汇率产生影响。

基本因素分析法就是要分析以上各种因素对汇率变动的影响，预计汇率变动趋势。由于这些因素往往是综合在一起发生作用，而且其作用机制非常复杂，因此，在采用基本因素分析法预测汇率变动时，必须全面分析考虑各种因素的影响。基本因素分析法又可具体分为专家分析预测法和计量模型预测法。

专家分析预测法是集中与上述因素有关的各个领域里的专家，运用集体智慧，对汇率的未来变化情况做出判断。计量模型预测法是一种将经济分析与数学方法相结合的较为复杂和高级的预测方法。它是根据已有的统计资料，将影响汇率变动的各种因素与汇率的相互关系建立数学模型，据以预测未来汇率的变动趋势和幅度。

1. 回归分析法

回归分析法 (Regression Analysis)是经常被采用的计量模型预测方法之一。运用多元回归分析法预测汇率的基本步骤如下：

第一步，分析确定影响两国汇率变动的因素，分别设 X_1、X_2、X_3、…、X_n；

第二步，分析资料，通过数据运算来确定有关参数，并建立回归方程：

$$BP=b_0+b_1X_1+b_2X_2+b_3X_3+\cdots+b_nX_n$$

式中 BP——两国汇率；

b_0——常量，是两国汇率变动的修正值；

b_0、b_1、b_2、b_3、…、b_n——各影响因素的敏感系数。

第三步，根据以往汇率在一定数值时，各影响数据的具体数据，建立方程组，求出 b_0、b_1、b_2、b_3、…、b_n 的数值。

第四步，将求出的 b_0、b_1、b_2、b_3、…、b_n 的数值代入方程式，并将确定的影响因素数据代入方程式，利用确定模型进行预测。

【例 3-8】 假定某公司需要预测下月英镑对美元的汇率变动百分比。为了简单起见，我们假设这家银行的预测只包括两个经济变量：① 英国与美国的通货膨胀率差异；② 英国与美国的利率水平差异。预测过程如下：

第一步，搜集美国与英国以前各月的通货膨胀率和利率水平的资料。确定影响两国汇率的因素。假设两国通货膨胀率之差为 X_1，两国利率之差为 X_2。

第二步，分析资料，通过数据运算来确定有关参数，并建立回归方程：

$$BP=b_0+b_1X_1+b_2X_2+\mu$$

式中 b_0、b_1、b_2——相关系数；

b_0——X_1、X_2 为 0 时英镑的变动率；

b_1——BP 对 X_1 的反应程度；

b_2——BP 对 X_2 的反应程度；

μ——误差。

第三步，利用最小二乘法确定 b_0、b_1、b_2 的具体数值。假设结果是：$b_0=0.05$，$b_1=0.7$，$b_2=1$。

其基本含义是：在通货膨胀率差异、利率差异为 0 时，英镑汇率会升值 0.05%；在其他因素保持不变的条件下，两国通货膨胀率差异每变动 1%，英镑将同方向变动 0.7%；两国利率差异每变动 1%，英镑将同方向变动 1%。

第四步，利用预期的 X_1、X_2 的数值预测汇率水平。假设下月 X_1 预期将变动 5%，X_2 预期将变动 4%，则 BP 变动的百分比估计如下：

$$\begin{aligned}BP&=0.05+0.7X_1+X_2\\&=0.05+0.7\times5\%+1\times4\%\\&=12.5\%\end{aligned}$$

即下月英镑相对于美元将升值 12.5%。

2. 敏感性分析

采用多元回归分析方法进行汇率预测时，通货膨胀率等变量对汇率变动的影响通常会有滞后效应，因此可以运用这些变量来预测下一期间的汇率水平。例如，运用前期的通货膨胀率预测未来期间汇率变化的百分比。然而，有些变量对汇率变动的影响是即时的，不可知的，也需要进行预测。而这些变量预测的准确与否直接影响到汇率预测结果的准确性。在这种情况下可以尝试用敏感性分析(Sensitivity Analysis)来考虑不确定性。

【例 3-9】 假设东亚银行开发了一个回归模型,用以预测美元币值变化的百分比。该银行认为影响汇率变动的因素只包括通货膨胀率差异和利率差异。该回归模型如下:

$$e_t = b_0 + b_1 INT_t + b_2 INF_{t-1} + \mu$$

式中 e_t——在 t 期内美元的汇率变动百分率;

INT_t——在 t 期内美元和日元的实际利率差异;

INF_{t-1}——前一期内美国和日本的通货膨胀率的差异;

b_0、b_1、b_2——相关系数;

μ——误差。

企业可以用几个或者几十个期限内的 INT_t 和 INF_{t-1} 值的历史数据来预测美元汇率变动的百分率。每个历史期限(月、季、年)的跨度同所要预测期间的跨度一致。在这个回归模型重要的历史数据包括:① 美元汇率的变动百分率;② 日本实际利率减去美国实际利率之差;③ 日本前一期内的通货膨胀率减去美国前一期的通货膨胀率之差。

假设相关系数为:$b_0=0.002$,$b_1=-0.6$,$b_2=0.7$。其中,$b_1=-0.6$ 表示利率差异同美元汇率波动是负相关的关系;$b_2=0.7$ 表示通货膨胀率差异美元汇率波动是正相关关系。

为了对未来美元的汇率进行预测,必须对 INT_t和 INF_{t-1}进行估计。假设 INF_{t-1}为 1%,期初的 INT_t 未知,需对其进行估计。假设东亚银行给出了 INT_t 的概率分布如表 3-2 所示。

表 3-2

INT_t 概率分布表

发生概率	可能结果
20%	−4%
50%	−5%
30%	−6%
100%	

根据 INT_t 可能出现的每一种概率,分别预测出 e_t 的预测值如表 3-3 所示。

表 3-3

e_t 预测值

INT_t 预测值	e_t 预测值	发生概率
−4%	0.002+(−0.6)×(−4%)+0.7×1%=3.3%	20%
−5%	0.002+(−0.6)×(−5%)+0.7×1%=3.9%	50%
−6%	0.002+(−0.6)×(−6%)+0.7×1%=4.5%	30%

采用同样的方式也可以预测其他货币汇率在未来期限内的变动概率分布。

3. 运用购买力平价理论进行汇率预测

利用购买力平价理论预测汇率是基本因素预测法中最简单的形式，即利用通货膨胀率与汇率之间的基本关系来预测汇率，其公式如下：

$$ER = SR \times [(1+P_x)/(1+P_y)]$$

式中 ER——预期汇率，即在预测时期内每单位外国货币的本币价格；

SR——即期汇率，即现在每单位外国货币的本币价格；

P_x——国内通货膨胀率；

P_y——外国通货膨胀。

【例 3-10】 欧元与美元的即期汇率为＄1.08/€，假设美国在未来 3 年内的通货膨胀率是 4%，欧洲在未来 3 年内的通货膨胀率是 5%，则 3 年后欧元与美元的汇率将是：

$$ER = \$1.08/€ \times \frac{(1+4\%)^3}{(1+5\%)^3} = \$1.0494/€$$

虽然借助于经济变量与汇率之间的基本关系可以对汇率进行预测，但基本因素预测法还是存在着一定的局限性：

第一，某些变量对于汇率产生作用的时间很难确定。例如，通货膨胀率可能在 7 个月、8 个月或 9 个月之后才会完全显现对汇率的影响。

第二，虽然有些因素可能会对汇率产生影响，但只有得到它们才能进行汇率预测。为此，预测这些变量的期限必须与打算预测汇率的期限相一致，从而使汇率预测的准确性取决于这些因素预测的准确性。

第三，有些变量很难被量化。例如，如果美国一家很大的出口企业的员工出人意料地进行罢工，从而导致货物供应短缺，日本市场上那些原先需要从美国进口此类原料的消费者将因此减少对美元的需求，从而使美元汇率下跌，而这一结果是很难用预测模型来预测的。

第四，模型中的相关系数不一定保持不变。例如，如果美国政府采取保护主义提高或降低关税，那么通货膨胀率差价产生的影响会发生一些变化，从而影响美元的汇率水平。

虽然基本预测法存在着上述几个缺陷，但是许多跨国公司和银行还是比较偏爱利用这种方法来预测汇率的变动。对于任何一种预测方法来说都不可能做到百分百的准确无误，因此跨国公司分析人员在进行汇率预测过程中应允许一定范围的误差存在。

（三）市场预测法

市场预测法（Market-based Forecasting）是一种建立在即期汇率、远期汇率和利率间存在的一系列平价关系的假设基础上的汇率预测方法。市场预测法认为即期汇率反映了人们对近期汇率的预期，远期汇率则反映了人们对未来汇率的预期。如果存在套利机会，人们的套利活动会改变即期汇率和远期汇率，使之与人们的预期相一致。

1. 即期汇率的运用

一些跨国公司通过分析即期汇率的变动情况来预测未来即期汇率水平。假设日元不久后会对美元升值，那么这会使投资者用美元买进日元，而买进日元本身会使日元的即期汇率上升。相反，如果预期日元贬值，那么投资者会卖出日元，而卖出本身会使日元的即期汇率下跌。显然，日元的即期汇率反映了市场上对其未来的汇率水平的预期。鉴于即期汇率已经代表了市场对其未来趋势的预期，跨国公司可以利用即期汇率来预测未来的即期利率水平。

2. 远期汇率的运用

市场上流通的主要的国际货币通常都有着较为发达的远期外汇市场或者期货市场，远期汇率反映了当前市场对于货币的未来即期汇率的一致看法。在国际金融市场套利机制的作用下，远期汇率就是未来即期汇率的无偏估计，即：

$$ER_{t+1} = FR_t$$

式中 ER_{t+1}——第 $t+1$ 期的预测即期汇率；

FRt——第 t 期市场标志的第 $t+1$ 期的远期汇率。

假设美元 30 天远期利率为 120 日元，投资者普遍预测 30 天后美元的未来即期汇率为 125 日元，而当前远期汇率为 118 日元，那么投资者可以以 120 日元的价格购买 30 天后的美元，然后以 30 天后的即期汇率抛出手中的美元。如果他们的预测是准确的，那么他们将每美元赚 5 日元(125－120)。如果投资者都这样操作，大量买入远期美元会引起远期汇率的上扬，直到 125 日元。当美元的远期汇率达到 125 日元时，对于投资者来说，已经没有利润可言，投机将终止。因此，要预测未来的即期汇率，可以分析已公开披露的远期汇率值。

市场预测法的最主要的优点在于：任何人只要借助互联网或者金融期刊，就可以对汇率走势做出自己的预测，简单易行。但是，只依据远期汇率和利率平价预测汇率走势是不全面的，因为远期汇率制只能预测汇率的长期走势，而无法预测汇率的近期走势。

（四）混合预测法

由于任何一种单独的预测方法都有其局限性，因此财务管理人员在进行汇率预测的时候往往同时运用几种方法来进行预测，这种方法被称为混合预测法(Mixed Forecasting)。混合预测法的具体做法是：运用不同的预测方法得出某一货币的不同估计值，同时配以不同的权重进行加权平均，预测出该货币的未来汇率水平。

本章小结

西方经济学的有关平价理论揭示了外汇市场存在的特定的经济关系以及在外汇市场

起作用的几种力量。这些理论包括购买力平价理论、费雪效应、国际费雪效应、利率平价和远期汇率平价理论等。

购买力平价理论认为，若国际商品市场和金融市场是完全或者有效市场的话，那么相同商品在国际上的价格应该一致。两国货币之间的汇率应同这两个国家物价水平的比率相一致。汇率的变动与同一时期两国物价水平的相对变动成比例。用公式表示如下：

$$R = \sum P_x / \sum P_y$$

$$ER = SR \times [(1+P_x)/(1+P_y)]$$

$$K = \frac{ER - SR}{SR} = (P_x - P_y)/(1-P_y)$$

$$\approx (P_x - P_y)$$

式中　R——Y 国货币对 X 国货币的汇率；

SR——基期汇率；

ER——通货膨胀后的预期汇率；

P_x——X 国(本国)的通货膨胀率；

P_y——Y 国(外国)的通货膨胀率。

费雪效应揭示了名义利率、实际利率与通货膨胀率之间的关系(即：一国的名义利率等于投资者所要求的实际利率与预期的通货膨胀率之积)，以及两国预期利率与预期通货膨胀率之间的关系(即：通货膨胀率的变化同名义利率的变化一致，两国的利率之差约等于两国的通货膨胀率之差)。用公式表示如下：

$$(1+i) = (1+P) \times (1+r)$$

$$i_x - i_y = P_x - P_y$$

式中　r——实际利率；

i——名义利率；

P——通货膨胀率；

i_x——X 国的名义利率；

i_y——Y 国的名义利率。

国际费雪效应在购买力平价理论和费雪效应的基础上，揭示了预期汇率变动和名义利率之间的关系。即：

$$ER/SR = (1+i_x)/(1+i_y)$$

$$(ER - SR)/SR = (i_x - i_y)/(1+i_y)$$

$$\approx i_x - i_y$$

即期汇率的变化率约等于两国名义利率之差。

利率平价理论是由凯恩斯提出的，它揭示了利率和汇率之间的关系。其基本思想为：除去交易成本，不同国家间具有相同风险和期限的证券的利率差应为外汇市场远期期权费或贴水，绝对值相同，但方向相反。用公式表示如下：

$$FR/SR=(1+i_x)/(1+i_y)$$

$$(FR-SR)/SR=(i_x-i_y)/(1+i_y)$$

$$\approx i_x-i_y$$

由于一种货币远期升水或贴水反映的是该货币在同一时期的预期升值或贬值率，期望理论认为，远期汇率和预期的即期汇率应该是相等的，即：

$$ER=FR$$

跨国公司基于公司套期保值决策、短期融资决策、短期投资决策、资本预算决策、长期融资决策以及对子公司收益评价等需要，都要对汇率进行预测，分析汇率的走势。

影响汇率变动的因素主要通过影响外汇市场上外汇的供求关系起作用。这些因素包括政府对外汇市场的干预、国际收支、外汇储备、通货膨胀率、利率水平、货币供应量和外汇黑市市场利率等。

外汇汇率预测是指相对货币时间的比价关系的波动范围及变化趋势做出判断和预测。一般来讲外汇汇率的波动因素很复杂，要准确的预测汇率就需要掌握一定的汇率预测方法。常用的预测方法包括技术预测法、基本因素预测法、市场预测法和混合预测法。但需要注意的是，任何一种预测法都不可能做到百分之百的准确。在实际运用过程中，应多用几种方法来进行预测检验，挑选预测准确度较高的预测模型。

复习思考题

1. 假设购买力平价成立，出口商是否还关心汇率的变化？

2. 简要说明购买力平价、费雪效应、国际费雪效应、利率平价和期望理论的相互关系。

3. 简述影响汇率变动的因素，并具体分析其是如何影响汇率变动的。

4. 说明汇率预测中的市场预测法。

5. 说明汇率预测中的混合预测法。

练　习　题

1. 如果预期的通货膨胀率是 75%，收益率为 3%。要求：根据费雪效应确定名义利率。

2. 假设美国和墨西哥两国都只生产一种商品即大豆，大豆在美国的价格为＄2.74，而在墨西哥的价格为￡1.89。要求：

(1) 根据一价定理,计算$对₤的远期汇率是多少?

(2) 假设下1年的大豆价格预期会上升,在美国是$3.18,而在墨西哥是₤1.98,1年后$对₤的即期汇率是多少?

3. 英镑与美元的汇率期初为$0.7042/£,期末为$0.6897/£,请分别计算美元相对于英镑的汇率变动幅度和英镑相对于美元的汇率变动幅度。

4. 假设美国的5年期年利率为6%,瑞士法郎5年期年利率为4%,利率平价在5年内存在。如果瑞士法郎的即期汇率为0.98美元。要求:

(1) 计算瑞士法郎5年期远期汇率升水或贴水。

(2) 用远期汇率预测法预测5年后瑞士法郎的即期汇率。

5. 2015年9月1日,某跨国公司收到了摩根大通和高盛对未来3个月后人民币与美元汇率的预测,结果分别是¥6.511/$和¥6.498/$。目前即期汇率为¥6.40/$,3个月远期汇率为¥6.52/$。在2015年12月31日,即期汇率实际是¥6.49/$。问:

(1) 哪家公司的预测更为准确?

(2) 哪家公司的预测导致了正确的财务决策?

案例分析

联系汇率是与港币的发行机制高度一致的。香港没有中央银行,是世界上由商业银行发行钞票的少数地区之一。而港币则是以外汇基金为发行机制的。外汇基金是香港外汇储备的唯一场所,因此是港币发行的准备金。发钞银行在发行钞票时,必须以百分之百的外汇资产向外汇基金缴纳保证,换取无息的"负债证明书",以作为发行钞票的依据。换取负债证明书的资产,先后是白银、银元、英镑、美元和港币,实行联系汇率制度后,则再次规定必须以美元换取。在香港历史上,无论以何种资产换取负债证明书,都必须是十足的,这是港币发行机制的一大特点,实行联系汇率制则依然沿袭。

联系汇率制度规定,汇丰、渣打和中银三家发钞银行增发港币时,须按7.8港元等于1美元的汇价以百分之百的美元向外汇基金换取发钞负债证明书,而回笼港币时,发钞银行可将港币的负债证明书交回外汇基金换取等值的美元。这一机制又被引入了同业现钞市场,即当其他持牌银行向发钞银行取得港币现钞时,也要以百分之百的美元向发钞银行进行兑换,而其他持牌银行把港元现钞存入发钞银行时,发钞银行也要以等值的美元付给它们。这两个联系方式对港币的币值和汇率起到了重要的稳定作用,这是联系汇率制的另一特点。

但是,在香港的公开外汇市场上,港币的汇率却是自由浮动的,即无论在银行同业之间的港币存款交易(批发市场),还是在银行与公众间的现钞或存款往来(零售市场),港币汇率都是由市场的供求状况来决定的,实行市场汇率。联系汇率与市场汇率、固定汇率与浮动汇率并存，是香港联系汇率制度最重要的机理。一方面，政府通过对发钞银行的汇率控制，维持着整个港币体系对美元汇率的稳定联系；另一方面，通过银行与公众的市场行为和套利活动，使市场汇率一定程度地反映现实资金供求状况。联系汇率令市场汇率在1∶7.8的水平上做上下窄幅波动，并自动趋近，不需要人为去直接干预；市场汇率则充分利用市场套利活动，通过短期利率的波动，反映同业市场情况，为港币供应量的收缩与放大提供真实依据。

联系汇率真正成为香港金融管理制度的基础，是在经历了一些金融危机和1987年股灾之后的事情。主要是香港金融管理当局为完善这一汇率机制，采取了一系列措施来创造有效的管理环境，如与汇丰银行的新会计安排，发展香港式的贴现窗，建立流动资金调节机制，开辟政府债券市场，推出即时结算措施等；此外，还通过货币政策工具的创新，使短期利率受控于美息的变动范围，以保障港元兑美元的稳定。而对于联系汇率制最有力的一种调节机制，还在于由历史形成的，约束范围广泛的和具有垄断性质的“利率协议”，其中还包括了举世罕见的“负利率”规则，它通过调整银行的存、贷利率，达到收紧或放松银根，控制货币供应量的目的，因此至今仍然是维护联系汇率制度的一项政策手段。

试分析：

1. 香港联系汇率制度下，外汇市场上的港币兑美元汇率是固定汇率还是浮动汇率？

2. 判断正误并说明原因：“港币利率由外汇市场供求关系决定”。

3. 要保证联系汇率制度顺利实施，必须具备哪些前提条件(提示：可以考虑美元储备规模、市场主体信心、金管局货币政策自主权等方面)？

4. 请了解1997年亚洲金融危机期间对香港联系汇率制的冲击情况。试分析香港的外汇市场、货币市场和股票市场之间存在怎样的联动机制？危机中国际炒家是如何利用这一联动机制实施攻击的？香港政府最终如何渡过难关的？

5. 有人认为联系汇率制度可以有效平抑国内通货膨胀，提高货币当局的权威性，因而可以在发展中国家范围内广泛提倡。你认为中国内地能否采用联系汇率制？为什么？

资料来源：http://61.145.119.78:8083/show.aspx? id=99&cid=31

第四章 货币期货与期权市场

【本章学习目标】

通过本章学习，了解货币期货交易的基本特征；了解外汇期权交易的基本特征；区分货币期货、货币期权与远期外汇交易的区别；学习利用货币期货和货币期权市场进行合理避险。

【本章关键词】

美国芝加哥商品交易所(Chicago Mercantile Exchange,CME)

国际货币市场(International Monetary Market,IMM)

货币期货合约(Currency Futures Contracts)

交割日(Delivery Date)　　保证金(Initial Margin)

每日清算制度(Marking to Market of Daily Settlement)

多头套期保值(Long Hedge)

空头套期保值(Short Hedge)　　期权(Option)

买方期权(Call Option)　　卖方期权(Put Option)

美式期权(American Option)　　欧式期权(European Option)

芝加哥期货交易所

芝加哥期货交易(Chicago Board of Trade, CBOT),1848年由83位谷物交易商发起组建，早期，CBOT仅交易农产品，如玉米、小麦、燕麦和大豆。1865年，该交易所用标准的期货合约取代了远期合同，并实行了保证金制度。

经过多年的发展演变，交易所的期货合约发展到非保存性农产品和非农产品，如黄金和白银。1975年10月，CBOT推出第一种金融期货合约——基于政府全国抵押协会抵押担保证券的期货合约。随之，期货交易逐渐被引进到多种不同的金融工具，如美国国库中长期债券、市政债券指数、股价指数和利率互换等期货交易，以及农产品、金融及金属的期权交易业务。

在过去的150多年中，CBOT的主要交易方式为公开喊价交易，1994年CBOT推出第一个电子交易系统；2004年1月，CBOT推出由领先的LIFFE CONNECT交易技术所支持的新的电子交易系统。

无论是电子交易还是公开喊价，CBOT的主要角色是为客户提供一个具有透明性及流通性的合约市场。该市场的作用为价格发现、风险管理及投资。

在CBOT，农场主、公司、小企业所有者、金融服务提供者、国际交易机构及其他个人或机构通过套期保值的过程管理价格、利率、和汇率风险，以保护其业务避免不利的价格变动可能对其盈余造成的不利影响。

期货市场还让全球的投机者通过解释及利用经济资料、新闻和其他信息来确定交易价格及是否以投资者身份进入市场。投机者填补套期保值者买卖价的缺口，因此使市场具有更高的流通性及成本效率。各种市场参与者均具有不同意见及接触不同市场信息，市场参与者的交易导致价格发现及提供基准价格。

2006年10月17日，美国芝加哥商业交易所(CME)和芝加哥期货交易所(CBOT)所合并成全球最大的衍生品交易所——芝加哥交易所集团。合并后的芝加哥交易所集团(CME公司)总部设在芝加哥，合并后的交易品种涉及利率、外汇、农业和工业品、能源以及诸如天气指数等其他衍生产品。

第一节　货币期货市场

国际上商品交易的期货市场已有几百年的历史，但货币期货交易却是20世纪70年代才出现的。1972年5月12日美国芝加哥商品交易所(Chicago Mercantile Exchange, CME)成立了国际货币市场(International Monetary Market, IMM)，开始从事货币期货合约交易。目前全世界有15家交易所从事货币期货交易，其中最大的也是最成功地进行货币期货交易的交易所是芝加哥商品交易所。

一、货币期货交易的特点

货币期货交易是买卖货币期货合约(Currency Futures Contracts)的一种交易。货币期货合约是在期货交易所的交易大厅内签订的具有法律约束力的交易合同。期货合约的买方名义上同意按照期货合约规定在将来某一时间以一定的价格购买一定数量的货币商品，而合约的卖方则名义上同意在将来的某一时间以约定的价格提供这种货币商品。货币期货交易具有以下特点。

(一) 货币期货交易在固定的交易场所中进行

货币期货交易在固定的交易场所集中进行，而且只有交易所会员才有资格直接操作期货交易。如果你不是交易所的会员，你必须委托会员的经纪公司(Member Firms)，才能出售和购买期货合约。

(二) 货币期货合约具有高度的标准化水平

货币期货合约是一份高度标准化的书面合同。其高度标准化主要体现在以下几个方面。

1. 数量的标准化

每一个货币期货合约规定固定的货币金额。期货交易量只能按订约交易量或其整数倍数进行。例如，在芝加哥商品交易所IMM，日元的订约单位是JP¥12 500 000，如果你要购买5 000万日元，你就要购买4份期货合约(5 000÷1 250)。6 000万日元、1.2亿日元不能交易。表4-1列示的是国际货币市场货币期货合约规格表。

表4-1

芝加哥商品交易所IMM货币期货合约规格表

期　　货	合约规格	到期月	最小价格变动幅度(每单位外币)
澳大利亚元	A$100 000	3月、6月、9月、12月、1月、4月、7月、10月及当月	$0.001
英镑	£62 500	同上	$0.002
加拿大元	C$100 000	同上	$0.001
日元	JP¥12 500 000	同上	$0.000001
瑞士法郎	SFr125 000	同上	$0.001
欧元	€125 000	3月、6月、9月、12月	$0.001

2. 交割日标准化

交割日期由交易所统一规定。交割日期包括交割月份、交割日(Delivery Date)和最后交易日(Last Trading Day)。例如,在芝加哥商品交易所IMM,期货合约的交割月份为1月、3月、4月、6月、7月、9月、10月和12月,其中,2月、5月、8月和11月为当月交割的现货交易;交割日为交割月份的第3个星期三;最后交易日为交割之前的第2个工作日(即第3个星期一,节假日除外)。加元期货例外,其合约的最后交易日为交割日前的1个工作日。

3. 涨跌停板幅度有明确规定

期货交易的价格是通过公开叫喊方式确定。为了避免货币期货参与者在单一交易日内承担过高的风险,并防止期货市场发生联手操纵的不法行为,期货交易所对各类期货价格的波动有上、下限的控制。例如,依据IMM的规定:英镑每次波动的最小幅度为0.0002美元(2点),最大波动幅度为200点。因为每张英镑期货合约的单位为62 500英镑,因此,每张期货合约最低波动价格为12.50美元(0.0002×62 500),价格波动上限为1 250美元(0.0200×62 500)。

(三) 严格的保证金制度

保证金(Initial Margin)是期货交易中最大特色之一。期货交易双方都要缴纳保证金,通过经纪人存入清算所。保证金的存在,一方面可以保护经纪人的利益,确保交易者有能力支付手续费和可能的亏损。另一方面,可以控制投机活动,当投机活动太多时,交易所可以通过提高保证金比率来压抑交易活动。

交易货币不同或市场不同,保证金都会有所差异,即使在同一市场、同一货币也会因市场变化情况不同而有改变。例如,加元对美元的汇率波动比较稳定,所需的保证金就低;日元对美元的汇率波动较大,所需的保证金就高。保证金金额具体由清算所和交易所共同决定,一般为合约总值的2%以下。

保证金包括期初保证金(Initial Margin)和维持保证金(Maintenance Margin)两个部分。其中,期初保证金是指交易开始时缴纳的保证金。维持保证金是指允许保证金下降的最低水平(一般为期初保证金的75%)。顾客要从事期货合约交易,必须先缴纳期初保证金,存放在所开的账户内;在持有期货合约的期间内,如果账户余额小于维持保证金时,顾客就会被交易所通知补足保证金。

(四) 独特的结算系统和每日清算制度

货币期货交易进行交割的方式独具特色。进行这种交易的买卖双方根据标准化的期货合同进行自由的交易,由于合同可以转让,所以成交后,买卖双方并不相互承担合同到期的交割义务,而是各自向指定的清算所(Clearing House)直接承担义务。于是,清算所就成了所有期货合同交易的对方,负责交割。这种做法可以保证在期货交易市场内成交合同最终履行契约,而不会出现不守信誉,中途毁约的现象。

交易所采用每日清算制度(Marking to Market of Daily Settlement),每个交易日市场收盘后,清算所将会对每个持有期货合约者确定其当日的盈亏,这些盈亏都反映在保证金账户余额上,如果保证金账户余额低于维持保证金,投资人会收到保证金追缴通知,要求补足差额。

二、货币期货交易的运用

货币期货交易主要有两个功能:一是套期保值功能;二是投机功能。但在交易场上,无法分清谁是保值者谁是投机者,况且有的交易者往往根据行情变化,从单纯的保值转为投机,或从投机转为保值。

(一) 套期保值

交易者通过套期保值可以达到两个目的:一是锁定资金成本,转移汇率变动所带来的风险;二是保护资金的收益。套期保值的基本方法是:在存在一笔现货外汇交易的基础上,再做一笔方向相反,期限和数量相同的期货交易。这样,当外汇汇率发生变动时,现货交易上的亏损将被期货交易上的盈利所抵销;反之,现货上的盈利也将被期货上的亏损所抵销。套期保值有两种类型:多头套期保值(Long Hedge)与空头套期保值(Short Hedge)。

1. 多头套期保值

交易者预期未来将在现货市场购入某金融资产,乃先于期货市场买入与该类资产相同或相关的金融期货合约,到时在现货市场买入该类资产的同时,再将原先买入的期货合约在期货市场结清。

【例 4-1】 某年某美国进口商按合同将于 3 个月后即 3 月 15 日支付 125 000 英镑的货款。签约当日英镑的即期汇率为 \$1.4485/£,3 个月远期汇率为 \$1.4500/£。进口商将面临英镑升值带来的风险。进口商决定签订货币期货合约,锁定汇率风险(假定到期时的即期汇率为 \$1.4595/£或 \$1.4485/£)。

美国进口商的具体做法是以 \$1.4500/£的价格购入 2 份 3 个月后交割的英镑期货合约(125 000÷62 500)。在 9 月份合约到期时,卖出英镑期货合约,同时在即期市场上买入 125 000 英镑,支付美元。这样,不论这一期间汇率走势如何,美国进口商都能将进口成本固定在 \$181 250(\$1.45/£)上。以下是两种不同情形下多头套期保值的运用结果:

假定 1:9 月份到期日英镑即期汇率为 \$1.4595/£,高于 \$1.4500/£

	购入英镑现汇成本:£125 000×1.4595	= \$182 437.5
减:	出售英镑期货盈利:£125 000×(1.4595−1.4500)	= +1 187.5
	净成本:	= \$181 250

假定 2:3 个月后英镑即期汇率为 \$1.4485/£,低于 \$1.4500/£

	购入英镑现汇成本：£125 000×1.4485	＝$181 062.5
加：	出售期货损失：£125 000×(1.5800－1.6)	＝ 187.5
	净成本：	＝$181 250

2. 空头套期保值

空头套期保值是买入对冲的相反模式，它是指交易者预期未来将在现货市场售出某类金融资产，而先在期货市场售出与该类资产相同或相关的金融期货契约，到时在现货市场售出该类资产时，再将原先已售出的期货契约在期货市场结清。

【例 4-2】 一家美国公司 6 个月后有 5 000 万日元收入，签约当日日元的即期汇率为 JP¥117.5/$，6 个月日元的远期汇率 JP¥120.00/$，美国公司将面临日元贬值带来的风险。美国公司决定签订货币期货合约，锁定汇率风险（假定到期时的即期汇率为 JP¥125/$或 JP¥105/$）。

美国公司的具体做法是在期货市场上按 JP¥120.00/$的价格出售 4 份 6 个月后交割的日元期货（5 000 万÷1 250 万）。在 6 个月后合约到期时，买入日元期货合约，同时在即期市场上卖出 5 000 万日元。这样，不论这一期间汇率走势如何，美国公司都能将收入固定在$416 667（JP¥120.00/$）水平上。以下是两种不同情形下空头套期保值的运用结果：

假定 1：6 个月后日元的即期汇率为 JP¥125/$，高于 JP¥120/$

	出售日元现汇收入：JP¥50 000 000÷125	＝$400 000
加：	购买期货盈利：50 000 000÷120－50 000 000÷125	＝ 16 667
	净收入：	＝$416 667

假定 2：6 个月后日元的即期汇率为 JP¥105/$，低于 JP¥120/$

	出售日元现汇收入：JP¥50 000 000÷105	＝$476 190
减：	购买期货损失：50 000 000÷120－50 000 000÷105	＝ －59 523
	净收入：	＝$416 667

从上述案例可以得出结论：利用期货市场进行套期保值是以放弃未来可能实现的利润为代价来避免未来可能遭受的损失。这是风险管理的保守策略。

利用货币期货合约进行套期保值要注意两个问题：其一，汇率风险不一定能完全避免。因为暴露在外汇风险下的应收或应付外汇账款所涉及的货币种类、金额和期限等，不一定符合货币期货交易合约的标准化要求；外汇市场汇率的变动也不一定与货币期货价格的变动完全一致（货币期货合约越接近到期日，期货价格与现货价格的差距越小，至期货合约最后交易日收盘时，现货价格与期货价格之差一定为零，但是，未到期之前变化趋势不一定相同，因为还受到其他因素的影响）。其二，套期保值的成本较高。货币期货交易的成本包括保证金的计划成本、支付给经纪人的佣金及可能丧失汇率有利变动而产生的利润。在实际工作中,人们可能更注重于利用远期外汇市场而不是利用货币期货市场套期保值。

(二) 投机

与即期市场投机不同的是,货币期货市场投机是在交易者无现货头寸情况下进行的。由于货币期货市场存在以少量资金启动大笔交易的“杠杆效应”,投机者可以利用“对冲”形式在合约到期前轧平头寸,运用少量资金可以获得相当丰厚的收益。

货币期货投机的主要方法是:投机者根据对货币期货价格走势的预计和判断,做出“买空”或“卖空”的决策。对于走势趋强的货币做多头,买进期货合约,在更高的价位卖出,获取买卖差价。对于走势趋弱的货币做空头,先卖出期货合约,在价位变得更低时再补进,轧平头寸,获取差价。

货币期货合约的买卖完全基于市场参与者对该种货币价格走势的预测。如果预测正确,其将获取巨额差价利润;反之,如果判断与市场价格走势相反,其将蒙受巨大损失。

小知识

外汇期货交易——与远期外汇交易的区别

区别	外汇期货交易	远期外汇交易
买卖双方关系	买方和卖方分别与期货交易所的清算所签订合同,成为买卖关系,而实际的买卖双方无直接合同责任关系	买卖双方,即银行和客户,签订远期合约,具有合同责任关系
标准化规定	对买卖外汇的合同规模、价格、交割期限、交割地点都有统一的、标准化的规定	对买卖外汇的这些方面都无统一的、标准化规定,可灵活掌握
交易场所与方式	在交易所内进行场内交易,双方委托经纪人在市场上公开喊价	以电讯联系进行场外交易,双方可直接接触成交
报价内容	买方只喊买价,卖方只喊卖价,买方或卖方只报出一种价格	银行报出两种价格,既报出买价,又报出卖价
手续费	双方都须支付给经纪人佣金	远期双向报价的买卖价差
抵押要求	双方无需了解资信,只需向清算所交纳保证金	银行依据对方资信情况确定,大银行之间无需抵押
清算	每日清算所结清未冲抵的期货合同,有现金流动	到期日一次性交割结清
实际交割	在完善的市场中基本无交割,实际交割量小于1%	基本都交割,多于90%
管理	由期货交易委员会制定交易规则	自行管理,遵从银行同业惯例

第二节 货币期权市场

货币期权(Option)又叫外币期权,它是一种选择权契约,其持有人(即期权买方)享有在契约届期或之前以规定的价格购买或销售一定数额某种外汇资产的权利。当行市有利时,期权买方有权购买或销售该种外汇资产;当行市不利时,他可以放弃行使期权。而期权的卖方则有义务在买方要求履约时卖出或买进期权。外汇期权因可以消除贬值风险并同时保留潜在获利可能而被视作一种有效的避险工具。

一、外汇期权分类

货币期权交易的对象是期权合约(Option Contract)。期权合约又称期权合同,是期权交易双方确定交易关系的正式法律合同,是一种标准化的契约。期权合约的内容包括买方、卖方、执行价格、通知日和失效日等。外汇期权合同的唯一变量是期权价格(期权费),也就是市场中该期权的价格。外汇期权根据不同的分类标志有不同的分类结果。

(一) 买方期权与卖方期权

外汇期权按照期权方向不同分为买方期权(Call Option)和卖方期权(Put Option)。

买方期权又称看涨期权,买方期权的购买者支付期权费并取得以某协定汇率购买特定数量外汇的权利,买方期权的发售者(一般为银行)取得期权费并有义务应购买者的要求交投外汇。

卖方期权又称看跌期权,卖方期权的购买者支付期权费并取得以协定汇率出售特定数量外汇的权利,卖方期权的出售者取得期权费并有义务应购买者的要求购买其出售的外汇。

(二) 美式期权与欧式期权

外汇期权按照行使期权的时间是否具有灵活性分为美式期权(American Option)和欧式期权(European Option)。

美式期权是指期权的买方可以在到期日之前行使权利,按照执行价格交割的外汇期权。欧式期权是指只能在到期日行使权利的期权。

根据上述分类,外汇期权共有四种基本类型:美式买方期权、美式卖方期权、欧式买方期权和欧式卖方期权。

二、外汇期权交易的基本特征

(一) 外汇期权形式多样

1982 年 12 月,外汇期权交易在美国费城股票交易所首先进行,其后芝加哥商品交易所、阿姆斯特丹的欧洲期权交易所和加拿大的蒙特利尔交易所、伦敦国际金融期货交易所等都先后开办了外汇期权交易。美国费城股票交易所和芝加哥期权交易所是世界上具有代表性的外汇期权市场，经营的外汇期权种类包括英镑、瑞士法郎、西德马克、加拿大元、法国法郎等。

外汇期权交易既有场外交易期权，也有场内交易期权。场外交易期权是由客户和银行共同协商签订的期权合约，银行同意向客户卖出期权，期权的具体条款如金额、期限和履约价格均由买卖双方根据需要斟酌商定。场内交易期权是在期权交易所内进行的期权买卖。场内期权交易类似于期货交易，期权规格(货币币种、合约数量等)固定划一，在交易所内集中买卖，并可在市场上转让出售。与场内交易相比，场外交易金额大，可涉及的货币灵活，交易期限、时间具有弹性。因而场外交易更适合于大金额交易者、银行同业及有特殊需要的客户。

表 4-2 世界上最大的两家从事货币期权及货币期货期权交易的交易所有关期权合约的一些规定。

表 4-2

货币期权合约的一些规定

交易所名　称	货币种类	期权合约项下的基础资产	合约规模	执行价格的间距	最小价格变动单位	最小价格变动单位的美元价值
芝加哥	欧元	欧元期货	€ 125 000	$ 0.01	$ 0.0001	$ 12.50
商业	日元	日元期货	JP¥12 500 000	$ 0.0001	$ 0.000001	$ 12.50
交易所	加拿大元	加元期货	C$ 100 000	$ 0.005	$ 0.0001	$ 10.00
(CME)	英镑	英镑期货	£62 500	$ 0.02	$ 0.0002	$ 6.25
美国费	欧元	欧元	€62 500	$ 0.02	$ 0.0001	$ 6.25
城股票	日元	日元	JP¥6 250 000	$ 0.05	$ 0.000001	$ 6.25
交易所	加拿大元	加元	C$ 50 000	$ 0.005	$ 0.0001	$ 5.00
(PHLX)	英镑	英镑	£31 250	$ 0.01	$ 0.0001	$ 3.125

资料来源：www. cme. com，www. phlx. com

(1) 所有在 CME 交易的货币期货期权都是美式期权，而在 PHLX 交易的即期货币期权既有美式的，也有欧式的。另外，货币期权交易没有日涨停板、跌停板的限制。

(2) 所有在 CME 交易的期权合约的结算日是交投月的第三个星期三，合约的到期日是在这之前的星期六，在其前面的星期五则是最后交易日。在 PHLX 交易的期权合约的期限与到期情况与这基本相同，只是它还交易最近 3 个月的“月末”(End-of-month, EOM)货币期权合约，其在交投月的最后一个星期五到期；另外，FHLX 还交易长达 24 个月的“长期”货币期权合约，其到期月份为 1 月份和 12 月份。

(二) 外汇期权具有是否执行的选择权，灵活性强

采用期权业务规避风险比远期外汇交易和货币期货交易要彻底的多。远期外汇交易

和货币期货交易可以使合约持有者免遭汇率不利变动的损失,也消除了合约持有者享受汇率有利变动而带来的获利机会。而期权则能同时规避汇市升值的风险和享受贬值所带来的好处。

(三) 期权业务下的期权费(或保险费)不能收回

由于外汇期权交易是一种"不对等"的交易,期权的买方只有权利没有义务,而期权的卖方只有义务没有权利。也就是说,期权的买方在合约到期后,可以履行合约,也可以不履行合约,而期权的卖方只有尊重买方选择的义务,而没有要求买方履约的权利。因此,期权的买方要向期权的卖方支付期权费或保险费。无论最后期权业务的买方是否履行合约,所支付的期权费(保险费)均不能收回。

三、期权交易的收益和损失

期权交易不同于其他类型的金融工具。期权的持有者(买方)有权利选择是否行使期权,而期权的卖方则无权选择是否履行合约。对于期权持有者来说,如果走势对其有利,其将行使权利,其获得的收益无限;如果走势对其不利,其将放弃行使权利,其最大的损失仅限于为购买期权合约所付出的期权费。对于期权的卖方而言,在收到买方所支付的期权费后,就有责任在行市对己不利的情况下履行合约,承担汇率变动风险。其最大的收益是他从买方那里得到的期权费,而他承受的风险将是无限的。也就是说,期权的买方是以有限的期权费争取获得无限的收益,而期权的卖方则是通过承担可能的无限风险获得有限的期权费收入。

(一) 看涨期权的收益和风险

看涨期权赋予买方的权利是在合约到期前买入外汇,而卖方必须履行卖出。在买方购入看涨期权的交易中,买方是否行使权利所考虑的是期权合约到期时的即期外汇市场汇率与协定价格(汇率)的大小。平衡点价格是指买方行使期权与放弃期权其收益与损失相等时的即期汇率,即:即期汇率=行使期权所需要的协定价格与期权价格之和。其中,协定价格是指期权合约被执行时,合约持有者应付的价格(此价格不变),期权价格(期权费或保险费)是指买方购买期权所支付的费用。决策的原则是:当即期外汇市场汇率≤协定价格时,放弃行使权利,最大损失是期权费;当协定价格<当时的即期市场汇率<平衡点价格时,行使权利,有损失,但损失小于期权费;当平衡点价格<当时的即期市场汇率时,行使权利,获得收益,其收益为按协定价格和即期外汇市场价格计算的货币价值差减去期权费。

【例 4-3】 华达公司在 5 月份购入一份 3 个月期的英镑看涨期权合约。合约金额为£62 500,协定价格为$1.600/£,期权费为$0.036/£,计$2 250。假定合约到期时市场汇率分别为$1.580/£;$1.620/£;$1.655/£,华达公司行使期权决策及期权买方与卖方的收益和风险分析如下:

首先,盈亏平衡点的价格为:

$$\$1.600/£+\$0.036/£=\$1.636/£$$

其次,期权买方决策及收益或损失。

假定1:市场价格为$1.580/£:

行使期权成本:

$$£62\,500\times\$1.600/£+\$2\,250=\$102\,250$$

放弃使期权成本:

$$£62\,500\times\$1.580/£+\$2\,250=\$101\,000$$

行使成本>放弃行使权利,因此放弃。

假定2:市场价格为$1.620/£,行使权利成本不变,仍为$102 250:

放弃行使期权成本:

$$£62\,500\times\$1.62/£+\$2\,250=\$103\,500$$

如果没有购买期权,在前期市场购买英镑成本:

$$£62\,500\times\$1.62/£=\$101\,250$$

行使成本<放弃行使权利成本,因此行使权利。与没有购买期权相比,损失$1 000,小于手续费$2 250。

假定3:市场价格为$1.655/£,行使权利成本不变,仍为$102 250:

放弃行使期权成本:

$$£62\,500\times\$1.655/£+\$2\,250=\$105\,687.5$$

如果没有购买期权,在即期市场购买英镑成本:

$$£62\,500\times\$1.655/£=\$103\,437.5$$

与没有购买期权相比,使用期权交易可以获得收益:

$$\$103\,437.5-102\,250=\$1\,187.5$$

从以上分析可以看到,如果合约到期时,即期市场价格小于$1.600/£时,期权买方肯定不行使权利,其最大的损失为期权费$2 250。如果即期市场价格在$1.600~$1.636之间,买方会行使权利,尽管会遭受损失,但损失的金额小于$2 250元。如果即期市场价格大于$1.836,买方一定会行使权利,其单位收益应该是即期市场价格减去平衡点价格后的差额。

以上分析结果可以见图 4-1(a)。

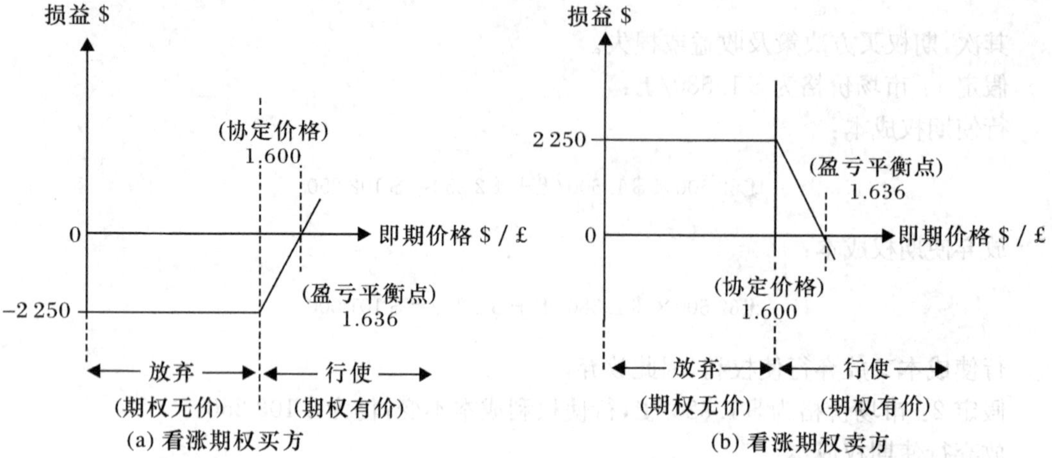

图 4-1　看涨期权买方与卖方收益与风险

最后,期权卖方决策及收益或损失。

卖方的收益或损失正好与买方相反,形成一种“镜像效应”。

如果合约到期时,即期市场价格小于协定价格＄1.600/£时,期权买方放弃行使权利,期权卖方获得期权费收入＄2 250。如果即期市场价格在＄1.600～＄1.636 之间,期权卖方必须履行合约,但仍可获得一定的期权费收入。如果即期市场价格大于平衡点价格＄1.636,期权卖方必须履行合约,其损失是无限的。期权卖方的收益和风险可以见图 4-1(b)。

(二) 看跌期权的收益和风险

看跌期权赋予买方的权利是在合约到期前卖出外汇,而卖方必须履行买入。

看跌期权的平衡点价格是:买方行使期权所获得的按协定价格计算的本币收入减去期权价格等于按即期汇率计算的本币收入。

对于看跌期权买方来说,其是否履行合约的决策原则及获得的收益(或发生的损失)为:当即期外汇市场汇率＜平衡点价格时,看跌期权买方行使权利,卖出外币,有收益,无风险;当平衡点价格＜即期外汇市场汇率＜协定汇率时,看跌期权买方行使权利,有损失,但损失小于期权费;当平衡点价格＜即期外汇市场汇率时,放弃行使权利,直接到外汇市场卖出外币,其最大的损失是期权费。

由于“镜像效应”,看跌期权卖方的收益或损失正好与买方相反:当即期外汇市场汇率＜平衡点价格时,卖方必须履行合约,购入外币,有损失,且损失无限;当平衡点价格＜即期外汇市场汇率＜协定汇率时,卖方履行合约,会减少一定的期权费收入;平衡点价格<即期外汇市场汇率时，因买方放弃行使权利，卖方获得期权费收入。

以上述华达公司案例为例，其平衡点价格及买卖期权双方的收益和损失见图 4-2。

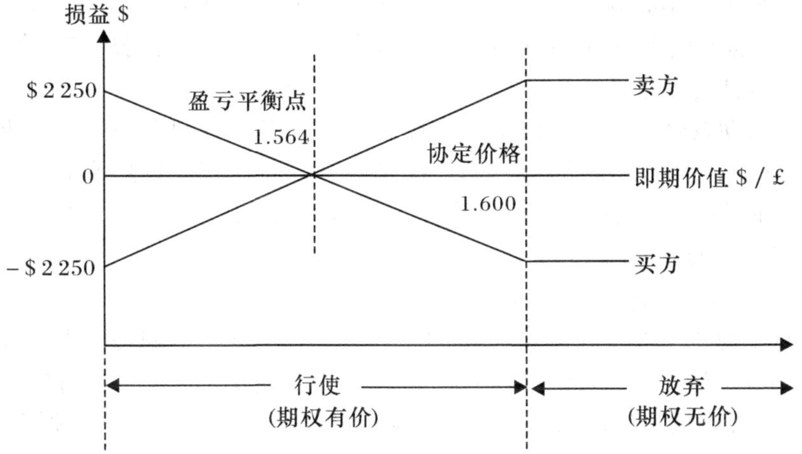

图 4-2　看跌期权买方与卖方收益与风险

四、货币期权合约的运用

货币期权合约主要用于外汇敞口的套期保值、不确定性货币金额的保值，以及赚取保险费等。

（一）外汇敞口的套期保值

跨国公司在日常交易中有外币债权（如应收账款），有外币负债（如应付账款、借款等），在正常情况下，公司应妥善安排现金收支预算，尽可能避免现实的和潜在的外汇头寸（净债权或净负债）。如果经过安排，确实存在未来的一定数量的外汇债权或债务，同时存在较大的汇率波动，公司可以采用购买货币期权合约的方式进行套期保值。

跨国公司在一般情况下，都是以期权的买方形式出现。当公司存在未来的外币净债权时，可以购买看跌期权，以使其在汇率下跌时按合约规定价格出售外币，避免汇率下跌造成损失。在汇率上涨的时候不行使期权，而在即期市场上以相对最高的价格出售外币，获得收益；反之，在存在未来外币净负债时，购买看涨期权，这样，能够保证在汇率上升时公司能够按合约规定的较低的价格购买外币，避免汇率上升造成损失。当即期市场汇率低于合约规定的价格时不行使期权，而在即期市场上以更低的价格购买外币偿债，最多损失一笔手续费。

【例 4-4】　日本大中公司 20××年 3 月向银行借入 6 个月期，年利率 5％的美元借款 100 万。借入当天即期汇率 JP￥118.08/＄，6 个月期的远期汇率 JP￥115.53/＄。尽管远期日元汇率上升(公司偿债所花日元减少),但大中公司预测日元汇率存在反转下跌的可能。为保证能以较低的成本偿债美元借款本息,大中公司决定买入 6 个月期日元看涨期权,协定价格 JP¥115.53/$,金额$102.5万。期权费 JP¥1.1553/$。该年 9 月份借款到期,外汇市场即期汇率为 JP¥117.83/$,大于协定价格,公司决定行使期权,偿还 102.5 万美元本息实际花费日元成本 JP¥11 960.24 万。

分析:此项期权交易给大中公司节约日元成本支出 JP¥117.34 万。如果公司当初没有购买期权,到期必须在即期市场以 JP¥12 077.58 万购买美元本息($102.5×JP¥117.83);而购买并行使看涨期权实际日元支出为 JP¥11 960.24 万[$102.5×(115.53+1.1553)]。

(二) 不确定性货币金额的保值

公司如果在海外市场存在不确定金额的外汇收入,如未来的销售收入、正在谈判中的外汇国际投标等。当发生的可能性较大时,都可以采用货币期权交易进行应对。

【例 4-5】 英国瑞达公司 20××年 3 月根据已经签订的合同及现金预算确定,截至 6 月末美元现金收入可能达到$260 万,至少也有$200 万。讨论:公司可以制定哪些交易策略避免外汇风险。

分析:因为$200 万的现金收入是肯定的,所以可以安排 3 个月的远期合约(远期合约不需支付手续费,成本低),卖出$200 万,锁定英镑收入。

对于可能获得的$60 万现金收入,可以买进 3 个月期的美元看跌期权。如果届时没有收到,则放弃行使期权,损失一笔手续费;如果收到美元现金,则可以根据当时外汇市场情况决定是否行使期权。

如果出现其他的美元剩余或不足,及时通过现货市场轧平头寸。

(三) 赚取保险费收入

如果跨国公司手中拥有现汇头寸,也可以作为期权的卖方出现,卖出看涨期权。当外汇汇率下跌时,由于期权不被执行,公司可以净得一笔手续费收入;当汇率上升时,公司可动用现汇执行期权合约。当然,公司会因不能在即期市场兑现损失一笔汇兑收益。

本章小结

货币期货交易始于 20 世纪 70 年代。目前全世界从事货币期货交易的交易所有 15 家,其中最大的也是最成功的交易所是芝加哥商品交易所。

货币期货合约是在期货交易所的交易大厅内签订的具有法律约束力的交易合同。货币期货交易具有如下特点:在固定的交易场所中进行;合约金额、价格日期、涨跌停板幅度等高度标准化;严格的保证金制度;独特的结算系统和每日清算制度等。

货币期货市场的存在，为希望避免外汇风险的人们提供了套期保值的场所；同时由于货币期货交易的“杠杆效应”和交易形式的灵活性，为投机者运用少量资金获取风险收益提供了机遇。

货币期权是一种选择权契约，其持有人(即期权买方)享有在契约届期或之前以规定的价格购买或销售一定数额某种外汇资产的权利。货币期权因可以消除贬值风险并同时保留潜在获利可能而被视作一种有效的避险工具。

货币期权合约的内容包括买方、卖方、执行价格、通知日和失效日等。货币期权合同的唯一变量是期权价格(期权费)。

购买者支付期权费并取得以某协定汇率购买特定数量外汇的权利称为买方期权。购买者支付期权费并取得以协定汇率出售特定数量外汇的权利称为卖方期权。期权的买方可以在到期日之前行使权利，按照执行价格交割的货币期权为美式期权；只能在到期日行使权利的期权为欧式期权。

货币期权交易可以在场外进行，也可以在固定的交易所场内进行。与场内交易相比，场外交易金额大，可涉及的货币灵活，交易期限、时间具有弹性。因此，场外交易更适合于大金额交易者、银行同业及有特殊需要的客户。

期权交易与其他类型的金融工具最大的区别在于：期权的持有者(买方)有权利选择是否行使期权，而期权的卖方则无权选择是否履行合约。即：期权的买方以有限的期权费争取获得无限的收益，期权的卖方通过承担可能的无限风险获得有限的期权费收入。

货币期权合约主要用于外汇敞口的套期保值、不确定性货币金额的保值，以及货币投机套利。

复习思考题

1. 简述货币期货交易的基本特点。
2. 货币期货交易是如何进行的？
3. 如何利用货币期货交易套期保值？
4. 货币期权合约与货币期货合约两者有何区别？
5. 比较货币期权买卖双方的权利与义务、收益与风险。

练　习　题

1. 法国某跨国公司预计在6月份(3个月后)有一笔150万欧元的应付账款，同月该公司有一笔美元收入，可以用于支付此笔应付账款。已知欧元的即期汇率为＄1.0870/€，3个月远期汇率＄1.0922/€。公司担心欧元相对于美元的价值将继续上升，决定使用期货交易锁定美元成本。要求：

(1) 该公司应该购买还是出售3个月欧元期货合约？为什么？

(2) 该公司需要购买或者出售多少份欧元期货合约？

(3) 该公司6月份应该如何操作(假定当时欧元的即期汇率是＄1.0875/€,期货价格为＄1.0902/€)？

(4) 与不进行期货交易保值相比,公司可降低多少美元成本？

2. 某公司正在考虑从费城交易所购买3个月期的英镑看涨期权合约,金额为£250 000。协定价格为＄1.51/£,期权费为＄0.03/£。假定：目前的即期汇率为＄1.45/£,3个月远期汇率为＄1.51/£。该公司预测3个月后即期汇率最高为＄1.58/£,最低为＄1.42/£,最可能的汇率是＄1.53/£。要求：

(1) 计算盈亏平衡点价格。

(2) 用图表表述该公司期权行使与否的决策。

(3) 计算在预测的范围内,该公司的收益或损失。

案例分析

英国瑞达公司20××年3月根据已经签订的合同及现金预算确定,3个月后(6月份)有40万美元净收入。在公司收到该笔美元后将立即在证券市场上出售,转换成英镑。目前美元的即期汇率是£0.5484/＄,3个月远期汇率为远期£0.5494。尽管公司预测美元的升值幅度可能超过预期,但还是担心美元汇率因意外而出现有悖于预期走势。因此,公司决定买进美元看跌期权,协定价格£0.5494/＄,合约金额为40万美元,期限3个月。期权费0.2190万英镑。

公司经过测算,得出如下结论:平衡点汇率价格£0.5439/＄。如果3个月后,美元汇率上升,超过协定价值£0.5494/＄,公司将放弃行使期权;如果美元汇率介于£0.5439/＄～£0.5494/＄之间,公司也将行使期权,遭受的损失不超过期权费£2 190;如果美元汇率低于£0.5439/＄,公司通过行使期权可以获得收益。

第二篇　外汇风险管理

外汇风险是指因汇率变动对外汇持有者、需要外汇进行国际经济交往的人或企业可能带来的损失。这种损失只是一种可能性，如果能够了解、预测、判断这种可能性，并在可能性转变为现实之前采取措施，就能避免或减少风险的发生。

外汇风险有三种主要的形态：经济风险、交易风险和折算风险。经济风险(Economic Exposure)是指汇率波动对国际企业未来可获得的现金流量净现值的影响。交易风险(Transaction Exposure)是指某项以外币计价的交易，在交易发生到交易完成的这段时间内因汇率变动而产生的风险。折算风险(Translation Exposure)是指汇率变动对国际企业财务结构上的影响。

第五章　经济风险管理

【本章学习目标】

通过本章的学习，掌握经济风险的含义；了解经济风险的形成机制；掌握经济风险的计量、汇率变动对企业现金流量的影响；掌握国际企业对经济风险管理的目的和策略；了解不同类型的国际企业在经济风险控制方面的不同对策。

【本章关键词】

经济风险（Economic Exposure）

间接经济风险（Indirect Economic Exposure）

经济风险计量（Economic Exposure Measurement）

经济风险控制（Economic Exposure Management）

行销管理（ Marketing Management）

产品策略（Product Strategy）

定价策略（Price Strategy）

促销策略（Sale Promotion Strategy）

生产管理（Production Management）

财务管理（Financial Management）

财务来源（Financial Resources）

2005 年，受钢板等原材料价格飙升、美元依然弱势的影响，亚洲的造船企业面临经营环境困难，利润无法得到保证(但航运企业的盈利却超乎预想)。据统计，中国 50 家最大的造船厂 2004 年只赚了微薄的 19 亿元人民币。如果经营环境不变，人民币兑美元升值 3%后，所有利润都可能消失；如果升值 6%，对船厂来说简直是“大灾难”。亚洲造船企业为弥补签约时价格偏低可能带来的损失，采用在已签订的造船合约中加入“升价条款”的做法，部分中国造船厂引入了“人民币汇价波动协议”，要求订单企业共同承担风险。由于亚洲的造船厂普遍手上持有未来 4 年的造船订单，在选择生意上占了上风。尽管有的航运商称造船厂如同勒索，但也不得不做出妥协。造船厂通过在已签订的合约中加入“升价条款”，及引入“人民币汇价波动协议”的做法，将其一部分经济风险转嫁给了航运企业。

第一节 经济风险的衡量

经济风险是指汇率波动对国际企业未来可获得的现金流量净现值的影响。货币币值的变化对国际企业未来销售、价格、成本造成影响，进而对利润、税金、现金流量造成影响。从企业长期健全经营的观点来看，经济风险是实实在在的风险，是国际企业面临的最重要的外汇风险。对经济风险的规划分析是整个管理阶层的责任，是企业从整体上开展预测、规划分析的过程，是财务、营销、采购及生产等各项策略综合的结果。

一、经济风险的特点

（一）经济风险中所指的汇率变动应该是未曾预料到的

这里的汇率变动是意料之外的，经济风险并不包含可预期的汇率变动造成的结果，公司在进行项目分析和经营决策的时候，首先会分析汇率变动的走向和趋势，包括通货膨胀水平、利率变动等影响因素，然后将其考虑在项目分析和经营决策中，这通常不会给公司的经营以及未来现金流量带来影响。如果购买力平价理论和费雪效应完全有效，即使汇率的变动超出了公司的考虑范畴，也会因有效市场的运作而被物价和利率的变动所抵销，不会对公司的未来现金流量产生净影响。但是，现实经济生活中，市场效率是不完全的，并且未曾预计的汇率变动总是会出现，这就给公司未来的经营决策带来了巨大的风险。

（二）经济风险是最为重要的风险

与交易风险、折算风险相比，经济风险是企业最重要的外汇风险。交易风险衡量的是汇率的变动对外币应收、应付账款产生的影响，交易风险可以通过金融市场运用金融工具避险；折算风险为报表折算过程中产生的风险，是存在于会计账面上的风险，并不影响企业的真实价值。经济风险衡量的是汇率变动对公司整体未来现金流量的影响，包括对未来应收、应付账款的影响，产品销售价格的变动，产品成本的变动，等等，侧重于体现预计的现金流量与实际现金流量之间差异的不确定性。现金流量的差异所导致的外汇损益是实际发生的，而非账面上的，经济风险是基于公司未来的经营活动，所以它具有前瞻性。

经济风险对公司未来现金流量的影响是一种潜在的危险，并且相比较于交易风险是长期的。经济风险并不是在会计处理过程中产生的，而是在公司经营决策分析时发生的，如果企业经营决策的不当，如生产经营场地的选择、生产原材料的来源、产品的分销市场的选择等，都会影响其未来某一时期内公司的现金流量。交易风险的管理仅侧重于短时间内的因外币交易的义务和权利而产生的现金流量；经济风险的管理则侧重于公司未来长期一段时间内因汇率变动而调整的现金流量。从企业长期健全经营的角度来看，经济风险是企业最重要的外汇风险，它会影响企业的盈利能力和企业未来的发展前景。

例如，英国航空公司的大部分收入为英镑，而大部分支出（燃料、汽油、债务等）用美元支付。1981年1月，英国航空公司从美国及欧洲银行借入1.3亿美元，由于美元在1981年后持续走强，公司需要用更多的英镑支付以美元标价的开支，偿还债务，公司的收入不足以弥补其美元费用，最后公司破产。

（三）经济风险是国际企业受汇率变动直接因素和其他间接因素共同影响的结果

汇率的调整不仅表现为汇率本身的变动，还间接导致国际间利率和通货膨胀等因素的变动。与单纯的国内企业不同，国际企业在跨国经营中不但受到汇率变动的直接影响，同时也受到因汇率变动所导致的利率和通货膨胀等间接因素变动的影响。根据利率平价理论和购买力平价理论，汇率的变动与两国利率、通货膨胀率之间存在着此消彼长的关系，即在完全的市场效率下，汇率变动率和利率、通货膨胀率的共同作用不会给国际企业带来经济风险，但是由于市场效率的完全性，在这些因素的共同作用下，国际企业的未来现金流量的现值表现出某种不确定性。

二、经济风险的形成和影响

根据购买力平价理论和国际费雪效应，汇率变动总是与各国的通货膨胀、利率水平密切关联。

根据购买力平价理论，$ER/SR=[(1+P_x)/(1+P_y)]$，汇率的变动与两国通货膨胀率的变动幅度一致。在购买力平价理论成立的市场条件下，公司对于汇率做出准确的预测，考虑了汇率变动对于通货膨胀的变动影响，国际企业的经济风险就不会存在；然而，经济影响的滞后性，汇率变动幅度与两国通货膨胀的变动幅度的不一致，会造成国际企业汇率预测的偏差，从而存在经济风险。通货膨胀导致的相对价格变动，是影响国际企业销售收入、生产成本和各种费用开支等方面的主要因素，也是影响国际企业未来现金流量的主要因素。

根据国际费雪效应，$ER/SR\times[(1+i_x)/(1+i_y)]$，汇率的变动幅度与两国利率变动幅度一致。在货币市场和资本市场有效时，也即国际费雪效应成立时，国际企业持有的外币资产不会因为本币、外币之间汇率的变化而损失，国际企业不存在经济风险。然而，市场效率的不完全，两国利率变动与汇率变动的不完全一致，其结果是，只要汇率发生变动，经济风险就在某种程度上存在。具体地，经济风险的形成和影响结果见表5-1。

（一）本国货币升值的经济风险

对于国际企业来说，其产品销售，原材料、劳动力资源来源，资本筹集等都是跨越国境的。汇率的变动会影响国际企业的销售、成本和资金流动。

表 5-1

汇率波动带来的经济风险

影响公司本国货币流入量的交易	本国货币升值对交易的影响	本国货币贬值对交易的影响
A. 本国销售(相对在本国市场上的外国竞争者)	减少	增加
B. 以本国货币标价的出口	减少	增加
C. 以外币标价的出口	减少	增加
D. 对外投资的利息收入	减少	增加
影响公司本国货币流出量的交易		
A. 以本国货币标价进口的物料	无变化	无变化
B. 以外币标价进口的物料	减少	增加
C. 所欠外债的利息	减少	增加

当本国货币升值时,国际企业的现金流入量和流出量会同时减少。从现金流入量来说,本国货币升值,外国竞争者的加入,消费者有更多的消费替代品可供选择,使得跨国公司在其本国的销售收入减少。如果出口商品以本国货币计价,外国进口商将需要花费更多的外国货币购买这些产品,在一定的情况下,外国进口商将减少进口,从而引起出口商销售现金流入量的减少;如果出口商品以外币计价,在商品外币价格不变的情况下,出口商会因本币的升值而减少本国货币现金的流入量(外币现金流入量不变)。在外币商品价格提高的情况下,进口商会减少对出口商品的需求量,同样会引起出口商本国货币现金流入量的减少;另外,本国货币走强,国际企业对外投资收回的利息或股利可兑换的本国货币减少,导致现金流入的减少。本币升值同样会引起国际企业现金流出量的减少,除了以本国货币标价的已进口物料成本不会受到汇率变动影响外,跨国公司以外币标价的进口原材料成本降低,需要支付的外币筹资利息等按本国货币计算的减少,都会减少企业的现金流出量。

当然,本国货币升值对国际企业的净现金流量的影响还取决于流入交易受到的影响大还是流出交易受到的影响大。如果国际企业主要从本国取得物料和资金,产品主要用于出口,那么其现金流入量减少的程度要比现金流出量减少的程度大得多,净现金流量就表现为减少;相反,如果主要从国外取得物料和资金,产品重点在本国销售,几乎没有外国竞争的企业,则现金流出量将会减少,而现金流入量不会大幅减少,净现金流量就表现为增加。

(二) 本国货币贬值的经济风险

与本国货币升值造成的影响相反,本国货币贬值会导致国际企业现金流入量和流出量的增加。从现金流入量来说,由于本币贬值,以坚挺外币标价的外国商品价格对本国顾客来说相对较高，本国顾客会转而购买国内生产的商品，从而影响国际企业本国销售收入的增加；同样，以本国货币标价的出口商品因相对便宜的价格，出口量增加；以外国货币标价的出口商品因可兑换较多金额的本国货币而使国际企业的现金流入量增加。对外投资收回的利息和股利因可兑换成较多的本国货币，而使现金流入增加。从现金流出量来说，除了以本国货币标价的已进口物料成本不受到汇率变动直接影响外，以外币标价的进口物料成本增加，需要支付的外币筹资利息等按本国货币计算的增加，都会增加国际企业的现金流出量。

如果国际企业主要从本国取得物料和资金，生产的产品主要为出口，其会受益于本国货币的贬值，现金流入量的增加大大超过现金流出量的增加，净现金流量增加。相反，重点是本国销售、很少有外国竞争且很少自国外取得物料（以外币计价）的企业很可能受到本国货币贬值的伤害，净现金流量减少。

（三）货币升值或贬值的间接经济风险

在有些情况下，汇率变化对现金流入量和流出量的影响是间接的。例如，美国企业从加拿大进口木材。假设进口的木材以美元计价，如果美元贬值，该美国企业因其用美元付款，不需取得加拿大元而不会直接受到影响。然而，加拿大出口商将收到的美元兑换成加拿大元时，会减少加拿大元的收入。为抵销流入的减少，加拿大出口商可能会在未来向美国公司提出较高的索价。这会增加美国企业用于支付以美元计价的现金流出量。这里的影响不是汇率变动直接造成的，而是间接造成的。

美国通用公司是一家跨国经营的国际企业，20 世纪 80 年代早期向墨西哥的顾客出售软件。由于当时墨西哥比索对美元贬值 40%，大幅提高了墨西哥顾客的购买价。结果，通用公司在墨西哥的软件销售量下降，现金流量比预期减少。

（四）国内企业的经济风险

一般认为，经济风险存在于国际企业，纯粹的国内企业不会受到经济风险的影响。然而，实际上国内企业有时也会面临经济风险。例如，某钢铁制造商在本国购买所有的物料，销售所有的产品。从表面上看，该企业仅以本国货币进行交易，不存在经济风险。然而，该企业所在的国内市场有外国竞争者，如果本国货币升值，外国竞争者的发票计价货币对本国货币贬值，对钢铁产品感兴趣的顾客可能转向购买外国钢铁制造商的产品，结果对本国企业的钢铁需求可能下降，使该企业的现金流入量减少。

三、经济风险预测所使用的汇率

避免经济风险的主要方法是：尽可能准确的预测可能发生的经济风险，并就此做出准确的决策，最大限度的避开损失，获得利益。因此，如何确定预测中使用的汇率就显得十分必要。

经济风险预测中所使用的汇率为预期汇率。经济风险不包含可预测的汇率变动造成的结果，因为在均衡的状态下，远期汇率是未来即期汇率的无偏差估计值，经营者会以该远期汇率编制营运预算。如果未来的即期汇率与远期汇率相同，则不存在经济风险。如果未来的即期汇率与远期汇率不同，经济风险就会产生。

汇率预测与外汇风险管理有紧密的联系。国际上常见的汇率预测方法有技术预测法、基本因素预测法、市场预测法和混合预测法等四类（在第三章中已有介绍）。

然而，实际上汇率预测是相当困难的，上述我们所简述的除利用外汇市场经济关系的理论外，我们还需考虑国内、国外总体经济形势与预测心理等多方面因素，才能准确地预估。

第二节　经济风险的计算

汇率变动对现金流量的影响是通过对销售量、销售价格、销售成本的变动来体现的。要准确衡量经济风险是非常困难的。常用的方法是根据一项预测汇率分别预测损益表中项目金额和现金流量金额；然后改变预测汇率，重新预计损益表中项目金额和现金流量金额，测算由于汇率变动对企业税前利润和现金流量的影响。

我们举一个例子来说明经济风险的计算。

【例 5-1】 中国泰华公司在美国全资拥有子公司，计划该公司要有 20%的税后投资报酬率。假设：泰华公司利用当地原料及人工进行生产，产品一半内销美国，一半外销其他国家，所有销售均以美元计价；应收账款等于年销售金额的 25%，平均收账期为 90 天；存货为年直接成本的 25%，并按销售收入的 75%计价；厂房、设备的折旧不变，每年 \$240 000，公司的所得税率 50%。在预期人民币对美元的汇率为¥6.50/\$的情况下，泰华公司 20×0 年 12 月 31 日的资产负债表、20×6 年预计损益情况和现金流量情况如表 5-2、表 5-3 所示。

表 5-2

泰华美国公司资产负债表

20×0 年 12 月 31 日　　　　单位：万元

资　　产	金　　额	负债和股东权益	金　　额
现金	\$160	应付账款	\$80
应收账款	320	短期借款	160
存货	240	长期负债	160
固定资产	480	普通股	180
		留存收益	620
合　　计	\$1 200	合　　计	\$1 200

表 5-3

泰华美国公司预期损益及现金流量表

单位：万元

项　　目	金　额
销货(100 单位,@＄12.8)	＄1 280
减：直接成本(@＄9.6)	960
现金营运费用(固定)	120
折旧	24
税前收益	＄176
减：所得税费用(50%)	88
税后收益	＄88
加：折旧	24
营运活动产生的现金流量	＄112
现行汇率：￥6.50/＄	
营运活动产生的现金流量——以人民币表示	￥728

假定预计美元将意外贬值，由￥6.50/＄下降为￥6.40/＄。为中国泰华公司预测可能面临的经济风险。

经济风险的大小是依照不可预期的汇率变动造成销售数量、售价或营业成本的改变而定的。在现金流入(收入)方面，在美元贬值的情况下，公司可以根据价格的需求弹性来决定选择：① 维持原有的以美元计价的销售价格；② 因为竞争性的进口产品售价相对的提高，而采用提高美国国内售价；③ 维持以外币计价或以美元计价的外销产品价格不变等。

在成本方面，由于美元贬值，美国进口的原料和零部件变得较贵，美国国内价格提高，美国工人要求增加工资(以弥补国内物价膨胀的影响)，这些都可能使子公司的成本提高。

泰华美国公司在美国国内的售价和成本，有一部分也决定于美元贬值对所得弹性的影响。美元贬值促使美国人购买更多的国内产品，而且外销增加，都会使得美国的国民所得增加，这是假定美元贬值，其相对售价有利，而不会立即被较高的物价膨胀所抵销；泰华美国公司可能因为价格效果与所得效果的影响，使得国内销售量增加，而且也可能因为价格效果，使得国外的销售量增加。

由于美元的预期贬值，泰华美国公司以美元标价的现金流量增加，不一定表现为人民币(母公司货币)现金流量的增加，公司存在潜在的经济风险。为了预测美元贬值后可能给泰华美国公司带来的经济风险，公司根据调查预测数据，对汇率变化可能引起的销售金额、销售数量、成本费用变化，列出五种简单情况，分别进行分析。

（一）所有变数维持不变

假设美元贬值，对五年间的销售数量、销售价格和营运成本均没有影响。则 20×6 年以美元计算的现金流量将与预期相同，营运活动产生的现金流量为＄112 万，若以新汇率￥6.40/＄计算，则 20×1 年的现金流量为＄112×￥6.40/＄＝￥716.8(万)，因此第一年现金流量的差异为：

贬值后实际的现金流量：	￥716.8 万
贬值前预计的现金流量：	￥728 万
第一年现金流量的变化：	(￥11.2 万)

泰华美国公司以人民币计算的现金流量减少了￥11.2 万，如果这种情况连续五年，则每年现金流量都是减少￥11.2 万。

（二）销售量倍增，其余变数保持不变

假设因为美元贬值，导致其泰华美国公司产品售价较进口产品更具竞争力，在国际市场上较其他未贬值的国家产品相对更便宜，在其销售单价、单位成本均保持不变的情况下，国内及出口销售量均增加 1 倍。在销量增加一倍的情况下 20×6 年预计损益及现金流量如表 5-4 所示：

表 5-4

销售量倍增时损益及现金流量表

单位：万元

项　　目	金　额
销货(200 单位，@＄12.8)	＄2 560
减：直接成本(@＄9.6)	1 920
现金营运费用(固定)	120
折旧	24
税前收益	＄496
减：所得税费用(50%)	248
税后收益	＄248
加：折旧	24
营运活动产生的现金流量	＄272
新汇率：￥6.40/＄	
营运活动产生的现金流量——以人民币表示	￥1 740.8

事实上，第一年的现金流量并非如表 5-4 所显示的那样多，因为销售量倍增所需要的应收账款和存货投资也会随之增加，虽然这额外的投资可由应付账款的增加来应付，但我们假设这些投资都由营运而来的现金流量来应付。

第一年年底（20×6 年）应收账款应等于年销售金额的 25%，亦即＄640 万（2 560×25%），刚好是前一年年底（20×0 年）的 2 倍（320×2），因此增加的应收账款＄320 万，必须由可用的现金来支出。同样的，存货是年直接成本的 25%，亦即＄480 万（1920×25%），比年初增加了＄240 万（480－240）。在第五年年底时，这些额外的现金流出将被收回，因为所有现有资产的投资最后都换回现金。假设销售量、售价或成本不再改变，则五年间的现金流量如表 5-5 所示。

表 5-5

五年间的现金流量

单位：万元

年　度	项　目	美　元	人民币
1	营运活动产生的现金流量＄272		
	减：额外的投资＄560（320＋240）	－288	－1 843.20
2	营运活动产生的现金流量	272	1 740.8
3	营运活动产生的现金流量	272	1 740.8
4	营运活动产生的现金流量	272	1 740.8
5	营运活动产生的现金流量	272	1 740.8
5(w. c)①	额外的投资回收	560	3 584
	合　计	1 360	8 704

在上述的情况中，由于贬值的影响，导致第一年的现金流量由预期的¥728 万变成负的¥1 843.2 万；然而其余四年的现金流量，则因贬值的经济性效果而有实质上的增加。在这期间，泰华美国公司将拥有更多的现金，所以贬值产生了经济性利得，而不是损失。

在此情况中，泰华美国公司获利更佳，原因是贬值后，相对的美元售价仅下降1.54%[(6.50－6.40)/6.50×100%]，可是销售量却增加 1 倍，也就是说，产品所面对的价格需求弹性大于 1。

（三）售价增加，其余变数保持不变

假设因为美元贬值，产品的美元售价提高 25%，每单位由＄12.8 提高到＄16；销售量与成本都不变时，利润表及现金流量表将如表 5-6 所示。

① 5w. c：第五年营运资金回收。

表 5-6

售价增加时损益及现金流量表

单位：万元

项　　　　目	金　额
销货(100 单位,@＄16)	＄1 600
减：直接成本(@＄9.6)	960
现金营运费用(固定)	120
折旧	24
税前收益	＄496
减：所得税费用(50％)	248
税后收益	＄248
加：折旧	24
营运活动产生的现金流量	＄272
新汇率：￥6.40/＄	
营运活动产生的现金流量——以人民币表示	￥1 740.8

在此情况中,美元贬值将使泰华美国公司获利更多,究其原因是因为产品以国际性售价作为定价标准,国内产品售价提高而没有减少销售量。在此情况中,应收账款新增加了＄80 万(1 600×25％－320),存货不需额外的投资。因此最初五年的现金流量如下表 5-7 所示。

表 5-7

五年间的现金流量

单位：万元

年　度	项　　　目	美　元	人民币
1	营运活动产生的现金流量：＄272		
	减：额外的投资＄80(400－320)	192	1 228.8
2	营运活动产生的现金流量	272	1 740.8
3	营运活动产生的现金流量	272	1 740.8
4	营运活动产生的现金流量	272	1 740.8
5	营运活动产生的现金流量	272	1 740.8
5(w.c)	额外的投资回收	80	512
	合　　计	1 360	8 704

预期每年的现金流量比预料不会贬值时现金流量￥728万还多出￥1 012.8万(1 740.8－728)。同样,第一年,由于增加营运资金使净现金流量仅为￥1 228.8万,但是往后的每一年现金流量都是￥1 740.8万。

上述的结果主要是营运杠杆的改善,成本以美元计价,且贬值后并未增加;售价却因美元贬值相对提高,最终结果导致公司获得了更高的利润。如果成本是以其他货币计价时,即原料或零部件是来自进口的,情况就会不一样了。如果贬值后,当地的美元成本也随之提高时,情况也会有所不同。一般而言,当地的成本会随贬值而增加,但其增加的幅度会比贬值的幅度小,而且有时间上的差距。因此,管理者还必须对贬值所造成各地区成本的影响有一个适当的调整。

(四) 部分售价增加,其余变数保持不变

假设由于美国境内售价的管制或竞争,致使国内售价维持不下。但是外销价格是以进口国的货币价格来决定的,因此,贬值后其外销价格若以美元计算,将相对增加。如果国内外市场总销售量维持不变,而占总销售量一半的出口,其单价提高为＄16时,其损益表及现金流量表如表5-8所示。

表5-8

部分售价增加时损益及现金流量表

单位：万元

项　　目	金　额
国内销货(50单位,@＄12.8)	＄640
出口销货(50单位,@＄16.0)	800
总销货额	＄1 440
减：直接成本(100单位@＄9.6)	960
现金营运费用(固定)	120
折旧	24
税前收益	＄336
减：所得税费用(50%)	168
税后收益	＄168
加：折旧	24
营运活动产生的现金流量	＄192
新汇率：￥6.40/＄	
营运活动产生的现金流量——以人民币表示	￥1 228.8

期末应收账款较期初增加＄40万(1 440×25%－320),第一年需要增加投资＄40万,无须额外的存货投资。最初五年的现金流量如表5-9所示。

表 5-9

五年间的现金流量

单位：万元

年　度	项　　目	美　元	人民币
1	营运活动产生的现金流量：$192		
	减：额外的投资 $40(360－320)	152	972.8
2	营运活动产生的现金流量	192	1 228.8
3	营运活动产生的现金流量	192	1 228.8
4	营运活动产生的现金流量	192	1 228.8
5	营运活动产生的现金流量	192	1 228.8
5(w.c)	额外的投资回收	40	256
	合　计	960	6 144

在此情况中，每一年所预期的现金流量都大于贬值前所预期的¥728 万现金流量。

（五）售价增加，成本亦增加，销售量维持不变

假定在售价上涨 25%的同时，因美元贬值引起进口原料及零部件以美元计价时的成本增加，当地物价膨胀、工资费用上升，直接成本及现金营运成本同时上涨 25%。在此情况下，第一年损益表及现金流量表如表 5-10 所示。

表 5-10

售价及成本增加时损益及现金流量表

单位：万元

项　　目	金　额
销货(100 单位，@ $16)	$1 600
减：直接成本(@ $12)	1 200
现金营运费用(固定)	150
折旧(不变)	24
税前收益	$226
减：所得税费用(50%)	113
税后收益	$113
加：折旧	24
营运活动产生的现金流量	$137
新汇率：¥6.40/$	
营运活动产生的现金流量——以人民币表示	¥876.8

在此情况中，期末应收账款较年初时增加了＄80万(1 600×25%－320)；期末存货较期初增加了＄60万(直接成本1 200×25%－240)，两者共增加营运资金投资＄140万。因此，最初五年的现金流量将如表5-11所示。

表5-11

五年间的现金流量

单位：万元

年度	项目	美元	人民币
1	营运活动产生的现金流量：＄137		
	减：额外的投资＄140(80＋60)	－3	－19.2
2	营运活动产生的现金流量	137	876.8
3	营运活动产生的现金流量	137	876.8
4	营运活动产生的现金流量	137	876.8
5	营运活动产生的现金流量	137	876.8
5(w.c)	额外投资的回收	140	896
	合计	685	4 384

在此情况中，第一年的现金流量为负值，其后的四年，其现金流量都稍多于贬值前所预期的现金流量。

由上述案例我们可以看到，汇率的变动会随着其影响的销售数量、销售价格、成本费用等的变动，影响企业未来的现金流量。而且影响的程度各有不同。为了便于比较，我们将前述五种情况所预期的现金流量按该公司的计划投资报酬率20%折算为现值(见表5-12)，并与未贬值前所预期的现金流量加以比较。

表5-12

泰华美国公司在美元贬值后的经济风险表

单位：万元(人民币)

	年	未贬值	情况1	情况2	情况3	情况4	情况5
最初五年预期的现金流量	1	728	716.8	－1 843.2	1 228.8	972.8	－19.2
	2	728	716.8	1 740.8	1 740.8	1 228.8	876.8
	3	728	716.8	1 740.8	1 740.8	1 228.8	876.8
	4	728	716.8	1 740.8	1 740.8	1 228.8	876.8
	5	728	716.8	1 740.8	1 740.8	1 228.8	876.8
	5(w.c)	0	0	3 584	512	256	896

（续表）

	年	未贬值	情况 1	情况 2	情况 3	情况 4	情况 5
贬值与未贬值比较：其预期现金流量增加或减少	1		−11.2	−2 571.2	500.8	244.8	−747.2
	2		−11.2	1 012.8	1 012.8	500.8	1478.8
	3		−11.2	1 012.8	1 012.8	500.8	1478.8
	4		−11.2	1 012.8	1 012.8	500.8	1478.8
	5		−11.2	1 012.8	1 012.8	500.8	1478.8
	5(w. c)		0	3 584	512	256	896
预期现金流量变动的现值（按 20% 的报酬率计算）	1	0.8333	−9.333	−2 142.581	411.317	203.992	−622.642
	2	0.694	−7.773	702.883	702.883	247.555	103.267
	3	0.579	−6.485	586.411	586.411	289.963	86.155
	4	0.482	−5.398	488.170	488.170	241.386	71.722
	5	0.402	−4.502	407.146	407.146	201.322	59.61
	5(w. c)	0.402	0.000	4 440.768	205.824	102.912	360.192
增加的现值（即经济风险）			−33.491	1 482.797	2 807.750	1 387.129	58.512

从表 5-12 最后一行可以看到，中国泰华公司对泰华美国子公司的投资，在要求税后投资报酬率为 20% 情况下，如果美元意外贬值，会因不同情况而产生不同的经济风险。相对预计现金流量来说，在第一种情况中，经济性损失的净现值为人民币 −33.491 万元。在其余四种情况下，不但没有损失，反而会有利得。尤其是在第三种情况中，其利得的净现值高达人民币 2 807.750 万元。

第三节　经济风险的管理

经济风险管理的目标就是预测突然发生的汇率变化对企业将来现金流量的影响，并为如何应对这些突发事件提出恰当的方案措施。简单地说，避免经济风险最好的方法是多元化，即公司在全球范围内采用多元化经营和多元化融资。但实际上，不是所有的国际企业都能做到多元化的。

一、经济风险管理的目标

经济风险产生的根本原因是汇率变动及其背后的货币价值变动对跨国公司未来时期内的现金流入和流出造成的影响。这些影响，有的是企业事先不能预计的，有的则是可以事先预计并通过积极的对策规避的。经济风险管理的目标就是根据企业实际情况，预测实际汇率改变对企业未来现金流量可能造成的变动影响，并根据企业长远经营战略，在宏观把握国际经济发展趋势的同时，充分而又仔细地分析微观环境里实际和潜在的诸种因素的影响，提出控制经济风险对策措施。

二、经济风险管理的策略

根据管理者对风险偏好的不同，经济风险管理的策略有两种。

（一）积极性策略

积极性策略就是当风险突然发生时，管理者采用积极的措施从事分散风险的工作。例如，根据产品的价格弹性和市场供求变化，及时调整产品的销售价格、销售对象、销售渠道、营销策略，改变原材料的购买地和替代原材料，调整产品的成本构成。以最大的可能来规避企业的损失，增加企业的利得。

从上述中国泰华公司对泰华美国子公司的投资案例中可以发现，公司运用产品价格弹性，在保持产品销售量的前提下，通过调整产品的外销价格；或在保持原有的销售价格的前提下，增加产品的销售量，对经济风险的规避，能取得良好的结果。

（二）消极性策略

既定的经营和预期在未来实施的各项投资、销售、原材料购买和劳务需求等诸项计划，直接关系到企业实现长期利润最大化这一目标。消极的策略不是指对经济风险视而不见，而是管理者在事先充分预计可能受到的风险基础上，设定一个投资或营运组合，以期一旦风险发生时损益会自动相抵。管理者只要在风险发生时有所认识，不需从事预期不均衡状态的工作。

三、国际企业对经济风险的控制

企业开始国际化经营的历程，一般总是从最简单的进出口业务开始，逐步打开产品的国际市场，在国外设立分销机构、合资企业；然后设立独资生产经营单位，建立跨国活动管理组织；最后在国外实现兼并和控股，在国际市场发行证券，建立多国股权所有的跨国公司。对处于不同发展阶段的跨国经营企业，其经济风险的表现程度不完全相同，采取的措施也不一样。

国际企业依照其发展程度的高低可分为：非经常性的大宗项目出口商；具有庞大出口市场的制造企业；从事多国经营活动的跨国公司。处于不同类型和阶段的国际企业在遭受经济风险时应采用不同的控制方法进行风险控制。

（一）非经常性的大宗项目出口商对经济风险的控制

非经常性的出口商主要面向国内市场，偶尔接到国外订单，总体来说，经济风险对这类企业的影响不大。对于突然的汇率变动，其应对的方法应根据企业的经营目的进行调整。如果企业意在开拓国外新的市场，不考虑一时的得失，在本币升值的情况下可以采用暂时的价格让步，企业遭受的损失（本币现金流入减少）可以通过远期外汇市场、货币市场或期权市场上的合约保值来规避。如果企业以国内销售为主，出口业务所占比重很小，则可以在签订合同前，比较出口销售收入和国内销售收入，确定其业务方向。如果 $FR \times P_E < P_D$ 时，在国内市场销售；如果 $FR \times P_E > P_D$ 时，则在国外市场销售（其中：FR 表示收款日的远期汇率，P_E 表示出口价格，P_D 表示国内销售价格）。

【例 5-2】 中国某企业，从事某类商品的出口活动。此种商品在国内的售价是每千克 105 元，在美国的售价是每千克 16.3 美元。该企业一般出口合同的收款期在 1 个月左右。假设未来一个月的远期汇率是￥6.60/＄。要求：在此种情况下公司是否可以选择在美国市场销售？在什么情况下公司应该放弃在美国市场销售而转向国内市场销售？

分析：

在中国或美国市场销售的平衡汇率＝105/16.3＝￥6.4417/＄

在美国市场销售的价格按远期汇率折合成人民币＝＄16.3×￥6.60/＄＝￥107.58

在中国或美国市场销售商品在相同人民币金额下的平衡汇率为￥6.4417/＄。如果未来 1 个月的远期汇率大于￥6.4417/＄，该商品的实际出口价格将高于国内的价格，商品在美国市场销售更具有竞争力，应该选择（并增加）在美国市场销售；反之，则应该在国内销售。本例中，远期汇率为￥6.60/＄，大于平衡汇率，该商品在美国市场销售的价格按远期汇率折合成人民币为 107.58 元，大于在国内销售的价格人民币 105 元。故应该选择在美国市场销售。

（二）具有庞大出口市场的制造企业对经济风险的控制

这类企业以出口为生，汇率变动对其影响比较大。当本币升值，外币贬值时，整体的出口会受到影响，企业的收入肯定会减少，并有可能面临未来出口收入的持续性下降。

相对于第一种类型的国际企业来说，这类企业规避经济风险的难度较大，其主要方法是：改变销售渠道，调整产品结构。在预测未来的汇率走势会给企业带来长期的经济风险时，可以考虑在销售地成立销售公司，或者直接在当地建厂。在可能的情况下，也可以视企业本身的情况通过提高产品的价格来减少自己的风险。如果企业在产品生产的结构上调整的空间比较大，也可以采用这种方法来规避风险，但对企业的生产能力的要求比较高。

（三）从事多国经营活动的跨国公司对经济风险的控制

对于从事多国经营活动的跨国公司来说，经济风险控制的目的就是在未预料的汇率发生变化前做出预先处理。相对非经常性的大宗项目出口商和具有庞大出口市场的制造企业，其管理控制的手段更多。

这类跨国公司的主要经济风险的控制思路是通过多元化来分散和防范经济风险。具体来讲，国际企业对经济风险的控制主要体现在三个方面：行销管理（Marketing Management）、生产管理（Production Management）和财务管理（Financial Management）。

经济风险影响国际企业经营的各个方面，不仅仅是我们熟知的财务方面，还有生产、市场、销售等方面。国际企业与国内企业不同，通常有多个生产、销售地点，分布在世界各个国家和地区，这也为国际企业通过多元化的分线经营来控制经济风险创造了条件，是国内企业无法比拟的优势。国际企业在风险控制方面既要从财务管理入手，又要扩展生产运营、市场销售等方面的主动性，经济风险对企业的影响不是短期的，企业要长时期内持续获得利润，保持全球范围内的竞争优势，必须在经济风险管理战略中有效的保护和提高企业整体本币获利能力。

1. 行销管理

在销售策略方面，国际企业的销售经理应预先制定好，一旦汇率发生变动时，其产品、定价、促销及渠道等销售政策的变通方案，在汇率真正发生重大变动时，研究当时的情况，做出必要的政策更改。

首先，产品策略。国际企业通过改变产品策略抵销经济风险，包括新产品的推出、产品系列决策和产品创新等。新产品能否成功进入市场与产品的很多策略有关，汇率的不稳定，更加深了新产品的这种不确定性。由于竞争价格优势的存在，汇率变动期间，是新产品进入市场的最佳时期。汇率变动同样影响了产品系列的生产，本国货币贬值利于出口，公司应扩大产品系列的生产以提高海外收益；反之，本国货币升值，公司就要重新定位产品，适当减少或淘汰该系列产品。如果本国货币是硬通货，公司可以通过增加研发预算进行产品创新。

其次，定价策略。调整产品市场份额还是产品利润率，是国际企业在汇率变动的情况下考虑的定价策略关键。汇率变动的持久性，产品需求的价格弹性，产品的可替代性，企业是否具有规模经济等，都是做出决策的影响因素。

当本币升值时，出口型企业可能会由于竞争的激烈而无法按本币贬值的程度提高价格，使企业收入减少。即使企业可以通过提价来弥补货币贬值所带来的损失，也要考虑自己的产品在市场中所占份额的变动情况，如果份额下降太多，也同样会影响收入。另外，消费者对于产品价格的敏感程度，也是企业必须考虑的内容，需求价格弹性越高，企业应该越倾向于维持低价格来扩大销售量，增加收入；反之，则应该采用提高价格的手段增加收入。产品的不可替代性受汇率变动的影响相对较小，所以开发高新技术产品，维持高附加值和技术优势可使企业不受经济风险的威胁。

当本币贬值时，对出口商来说就有利得多，产品在国际市场上更具有竞争力，公司可以按本币贬值的比例调整价格，当然也可以不按这个比例调整，这取决于公司在市场份额和利润率之间的选择。

最后，促销策略。促销手段一般包括广告、人员推销、营业推广和公共关系等，汇率的变动不会直接影响这些手段，但是会促使国际企业通过调整这些促销手段的开支预算在不同部门间进行促销手段的调整。它的这种调整不是孤立的，而是根据产品策略、定价策略等营销策略的变动来完成的。

总体来讲，国际企业在生产管理和市场管理方面，都可以通过有利的国际化优势分散其经营，也就是我们前面提到的多元化分散经营管理。能够意识到这一点，就管理者而言，已经处于一种能马上认识企业经营的不均衡状态(因为市场的效率不完全导致的汇率变动不均衡)，并且能够立刻表现竞争性反应的状态。采取多元化分散经营的优势在于：当某种不均衡发生时，管理者能够从各国子公司的营运变化上，察觉其发生迹象，进而确知它的发生。例如，管理者可以从各国子公司间比较成本的变化注意到，也可以从价格弹性、所得弹性与竞争者反应而定的边际利益及销售量的比较中看出。

分散化经营使公司管理层更能够主动认识世界竞争情况，并随着竞争情况的不断的改变，调整其营运策略。例如，管理者可以将材料资源、零件或产成品做边际移动；此外，假若有准备资本，管理者还可将各国子公司间的生产量重新分配，增加一国生产及减少另一国生产。而不均衡状态也可造成企业产品更具价格竞争力，使其销售能力大大加强。

多元化分散经营的优点还在于：当汇率改变时，即使管理者不愿积极从事扭曲正常营运的避险工作，企业也应该设立一些有利的组合，使经济风险中立化。例如，不均衡情况下造成汇率变动时，如果因为国际化的分散生产、资源和销售，而使企业的现金流量减少时，则它在某些市场的竞争力可能增强，抵销了现金流量减少的部分。

2. 生产管理

首先，降低生产成本。降低成本的最有效方法是调整生产要素的投入情况，这包括调整生产要素的来源地和各来源地生产要素间的配比，国际企业在这方面存在优势。

汇率的变动是双向的，增加一国生产成本的同时，另一国家的生产成本会下降。因此在几个汇率变动的国家之间调整生产要素的来源，可以适当地降低经济风险。一般地，减少向硬货币国购买原料与零件，转向软货币国家购买，可以获得较低成本的利益。假如东道国货币具有长期升值潜力，应考虑缩减在该国的生产，转而在软货币国家生产。生产地点的分散化，除了可以获得接近生产因素及市场的好处之外，也可以分散币值变动的风险。因为如果某国际公司的子公司，都设在币值有一致变动的国家(如美国与加拿大，葡萄牙与西班牙)，则一旦这些国家货币币值变动，该企业将损失惨重。相反，如果将子公司的设立国家予以分散，就可减少不少风险。

国际企业对海外直接的投入的增加会导致企业生产的转移，避免这种转移的方法是企业购买更多的海外生产要素，包括一些中间产品，尤其是与产品销售有关联的国家的产品，这样可以避免汇率变动对产品销售利润的影响，使经济风险降至最低。

其次，分散生产地点。全球范围内生产经营的国际企业，可以根据汇率变动的情况，将其生产经营的活动在分布在不同国家和地区的工厂之间进行转移，重新分配国际企业的生产结构，调整生产部署。转移货币升值国家的工厂的生产能力，提高货币贬值国家的工厂的生产能力。需要注意的是，国际企业在做出调整生产部署的决策时，必须要慎重，要认真评估转移优势的可实现性和效益成本的可接受性。

保证国际企业可以有效地转移生产地点的条件是国际企业在全球战略上必须有组合

分散风险的投资观，在要素和生产策略投资组合中考虑汇率变动的风险，尽可能地降低成本，减少风险。这种投资观首先就体现在国际企业工厂的选址问题上。一般地，在软通货国家进行生产，可利用当地的资源降低成本。另外，在第三世界建厂也是可行的方案。主要是根据当地劳动力市场和当地货币走势。

3. 财务管理

经济风险主要影响了企业未来的现金流量情况，避免经济风险的财务管理控制主要是利用各种外汇的保值手段构造一个合理的债务结构，使得因汇率变动导致的现金流量的减少不会给企业带来更大的影响。在财务管理方面，国际企业必须谨慎地评估每一笔长期外币借款，虽然原则上借入软货币为最佳，但毕竟无法十分准确确定何种货币将贬值，因此，多元化的融资管理非常有效，尤其在国际费雪效应失效时，利率变动不等于预期汇率变动时，国际企业以较低的资本成本取得融资的机会就存在。

国际企业在财务管理方面控制经济风险的主要思路是分散财务基础，强调两点：

(1) 积极移动资本。如果企业分散融资来源，那么就可获得依国际费雪效应分散风险的好处。例如，利率差距不等于预期汇率应有的变动时，就会有降低资金成本的机会。这种分散政策只能在跨国公司中才办得到，因为要能够打通各个融资渠道，首要条件必须是：这个公司已经熟悉国际投资系统，而且已经稳固地建立起银行关系。而这些对于只局限在一个资本市场融资的国内企业而言，根本没有选择其他融资渠道的机会。

(2) 以配合为基础分散财务来源。除了上述分散资本市场来源，可获得预期利率差距带来的好处之外，国际企业还可用配合的方法，配合预期营运收入可得的货币组合与借入资金须付出的货币组合，使得经济风险中立化，同时也可以消除交易与折算风险。但这个方法在实践中，有时会有实际的困难，因为企业无法准确预测长期的现金流量。

一般认为降低外汇风险是财务部门的工作，与生产或销售部门无关，然而事实上，财务部门所能减少的外汇风险只是交易风险和折算风险。对于经济风险如果单靠财务部门，则会一筹莫展，必须由企业各部门通力合作，才可以达到避险的效果。

本章小结

外汇风险是指因汇率变动对外汇持有者、需要外汇进行国际经济交往的人或企业可能带来的损失。外汇风险有三种主要的形态：经济风险、交易风险和折算风险。

经济风险是指汇率波动对国际企业未来可获得的现金流量净现值的影响。这种汇率变动是潜在的、未曾预料到的和持续的，是企业最重要的外汇风险，是国际企业受汇率变动直接因素和其他间接因素共同影响的结果。

经济风险预测中所使用的汇率为预期汇率。

企业未来现金的流入和流出净值通过折现得到净现值，选用的折现率一般是投资预期收益率或企业的资本成本。在汇率变动的情况下，如果企业的收益出现较大的波动，折现率还应包括预期收益率下的风险报偿因子。

汇率变动总是通过购买力平价和国际费雪效应，与各国的通货膨胀、物价变动和利差相关联。这类宏观经济变量的变动，会对跨国公司销售量、销售价格、生产成本和费用开支等各个方面产生直接的影响。因此，分析经济风险，必须考虑这几个经济变量。

经济风险的控制应着眼于企业长远经营战略，在宏观上把握国际经济发展趋势的同时，充分而又仔细地分析微观环境里实际和潜在的诸种因素的影响，把经济风险的控制作为外汇风险管理工作的核心。国际企业的经济风险控制主要体现在营销管理、生产管理和财务管理三个方面。

营销和生产方面实行的汇率风险控制，是整个经济风险控制的重点。针对汇率和相对价格的变动，在市场方面，可以考虑选择合适的市场和分销渠道，开发生产适销对路、富有竞争力的产品，确定恰当的产品价格，以及采取强有力的推销、促销策略；在生产方面，可以考虑选择合适的厂址，变更投入物的来源地，从软通货国家进口更多的原材料和零部件，降低生产成本等；在财务方面，可以利用多种保值方法，还可以通过外币债务构成的调整来实现对汇率风险的控制。

复习思考题

1. 什么是经济风险？经济风险有何特点？

2. 汇率变动是如何影响国际企业的未来现金流量的？

3. L公司生产医疗设备，其大部分收入在美国，费用的一半是欧元流出（购买德国材料）。L公司的主要竞争来自没有一点国际业务的美国公司。如果欧元走强，L公司会受到什么影响？

4. 国际企业如何根据自身的特点采用经济风险控制的方法？

5. 控制经济风险的主要对策有哪些？

练　习　题

1. 某美国母公司在中国的子公司下一年预计能获得税后收益￥3 500万，估计折旧费为￥500万。预期汇率变化从年初的￥6.50/＄，变化到年末的￥6.65/＄。试分析汇率的变化对美国母公司的影响。

2. AHD公司是一家母公司设立在美国的制造性跨国公司，在中国设有一家百分之百控股的子公司CHD。其产品有60%在中国销售，40%出口欧美等国。中国子公司本土生产，雇佣本国劳动力，但由于技术原因，所有的原材料必须进口。厂房及设备的年折旧费用为¥1 000 000，公司所得税税率为40%，另外，CHD公司尚有债务¥8 000 000，年利率为8%。全部产品销售收入以人民币为计价单位。汇率没有变动之前的资产负债表和损益及现金流量表分别如表5-13和表5-14所示。

表5-13

资产负债表

资产		负债及权益	
现金	¥ 2 000 000	应付账款	¥3 000 000
应收账款	8 000 000	长期负债	8 000 000
存货	3 000 000	股东权益	14 000 000
固定资产净值	12 000 000		
总计	¥25 000 000	总计	¥25 000 000

表5-14

损益及现金流量表

项目	金额
国内销售收入(600 000单位，@25)	¥15 000 000
出口销售收入(400 000单位，@25)	10 000 000
总收入	25 000 000
减：总营业成本	12 000 000
借款利息(8%)	640 000
其他付现费用	5 000 000
折旧	1 000 000
税前利润	¥ 6 360 000
减：所得税费用(40%)	2 544 000
税后利润	¥ 3 816 000
加：折旧	1 000 000
营业净现金流量(¥)	¥ 4 816 000
营业净现金流量($)(¥6.50/$)	$ 602 000

假定有三种情况：

(1) 只有汇率从¥6.50/$变化为¥6.65/$，其他所有因素都没有变化。

(2) 成本与售价随人民币贬值而同比例变化，销售数量保持不变。

(3) 国内售价上升 2%,国外售价上升 4%,并由此使国内销售量增加 4%,国外销售量增加 4%。同时假定营业成本增加大约 3%,而其他付现费用增加 2%。

要求：请分析汇率变动对该公司未来 3 年所产生的影响(设公司采用的折现率为 20%)。

案例分析

华为的国际市场战略

华为技术有限公司(以下简称“华为”)成立于 1987 年广东深圳,其产品主要涉及通信网络中的交换网络、传输网络、无线及有线固定接入网络和数据通信网络及无线终端产品等。至 2013 年华为的总规模超越爱立信,收入达到 395 亿美元,逐步成为世界第一通信设备商,知名的民族企业。

从 1987 年公司创立,华为用了 11 年,从农村市场起步,逐步站稳脚跟后进攻城市市场,完成国内市场的渐进式发展布局。1999 年,已经在国内市场站稳脚跟的华为,开始了国际化之旅。

(1) 进入中国香港。1996 年,华为与和记电信合作,提供以窄带交换机为核心产品的“商业网”产品。通过这次合作,华为取得了国际市场运作的经验,和记电信在产品质量、服务等方面近乎苛刻的要求,促使华为的产品和服务接近国际标准。同时,华为先后在印度班加罗尔、瑞典首都斯德哥尔摩、美国设立研发中心,跟踪世界先进技术走向。

(2) 在市场规模大的俄罗斯和南美地区开拓发展中国家市场。1997 年在俄罗斯建立了合资公司，以本地化模式开拓市场。至 2001 年,华为在俄罗斯市场销售额超过 1 亿美元,2003 年在独联体国家的销售额超过 3 亿美元,位居独联体市场国际大型设备供应商的前列。

(3) 全面拓展其他地区。其他地区包括泰国、新加坡、马来西亚等东南亚市场,以及中东、非洲等区域市场。在泰国,华为连续获得较大的移动智能网订单。在相对比较发达的地区,如沙特、南非等也取得了良好的销售业绩。

(4) 开拓发达国家市场。华为以德国为起点,通过与当地著名代理商合作,产品逐步进入德国、法国、西班牙、英国等发达地区和国家。在华为最难攻克的堡垒——北美市场上,华为先依赖低端产品打入市场,然后再进行主流产品的销售进而攻克北美市场。

截至 2013 年,华为的产品和解决方案已经应用于 170 多个国家和地区,服务全球1/3 的人口。国内市场和海外市场收入分别占 35.15%和 64.85%。华为从出口到合资再到创立销售、研发机构，随着华为试验性活动的增加和对当前国际经营活动的掌握,通过有条不紊的国际化战略和本土化模式逐步控制分散经济风险,华为国际化进程成绩斐然。

第六章　交易风险管理

【本章学习目标】

通过本章学习，了解交易风险产生的原因及具体表现；掌握交易风险的计算确认；重点把握交易风险的具体规避方法。

【本章关键词】

交易风险（Transaction Exposure）
计价货币（Invoicing Currency）
汇率风险分摊条款(Risk-sharing Clause of Exchange Rate)
货币保值条款(Exchange Rate Proviso Clause)
定价策略(Price Policy)
金融工具(Financial Tool)
期货套期保值(Futures Hedge)
远期市场套期保值(Forward Market Hedge)
货币市场套期保值(Currency Market Hedge)
期权市场套期保值(Options Market Hedge)
借款法(Borrowing)
投资法(Investing)

佛山某陶瓷公司的老板钟先生最近有些郁闷。他公司2011年5月中旬出口了大约1 000万美元的货物，当时算了一下，有10%左右的利润，但前两天会计小刘却告诉他，这批货物出口的利润被人民币升值“吃掉了一小块”。

原来5月中旬出口时美元兑人民币的汇率还是6.65，日前收到货款时美元兑人民币的汇率只有6.50了。这样，同样1 000万美元仅因在不同时间兑换成人民币，数额就差了150万元人民币。

其实当初办妥出口收汇手续时，小刘就向钟先生建议过采取一些锁定收益的措施，比如远期结汇，如果办了远期结汇，即使有汇兑损失，也不会这么大。但钟先生觉得没必要。因为去年5月以来，大部分时间人民币是慢慢爬升的，而且期间也是涨涨跌跌。没想到近几个月人民币走势持续强劲，兑美元连下数关，短短3个月内的升幅就接近2.3%。

“看来，不关心汇率走势，这次的吃亏可算是深刻的了。”钟老板感慨地说。

第一节　交易风险概述

交易风险是指某项以外币计价的交易，在交易发生到交易完成的这段时间内因汇率变动而产生的风险。跨国经营只要涉及外币交易，就有可能出现交易风险，如进出口交易、以外币计价的资金借贷、远期外汇买卖等。交易风险反映的是汇率变动对未来现金流量的直接影响，这种影响主要表现在交易发生时的货币数目与交易完成时的货币数目的不一致方面。

一、交易风险的成因

（一）商品劳务进出口交易形成的交易风险

赊购和赊销都是以信用为基础的，以延期付款或收款为支付条件的进出口交易。当交易以外币计价时，由于交易成交日与结算日的汇率变动，会给进出口商带来意想不到的收益或损失。一般而言，交易风险中以此类居多。

【例 6-1】 中国甲公司向美国乙公司销售服装商品一批。假定甲公司该批服装总价款为 10 000 美元，总成本为 63 000 元人民币。谈判时人民币与美元的汇率为￥6.65/＄。甲公司预计人民币对美元的汇率可能会升值，因此向乙公司以￥6.50/＄为基准报价。经双方商讨签约完成。签约完成后 4 个多月，甲公司收到乙公司开来的信用证，此时人民币对美元的即期汇率为￥6.49/＄，产品经过制造、检验、装船之后，以装运单据向银行申请出口押汇。为避免人民币继续升值，甲公司在收到信用证时，立即按远期汇率￥6.49/＄预售 90 天期美金外汇，90 天后，甲公司收到美元入账，此时人民币对美元的汇率上升到￥6.45/＄。

分析：从谈判开始，到签约、装船、收到美元入账，人民币对美元的汇率由谈判时￥6.65/＄上升到￥6.45/＄，撇开进行远期合约套期保值的因素（套期保值可以规避公司的交易风险），如果在谈判签约时即一手钱，一手货交割完毕，中国甲公司可以获得利润￥2 000 元（＄10 000×6.5－63 000）；然而，由于跨越国界，由于赊销，由于运输等各种原因，等中国甲公司实际收到美金时，实际情况是亏损￥1 500 元（＄10 000×6.45－63 000）。

在人民币汇率由￥6.65/＄上升到￥6.45/＄中，根据交易风险的定义（交易发生到交易完成的时间内因汇率变动而产生的风险），其中的￥0.05/＄（￥6.50/＄－￥6.45/＄）变化引起的甲公司人民币金额减少 500 元属于交易风险，另外的￥0.15/＄（￥6.65 /＄－￥6.56/＄）变化引起的甲公司人民币金额减少 1 500 元属于经济风险。即：

经济风险：

［￥6.65/＄（谈判日汇率）－￥6.50/＄（公司报价汇率）］×＄10 000＝￥1 500

交易风险：

$$[¥6.50/\$(\text{成交日汇率})-¥6.45/\$(\text{结算日汇率})]\times \$10\,000=¥500$$

不过，对于美国进口商乙公司来说，因为以美元进行商品计价，汇率变动对其美元支出没有影响。

从上述案例可以得出结论：当出口商品以外币计价，本币的升值（相对外币贬值），会使其收回的本币金额减少，出口商将面临交易风险；本币的贬值，会使其收回的本币金额增加，获得交易收益。进口商品以外币计价，其结果完全相反，本币的贬值，将会增加其本币支出，面临交易风险。交易中使用本币计价的一方不存在交易风险，不论其是出口商或进口商。交易中使用第三方货币计价，则交易的双方都可能存在交易风险。

（二）外汇借款形成的交易风险

当国际企业发生外汇借款时，由于借款借入日与偿还日的汇率不一致，会产生企业还本付息折合本币数额的增多或减少，即交易风险。

1995 年 4 月，美元对日元的汇率约为 1 美元＝80 日元左右。1985 年借的 10 年期贷款或者是在 1990 年借的 5 年期贷款正是还款期。1985 年美元对日元的平均汇率为 1 美元＝238 日元左右，1990 年美元对日元的平均汇率为 1 美元＝144 日元左右。如果一家美国企业在 1985 年时向日本银行借入 10 年期的 238 万日元债务，折合 1 万美元。到 1995 年偿还时需将近 3 万美元才足以支付；如果 1990 年借入 5 年期的 144 万日元债务，折合 1 万美元，到 1995 年偿还时则需 1.8 万美元左右才足以支付（借款利息尚未计算在内）。

（三）外汇买卖形成的交易风险

外汇买卖风险是指企业投资汇市，买入某种外汇，持有一段时间后将其卖出，由于从买入到卖出期间汇率发生变动，使企业卖出该外币后换回的本币数额减少的风险。

【例 6-2】 某美国企业因预测英镑将升值，决定用暂时闲置的美元资金买进 10 万英镑，半年后卖出。已知买入时汇率为 1 英镑＝1.4411 美元，预计卖出时汇率为 1 英镑＝1.4500 美元，同期美元利率为 5%，英镑利率为 4.5%（实际到期即期汇率为 1 英镑＝1.4301 美元）。

分析：(1) 从事英镑买卖：

购买英镑需要支付美元：

$$£100\,000\times \$1.4411/£=\$144\,110$$

英镑利息收入：

$$£100\,000\times 4.50\%\times 6/12=£2\,250$$

预计出售英镑换回美元本利和：

$$(£100\,000+£2\,250)\times \$1.4500/£=\$148\,263$$

实际出售英镑换回美元本利和：

$$(£100\,000+£2\,250)\times \$1.4301/£=\$146\,228$$

(2) 不从事英镑买卖：

美元到期值：

$$\$144\,110\times(1+5\%\times6/12)=\$147\,713$$

(3) 结果：

从事英镑买卖预计获利：

$$\$148\,263-\$147\,713=\$550$$

从事英镑买卖实际获利：

$$\$146\,228-\$147\,713=-\$1\,485$$

从上述案例中可以看到，如果汇率预测正确，外汇买卖会获得预期收益；反之，汇率预测错误，则从事外汇买卖可能会产生交易风险。当然，如果将即期外汇交易与远期外汇交易结合进行，就可以大大降低风险。

另外，如果外币贷款是在浮动利率制度下发生的，则还存在利率方面的风险。有时，企业可能会同时面临汇率和利率双重风险。

（四）远期外汇交易形成的交易风险

远期外汇交易风险指在期汇交易中，由于合约的远期汇率与合约到期日的即期汇率不一致，而使交易的一方按远期汇率换得（或付出）的货币数额多于或少于按即期汇率换得（或付出）的货币数额而发生的风险。

一般而言，远期外汇交易是基于前述的交易风险而采取的避险策略之一。

例如，中国甲公司 90 天后将要支付进口设备款 1 万美元，为锁定风险，特意与银行签订 90 天期远期外汇交易合约，以远期汇率 1 美元＝6.50 元人民币购入 1 万美元，到期交割。如果到期美元升值，1 美元＝6.65 元人民币，则远期外汇交易可以获得利得，用人民币 6.50 万元即可支付 1 万美元设备款。但是，如果美元不升值，反而贬值，那么履行这个远期外汇交易反而会有损失，造成交易风险。

（五）其他

交易风险除了上述买卖交易中形成的以外，还包括以外币计价的长期负债的应付利息，以外币计价的长期投资的应收利息、应收股利，向国外子公司收取的租金、专利权费用等。凡是牵涉外国货币计算或支付的任何商业活动或投资行为都包括在内。而且，不论公司规模大小，买卖只要是以外币计价，就会有交易风险存在。

二、交易风险管理的范围

交易风险管理的范围为受汇率变动影响的净头寸。国际企业应该根据对汇率变动的方向、幅度、时间等的预测和企业预计存在的受汇率变动影响的净头寸，选择适当的策略进行管理。

以上说明的是某一项交易形成的外汇风险。对于一个国际企业来说，贸易信用的存在，外币资金借入和贷出的存在，对外投资的存在，就一定会存在交易风险。

然而，是否要对每一项风险进行管理，则需要进行探讨。从某一国际企业来说，其可以采用保守策略，对每一项可能带来外汇风险的项目进行避险，如当预测某种外币有可能升值时，尽可能减少持有这种外币的债务；当预测某种外币将贬值时，减少以该种外币计价的产品出口等；通过外汇市场对所有存在外汇风险的项目进行套期保值等；也可以采用冒险的策略，不对任何汇率风险采取管理措施。

从国际经营的实践来看，一个从事国际经营的企业要防范所有的汇率风险是不可能的，而且防范汇率风险要付出相应的成本。调整外币资产和外币负债，虽然可以减少外汇风险，但可能会因为拒绝这些项目而影响企业的筹资结构、丧失较好的投资机会、降低市场占有率，影响企业的发展；利用金融市场进行套期保值，虽然可以避免因汇率变化带来的损失，但需支付相应的交易费用，有时甚至可能出现套期保值的交易费用超过外汇风险可能造成的损失，造成不必要的损失。而不对任何汇率风险采取措施，则是一种消极的行为，可能会给企业造成重大损失。

国际企业在日常交易活动中，既存在未来的以外币计价的债权，又存在以外币计价的债务。当汇率发生一定方向变动时，如果未来债权存在交易风险，则未来的债务就会产生收益；反之，如果未来应付账款存在交易风险，则未来应收账款会产生收益。有时，还可能涉及多种外币，如企业的借款是一种外币(如日元)，而企业产品出口创造的外汇收入是另一种外币(如美元)时，就会存在着一种外币与另一种外币之间以及外币与本币之间的外汇风险或收益。考虑到汇率预测的不确定性、金融市场保值的交易费用影响，比较妥当的方法就是，企业定期编制资金流动的报告(见表 6-1)，综合测量汇率变动对整个企业交易中全部外币流入和流出相抵后的净头寸，然后根据对汇率变动的方向、幅度、时间等的预测，确认是否存在交易风险，交易风险的大小，风险管理的成本以及企业承受风险的能力，然后选择适当的管理方式。

三、跨国公司的交易风险管理

对于跨国公司来说，交易风险的管理还涉及这样一个问题，即是由各子公司各自对其预计的交易风险进行管理，还是由母公司对公司净交易风险进行管理。

表 6-1

某公司 2006 年预计资金流动报告

单位：万元

	美元	欧元
第一季度		
预期收入	24 000	38 000
预期费用	35 000	16 500
预期净收入	−11 000	21 500
第二季度		
预期收入	8 500	35 300
预期费用	16 700	27 600
预期净收入	−8 200	7 700
第三季度		
预期收入	13 500	29 000
预期费用	24 300	16 500
预期净收入	−10 800	12 500
第四季度		
预期收入	9 420	41 000
预期费用	18 320	23 000
预期净收入	−8 900	18 000
年度总计	−38 900	59 700

（一）由母公司对净交易风险进行管理

跨国公司财务管理的目标是使整个跨国公司的价值最大化。从跨国公司的角度观察，各子公司的头寸是可以相互抵补的。例如，某跨国公司在英国的子公司、在美国的子公司和在日本的子公司有稳定的交易。如果往来交易以英镑计价，美国子公司存在英镑应付账款，而日本子公司存在英镑应收账款。如果英镑升值，日本子公司有利，而美国子公司将承受汇率风险；如果英镑贬值，美国子公司有利，而日本子公司将承受汇率风险。然而，对跨国公司来说，日本子公司的收益与美国子公司的风险可以全部或部分得到抵补。

因此，从跨国公司整体利益出发，由跨国公司设立专门部门，对公司每种货币的净交易风险进行管理。其基本做法是：跨国公司根据每一个子公司的资金流动报告，汇总、预计每一种货币未来各期的净头寸，确定公司的交易风险，进行风险管理。由跨国公司对净头寸进行管理有利于减少管理费用，避免汇率预测的不确定而造成的跨国公司的整体风险。

（二）由子公司对各自交易风险进行管理

在实际中，有的跨国公司也允许子公司进行部分交易风险的管理。因为不是每家子公司都愿意由母公司为其规避外汇风险。一方面由母公司管理货币风险，不能达到特定子公司的价值最大化；另一方面，也不利于子公司的独立对外开展活动。例如，在子公司需要当地贷款时，债权人评估的是单独子公司的相关数据，而不是将跨国公司作为一个整体。在这种情况下，大量不套期保值的货币头寸会使得债权人觉得其风险增加，从而会减少或取消对子公司的贷款。

允许子公司独立进行货币风险的套期保值，可能会实际增加跨国公司的整体风险；由跨国公司统一进行风险管理，又会影响子公司的独立经营，影响对子公司的财务数据的评价。因此，跨国公司必须仔细斟酌，确定各自管理的范围。

第二节　交易风险管理的策略

交易风险的控制是外汇风险管理的重点，交易风险的控制可以分为经营策略（Operating Strategies）和契约保值（Contractual Hedges）两类。经营策略属于事先防范，主要是在经营决策时或在签订交易合同时就采取防范措施，如选择有利的计价货币，适当调整商品价格，在合同中列入保值条款等来控制交易风险。契约保值属于事后防范，主要是指通过在远期市场、货币市场、期货市场和期权交易上的保值来防范交易风险。

一、经营策略

（一）选择合适的计价货币

在对外经济交易中，如商品进出口、劳务输出、资本借贷，都要涉及计价货币的选择。选择何种货币计价结算或计值清偿，直接关系到交易主体是否将承担汇率风险。因此，选择合适的计价货币，是交易双方谈判的主要内容。

1. 选择本币计价

在进出口、借贷资本等交易中，在可能的情况下，企业最好选用本国货币，或所在国货币计价。本币计价，不涉及外汇兑换，没有汇率风险。当然，这样做的前提是选用本国货币能够得到交易对方的同意。

2. 选择合适货币计价

选择合适的计价货币总的原则是，对取得的资产、债权采用硬币计价，对发生的负债采用软币计价。例如，在进出口贸易中，出口商品尽可能选择用硬币计价结算，进口商品尽可能选用软币计价结算，在借款时尽可能争取借入软币。这里的硬币主要是指相对稳定并且汇率具有上升趋势的货币；软币是指相对不稳定并且汇率具有下降趋势的货币。如果企业出口时选用了硬币计价，一旦计价货币升值，可以获得更多的本币收入，假定计价货币没有升值，至少可以获得保值功能。

不过，实际交易中的计价货币选择是一个非常复杂的问题。首先，对货币软硬的判断是基于企业对汇率的预测，货币的软硬只是相对一定的时期，不是一成不变的，特别是在中长期支付活动中汇率的预测更加困难。其次，计价货币的选择不是一方情愿所能决定的，如果交易双方对汇率的判断一致，且都坚持这一原则的话，就无法达成协议。另外，交易各方在交易谈判中所处的地位对计价货币的选择也会产生很大影响。处于有利地位的一方可能有更多的选择权，而处于不利地位的一方则没有太多的选择余地。例如，当出口商出口的是国际市场的紧俏商品，或相对于进口商来说属于紧缺资源的商品，该出口商则处于有利地位，坚持用硬币计价对方也容易接受；反之，如果出口商出口的是滞销商品，或市场上存在较多竞争的商品，出口商就处于不利的地位，过于强调用硬币计价有可能失去成交机会。

因此，必须根据实际的交易情况及在交易中的地位，经过利弊得失权衡后，才能做出计价货币的适当选择。

3. 选择多种货币计价

各国货币对外价值的变动与其他货币价值的变动，尽管从理论上来说是相对的，如欧元对美元，欧元坚挺的时候，就是美元相对疲软的时候；反之，美元坚挺的时候，又是欧元相对疲软的时候。但是，世界之大，货币币种之多，受货币发行国计价力量强弱变化和货币供求变化的影响，一定时间内，各国货币价值的变化往往又是不同步的。例如：2015 年 9 月 30 日至 2016 年 1 月 14 日，3 个月之间，人民币对美元的汇率（中间价）由￥6.355/＄下降到￥6.5869/＄，相对人民币，美元升值 3.65%；人民币对英镑的汇率（中间价）由￥9.6090/￡下降到￥9.4886/￡，相对人民币，英镑贬值 1.25%，人民币对瑞士法郎的汇率（中间价）由￥6.5219/CHF 下降到￥6.5329/CHF，相对人民币，瑞士法郎升值 0.17%。因此，企业在对外经济活动中，可以选用多种且软硬搭配的货币组合来规避汇率波动带来的风险。

（二）适当调整交易价格

在很多情况下，如果企业不得不在计价货币上做出适当让步，接受不利的计价货币时，为弥补可能出现的风险，可适当调整价格，通过商品价格的调整把汇价损失摊入进出口商品的价格中。在出口商品时采用加价保值法，即在商品原单价基础上加上一定的货币贬值率；在进口商品时采用压价保值法，即在商品原单价基础上扣除一定的货币升值率（加价、压价公式见表 6-2）。在进行国际借贷时，则可适当调整利息率，把借贷款货币的软硬和利率的高低结合起来考虑。

表 6-2

出口(进口)加价(压价)公式

	交易类型	公式
出口	即期交易	加价后商品单价＝原单价×(1＋计价货币贬值率)
	远期交易	加价后商品单价＝原单价×(1＋计价货币贬值率＋利率)^n
进口	即期交易	压价后商品单价＝原单价×(1－计价货币升值率)
	远期交易	压价后商品单价＝原单价×(1－计价货币升值率＋利率)^n

当然,价格能否调整以及调整的幅度都需双方协商决定,这仍然取决于双方在交易中的地位。

(三) 在合同中加列汇率风险分摊条款或货币保值条款

在计价货币已定的情况下,交易双方可以通过在交易合同中加列汇率风险分摊条款和货币保值条款等,来合理分摊汇率变动可能带来的损失。风险分摊条款即在交易合同中注明:如果在订立合同到实际发生货币收付这段时间,结算货币的汇率波动超过双方协定的幅度,应由买卖双方按一定比例共同承担外汇风险的损失。货币保值条款就是在交易合同中约定:在计价结算货币之外,另设一种保值货币,并将计价货币与保值货币挂钩,在合同中载明两种货币当时的汇率。到收付货款时,如果结算货币贬值超过合同规定的幅度,则按结算货币与保值货币的新汇率将货款加以调整。通常用作保值货币的是一些价值比较稳定的硬币,如特别提款权或黄金等。

(四) 提前或延迟

提前或延迟是指外汇结算时,在预测汇率将朝着某一方向变化时加速或推迟结算,以尽可能减少外汇风险。具体来说,在进口贸易中,如果预测计价货币(外币)将升值,进口方在价格条件合适的情况下采用预付货款方式,避免计价货币升值后需要支付更多的本币。这种经营策略称为提前。如果企业存在硬币负债,在可能的情况下,也可以采用提前偿还的策略。如果预测计价货币(外币)将贬值,进口方可以试图拖延货款的支付,以减少本币的支付。这种经营策略称为延迟。

商品的出口商同样可以采用提前或延迟的方式规避外汇风险。在预测计价货币(外币)即将升值时采用推迟交货或允许进口方延期付款,以获得汇率上涨的利益;在预测计价货币(外币)即将贬值时设法提前收回货款,以免受该货币贬值的损失。

提前或延迟结算的一般原则如表 6-3 所示。

提前或延迟结汇经常被用于跨国公司下属子公司和分支机构之间的款项收付。因为就跨国公司而言,母公司与子公司间都是同一集团,有着共同的目标。用提前和延迟的方法尽管可能会歪曲各子公司的实际收益水平,但对整个公司有利,公司可以通过调整公司间借贷利率水平和考核指标予以解决。

表 6-3

提前或延迟

项　　目	预计计价货币(外币)升值	预计计价货币(外币)贬值
收入外币(应收账款)	推迟交货;延迟收款	预收货款;提前收回账款
支出外币(应付账款)	预付货款;提前偿还账款	延迟货款支付

在两个独立企业间进行提前或延迟结算,可能会使交易一方受到伤害。因此,采用这种策略的企业,会提供给对手企业一定的优惠,如给予一定的远期汇率或是两国利率差额的折扣,或给予对方一定的价格折扣等。

二、契约保值

除了在交易决策时进行风险控制外,国际企业还经常借助国际金融市场上的各种金融工具来规避和抵补外汇风险,进行套期保值。常用的方法有:远期市场套期保值;货币市场套期保值;外汇期货套期保值;外汇期权套期保值等。由于这些套期保值方法都是契约式的交易,所以称为契约性套期保值、合约保值或契约保值。

(一) 远期市场套期保值

远期市场套期保值(Forward Market Hedge)就是指利用远期外汇市场,通过签订抵销性的远期合同来消除外汇风险,达到保值目的。在企业远期将有外汇头寸出现时,企业可以通过与银行签订远期外汇合约,买入或卖出与头寸金额相同的外币,以此锁定汇率,防范风险。例如,一家美国公司向德国公司购进一批以欧元计价的设备,合同约定货款在30天后支付,为预防美元可能贬值的风险,美国公司可以与银行签订30天期的欧元远期合约,按约定的汇率以美元购买欧元,以欧元支付货款。这样就将美元支付成本确定下来了。同样,当公司预计有外汇收入时,也可以与银行签订远期合约,按约定的汇率出售外汇,到期时将收到的外汇进行交割。

(二) 货币市场套期保值

货币市场套期保值(Currency Market Hedge)又称融资套期保值(Financial Hedge),是指通过在货币市场上的短期借贷以建立配比性质或抵销性质的债权、债务,从而达到抵补外币应收、应付所涉及的汇率风险的目的。货币市场套期保值又可分为“借款法”和“投资法”。

“借款法”(Borrowing)是指有远期外汇收入(外汇应收账款)的企业通过向银行借入一笔与其远期收入相同金额、相同期限和相同货币的贷款,兑换成本币,到期后再以收回的外币偿还贷款的方法。用此方法可以达到融通资金和防止外汇风险的目的。

“投资法”(Investing)是指有远期外汇支付(外汇应付账款)的企业提前将一笔资金兑换成与应付账款相同金额、相同货币的外币投放于某一货币市场,到期后用收回的本息支付应付账款。通常资金投放的典型市场为短期货币市场(如短期债券、短期贷款等),这样一方面可以防止未来由于汇率变动带来的风险,另一方面还可有一笔利息收入。

"借款法"和"投资法"的共同特点是它们都改变了外汇风险的时间结构:借款法是将外来的外汇收入转移到现在;投资法是将未来的外汇支出转移到现在。因此通常又将两者合称为"借款—投资法"。

(三) 期货市场套期保值

期货市场套期保值(Currency Futures Market Hedge)是指通过在期货市场上做一笔与现货市场上方向相反、金额和时期相同的外汇期货交易,达到规避风险的目的。企业通过签订外汇期货合约,在现汇市场买进一种货币的同时,在期货市场上卖出等额的同一种货币的期货;反之,亦然。其结果,当汇率波动使现货市场发生亏损时,期货市场将会盈利;反之,期货市场发生亏损时,现货市场将会发生盈利。现货市场与期货市场亏损和盈利相互抵销,可以减少外汇风险。

(四) 期权市场套期保值

期权市场套期保值(Options Market Hedge)是指通过购买外汇看跌期权看涨期权来达到规避风险的目的。外汇期权是指外汇交易的一方凭合约拥有在合约期内按约定汇率及金额向另一方购买或者出售某种约定外汇的权利。由于外汇期权交易是一种"不对等"的交易,即期权的买方只有权利没有义务,而期权的卖方只有义务没有权利。因此,期权的买方要向期权的卖方支付一笔费用,这笔费用称为期权价格或保险费。通常期权的买方多是企业,期权的卖方一般是银行。

当公司对未来汇率变化方向无法把握,而公司又希望在承受最低受险额的基础上不放弃可能获得的汇率变动收益,可以采用期权市场保值。在支付一定期权费用后,获得履行合约或放弃合约的权利。在合约到期时,根据当时即期市场汇率再确定企业是履行还是放弃期权交易。

【例 6-3】 某美国公司出口到英国商品一批,根据合同以英镑计价和收取,货款为£500 000,3 个月后收款。外汇市场上美元对英镑的即期汇率为＄1.45/£,期权市场看跌期权协定价格为＄1.44/£。期权价格为＄0.04/£。美国公司为避免英镑的可能贬值带来的汇率风险,又不想放弃汇率英镑升值的利益,决定以＄20 000 的期权价格,按协定价格＄1.44/£购入£500 000 的期权。假设 3 个月后即期市场汇率分别为＄1.43/£、＄1.45/£和＄1.49/£,要求:为美国公司提出是否履行合约的建议,并说明理由。

分析:美国公司履行期权合约,实际可以收到的美元为固定金额＄700 000(£500 000×＄1.44/£－＄20 000)。

第一种情况,如果英镑贬值,到期即期汇率贬值为＄1.43/£,低于协定汇率＄1.44/£,公司将履行合约。与不履行合约相比,在扣除期权价格后,公司还可以避免损失＄5 000[＄700 000－(£500 000×＄1.43/£－＄20 000)]。

第二种情况，如果英镑价格不变（＄1.45/￡），美国公司可放弃履行合约，在外汇市场上按＄1.45/￡出售英镑，收到＄725 000扣除＄20 000的期权费用，可比履行合约增加收入＄5 000；与没有购买期权相比，损失的金额只是期权费用＄20 000。

第三种情况，如果英镑升值（＄1.49/￡），美国公司一定放弃履行合约，公司实际收入＄745 000（￡500 000×＄1.49/￡－＄20 000），高于履行合约收入＄25 000。

可见，美国公司以＄20 000美元的期权费，锁定了公司的风险，保证了最低收入＄700 000；同时，获得了英镑升值可能带来的无限收益。

上述案例讨论的是在有外汇头寸的情况下的期权市场保值。在实践中，期权还可以用于不确定收入和支出的保值。例如，公司在对外投资谈判结果尚未确定的情况下，购买看涨期权，可以锁定本币的最高支付价格；如果谈判没有成功，公司的损失又被限制在期权费的范围之内。因此，与远期外汇买卖相比，期权交易具有更多的灵活性和选择性。

第三节　交易风险管理实例

国际企业在决定使用哪种方法以前，通常要比较每一种方法所预期的现金流量。合适的方法的选择应随时变化，因为每一种方法的相对优势会随时变化。为了更好地理解金融工具防范交易风险的方法，我们举一个综合性例子。①

一、相关资料

奥特兰公司是美国的一家制造企业。某年3月份奥特兰公司向英国亚当斯公司出售一批价值100万英镑的数控机床，约定3个月后即6月份付款。奥特兰公司的资本成本为12%。奥特兰公司希望采用合适的避险防范规避可能面临的英镑贬值风险。通过咨询和了解，相应的报价如下：

即期汇率：＄1.4515/￡；

3个月远期汇率：＄1.4435/￡（英镑年贴水2.205%）；

英国3个月期借款利率：年10.0%（季2.5%）；

英国3个月期投资利率：年8.0%（季2.0%）；

美国3个月期借款利率：年8.0%（季2.0%）；

美国3个月期投资利率：年6.0%（季1.5%）；

费城股票交易所6月份看跌期权：合同金额31 250英镑，协定汇率＄1.4300/￡，每英镑保险费为2.5美分，每份合同交易费为50美元；

---

① 根据 D. K. Eitemam, A. Stonehill, M. H. Hofett, Multinational Business Finance: Addison-Wesley Publishing Company, Ins., 8th edition, 1998, pp. 193～204 改编。

柜台交易市场 6 月份看跌期权：合同金额 100 万英镑，协定汇率 \$1.4300/£，保险费 1.5%；

据奥特兰公司外汇咨询机构预测，3 个月后即期汇率将为 \$1.4500/£。现奥特兰公司有四种可供选择的方案：

(1) 不采取任何避险措施。

(2) 通过远期市场交易避险。

(3) 通过货币市场交易避险。

(4) 通过期权市场交易避险。

二、对奥特兰公司各种避险方法的分析

(一) 不采取任何避险措施

如果奥特兰公司相信外汇咨询机构的预测结果，即到期即期汇率为 \$1.4500/£1，并且愿意承担汇率变动的风险，约等于 \$1 500[\$(1.4515－1.4500)/£×£1 000 000]，其可以不采取任何避险措施。待收到 100 万英镑货款后，立即在即期市场出售，公司预计可以收到美元为：

£1 000 000×\$1.45/£＝\$1 450 000

如果到期英镑价格比预期价格还要低，奥特兰公司将面临更大的风险；如果到期英镑价格比预计的要高，奥特兰公司就将获得超过 145 万美元的收入。这种方法如下所示：

现　在	3 个 月 后
不采取任何措施	收到£1 000 000 货款；在即期市场按即期汇率出售£1 000 000 收回美元

(二) 远期市场套期保值

如果奥特兰公司相信，远期汇率为未来即期汇率无偏预测量，同时，奥特兰公司希望避免汇率风险，获得已知的现金流入，达到保值目的，公司可以通过远期市场套期保值。与银行签订远期合约，按 3 个月的远期汇率 \$1.4435/£出售 100 万远期英镑。因为奥特兰公司向英国亚当斯公司销售形成的应收账款 3 个月后肯定能够收到，因此，奥特兰公司不再面临汇率风险。3 个月后，公司收到 100 万元英镑，立即到银行办理交割，收到 \$1 554 000。这种方法如下所示：

现　在	3 个 月 后
以 3 个月的远期汇率 \$1.4435/£卖出£1 000 000	收到£000 000 货款；履行远期合约，收到 \$1 443 500

当公司签订了远期合约以后，就将汇率锁定在 \$1.4435/£，成本被预先确定下来，避

免了因英镑过度贬值造成更大的风险。从计算结果来看，与不采取任何避险措施方案相比，远期合约避险方案使奥特兰公司少收入了 6 500 美元，可见准确的汇率预测的重要。

（三）货币市场套期保值

货币市场套期保值，奥特兰公司采用的基本做法是：在现货市场上借入英镑，在即期市场上将英镑兑换成美元，3 个月后用收到的英镑贷款偿还英镑债务。

货币市场套期保值，奥特兰公司必须考虑三个问题：借多少？派什么用？与远期市场套期保值比较哪种方法更有利？

1. 借多少

已知英国 3 个月期借款利率为 10%：

$$英镑现货市场的借款额=£1\,000\,000/(1+10\%\times3/12)=£975\,610$$

即奥特兰公司现在借入 975 610 英镑，3 个月后偿还本息合计为£1 000 000。

2. 派什么用

借到英镑后，奥特兰公司立即将其在即期市场兑换成美元，收到：

$$£975\,610\times\$1.4515/£=\$1\,416\,098$$

对奥特兰公司来说，在接下来的 3 个月中，借款所得资金至少可能有三种用途：① 奥特兰公司资金比较充裕，借款所得资金投放于美国的美元货币市场；② 将借来的英镑资金替代另一笔美元贷款；③ 投资于奥特兰公司自己的一般性经营。

3. 与远期市场套期保值相比，货币市场套期保值是否更有利

比较远期市场套期保值和货币市场套期保值，主要是分析比较奥特兰公司未来 3 个月这笔借款的运用效果。由于这两种合同本身涉及的金额一样，因此，对这两种方案进行比较，关键在于看哪种方案能带来更多的美元收益。

由于借款所得资金是在今天就收到，而远期市场套期保值的资金则是在 3 个月后收到。为便于比较，需要将这两项资金统一到一个时点上，将借款的资金换算到 3 个月后的终值，或将远期合同资金换算到现值。在这里，我们运用终值进行比较。

远期市场套期保值：

$$未来值=£1\,000\,000\times\$1.4435/£=\$1\,443\,500$$

货币市场套期保值：

(1) 如果奥特兰公司资金充裕，将借来的资金投放于美元货币市场（已知：美元存款利率 6%）。

$$未来值=\$1\,416\,098\times(1+6\%\times3/12)=\$1\,437\,339\ (<\$1\,443\,500)$$

(2) 奥特兰公司将借来的资金用于替代另一笔美元贷款（已知：美元贷款利率 8%）。

未来值＝＄1 416 098×(1＋8％×3/12)＝＄1 444 420(＞＄1 443 500)

(3) 将资金投资于奥特兰公司的一般性商业经营活动(已知:奥特兰公司的资本成本率为 12％)。

未来值＝＄1 416 098×(1＋12％×3/12)＝＄1 458 581(＞＄1 443 500)

从计算结果可以看到,与远期市场套期保值的结果相比较,如果奥特兰公司只是将借来的资金投放于美元货币市场,货币市场的套期保值效果不如远期市场的套期保值效果。如果奥特兰公司将借来的资金用于替代另一笔美元贷款(8％)或投入企业的商业经营活动(12％),结果正好相反,货币市场的套期保值效果好于远期市场的套期保值效果。货币市场套期保值的方法如下所示:

现　在	3 个 月 后
借入￡975 610;在现货市场上以＄1.4515/￡汇率兑换成美元,得到＄1 416 098	收到￡1 000 000 偿还债务本金￡975 610 和利息￡24 390,总计￡1 000 000

与远期市场套期保值相比,货币市场的保值可以使公司较早的获得本币资金。只要充分发挥资金的使用效率,将公司的外汇风险管理与资金的筹措和运用有机地结合起来,在较高的收益水平上加以运用,货币市场套期保值的结果就一定超过远期市场保值。因此货币市场保值更受跨国公司的喜爱和重视。

(四) 期权市场的套期保值

如果奥特兰公司对未来走势不太明了,同时又想在确保收入底限的基础上,获得英镑可能升值带来的收益,那么奥特兰公司可以采用期权市场套期保值。从已经掌握的信息数据来看,奥特兰公司可以通过两个途径购买看跌期权来抵补 100 万英镑上的汇率风险,一是在费城股票交易所购买 6 月份到期的看跌期权;二是从银行购买 3 个月的看跌期权。究竟哪一个途径为好,可以通过比较购买成本决定。

1. 在费城股票交易所购买 6 月份到期的看跌期权

根据费城股票交易所报价,合同金额为 31 250 英镑,协定汇率为＄1.43/￡,每英镑期权价格为 2.5 美分,每份合同交易费为 50 美元。奥特兰公司在费城股票交易所购买 6 月份到期的看跌期权成本如下:

期权成本＝(每份合同的价格＋每份合同交易费)×所需合同数目
＝(＄0.025×31 250＋＄50.00)×(1 000 000/31 250)
＝＄26 600

2. 从银行购买 3 个月的看跌期权

如果奥特兰公司从银行按协定价格＄1.4300/￡和 1.50％保险费购买 3 个月看跌期

权 100 万英镑。看跌期权成本如下：

期权成本＝合同金额×保险费×即期汇率
＝£1 000 000×0.015×＄1.4515/£
＝＄21 772.5

从计算结果看，从银行购买比费城股票交易所购买看跌期权成本低，所有奥特兰公司决定从银行购买看跌期权。

6 月份奥特兰公司收到£1 000 000，此时美元价值取决于即期汇率的高低。

当即期汇率高于协定价格＄1.4300/£时，公司可以放弃履行合约，直接将英镑在即期市场上兑换成美元。此时，奥特兰公司的最大损失是期权费，而潜在收益不存在上限。

当此时的即期汇率低于协定汇率＄1.43/£时，奥特兰公司履行期权合同，按协定汇率＄1.43/£卖出£1 000 000，收到 1 430 000 美元，再扣除成本 21 772.5 美元，获得美元净收入＄1 408 227.5。＄1 408 227.5 是奥特兰公司的美元收入下限，即不管汇率跌至多低，期权合同总能保证奥特兰公司能收到＄1 408 227.5。期权市场套期保值的方法如下所示：

现　在	3 个 月 后
买入英镑看跌期权，支付期权费＄21 772.5	收到£1 000 000，如果即期汇率低于协定汇率＄1.43/£，履行合约，最低可以收到＄1 408 227.5；如果即期汇率高于协定汇率＄1.43/£，不履行合约，在即期市场出售英镑

三、对案例的讨论和思考

首先，从上述案例可以看到，不管采用何种保值方法，关键在于汇率预测的准确和公司愿意承受的风险程度。从案例结果来看，英镑 3 个月预计贬值 0.55%[(1.4435－1.4515)÷1.4515]，折算到年也贬值 1%不到，不算很大。另外，不管采用何种保值方法，都需要发生成本费用。如果公司能承受较大的风险，可以不采取避险措施。

其次，利用远期市场套期保值可能会丧失汇率有利变动带来的利益，但在汇率发生不利变动的情况下，可以防止承担更大的风险，至少能将损失固定下来了。利用远期市场避险可能涉及两个问题：一是交易成本问题，如买入汇率与卖出汇率之间的差价及远期汇率贴水等；二是在现实经济生活中，并不是任何货币都有远期市场的，即使存在远期市场，也不是所有期限的远期交易都能做。因此，利用远期市场套期保值具有一定的局限性。

再次，与远期市场套期保值相比，货币市场的保值有较大的灵活性，它可以使公司较早得到本币资金，并有可能在较高的收益水平上加以运用。关键在于提前收回资金的投资收益率。从案例资料来看，奥特兰公司只有将借来的资金用于替代 8%的美元贷款或投入收益率为 12%的商业经营活动，其保值的效果才会超过远期市场保值。

在实际中，公司可以计算公司在远期市场和货币市场套期保值的无差异投资收益率，然后根据实际情况选择保值方法。这里的无差异投资收益率，就是远期套期保值与货币市场保值的效果一样的投资收益率。

设 r 为 3 个月的投资收益率，当 r 满足以下等式时即为无差异投资收益率：

借款所得资金×(1＋投资收益率)＝远期保值所得

$\$1\,416\,098\times(1+r)=\$1\,443\,500$

$r=1.935\%$(3 个月)

$1.935\%\times4=7.74\%$

在本例中，当投资年收益率高于 7.74%时，货币市场套期保值有利；当年收益率低于 7.74%时，远期市场套期保值有利。同样方法我们也可以找到货币市场保值与期权市场保值的无差异投资收益率、远期市场保值与期权市场保值的无差异投资收益率。

最后，每一种套期保值的工具只有在一定条件下才比其他工具更有利，更能适应某种特定情况的需要。如远期市场套期保值和期权市场套期保值，一般情况下，远期市场交易比较适用于未来外币现金流入、流出确定的情况，而期权交易则更适用于未来外币现金流量不定的情况；远期交易适用于对已知金额的保值，而期权交易则更适用于从汇率预测走向及波动幅度中进行投机。

这里，我们将奥特兰公司的四种套期保值方法用图 6-1 总结如下。

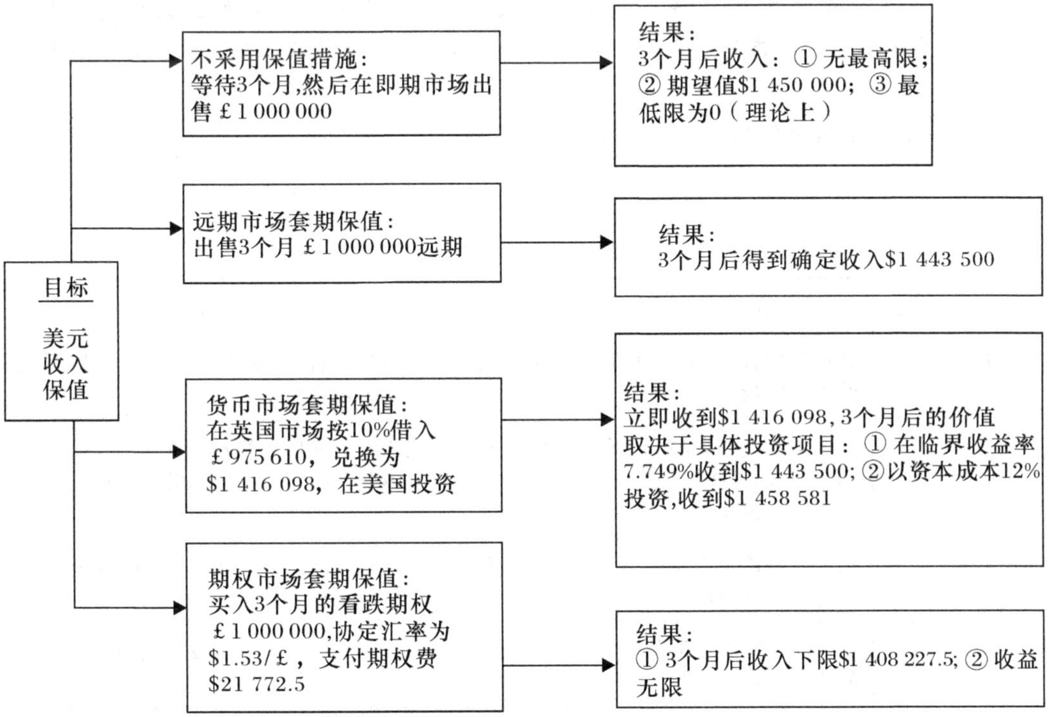

图 6-1 四种套期保值方案的比较

本章小结

交易风险是指某项以外币计价的交易，在交易发生到交易完成的这段时间内因汇率变动而产生的风险。跨国经营只要涉及外币交易，就有可能出现交易风险。

交易风险主要产生于进出口交易，以外币计价的资金借贷、外汇买卖、远期外汇买卖，以外币计价的长期负债的应付利息，以外币计价的长期投资的应收利息、应收股利等。

交易风险管理的范围应该是受汇率变动影响的净头寸。

从某一国际企业来说，其可以采用保守策略，对每一项可能带来汇率风险的项目进行避险；也可以采用冒险的策略，不对任何汇率风险采取管理措施。比较好的办法是综合测量汇率变动对整个企业交易中全部外币流入和流出相抵后的净头寸，根据对汇率变动的方向、幅度、时间等的预测，确认是否进行风险管理，如何避险。

交易风险的控制是外汇风险管理的重点。交易风险的控制可以采用事前防范和事后防范的方法。事先防范是指企业在经营决策时或在签订交易合同时采取防范措施，如选择有利的计价货币、适当调整商品价格、在合同中列入保值条款，提前或延迟付款等，来控制交易风险的发生。事后防范是指通过金融市场运用金融工具进行套期保值，如在远期市场、货币市场、期货市场或期权市场上套期保值，其最终目的是锁定外汇风险。

在金融市场运用契约保值的方法如表 6-4 所示。

表 6-4

交易风险防范方法汇总

风险防范方法	远期外汇支付头寸	远期外汇收入头寸
远期外汇交易	签订远期合约，买入用于抵补应付账款的外币数量	签订远期合约，卖出收回应收账款而获得的外币数量
货币市场交易	借入本国货币，兑换成对应付账款标价的货币；用这些资金投资，投资收回的本息偿还应付账款	借入对应应收账款标价的货币，兑换成本国货币投资。用收回的应收账款现金流入偿还借款
期货交易	买入代表该货币及相关应付账款金额的一份或多份货币期货合同	卖出代表该货币及相关应收账款金额的一份或多份货币期货合同
货币期权交易	买入代表该国货币及应付账款相关数量的货币买入期权	买入代表该货币及应收账款相关数量的货币卖出期权

复习思考题

1. 简述交易风险产生的原因。

2. 如果你在与进口商谈判时，进口商一定要求以其国家货币（硬币）计价，你可以采用哪些经营策略保证你的利益？

3. 如何运用远期交易合约对净应付账款或净应收账款进行套期保值？

4. 举例说明中国公司如何运用期货合同为应收美元净额进行套期保值。

5. 与远期市场套期保值相比，期权市场套期保值有什么缺点？

练 习 题

1. M公司是一家美国公司，它打算运用货币市场套期保值法为1年后的应付英国商品款£1 200 000进行套期保值。假定美元利率为1.125%，而英镑利率为3.125%，英镑即期汇率为1.4525美元，1年远期汇率为1.4465美元。要求：讨论M公司是货币市场套期保值好还是远期套期保值好？

2. 中国金龙进出口贸易公司于2016年1月15日发运了一批出口货物，合同金额100万美元。收汇时间为1个月后。为防范人民币汇率升值造成的汇率损失，公司决定通过远期市场进行保值。假设1月15日人民币1个月远期汇率为¥6.6565/$。2016年2月15日，实际汇率¥6.6495/$。要求：通过准确数据说明公司决策是否正确。

3. 假设G公司是一家美国公司，它预期1年后收到SFr500 000。目前瑞士法郎的即期汇率是$0.97，1年远期汇率是$0.99。G公司认为1年后的未来即期汇率概率分布如表6-5所示。

表6-5

未来即期汇率概率分布

未来即期汇率($)	概　　率
0.98	20%
1.05	50%
1.1	30%

假设1年期的瑞士法郎看跌期权的协定价格为$1.05，期权费为$0.04/SFr；1年期的看涨期权的协定价格为$0.97，期权费为$0.03/SFr。又假设货币市场的相关信息如表6-6所示。

表 6-6

货币市场的相关信息

国家 利率	美国	瑞士
存款利率(%)	3	0.5
贷款利率(%)	7	3.5

根据以上信息,确定是在远期市场套期保值、货币市场套期保值,还是在期权市场套期保值更合适?然后将更合适的套期保值方法与不套期保值方法进行比较,决定G公司是否对应收账款进行套期保值。

4. 美国LU公司六月份在英国承揽一个项目。3个月后该公司可以收到项目工程费用£1 800万。LU公司的资本成本为12%,各种套期保值交易相应的报价如下:

即期汇率:$1.4545/£;

3个月的远期汇率:$1.4305/£;

英国3个月期借款利率:年7.0%;

英国3个月期存款利率:年5%;

美国3个月期借款利率:年6.5%;

美国3个月期存款利率:年4.5%。

要求:计算分析LU公司可供选择的套期保值方案:

(1) 远期市场套期保值。

(2) 货币市场套期保值。

(3) 什么情况下甲公司应采用货币市场套期保值方法。

案例分析

1. 美国某棉商于2015年5月于意大利某纺织企业签订了500万磅的棉花出口合同,价格为60美分/磅,当年12月的交货。为了回避这种价格风险,该棉商决定通过期货交易来进行套期保值。当时纽约棉花期货交易所(NYSE)棉花12月合约期货价格为50美分/磅,该棉商在期货市场上以50美分/磅的价格在12月合约上买进500万磅的期货合约。进入12月份,棉花的现货价和期货价均上升至65美分/磅。

分析:(1) 该棉商在交货时棉花现货交割每磅亏损5美分(65−60),共计亏损:

$$(\$0.65-\$0.60)\times 5\,000\,000=\$250\,000$$

(2) 棉商通过卖出12月期货和约每磅获利15美分(65−50),共计盈利:

$$(\$0.65-\$0.50)\times 5\,000\,000=\$750\,000$$

(3) 该期货交易后，棉商实际盈利：

$$\$750\,000-\$250\,000=\$500\,000$$

2. 泰华美国公司 1 年后有一笔需要支付 20 万英镑的应付账款，未规避交易风险，公司财务人员考虑在远期套期保值、货币市场套期保值和货币期权套期保值三种方法中选择最佳方案。现公司财务人员已取得以下有关信息：

(1) 英镑即期汇率为 1.50 美元。

(2) 1 年英镑远期汇率为 1.47 美元。

(3) 利率：

	英国	美国
存款利率(%)	3.5	3
贷款利率(%)	8	7

(4) 1 年英镑买入期权的单位协议价格为 1.48 美元，单位期权费为 0.03 美元。

(5) 1 年英镑卖出期权的执行价为 1.49 美元，单位期权费为 0.02 美元。

(6) 公司预测 1 年后的即期汇率为：

可能结果	概率
$1.43	20%
$1.46	70%
$1.52	10%

对泰华美国公司各种套期保值方法的比较：

(1) 远期套期保值：

买入 1 年的远期£200 000。

$$1\text{年后所需美元}=£200\,000\times\$1.47/£=\$294\,000$$

(2) 货币市场套期保值：

借入美元，兑换成英镑，用英镑投资，1 年后归还美元贷款。

$$\text{投资的英镑金额}=£200\,000/(1+3.5\%)=£193\,237$$

$$\text{投资英镑需借入美元金额}=£193\,237\times\$1.50/£=\$289\,913$$

$$1\text{年后美元贷款本息}=\$289\,913\times(1+7\%)=\$310\,207$$

(3) 货币期权套期保值(买入期权)：

按协议价格为每英镑 1.48 美元和期权费 0.03 美元购入买入期权(如表 6-7 所示)。

表 6-7

相关情况表

1年后可能的即期汇率($)	单位期权费($)	履行期权与否	单价(包括期权费$)	购买20万英镑总价($)	概率
1.43	0.03	不	1.46	292 000	20%
1.46	0.03	不	1.49	298 000	70%
1.52	0.03	履行	1.51	302 000	10%

根据上述计算,决策如下:

(1) 远期汇率套期保值与货币市场套期保值比较。

由于远期汇率套期保值的成本($294 000)小于货币市场套期保值的成本($310 207),所以,远期套期保值优于货币市场套期保值。

(2) 远期汇率套期保值与货币期权套期保值比较。

用买入期权套期保值时,其成本不像远期汇率套期保值和货币市场套期保值那样一目了然,而要取决于1年后的即期汇率,从已知财务信息中发现,买入期权套期保值的成本低于远期汇率套期保值的成本的概率只有20%($292 000),而代价较高的概率达80%。因此,远期汇率套期保值可能是最优的套期保值方案。

第七章　折算风险管理

【本章学习目标】

通过本章学习，了解外币报表折算的基本方法及适用范围；掌握报表折算损益的处理；重点把握折算风险的计量和规避；掌握折算风险的各种避险方法。

【本章关键词】

流动性及非流动性法(Current and Non-current Method)

货币性及非货币性法 (Monetary and Non-monetary Method)

时态法(Temporal Method)

现行汇率法(Current Rate Method)

折算损益(Translation Gains and Losses)

功能货币(Functional Currency)

报告货币(Reporting Currency)

资产负债表避险法(Balance Sheet Hedge)

远期外汇市场避险法(Forward Market Hedge)

货币市场避险法(Monetary Market Hedge)

跨国公司对外汇风险的管理主要针对经济风险和交易风险，而对折算风险，一般认为它只是账面风险，并未真正实现。在影响比较小的情况下，不必投入太多的人力、物力进行风险规避，因为那样做很可能得不偿失。当然，不仅仅是折算风险，在对其他风险采取规避措施之前，都要认真分析风险给企业带来的损失究竟有多大。因为，任何一种抵补措施都要有成本支付，只有当支付的成本小于可能带来的损失时，才有必要采取行动。

资料来源：张超英，吴海燕.国际财务管理.北京：北京大学出版社，2005

第一节　外币报表折算方法

折算风险又称会计风险，产生于外币会计报表的折算过程之中。跨国公司在会计年度结束时，为了编制合并会计报表，综合反映整个集团公司的财务状况和经营成果，首先需要将以各种外币计价的子公司会计报表折算为以母公司所在国货币计价的会计报表。由于交易发生日和会计报表折算日的汇率不一致，就引出了会计报表折算时折算汇率的选择问题。折算时采用的汇率不同，产生的结果不同，外币报表折算会给企业带来会计账表上的损益（即风险）。

目前世界各国常用的外币报表折算方法有：流动性及非流动性法、货币性及非货币性法、时态法和现行汇率法。

一、流动性及非流动性法

采用流动性及非流动性法（Current and Non-current Method），首先将国外子公司的资产负债表项目区分为流动性和非流动性两类。流动资产和流动负债项目构成流动性项目，非流动资产、长期负债和所有者权益等其他项目构成非流动性项目。流动性及非流动性法折算方法如下。

（一）资产负债表项目

（1）流动性项目的外币金额，按报表编制日的汇率（现行汇率）折算。

（2）非流动资产和非流动负债项目，按资产取得日或负债承担日的汇率（历史汇率）折算。

（3）所有者投入资本（实收资本、股本、资本公积）按实际收到资本或发行股份时的汇率（历史汇率）折算；留存收益项目金额为报表折算的差额平衡数。

（二）利润表项目

（1）除与非流动资产或长期负债有关项目相关的项目外，一般采用报告期间平均汇率折算。

（2）与非流动资产或长期负债有关的项目，如固定资产折旧、无形资产摊销、债券溢价摊销等，采用有关资产取得日的实际汇率（历史汇率）折算。

（三）折算损益处理

按照稳健原则，采用流动性及非流动性法折算会计报表，折算损失计入当期损失；折算收益作为暂记项目，计入折算后的资产负债表所有者权益项目下，用以抵销未来会计期间可能发生的折算损失。

采用流动性及非流动性法折算会计报表，折算收益或损失取决于采用现行汇率折算的净营运资金（流动资产与流动负债的差额）项目金额。

二、货币性及非货币性法

采用货币性及非货币性法(Monetary and Non-monetary Method),需要将资产负债表各项目根据其所代表的货币量是否固定不变,区分为货币性项目及非货币性项目。货币性项目是指按当地货币(即外币)固定金额表述的,在汇率变动时其母公司或总公司本国货币(报告货币)等值就会发生变动的项目,包括现金、银行存款、应收账款、应收票据等货币性资产,以及应付账款、应付票据、各种短期和长期的借款、应付债券等货币性负债。凡不属于货币性项目的,均归入非货币性项目。货币性及非货币性法折算方法如下。

(一) 资产负债表项目

(1) 货币性项目按报表编制日的现行汇率折算。

(2) 非货币性项目,按资产取得日或负债承担日的历史汇率折算。存货属于非货币性项目,按历史汇率折算。

(3) 所有者投入资本(实收资本、股本、资本公积)按实际收到资本或发行股份时的汇率(历史汇率)折算;留存收益项目金额为报表折算的差额平衡数。

(二) 利润表项目

(1) 除固定资产折旧、无形资产摊销、销售成本(或营业成本)项目外,一般采用报告期间平均汇率折算。

(2) 固定资产折旧、无形资产摊销按有关资产取得日的历史汇率折算。

(3) 销售成本项目在对期初存货、本期购货、期末存货分别按历史成本折算的基础上计算确认。

(三) 折算损益处理

采用货币性及非货币性法,折算过程中所形成的折算损益全部列入当期损益,一般不予以递延。

采用货币性及非货币性法折算会计报表,折算收益或损失取决于采用现行汇率折算的货币性资产项目与货币性负债项目金额之间的差额。

三、时态法

时态法(Temporal Method)又称时间度量法。其基本观点是:外币报表折算只是一种计量变换程序,是对现行价值的重新表述,因此,只能改变计量单位,而不应该改变计量项目的属性。按此观点,对会计报表中的各个项目,应该视其特性,确定是按现行汇率折算还是按历史汇率折算。例如,资产和负债项目,如果按历史成本计量的,应该按历史汇率折算;如果按现行成本计量的,应该按现行汇率折算。其折算方法概述如下。

(一) 资产负债表项目

(1) 货币性项目因会计核算均按现行成本计量,故按报表编制日的现行汇率折算。

(2) 非货币性项目根据其成本计价方法，确定报表折算汇率。以存货为例，如果存货在资产负债表日按现行成本计价，报表编制日按现行汇率折算；如果存货在资产负债表日按历史成本计价，报表编制日按历史汇率折算。类似情况的还有证券投资等。

(3) 所有者投入资本(实收资本、股本、资本公积)按实际收到资本或发行股份时的汇率(历史汇率)折算；留存收益项目金额为报表折算的差额平衡数。

(二) 利润表项目

一般收入、费用项目以确认当天的汇率(即历史汇率)折算，如果收入、费用发生的交易量较大，也可以采用报告期间加权平均汇率折算。

(三) 折算损益处理

折算过程中所形成的折算损益全部列入当期损益。

四、现行汇率法

现行汇率法(Current Rate Method)又称期末汇率法或单一汇率法。其基本观点是：保持子公司会计报表原有的财务成果和财务关系，只改变外币报表的形式，不改变外币报表的性质，会计报表折算就是在原有项目金额的基础上去乘以一个常数。现行汇率法选择汇率的思路与前三种方法完全不同。前三种方法选择汇率注重的是报表项目的性质与汇率之间的关系，即以某种项目分类为依据，确认汇率变化所引起的风险；现行汇率法选择汇率则注重汇率变化对子公司所有者权益(股东权益)净额的影响，确认汇率变化所引起的母公司对子公司投资净额上的风险。现行汇率法下汇率的选择和折算方法如下。

(一) 资产负债表项目

(1) 所有资产和负债项目均采用资产负债表编制日的现行汇率折算。

(2) 所有者投入资本(实收资本、股本、资本公积)按实际取得资本或发行股份时的汇率折算。

(3) 本年度留存收益是期初留存收益加减本年度外币折算的净利或净损失。

(二) 利润表项目

(1) 一般收入、费用项目以确认当天的汇率(即历史汇率)折算，如果收入、费用发生的数量较大，也可以采用报告期间加权平均汇率折算。

(2) 股利以发放日当天的汇率计算。

(三) 折算损益的处理

现行汇率法下的折算差额在资产负债表所有者权益项目下单设一个独立项目“累计折算调整”来列示，不计入当期损益。

五、折算方法的比较

综观前述四种折算方法可以发现，在资产负债表项目中，不论采用哪种折算方法，现金、应收账款、应收票据等货币性债权、流动负债均采用现行汇率折算；实收资本(股本)、资本公积等投资者投入资本均采用交易业务发生时的汇率折算。各种折算方法的主要区别是对非货币性的流动资产(存货)、长期资产(长期投资、固定资产、无形资产等)及长期负债的折算汇率选择。至于利润表和利润分配表项目的折算汇率，则完全取决于与资产负债表相关项目的汇率选择。现将不同折算方法下外币报表各项目折算汇率汇总如表7-1、表7-2所示。

表7-1

外币资产负债表折算汇率比较表

报表项目	流动性及非流动性法	货币性及非货币性法	时态法	现行汇率法
货币资金	C	C	C	C
应收账款	C	C	C	C
存货				
按成本计价	C	H	H	C
按市价计价	C	H	C	C
投资				
按成本计价	H	H	H	C
按市价计价	H	H	C	C
固定、无形资产	H	H	H	C
流动负债	C	C	C	C
长期负债	H	C	C	C
实收资本(资本公积)	H	H	H	H
留存收益	G	G	G	G

表7-2

外币利润及利润分配表折算汇率比较表

报表项目	流动性及非流动性法	货币性及非货币性法	时态法	现行汇率法
营业收入	A	A	A	H或A
营业成本				
折旧成本	H	H	H或A	H或A
存货成本	A	H	H或A	H或A
其他成本	A	A	H或A	H或A

（续表）

报表项目	流动性及非流动性法	货币性及非货币性法	时态法	现行汇率法
期间费用				
折旧费用	H	H	H或A	H或A
存货费用	A	H	H或A	H或A
其他费用	A	A	H或A	H或A
营业外支出	A	A	H或A	H或A
所得税费用	A	A	H或A	H或A
利润分配	A	A	H或A	H或A
未分配利润	G	G	G	G

说明：在表7-1、表7-2中，① A为平均汇率；② C为现行汇率；③ H为历史汇率；④ G为平衡数（利润表、利润分配表折算结果，再通过平衡轧差算出的累计折算调整数）。

在会计实践中，几种折算方法往往交叉起来使用。在日本，财务报表折算采用时态法和流动性及非流动性法相结合的方法：在采用时态法的同时，对长期货币性负债采用历史汇率折算（时态法采用现行汇率折算）；另外，将折算损益作为“折算调整额”，视其正负值列入合并资产负债表的资产方或负债方（时态法将折算损益计入当期净利润）。在英国，采用现行汇率法进行财务报表折算时，利润表按年末汇率或平均汇率折算，而不是一般的按业务发生时的汇率或平均汇率折算。

【例7-1】 某美国跨国公司在海外拥有一家控股100%股权的子公司，若子公司所在国的当地货币为LC，母公司的报告货币为美元。假定20×5年末美元汇率为＄1＝LC4，20×6年未发生任何营运活动，20×6年末美元汇率上升到＄1＝LC5，用上述四种方法进行折算，结果如表7-3所示。

表7-3

使用不同折算方法对财务报告的影响

计量单位：万元

项　目	当地货币	美元（LC4＝US＄1）	美元（LC5＝＄1）			
			流动性及非流动性法	货币性及非货币性法	时态法	现行汇率法
流动资产						
现金	5 200	1 300	1 040	1 040	1 040	1 040
应收账款	400	100	80	80	80	80
存货（按市价）	8 200	2 050	1 640	2 050	1 640	1 640
合计	13 800	3 450	2 760	3 170	2 760	2 760

（续表）

项　　目	当地货币	美元（LC4＝US＄1）	美元（LC5＝＄1）			
			流动性及非流动性法	货币性及非货币性法	时态法	现　行汇率法
固定资产（净值）	10 000	2 500	2 500	2 500	2 500	2 000
资产总额	23 800	5 950	5 260	5 670	5 260	4 760
负债	0	0	0	0	0	0
应付账款	7 000	1 750	1 400	1 400	1 400	1 400
长期借款	8 000	2 000	2 000	1 600	1 600	1 600
负债合计	15 000	3 750	3 400	3 000	3 000	3 000
股东权益						
股本	3 000	750	750	750	750	750
留存收益	5 800	1 450	1 110	1 920	1 510	1 010
股东权益合计	8 800	2 200	1 860	2 670	2 260	1 760
权益合计	23 800	5 950	5 260	5 670	5 260	4 760
折算风险（损益）			－＄340	＄470	＄60	－＄440

分析：(1) 折算风险金额取决于所选用的折算方法、汇率变化方向和变化大小。其中选用的折算方法决定了风险净资产（按现行汇率折算的资产和负债）的金额大小。各种折算方法在风险净资产界定上的主要区别表现在存货、长期资产（固定资产、无形资产、长期投资等）和长期负债等项目。

(2) 在公司不发生任何营运活动的情况下，折算风险的确定可以采用以下公式，即：折算风险＝风险净资产×变动前汇率×汇率变动率。以本案例为例：

变化前的汇率＝1÷4＝＄0.25/LC

变化后的汇率＝1÷5＝＄0.20/LC

汇率变化率＝(0.20－0.25)/0.25×100%＝－20%

流动性及非流动性法：

折算风险＝(LC5 200＋LC400＋LC8 200－LC7 000)×＄0.25/LC×(－20%)＝－＄340(万)

货币性/非货币性法：

折算风险＝(LC5 200＋LC400－LC7 000－LC8 000)×＄0.25/LC×(－20%)＝＄470(万)

时态法：

折算风险＝(LC5 200＋LC400＋LC8 200－LC7 000－LC8 000)×＄0.25/LC×(－20%)
　　＝＄60(万)

现行汇率法：

折算风险＝(LC5 200＋LC400＋LC8 200＋LC10 000－LC7 000－LC8 000)
×＄0.25/LC×(－20％)
＝－＄440(万)

(3) 公司发生的营运活动会影响风险净资产变化和收入、费用项目变化，影响折算风险的确认。假定公司正常营运，资产分布状况和资本结构基本保持不变，则上述公式可以用于折算风险的预测。

(4) 表 7-3 中，股东权益总额根据"资产＝负债＋股东权益"会计等式计算得到；留存收益根据"股东权益＝股本＋留存收益"计算得到；折算风险为留存收益的组成部分，"折算风险＝变化前的留存收益－变化后的留存收益"。

第二节　折算方法的选用和折算损益的处理

一、折算方法与功能性货币

不同折算方法各有利弊和侧重，同时世界各国的政治、经济、文化传统等会计环境不同，导致目前世界各国在折算方法选用上(外币报表折算中折算汇率的选择和折算差额的处理)尚未形成一致的国际惯例。就目前情况来说，采用流动及非流动项目法的国家已经日渐减少，只有南非、伊朗、新西兰、巴基斯坦等少数国家。绝大部分国家主要使用单一汇率的现行汇率法或多汇率的时态法。①

那么，跨国公司究竟应该选择哪一种折算方法呢？国际上比较具有代表性的观点是美国财务会计准则委员会 1981 年颁布的 52 号财务会计公告《外币折算》和国际会计准则委员会第 21 号《汇率变动的影响》(IAS21)。

美国财务会计准则委员会 1981 年颁布的 52 号财务会计公告《外币折算》规定：外币报表折算程序和方法的确定取决于功能性货币的择定。

所谓功能性货币就是指国外主体从事经营活动和产生现金流量的主要经济环境中的货币。功能性货币可以是子公司所在国的货币，也可以是母公司所在国的货币，或者是第三国的货币。功能性货币的选择与国外主体经营活动所处的地位及自身特点息息相关。如果子公司的生产经营活动只是作为母公司经营活动的有机组成部分，或其经营活动主要是母公司经营活动在境外的扩展和延伸，则子公司的功能性货币为母公司所在国的报

① 当非货币性资产按历史成本计量和按历史汇率折算时，货币性及非货币性法与时态法没有区别。因此，我们可以将货币性及非货币性法与时态法一起归入时态法。

告货币，其会计报表折算采用时态法；如果子公司作为境外相对独立的经营主体，在某国从事独立的生产经营活动，其资金筹集、商品销售和费用发生均主要使用当地货币进行，则子公司的功能性货币为当地货币，其会计报表折算采用现行汇率法。如国外子公司的功能性货币为第三国货币，则子公司要先采用时态法将其按子公司所在国货币记账的报表折算成按第三国货币计量的报表，然后再采用现行汇率法将按第三国货币计量的报表折算成母公司报告货币表述的报表。

国际会计准则委员会第 21 号《汇率变动的影响》(IAS21)有类似的规定。《汇率变动的影响》第 23 条规定，采用何种方法对国外经营的会计报表进行换算，应根据与报告企业有关的融资方式和经营方式而定。① 国外经营可以划分为"属于报告企业经营有机组成部分的国外经营"和"国外实体"两种。属于报告企业经营有机组成部分的国外经营企业会计报表折算采用时态法；属于国外实体企业的会计报表折算采用现行汇率法。

二、国外经营的分类

按照国际惯例，会计报表的折算方法取决于子公司功能性货币的选择，而功能性货币的选择又与国外子公司的经营活动方式有关。那么，如何来确定国外子公司的类型，区分"属于报告企业经营有机组成部分的国外经营"和"国外实体"呢？国际会计准则第 21 号《外币汇率变动影响的会计》对其做出了具体的说明(见表 7-4)。

表 7-4

国外经营的不同特点

项　　目	子公司作为报告企业经营有机组成部分	子公司作为自主经营的"国外实体"
经营活动	主要销售从报告企业进口的商品，并将收入汇回报告企业	所从事的经营活动相对于报告企业具有极大的自主性
公司间交易	与报告企业的交易占国外经营业务的很大比例	与报告企业的交易占国外经营业务的比例不高
资金来源	经营活动所需要的资金主要依靠向报告企业筹措	经营活动所需要的资金主要依靠自身经营或在当地借款筹措
费用	国外经营的产品或劳务的人工、材料和其他费用，主要是以报告企业货币支付或结算	国外经营的产品或劳务的人工、材料和其他费用，主要是以当地货币支付或结算
销售	国外经营的销售主要以报告货币进行	国外经营的销售主要以报告货币以外的货币进行

① 其他如英国、加拿大、澳大利亚等国也制定了类似的规定。

（续表）

项　目	子公司作为报告企业经营有机组成部分	子公司作为自主经营的“国外实体”
现金流量	报告企业的现金流量与国外经营的日常活动密切相关，直接受国外经营活动的影响	报告企业的现金流量与国外经营的日常活动相脱离，不直接受国外经营活动的影响
汇率变动对报告企业的影响	报告货币和国外经营所在国的货币之间的汇率变动，几乎立即影响报告企业的现金流量	报告货币和国外经营所在国的货币之间的汇率变动，对国外实体或报告企业的现金流量，几乎都不会产生直接影响

综上所述，可以简单概括出如下特点：属于报告企业经营有机组成部分的国外经营，其所从事的业务，如同报告企业经营业务的扩展。在这种情况下，报告货币和国外经营所在国的货币之间的汇率变动，几乎立即影响报告企业及其母公司的现金流量。此时，应采用时态法进行外币报表折算，如此可以清晰反映汇率变动对母公司经营活动和现金流量的影响。相反，作为自主经营的国外实体，其经营活动具有很大的自主性，其筹集的资金、实现的收入和发生的费用等大部分使用当地货币，尽管它也可能进行外币交易，包括以报告货币进行的交易。此时最好采用现行汇率法进行外币报表折算，因为在这种情况下，报告货币与当地货币之间的汇率变动，不一定对国外实体或对报告企业的现金流量产生直接影响。

外币报表折算方法的可以采用下列判断进行选择，见图 7-1。

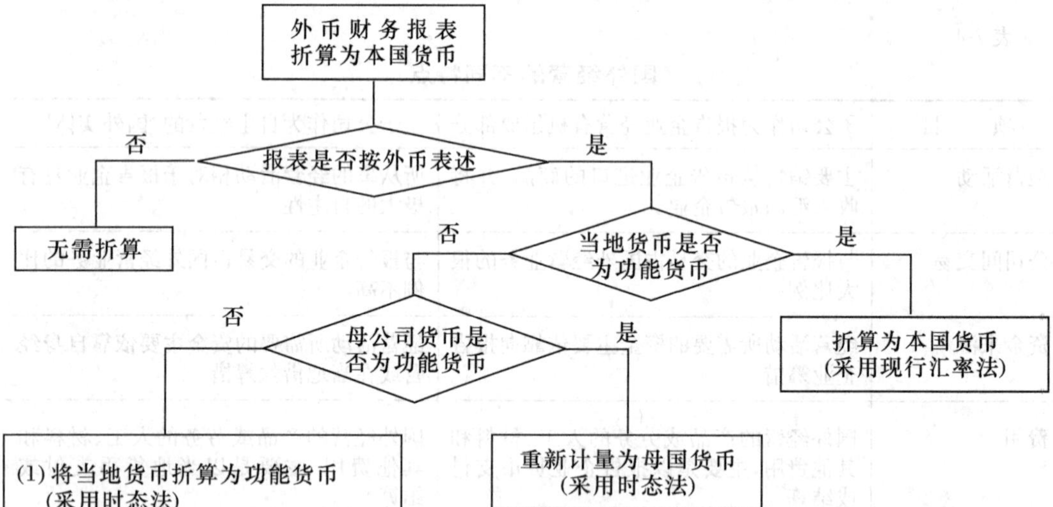

图 7-1　外币报表折算方法选择①

① 资料来源：蒋屏. 国际财务管理. 北京：对外经济贸易出版社，2004

三、会计报表折算举例

【例 7-2】 Quincy 公司是美国大众电子公司在海外设立的一家子公司，公司开业之初，当地货币与美元的汇率为＄1.80/ LC，固定资产在该年购置，假设当年的平均汇率为＄1.50/LC，存货用美元购买，购买时的汇率是＄1.40/LC，期末汇率为＄1.20/LC。这一年，Quincy 公司不分股利，净收益全部计入留存收益。

表 7-5、表 7-6 分别反映 Quincy 公司资产负债表、利润表的两种不同折算结果：一是假定功能货币为当地货币，会计报表采用现行汇率法进行折算；二是假定功能货币为美元，会计报表采用时态法进行折算。

表 7-5

Quincy 公司资产负债表的折算

计量单位：万元

项　　目	当地货币	现行汇率法 功能货币(当地货币)		时　态　法 功能货币(美元)	
		折算汇率	美　元	折算汇率	美　元
流动资产					
现金	LC800	1.2	＄ 960	1.2	＄ 960
应收账款	1 100	1.2	1 320	1.2	1 320
存货(按成本)	1 100	1.2	1 320	1.4	1 540
合计	LC3 000		＄3 600		＄3 820
固定资产(净值)	2 000	1.2	2 400	1.6	3 200
资产总额	LC5 000		＄6 000		＄7 020
负债					
应付账款	LC640	1.2	＄ 768	1.2	＄ 768
长期借款	2 160	1.2	2 592	1.2	2 592
负债合计	LC2 800		＄3 360		＄3 360
股东权益					
实收资本	LC1 720	1.8	＄3 096	1.8	＄3 096
留存收益	480		720		564
累计折算调整额			−1 176		
股东权益合计	LC2 200		＄2 640		＄3 660
权益合计	LC5 000		＄6 000		＄7 020

表 7-6

Quincy 公司利润表的折算

计量单位：万元

项　　目	当地货币	现行汇率法 功能货币(当地货币)		时　态　法 功能货币(美元)	
		折算汇率	美　元	折算汇率	美　元
销售收入	LC1 600	1.5	$2 400	1.5	$2 400
减：销售成本	620	1.5	930	1.4	868
折旧费用	220	1.5	330	1.6	352
其他费用	160	1.5	240	1.5	240
折算损失					196
税前利润	LC600		$ 900		$ 744
减：所得税	120	1.5	180	1.5	180
净收益	LC480		$ 720		$ 564

假定功能货币为当地货币时，会计报表折算使用现行汇率法。其基本做法是：利润表的收入、费用项目按交易发生日的平均汇率折算，资产负债表的资产和负债项目按期末汇率换算($1.20/LC)，所有者投入资本按实际收到资本或发行股份时的历史汇率折算，汇率变动的影响——折算损益作为股东权益的一个独立项目"累计折算调整额"在资产负债表股东权益留存收益下单列，递延到以后处理。在本例中，"利润表"中各项目折算汇率均为平均汇率$1.50/LC；资产负债表中除实收资本项目$1.80/LC外，折算汇率均为现行汇率$1.20/LC；资产负债表中留存收益额$720万等于利润表中的"净收益"项目金额，资产负债表中的累计折算调整额－$1 176万($6 000－3 360－3 096－720)为倒轧账结果。

假定功能货币为美元时，会计报表折算使用时态法。其基本做法是：利润表的收入、费用项目按交易发生日的汇率折算，资产负债表的货币性项目按报表编制日的现行汇率折算，存货、固定资产等非货币性项目按取得时的历史汇率折算，所有者投入资本按实际收到资本或发行股份时的汇率折算。汇率变动的影响——折算损益作为当期收入或费用直接计入当年损益。本例中，资产负债表的存货($1.40/LC)、固定资产($1.60/LC)、实收资本($1.80/LC)按历史汇率折算，其他货币性资产和负债按现行汇率$1.20/LC折算。留存收益项目金额$564万(7 020－3 360－3 096)为报表折算的差额平衡数;利润表的销售成本($1.40/LC)、折旧费用($1.60/LC)采用取得资产时的汇率折算,其他用平均汇率($1.50/LC)折算,折算损益为倒轧账结果。

选用何种方法进行会计报表折算?折算损益是计入当期损益还是递延摊销到后期?对于这些问题,财务管理人员除了要考虑国外子公司的经营特点和功能性货币的选择,还要考虑其是否有利于会计收益的平稳化。例如,在汇率上下波动的情况下,折算损益采用递延摊销方法,列入资产负债表"累计折算调整额"内,今年的折算损失(收益)递延到明年,会被明年的折算收益(损失)所抵销,结果是会计收益平稳化。但是,在汇率单向变动的情况下,即某种货币持续升值或贬值,采用递延摊销方法会使折算损失(收益)逐年累积,最终结果是收益反映严重不实。

第三节　折算风险的规避

一、对折算风险的讨论

当跨国公司的国外子公司以当地货币作为计价货币进行会计核算,编制财务报表,就需要进行财务报表折算,就会产生折算风险。从前述举例中可以发现:

(1) 折算风险大小受到汇率变动及外币报表折算方法的影响。其中:汇率变动的方向决定跨国公司是取得折算收益还是面临折算风险;汇率波动的幅度决定收益和风险的大小;而外币报表折算方法则是决定受汇率波动影响的风险净资产大小。风险净资产金额的大小直接影响折算风险的计算,如果风险净资产等于零,则汇率变动再大,折算风险也等于零。

(2) 折算风险产生于外币报表折算过程之中,财务报表折算产生的损益并不改变子公司的实际经营结果和子公司经济价值的大小,因此,也不会影响子公司预期的税收,不代表子公司未来现金流量的变化。例如,某子公司以当地货币表现的货币资金 100 万元,存货 400 万元,固定资产 500 万元,流动负债 150 万元,长期负债 250 万元,股东权益 600 万元。假定汇率变动一定,风险净资产的大小决定了折算风险的大小。采用流动性及非流动性法折算,风险净资产为当地货币 350 万元[流动资产(100+400)-流动负债 150];采用货币及非货币性法(时态法)折算,风险净资产为当地货币-300 万元(货币性资产 100-货币性负债 400);采用现行汇率法折算,风险净资产为当地货币 600 万元[资产总计(100+400+500)-负债合计(150+250)]。风险净资产各不相同,以其为依据计算的折算风险也不相同,但子公司的经营状况没有发生任何变化。

(3) 财务报表折算信息会影响投资者、债权人等报表使用者对公司管理能力和投资质量的评估。尽管财务报表折算中产生的损益并不改变子公司的实际经营状况的好坏,但财务报表提供的信息会影响报表使用者的判断。如果资产负债表中的累计折算调整额"负数"越来越大,人们会理解为企业的净资产出现了问题。

二、折算风险的管理

折算风险是否需要管理？对折算风险是否需要套期保值？财务管理人员必须权衡利弊，视具体情况而定。

如上所述，报表收益不稳定并不代表企业实际经营成果的好坏，也不代表企业经营政策在不断变化，更不意味着企业未来现金流量不确定，从理论上讲，一般情况下并不一定需要对折算风险进行套期保值。但是，较好的业绩水平，如经营利润、利息保障倍数，能够满足企业贷款契约条约的需要，确保公司的举债能力；良好的资信评级可以保证企业在资本市场的筹资功能。报表信息必然对投资者、债权人等产生作用。为保障报表收益，需要财务管理人员对折算风险进行套期保值，不过这些措施实施后，却有可能真正影响企业的经济效益，加大经济风险。因此，财务管理人员必须权衡利弊，做出是否对折算风险进行套期保值的决策。

如果跨国公司准备对折算风险进行管理，其管理的基本观念是：增加硬币资产项目金额，减少软币资产项目金额；增加软币负债项目金额，减少硬币负债项目金额。折算风险管理的基本方法有：资产负债表避险法、远期外汇市场避险法和货币市场避险法等。

（一）资产负债表避险法

资产负债表避险法（Balance Sheet Hedge）是跨国公司对折算风险管理的最基本的方法。其做法是在资产负债表上重新安排风险资产和风险负债，尽可能地使风险资产和风险负债金额相当，风险净资产为零。即通过调整受险额中的资产和负债数额，达到尽可能避免外汇损失的目的。

实施资产负债表避险法的基本步骤是：

步骤一：预计子公司报表折算日资产负债表各风险资产和风险负债项目金额，确定风险净资产的大小。

步骤二：根据子公司风险净资产的性质和汇率变动的方向确定资产和负债的调整方向，采取必要的措施，减少折算风险的发生。

在预测到子公司所使用的功能货币（假定为当地货币，下同）即将贬值，而子公司的风险净资产大于零时，可采用减少风险资产、增加风险负债，使风险净资产尽可能小于或等于零的方法（子公司所使用的功能货币即将贬值，风险净资产小于零时，不需要采用任何调整措施）；反之，在预测到子公司所使用的功能货币即将升值，而子公司的风险净资产小于零时，则应该采用增加风险资产、减少风险负债，使风险净资产尽可能大于或等于零的方法。

当预测到子公司所使用的功能货币即将贬值时，可采用的减少风险净资产的方法是：

(1) 减少子公司当地货币及有价证券的持有比例。

(2) 加速催收以当地货币计价的应收账款。

(3) 延迟支付以当地货币计价的应付账款。

(4) 延迟收取以硬币计价的应收账款。

(5) 加速支付以硬币计价的应付账款。

(6) 子公司提前支付给母公司股利、费用。

(7) 子公司提前支付应付其他关联企业的账款。

(8) 子公司延迟收取应收其他关联企业的账款。

(9) 以外国货币(硬币)作为出口商品计价单位。

(10) 以子公司当地货币(即将贬值的软币)作为进口商品的计价单位。

(11) 加速进口以硬币计价的货物及设备。

【例 7-3】 中国某跨国公司在美国的 D 子公司功能货币为美元。假定,中国跨国公司本身不存在美元资产与负债,D 子公司的风险资产与风险负债即代表整个跨国公司。根据汇率预测,在未来的一年中,人民币对美元将持续升值,至 2015 年年末,人民币对美元的汇率将达到¥6.5/$ 。根据预测,2015 年年末该跨国公司在美国的 D 子公司预计风险资产和风险负债情况如表 7-7 所示。要求:如何采用资产负债表避险法减少风险。

表 7-7

D 子公司风险资产与风险负债情况

计量单位:万元

项　　目	资产负债表各项目金额($)	现行汇率法下的风险	时态法下的风险
资产			
现金[1]($)	90	90	90
现金(¥)	10		
应收账款($)	75	75	75
应收账款(¥)	5		
存货(按成本)	70	70	
固定资产(净值)	100	100	
资产总计	350		
风险资产($)		335	165
负债和股东权益			
应付账款($)	129	129	129
(¥)	15	15	15
长期借款($)	86	86	86

（续表）

项　　目	资产负债表各项目金额($)	现行汇率法下的风险	时态法下的风险
实收资本	82		
留存收益	38		
负债和股东权益总计	350		
风险负债($)		215	215
风险净资产($)		120	−50
期末汇率(¥/$)		6.5	6.5
风险净资产(¥)		780	−325
期初汇率(¥/$)		6.6	6.6
折算风险(2)		12	−5

说明：(1) 在货币性资产（现金及应收账款）和货币性负债（应付账款和长期借款）中，以美元（当地货币）计价资产和负债，受到折算风险的影响，以人民币（外币）计价的资产和负债不受折算风险的影响。以现金为例，如果人民币对美元汇率由¥6.6/$上升到¥6.5/$，90万美元的现金折算的人民币由594万元减少到585万元，出现9万元人民币的折算损失，而人民币现金，则随着汇率的变化，日常会计核算将调整以美元表示的人民币金额，确定汇兑损益。最后的报表折算不会引起人民币金额的变化。

(2) 折算风险＝以当地货币($)表现的风险净资产×(期初汇率－期末汇率)。

现行汇率法下：　折算风险＝$120×(¥6.6/$－¥6.5/$)＝¥12(万)

时态法下：　折算风险＝－$50×(¥6.6/$－¥6.5/$)＝－¥5(万)

分析：从表7-7可以发现，在期末汇率$1＝¥6.5的情况下，财务会计报表以时态法折算，D子公司将有50万美元的风险净负债，由于汇率变化将获得5万元人民币的收益。因此，不需要进行风险规避。

财务会计报表以现行汇率法折算，D子公司将有120万美元的净资产暴露在汇率风险下，折合人民币780万元，假定期初汇率为$1＝¥6.6，由于汇率变化将造成12万元人民币的损失。D子公司在预测到可能发生的折算风险时，为避免这项预期的损失，可以采用调整资产负债表项目金额的方法，具体来说：D子公司可以与债务人协商，争取早日收回美元应收账款；如果D子公司美元现金充裕，可以将美元现金换成人民币，提前偿还人民币应付账款，或者将这些人民币以股利或费用的形式汇回母公司。如果D子公司的美元现金不足，可以先借入美元借款，同时增加风险资产及负债，再将借入的美元换成非风险资产，如将其换成人民币现金。

如果管理者向银行借入美元借款＄100 000，我们将其按￥6.6/＄的汇率兑换成人民币（￥660 000）；如果与预测一致，人民币汇率上升为￥6.5/＄，在不考虑利息支付的情况下，只要用￥650 000 就可换回＄100 000，这时可赚取￥10 000 的差价。

（二）远期外汇市场避险法

折算风险的规避除了可用资产负债表避险外，子公司还可以利用远期外汇市场避险法（Forward Market Hedge）。其基本做法是：

步骤一：确定企业可能出现的预测折算风险。

步骤二：在远期外汇市场上预售远期风险货币，到期时再在即期市场买回等量同种货币，并进行远期合约交割。远期合约金额的大小，由下列公式决定：

$$远期合约金额=TL/[FR-ER]$$

式中　TL——换算成报表货币可能产生的折算风险；

FR——报表货币对当地通货的远期汇率；

ER——报表货币对当地通货的预期即期汇率。

【例 7-4】　以[例 7-3]中国跨国公司在美国 D 子公司的案例为例。假定远期市场汇率为￥6.6/＄，预期到期即期汇率为￥6.5/＄，预计折算损失为￥120 000 元。运用远期外汇市场避险的做法是：

运用避险公式确认远期合约金额，即预售美元：

预售美元金额＝￥120 000/（￥6.60/＄－＄6.50/＄）＝＄1 200 000

如果 D 子公司以￥6.60/＄卖掉远期美元，而后来成功地在即期市场以他们所预期的即期汇率￥6.50/＄再买回美元，则每 1 美元可赚人民币 0.1 元。以＄1 200 000 对冲的总利润如下：

以今日远期汇率卖掉美元的收入：	＄1 200 000×￥6.6/＄＝	￥7 920 000
减：到期以即期汇率买回美元的成本：	＄1 200 000×￥6.5＄　＝	￥7 800 000
远期市场避险净利：		￥　120 000

从上例中可以看到，D 子公司远期合约避险中有两个数字是以预测数为基础的：一是预计折算损失；二是预期即期汇率。预计折算损失受到财务报表各项目金额变动的影响，各项目金额任何的预测偏差都会影响远期合约的效果。此外，如果预期即期汇率没有如预测者所料发生变动，或是与远期汇率一致，或是出现与预测相反的结果，则预期的折算损失就不能予以弥补。在实际工作中，这两个预测数往往是不准确的。因此，与其说是远

期外汇市场避险，还不如说是对未来即期汇率的投机。

（三）货币市场避险法

上例中的中国跨国公司在美国的D子公司，也可以运用货币市场避险法（Monetary Market Hedge）。公司可在货币市场借入美元，换成人民币用来投资，在借款到期时再用人民币换成美元以偿还借款。要注意的是，用人民币投资的到期日，必须与美元借款到期日相互配合。借款金额的计算公式如下：

$$B=TL/[(1+i_c)SR-(1+i_{us})ER]$$

式中 B——借款额度，若此数字为负，则变成贷款；

i_c——人民币存款利率；

i_{us}——美元借款利率；

SR——即期汇率；

TL 和 ER——表示的内容同前。

公式推导：假定应借入金额为 B，计算如下：

预期折算损失＝货币市场的利得

$$TL=B\times SR\times(1+i_c)-B(1+i_{us})\times ER$$

$$B=TL/[(1+i_c)SR-(1+i_{us})ER]$$

本例中，D子公司预期的折算损失为￥120 000。

现在的即期汇率为￥6.6/＄，预测未来即期汇率为￥6.5/＄，假定人民币存款年利率为6%，美元借款利率为7%，则应借数目为：

$$B=¥120\,000/[(1+6\%)\times¥6.6/\$-(1+7\%)\times¥6.5/\$]=\$2\,926\,829.30$$

具体操作步骤如下：

(1) 今天，借入＄2 926 829.30，换成人民币存入中国银行1年，到期值如下：

$$\$2\,926\,829.30\times¥6.6/\$\times1.06=¥20\,476\,097.6$$

(2) 1年后支付美元借款本利和所需的人民币金额如下：

$$\$2\,926\,829.30\times¥6.5/\$\times1.07=¥20\,356\,097.8$$

(3) 货币市场避险净利＝￥20 476 097.6－￥20 356 097.8＝￥120 000.0

本章小结

折算风险又称会计风险，产生于跨国公司将世界各地子公司的报表进行折算和合并的过程。折算风险产生的原因是交易发生日汇率和会计报表折算日汇率的不一致。报表折算时采用的折算方法不同,报表各项目使用的折算汇率不同,产生的损益结果也不同。外币报表折算会给企业带来会计账面上的损益(即风险)。

目前世界各国常用的外币报表折算方法有:流动性及非流动性法、货币性及非货币性法、时态法和现行汇率法。

折算方法的选择取决于功能性货币的选择确定和报告企业融资和经营方式是“属于报告企业经营有机组成部分的国外经营”还是“国外实体”。

折算风险产生于外币报表折算过程之中。财务管理人员必须权衡利弊,视具体情况确定折算风险是否需要管理。

折算风险管理的基本观念是:增加硬币资产项目金额,减少软币资产项目金额;增加软币负债项目金额,减少硬币负债项目金额。折算风险管理的基本方法有:资产负债表避险法、远期外汇市场避险法和货币市场避险法等。

资产负债表避险法是跨国公司对折算风险管理的最基本的方法。其基本做法是:通过调整受险额中的资产和负债数额,尽可能地使风险资产和风险负债金额相当,风险净资产为零。

远期外汇市场避险法是在确定企业可能出现的折算风险的基础上,在远期外汇市场上预售远期风险货币,到期时再在即期市场买回等量同种货币,并进行远期合约交割。远期合约金额的大小,由下列公式确定:

$$\text{远期合约金额}=\frac{\text{以报告货币计价的预计折算损失}}{\text{报告货币对当地货币的远期汇率}-\text{报告货币对当地货币的预期即期汇率}}$$

货币市场规避折算风险的基本方法是:在确定企业可能出现的折算风险的基础上,通过在货币市场借入软币,换成硬币进行投资,在借款到期时再用硬币换成软币偿还借款。通过在货币市场获得的利得来弥补预期折算损失。

复习思考题

1. 什么是折算风险?折算风险的大小是由哪些因素构成的?
2. 比较现行汇率法和时态法的异同点。
3. 什么是功能货币?功能货币与报告货币有何区别?
4. 中国A公司在美国的子公司面临极大的折算风险。该公司财务主管认为美国子公司的收益没有交给中国总部,而是直接在美国进行再投资,折算效应不相关。财务副经理则认为,公司股价在很大程度上由合并收益决定,合并收益取决于折算汇率,必须关注并解决折算风险。你认为谁的观点正确?请说明理由。

5. 说明折算风险管理的基本观念。

6. 讨论减少风险净资产的方法。

练 习 题

1. 海天公司在美国的子公司存在风险资产＄3 200 万元，存在风险负债＄2 400 万元。要求：

(1) 如果美元汇率由￥6.5/＄上升到￥6.6/＄时，公司的风险净资产是多少？当年由美元升值引起的折算利得或折算损失是多少？

(2) 如果美元汇率由￥6.5/＄下降到￥6.4/＄时，由美元贬值引起的折算利得或折算损失是多少？

2. 海星公司是中国公司在美国的子公司，其资产负债表如表 7-8 所示。

表 7-8

资产负债表

单位：千美元

资　产	金　额	负债和股东权益	金　额
现金、有价证券	$ 56 000	应付账款	$ 85 000
应收账款	134 000	其他流动负债	162 000
存货	243 000	长期负债	220 000
固定资产净值	422 000	股东权益	388 000
资产总计	$ 855 000	负债和股东权益总计	$ 855 000

要求：

(1) 假定现行汇率为￥6.5/＄，分别按照流动及非流动法、货币及非货币法、时态法和现行汇率法计算公司的折算风险。

(2) 假定人民币升值为￥6.45/＄，分别按照流动及非流动法、货币及非货币法、时态法和现行汇率法计算公司的折算损失或利得。

3. 中国某跨国公司在美国的 E 子公司功能货币为美元。根据汇率预测，在未来的 1 年中，人民币对美元汇率将持续升值，预计将由年初的￥6.65/＄上升到￥6.5/＄。根据预测，2016 年年末 E 子公司预计风险资产和风险负债情况如表 7-9 所示。要求：

(1) 分别采用现行汇率法和时态法计算确认风险净资产。

(2) 讨论在现行汇率法下可以采用哪些避险方法减少折算风险。

表 7-9

E 子公司风险资产与风险负债情况

计量单位：万元

	资产负债表各项目金额（$）	现行汇率法下的风险	时态法下的风险
资产			
现金——$	84		
现金——¥	69		
应收账款——$	75		
应收账款——¥	42		
存货（按成本）	200		
固定资产（净值）	430		
资产总计	900		
风险资产			
负债和股东权益			
应付账款——$	100		
——¥	50		
其他流动负债——$	75		
长期借款——$	125		
实收资本	400		
留存收益	150		
负债和股东权益总计	900		

案例分析

中国某一企业拥有一境外子公司，为了编制合并会计报表，需要将子公司外币表示的会计报表折算为人民币表示的会计报表。该子公司以美元表示的会计报表及资料如下：

(1) 该子公司以美元表示的会计报表如下。

(2) 期初市场汇率为＄1=¥6.65；期末市场汇率为＄1=¥6.45。

(3) 该子公司接受投资时的市场汇率为＄1=¥6.5 元人民币；资本公积全部为接受投资时的资本溢价。

(4) 上期折算后的会计报表中"未分配利润"的数额为 162.5 万元人民币；"盈余公积"的数额为 84 万元人民币。

分析：根据中国《企业会计准则——外币折算》将下列外币会计报表折算为以人民币表示的会计报表（如表 7-10 和表 7-11 所示）。

表 7-10

利润表及利润分配表的折算

单位：万元

项　　目	美 元 数	折算汇率	人民币数
一、营业收入	1 600	6.55	10 480
减：营业成本	800	6.55	5 240
营业税金及附加	40	6.55	262
销售费用	40	6.55	262
管理费用	30	6.55	196.5
财务费用	50	6.55	327.5
加：投资收益	0		0
二、营业利润	640		4 192
加：营业外收入	40	6.55	262
减：营业外支出	20	6.55	131
三、利润总额	660	6.55	4 323
减：所得税费用	220	6.55	1 441
四、净利润	440	6.55	2 882
加：年初未分配利润	25		162.5①
五、可供分配的利润	465		3 045.75
减：提取盈余公积	88	6.55	576.4
应付利润	77	6.55	504.35
六、未分配利润	300		1 965

表 7-11

资产负债表的折算

单位：万元

资　　产	美元数	折算汇率	人民币数	负债和所有者权益	美元数	折算汇率	人民币数
流动资产合计	800	6.45	5 160	流动负债合计	480	6.45	3 096
固定资产原价	1 600	6.45	10 320	长期负债合计	800	6.45	5 160
减：累计折旧	500	6.45	3 225	实收资本	200	6.5	1 300
固定资产净值	1 100	6.45	7 095	资本公积	120	6.5	780
无形资产	100	6.45	645	盈余公积	100		660.4②
				未分配利润	300		1 965
				外币报表折算差额			−61.4③
合　　计	2 000		12 900	合　　计	2 000		12 900

说明：① 上年末未分配利润数；② 期初盈余公积加上本年提取的盈余公积(84＋576.4)；③ 倒轧账结果。

第三篇　国际融资管理

企业的成长需要资金的支持。国际融资是指国际企业根据其生产经营活动对资金的需求数量,通过一定的途径,采取适当的融资方式,获取所需资金的一种行为。

就企业资金管理原理而言,国际企业资金管理与国内企业资金管理基本上是相同的,差别在于国际企业的资金来源广,融资渠道多,融资方式也多种多样,可以发行国际股票和国际债券,可以利用国际贷款,或者采用国际租赁等。由于国际企业是进行跨国融资,在融资过程中所受到的影响因素必然会比国内多,如东道国的政治状况、经济环境、法规完善程度、文化背景等。而上述诸因素的许多方面都处于不断的变化之中,不确定的因素多,这些既为国际企业提供了更多的机遇,也为国际企业带来了更大的风险。因此,国际企业融资决策的过程十分复杂,对资金的管理尤为重要。

第八章　国际贷款融资

【本章学习目标】

通过本章学习，了解国际贷款融资的渠道；熟悉国际商业银行贷款的特点和方式；熟悉辛迪加贷款方式；掌握国际贷款融资成本测算的方法；掌握国际贷款货币选择的方法，以及规避风险的办法。

【本章关键词】

双边贷款（Bilateral Loan）

辛迪加贷款（Syndicate Loan）

牵头银行（Lead Bank）

代理银行（Agent Bank）

伦敦同业拆放利率（London Inter Bank Offer Rate，LIBOR）

外国政府贷款（Foreign Governmental Loan）

国际金融组织贷款（International Finance Corporation Loan）

国际商业银行贷款（International Commercial Bank Loan）

预期成本分析法（Analytical Method of Estimated Cost）

预期汇率分析法（Analytical Method of Estimated Exchange Rate）

标准离差分析法（Analytical Method of Standard Deviation）

临界点分析法（Analytical Method of Critical Point）

2015年8月11日，人民币首度出现汇率中间价单日下跌1.9%的巨大跌幅。人民币突然贬值引发全球市场聚焦。

“很明显，这是为了应对美联储加息，以及此后的美元进一步走强，”高盛首席外汇策略师罗宾·布鲁克斯在给客户的报告中写道，“在美联储升息前，中国决策者们希望提前掌握一定的灵活余地，这种做法不无道理，尤其是在人民币对美元汇率最近数月几乎没有大的波动的情况下。”

布鲁克斯指出，今年1月，因预期欧洲央行将采取量化宽松措施，瑞士取消了对瑞士法郎兑换欧元的汇率限制。虽然人民币的这一举动与之类似，但布鲁克斯认为，中国央行并未打算显著贬低人民币。

“我们倾向认为，这一举动与其说是开启了一个大的贬值周期，更像是为了获得灵活性的策略。”布鲁克斯总结道。

第一节　国际贷款融资的来源

一、国际贷款融资的渠道

国际贷款融资渠道可以分为外国政府贷款、国际金融组织贷款、国际商业银行贷款等。此外，企业还可以从外国企业获得贷款。

外国政府贷款是指一国政府利用财政资金向另一国政府提供的优惠性贷款。这种贷款通常依据国家间的双边协定或国际间双边关系而提供，具有贷款期限长、利率低、附加费用少等优惠性质，其用途多限于符合双边协定或双方经贸关系的重要项目。如我国曾于解放初期，使用原苏联提供的 74 亿旧卢布（约 15 亿美元）、年利率为 2.5%的长期贷款，用于第一个五年计划重点建设项目。

国际金融组织贷款主要通过国际金融机构办理贷款事宜。国际金融组织可分为全球性国际金融组织和地区性国际金融组织。前者主要有国际货币基金组织（IMF）和世界银行集团，后者包括亚洲开发银行、非洲开发银行、泛美开发银行、欧洲投资银行、国际投资银行、亚洲基础设施投资银行等。

国际商业银行贷款，是指一国的商业银行作为贷款人以协议方式向其他国家的借款人提供的商业贷款。国际商业银行贷款的贷款人往往是一国的大商业银行或大型跨国银行，借款人可以是各国的银行、企业、政府机构、国际机构等。国际商业银行贷款资金主要来源于商业银行业务，其贷款利率多以国际金融市场利率为基础。由于国际商业银行贷款的手续相对简便，其资金使用不附带商业条款以外的限制条件和附加条件，其贷款条件又依据市场原则随行就市，因此，企业从国际商业银行取得贷款是境外融资的一个主要渠道。

二、国际商业银行贷款的种类

（一）国际商业银行短期贷款

国际商业银行短期贷款是指借款期限在 1 年以内的信贷。国际商业银行短期贷款按当事人来分有两种情况。

1. 银行与银行间的信贷

这种信贷叫做银行同业拆放（Inter Bank Offer），是一种银行间的批发业务，它在整个短期信贷中占主导地位。

2. 银行对非银行客户（企业、政府机构等）的信贷

这种信贷不占主要地位，但银行相互之间贷款，最终还是要变成对非银行客户的贷款。

短期信贷用途不限,信贷手续简便,通过电话或电传就可以达成交易。借贷双方一般不用签订抵押贷款协议。但借款人的资信状况对信贷条件如贷款金额、期限、利率等有一定的影响。

(二) 国际商业银行中长期贷款

国际商业银行中长期贷款是指借款期限在1年以上的信贷。1年以上至5年的为中期贷款,5年以上的为长期贷款。由于中长期贷款的期限长、金额大,因而风险大,借贷双方需签订贷款协议。

国际商业银行中长期贷款的方式有独家贷款、联合贷款和银团贷款等多种。

1. 独家贷款

独家贷款也叫双边贷款,是指一家境外银行向某国境内金融机构或企业提供的贷款。每笔贷款金额为几千万美元,最多为1亿美元。这种贷款的优点是灵活方便,贷款利息略低,而且由一家银行提供贷款可以减少管理费用,降低贷款成本。

2. 联合贷款

联合贷款是指由一家或数家外国银行联合对某一项目提供的贷款。其贷款金额一般小于银团贷款。

3. 银团贷款

银团贷款也叫辛迪加贷款,是指由一家或几家银行牵头,由不同国家银行参加,联合向借款者共同提供巨额资金的一种贷款方式,具有融资量大、风险小的优点。

第一,银团贷款的产生。银团贷款是根据独家贷款的客观需要发展起来的。它的产生原因是:20世纪60年末期,国际间发生了债务危机,一些商业银行贷款不能如期收回,影响了继续贷款的能力。由于贷款风险加大,商业银行不敢大胆贷款,各国政府为安全起见,规定了本国银行对外国贷款金额的限制,如瑞士规定对外国贷款金额超过1 000万瑞士法郎须经中央银行批准,于是商业银行独家提供巨额贷款就很困难。当时欧洲货币市场首先冲破了传统习惯约束,各银行联合起来,共同对一个项目进行贷款,彼此合作,加强调研,既增加了资金的供应能力,又分散了贷款风险,银团贷款应运而生,并在20世纪70年代迅速发展。目前在欧洲货币市场上,银团贷款大约占银行向非银行贷款的一半。

第二,银团贷款的组织。组织银团贷款一般要经过三级银行:牵头银行、代理银行和参与银行。牵头银行接受借款人的委托,负责组成银团、提供贷款、代表银团与借款人商定贷款协议等。代理银行是贷款银团的代表,可由牵头银行担任,或由银团指定一家成员担任,负责在整个贷款期内监督管理该项贷款的所有具体工作。参与银行,即提供一部分贷款的银行。参与银行一般都是与牵头银行有过良好合作关系的银行。

对于较小规模的贷款,参与银行少,银团只需一个代理银行即可;对于较大规模的贷款,有一个牵头银行和一组共同的代理银行;对于大规模的贷款,往往组成一组共同地位的牵头银行,承保全部贷款金额。

第三，选择牵头银行的标准。借款者要根据自己的需要和习惯谨慎地选择牵头银行，选择的标准有几种：选择与自己有密切关系的银行；根据本身对信用的特殊需要，以及对大银行过去的记录进行挑选；轮流选择一些大银行，以便同国际银行界建立广泛的关系；邀请一些大银行进行投标，挑选合适的对象。

借款者选中牵头银行后，双方经过谈判，牵头银行取得借款者的筹资委托书后，便开始组织银行贷款集团，办理贷款事宜。

第四，国际银团贷款的特点。目前，国际银团贷款已成为国际中长期贷款的重要形式，其特点主要有：

首先，贷款金额巨大，期限较长。它的贷款金额从几亿美元到数十亿美元不等，贷款期限5～10年，甚至更长。

其次，贷款风险分散程度高。组成银团的银行可以是几家、十几家甚至几十家，它们按比例共同承担风险，共享利益，分散了贷款风险，也避免了同业竞争。

再次，不附带某种限制性条件。贷款可以同某一项目联系，也可以没有联系，借款人可以自由使用资金。

最后，筹资时间短，费用比较合理。银团贷款通常在利息之外还要负担各种费用，但因银团贷款速度快、金额巨大，单位资金费用负担相对较低。另外银团贷款在宽限期内，借款人可以按工程的进度编制用款计划，随用随支，这正适合大型项目资金周转的特点。

小知识

宽限期、提款期、还款期

中长期信贷贷款期限由三部分组成：宽限期、提款期和还款期。

宽限期即借款人只提用贷款，利息照付，而无须还本的时间。例如，项目的建设期。一般情况下，建设期只有资金的支付，而没有收益，将建设期设定为宽限期，只付息不还本，会减轻借款人的负担，宽限期长短可以依据建设期长短而定。

提款期即借款人的使用期。在提款期内，借款人可以一次性提取，也可以分次提取；可以任意提款，也可以按规定提款。提款期满未提的余额自动注销。有宽限期的贷款，提款期可以就是宽限期，也可以在宽限期内另行规定。

还款期也称偿还期，是指自还款日开始至归还完全部本息为止的期间。一般宽限期结束即开始还款，如无宽限期则在提款期结束后开始还款，一般是每半年归还一次。

我国的中国银行于20世纪80年代初开办银团贷款，作为牵头银行和代理银行，组织多家外国银行参加银团，先后向北京香格里拉饭店、中国国际贸易中心、上海商城、深圳赛格、南京华飞彩管、广州乙烯、珠江电厂、攀枝花钢铁公司和长春一汽大众等许多建设和技术改造项目提供外汇贷款，这些项目完成后，都获得了显著的经济效益，及时偿还了贷款本息，赢得了良好的国际信誉。

三、国际商业银行贷款的利率

国际商业银行的利率因贷款市场、期限、货币种类等不同而有所差别。欧洲货币市场是世界上最主要的国际金融市场，因而下面主要介绍欧洲货币市场的银行贷款利率。

（一）存款利率高于国内，贷款利率低于国内

欧洲货币市场存贷款不受存贷款货币所属国家的法律约束，接受欧洲货币存款的银行不需向中央银行转存一定比例的准备金，因而银行可以把更大部分的欧洲货币存款用于贷款，以获得较多的利息收入。欧洲货币银行存贷利率也不受货币发行国家国内利率的限制。银行为了增加欧洲货币存贷款数额，增加收益，一般情况下其存款利率要比同一货币国内银行存款利率高，贷款利率要比同一货币国内银行贷款利率低。例如，伦敦银行美元存款利率 5.6%，美国国内银行美元存款利率 5.4%；伦敦银行美元贷款利率 6.5%，美国国内银行美元贷款利率 6.8%。

（二）伦敦同业拆放利率

欧洲货币市场是自由市场，利率受市场供求关系的影响。欧洲货币市场最主要的市场利率是“伦敦同业拆放利率”（LIBOR），它是衡量贷款银行供应资金的成本尺度，很多银行以 LIBOR 作为向客户贷款时的报价基础。LIBOR 不是固定利率，各个银行报出的 LIBOR 水平不同，主要取决于银行对筹集资金成本的判断。例如，6 个月 5 亿美元的 LIBOR 和 6 个月 5 百万美元的 LIBOR 不同，因为银行认为筹集这两笔资金的成本不同。LIBOR 是欧洲货币市场浮动利率贷款的基础。

小知识

国际信贷市场常用参考利率如表 8-1 所示。

表 8-1

国际信贷市场常用参考利率

LIBOR	伦敦银行同业拆借利率	JLTR	日本长期优惠利率
BIBOR	巴林银行同业拆借利率	U. S. PR	美国优惠利率
BRIBOR	布鲁塞尔银行同业拆借利率	U. S. CDR	美国定期存单利率
LUXIBOR	卢森堡银行同业拆借利率	U. S. BAR	美国银行家承兑利率
MIBOR	马德里银行同业拆借利率	CPR	加拿大优惠利率
SIBOR	新加坡银行同业拆借利率	SHIBOR	中国银行间拆借利率

(三) 贷款利率的计算

欧洲货币市场贷款利率一般是以 LIBOR 为基础，再加上一个加息率(也叫利差)，即：

贷款利率＝LIBOR＋加息率

式中 LIBOR——银行筹措贷款资金的成本；
加息率——银行赚取的利润。

LIBOR 受多种因素影响经常变动，而加息率比较固定。伦敦同业拆放利率的确定有几种方法可供选择：

(1) 借贷双方以伦敦市场主要银行的报价协商确定。

(2) 把伦敦市场上两三家主要银行作为参考银行，以它们的同业拆放利率报价作为依据，计算出平均利率。

(3) 贷款银行本身是主要银行，参考另一家中立性的主要银行，计算两者利率报价的平均数。

(4) 由贷款银行来确定。

上述几种方法，一般认为前两种确定方法对借款者有利。

加息率的大小一般依贷款金额大小、期限长短、市场资金的供求情况，特别是借款国和借款者的资信条件不同而不同，它是判断借款人信誉的基础。加息率由银行根据上述因素予以一次性固定，一般高的可达 1%～2%，低的仅为 0.25%～0.75%。相对期限较短的贷款，在整个贷款期内用一个加息率。如果期限较长的贷款，在整个贷款期内采用分段加息率的办法，一般是后段的加息率要稍高于前段。

LIBOR 是市场利率，它受多种因素影响，贷款利率随 LIBOR 的变动而变动，因此欧洲货币市场贷款的利率是浮动利率，需定期调整，一般是每隔 3 个月或 6 个月调整一次。

举例如下：A 公司从国际银行贷款 200 万美元，期限 2 年，利率是 LIBOR＋0.375%，利率是 6 个月调整一次。贷款协议成立时，LIBOR＝6.0%，第一个 6 月的利率：6.0%＋0.375%＝6.375%。6 个月后 LIBOR 降到 5.8%，第二个 6 月的利率：5.8%＋0.375%＝6.175%。第 1 年年末，再确定下一个 6 月的新利率，第 18 个月月末，确定最后 6 个月的利率。

这种浮动利率的定价方法，结果使利率风险转嫁给借款者。如果在贷款期间利率上升，借款者需支付比预期更多的利息。如果利率下降，借款者将少支付利息，而贷款者不受任何影响。

四、国际商业银行贷款费用的计算

取得国际商业银行中长期信贷，除了按期支付利息外，还要支付各种费用。费用根据信贷资金供求状况、信贷期限、信贷金额而有所不同。一般是贷款期限越长，提供信贷的金额越大，费用越高。主要费用包括以下几部分。

（一）管理费

在银团贷款方式下，借款人需向贷款银行的牵头银行支付管理费，作为对贷款银行成功地组织这笔贷款的报酬。管理费按贷款总额的 0.5%～1.0%一次或分次付清。管理费主要由牵头银行收受，并把其中一部分按参与贷款银行的贷款额比例，分付给参与银行，其余部分作为贷款担保费。

小知识

商业银行同业拆借市场

商业银行同业拆借市场主要是银行间存、贷款的批发市场。同业拆借之所以会出现，是因为一些商业银行在某一时间可能出现资金结余，在另一时间则可能出现资金短缺。一位客户账户上的现金提取或转移，通常最终反映在不同银行的另一位客户账户上。即使商业银行系统内的货币总额保持稳定，但仍然存在银行间的资金流动，同业拆借市场将短期资金的供给者和需求者联系起来，其余资金被借出或进行投资，短缺资金由借款来补充。

如果商业银行不运用其结余资金，这笔资金就会滞留在商业银行按规定开设在央行的账户中，而这些账户中的资金是没有利息的。若借给其他银行，则可以获得利息收入，尽管同业拆借市场上的利率相对较低。

商业银行在央行的账户不允许有赤字，且根据政府规定必须保持一个最低的存款额。在任意一天出现资金短缺（或存款不足）的银行都必须筹款以弥补其资金缺口，其中一个资金来源就是同业拆借市场。

同业拆借市场中的借款是无担保的，因而存在借款行在借款到期时不能偿还本金和利息的风险。尽管应收或应付利率取决于交易本身及双方的协商，但对于信誉好的银行，利率较低；反之，则较高。市场规则使得那些具有较高信誉等级的中介银行，可以凭借高信誉以低利率借入短期资金，再以高利率向具有较低信用等级的银行贷出（相同期限的资金），以此赚取利润。

LIBOR 代表伦敦的银行同业拆借利率，它是伦敦银行同业拆借市场上主要基准利率，它可简单定义为：高信用等级的银行，贷款给类似银行所收取的利率。由于 LIBOR 的报价包括许多贷款期限，如 1 个月、2 个月、3 个月、6 个月、1 年等，因此在同一时间有许多 LIBOR 报出。任何一个 LIBOR 在到期前都是固定的，如 3 个月 LIBOR 是 5.75%。

(二) 代理费

代理费属于协议签订以后发生的费用。它是借款人向银团中的代理银行支付的报酬。代理银行可以是贷款银团的牵头银行,也可不是,由另一家银行承担。代理银行负责与借款人进行日常的直接联系,在联系过程中发生的各种费用开支,如电话费、电报费、电传费、办公费等,均由借款人以交代理费的形式负担。其收费标准依贷款金额的大小和事务繁简程度而定,标准不一。这需借款人与贷款银团协商,商定后,每年按固定金额(最高可达 5 万～6 万美元)支付一次,直到贷款全部清偿。

(三) 杂费

杂费属于签订协议之前发生的费用,也是在银团贷款方式下才发生的费用。它是指借款人申请贷款与银团贷款牵头银行进行联系、协商、谈判,最后完成贷款协议所发生的各项费用,包括牵头银行的交通费、律师费、宴请费等,由牵头银行提出账单,借款者一次付清,收费标准不一,多者可达 10 万美元。

(四) 承担费

承担费是借款者对已申请到的贷款没有按期使用,致使贷款资金闲置而支付的带有赔偿性的费用。承担费按承担期内贷款未支用金额、实际未支用天数和承担费率计算,每季、每半年支付一次。承担费的费率一般为 0.125%～0.5%。承担费的具体做法是:在贷款协议中规定承担期(如某笔贷款期限 5 年,承担期半年),贷款协议签订后,银行就按协议准备了资金,在承担期内借款者可随时支用。承担期内已支用贷款开始计付利息,未支用贷款数额应计付承担费。承担期结束时,贷款未支用部分由银行注销,借款企业不能再支用。所以企业对申请贷款的数额要计算好,按期支用。

综上所述,可以看到在国际金融市场上要取得中长期贷款,费用支出比较高。它的成本包括较高的按市场利率计算的利息、附加利息和各种费用。所以当需要经过这个渠道融资时,一定要慎重地制定预算方案和还款计划。

五、国际商业银行贷款的偿还方法

国际商业银行中长期贷款的偿还方法一般有三种。

(一) 到期一次偿还

当贷款协议签订后,借款方按期分次支用,利息定期(一般半年为一个计息期)支付,贷款期满时,一次偿还本金。这一方式适用于贷款额较小、期限较短的中期贷款。

(二) 分次等额偿还

贷款协议签订时,规定一个宽限期,在宽限期内无需还本,只是每半年付息一次。宽限期满后定期还本并付息,每次还本金额相等。这一方式适用于贷款金额大、期限长的贷款。

（三）逐年分次等额偿还

每半年付息一次，并平均等额偿付本金，到贷款期满时，借款人已逐渐还清了本息。这一方式与第二种方式相类似，所不同的是无宽限期。

以上三种方法，第一种对借款人最为有利，第三种条件最为苛刻，偿债负担最重。一般来讲，取得中长期贷款以期限越长、价格越低、还款期越晚为最佳协议方案。如果企业一旦申请到第三种方式的贷款，作为财务管理者，在资金投入项目之前，一定要计算好现金的净流量和回收期，作好偿债计划，以便及时还本付息。

六、国际商业银行贷款的特点

（一）贷款资金使用比较自由

国际商业银行贷款一般不受银行的限制，即借款人可以将贷款用在任何国家的任何用途上，所以也被称为自由外汇贷款。

（二）贷款资金供应充足

在国际市场上，有大量的闲散资金可供运用，因此国际商业银行贷款资金充足，贷款不受资金规模的限制。如独家贷款提供的每笔额度可达几千万美元，银团贷款每笔额度可达5亿～10亿美元，且借款手续较为简便。

（三）贷款利率较高

贷款利率是以市场利率为基础，受市场供求的影响，随行就市。借款企业除了支付利息外还要支付其他费用，所以借款成本比较高。

（四）贷款期限相对较短

独家银行贷款一般为3～5年，银团贷款一般为5～10年。

需要说明的是，以上国际商业银行贷款的特点是相对于政府贷款、国际金融组织贷款等专项贷款而言的。以贷款期限为例，经济发展与合作组织（OECD）所属开发援助委员会对发展中国家提供的政府贷款平均期限为32年，世界银行项目贷款期限一般为15～20年，国际开发协会对最不发达的国家提供贷款最长达50年。但是这些贷款用于特定方向，具有专门用途，带有某种援助和互惠互利的性质。所以申请到这种贷款并非易事，手续复杂，时间长，而且用途受到限制，一般不适用于国际企业生产经营对资金的需求。

第二节　国际贷款融资成本测算和风险规避

一、国际贷款融资成本的测算

（一）决定国际贷款实际融资成本的因素

国际贷款融资成本是指国际企业从国外筹借资金所付出的代价，包括支付的利息、费用和外币折合差额等。外汇借款的成本与借款金额的百分比，就是国际贷款实际融资率。对国际贷款实际融资成本进行预测，是外汇借款筹资决策的需要。企业的实际融资成本只有低于企业资金利润率的时候，才会获得财务杠杆利益，提高企业经济效益。

在现实中，国际企业在国际金融市场上所借货币的币值很可能随借款人的本国货币变动而不断变化。影响企业实际融资成本的大小取决于以下因素：

(1) 贷款银行收取的利息率。

(2) 所借货币的币值在贷款期内的波动。

(3) 所得税税率的高低。

【例 8-1】 国内某企业按 5.6%的利率取得一笔期限为 1 年的 1 000 万港币。企业收到该笔贷款后将其兑换为人民币，以向供应商支付货款。当时的汇率是 1 港币＝0.7926 元人民币。如果汇率在整个贷款期内保持稳定，则该企业到期应偿还的贷款本利和是：1 000×(1＋5.6%)×0.7926＝836.986(万元人民币)，该笔贷款的实际利率是：(1 000×5.6%×0.7926)/(1 000×0.7926)＝5.6%。如果在归还贷款时港币汇率升至 1 港币＝0.8379 元人民币，则该企业到期应偿还的贷款本利和是：1 000×(1＋5.6%)×0.8379＝884.82(万元人民币)，该笔贷款的实际利率是：(884.82－1 000×0.7926)/(1 000×0.7926)＝11.64%。假如该企业已经考虑到港币的大幅升值，可能就不会借入港币了。

根据会计制度规定，短期借款的利息费用计入财务费用。长期借款的利息费用和外币折合差额，若与固定资产购建无关，计入财务费用。若与购建固定资产有关，在该固定资产达到可使用状态前，计入所购建固定资产的成本；在该固定资产达到可使用状态后，计入财务费用。若利息费用和外币折合差额计入财务费用，使企业税前利润减少，从而可少缴一部分所得税。假定[例 8-1]发生的利息费用允许税前扣除，该企业所得税税率为25%，若不考虑汇率，企业借款利息成本净支出＝1 000×5.6%×(1－25%)＝42(万港币)。

(二) 预测国际贷款实际融资成本的方法

国际贷款实际融资成本可按下列公式计算(若不考虑所得税因素)：

$$K=(1+i)\left[1+\left(\frac{S_1-S_0}{S_0}\right)\right]-1 \tag{1}$$

式中 K——实际融资率；

i——利率；

S_1——期末即期汇率；

S_0——期初即期汇率。

由于$\frac{S_1-S_0}{S_0}$反映的是外币即期汇率的变动百分比(若以 e 表示)，则上述公式可以改写如下：

$$K=(1+i)(1+e)-1 \tag{2}$$

仍以[例 8-1]为例，该笔贷款的实际融资利率可计算如下：

港币汇率变动百分比=(0.8379−0.7926)/0.7926=5.72%

实际融资利率 $K=(1+5.6\%)(1+5.72\%)-1=11.64\%$

计算结果与前面的计算结果相同。实际融资利率为正数，说明该企业实际归还贷款本利和的人民币金额要多于借入数。如果实际融资利率为负数，则意味着实际归还贷款本利和的人民币金额要少于借入数。因此，企业在选择借入何种外币时，不应只考虑外币的名义利率，还需预计其升值率或贬值率。

假定利息等费用可以在税前扣除，考虑所得税的影响后，公式(2)可改为：

$$K=[(1+i)(1+e)-1]\times(1-T) \tag{3}$$

式中　T——所得税税率。

仍以[例 8-1]为例，假定该企业所得税税率为 25%，该笔贷款的实际融资利率(税后)计算如下：

实际融资利率 $K=[(1+5.6\%)(1+5.72\%)-1]\times(1-25\%)=8.73\%$

二、国际贷款融资风险的规避

国际企业利用国际贷款筹集外汇资金，在一定条件下能够给企业带来财务杠杆利益，但也存在风险。其风险来源除项目建设风险、市场风险、生产技术风险，经营管理风险，以及政治风险或国家风险外，主要来自利率风险和汇率风险。国际企业运用多种外币组合融资，常常能够使融资成本降低，达到减少风险的目的。

(一) 多种货币组合融资的计算

假设国内某跨国公司需要借入一年期价值相当于 5 000 万元人民币的贷款，现有 3 种货币可供选择，有关利率资料如下：人民币利率为 7.25%；欧元利率为 3.5%；日元利率为 2.5%。

由于欧元和日元的贷款利率相对较低，该公司打算借入外币。根据所给资料，该公司有三种选择：一是只借入欧元；二是只借入日元；三是组合借入欧元和日元。为作出最优选择，可先制定欧元和日元从取得到归还的即期汇率可能变动百分比，然后根据公式(2)计算出各实际融资利率(见表 8-2)。

从表 8-2 中可看出，在贷款期内，欧元升值 1%的可能性是 35%。如果欧元升值 1%，其融资利率将是 4.54%。换句话说，实际融资利率为 4.54%的概率是 35%。同理，实际融资利率为 6.61%的概率是 50%，实际融资利率为 9.71%的概率是 15%。已知人民币贷款利率是 7.25%，那么，欧元融资成本比国内融资成本高的概率是 15%。

表 8-2

可能的实际融资利率的确定

币 种	贷款期内即期汇率可能变动百分比	即期汇率可能变动百分比的概率	以即期汇率可能变动百分比为基础计算的实际融资利率
欧元	1%	35%	(1+3.5%)×(1+1%)−1=4.54%
欧元	3%	50%	(1+3.5%)×(1+3%)−1=6.61%
欧元	6%	15%	(1+3.5%)×(1+6%)−1=9.71%
		100%	
日元	−1%	35%	(1+2.5%)×(1−1%)−1=1.48%
日元	2%	45%	(1+2.5%)×(1+2%)−1=4.55%
日元	5%	20%	(1+2.5%)×(1+5%)−1=7.63%
		100%	

从表 8-2 还可看出，日元融资成本高于国内融资成本的概率是 20%。

现测试第三种可能的对外融资策略——组合融资。在表 8-2 中欧元和日元的实际融资利率各有三种可能，如果该公司拟借入的欧元和日元各占其所需资金的一半，那么，综合实际融资利率将有九种可能性，如表 8-3 所示。

表 8-3

组合融资分析

可能的综合实际融资利率		综合概率的计算	组合融资的实际利率的计算
欧 元	日 元		
4.54%	1.48%	35%×35%=12.25%	4.54%×50%+1.48%×50%=3.01%
4.54%	4.55%	35%×45%=15.75%	4.54%×50%+4.55%×50%=4.55%
4.54%	7.63%	35%×20%=7%	4.54%×50%+7.63%×50%=6.09%
6.61%	1.48%	50%×35%=17.5%	6.61%×50%+1.48%×50%=4.05%
6.61%	4.55%	50%×45%=22.5%	6.61%×50%+4.55%×50%=5.58%
6.61%	7.63%	50%×20%=10%	6.61%×50%+7.63%×50%=7.12%
9.71%	1.48%	15%×35%=5.25%	9.71%×50%+1.48%×50%=5.60%
9.71%	4.55%	15%×45%=6.75%	9.71%×50%+4.55%×50%=7.13%
9.71%	7.63%	15%×20%=3%	9.71%×50%+7.63%×50%=8.67%
		100%	

从表 8-3 中可知，组合的实际融资利率为 3.01％的概率是 12.25％，实际融资利率为 4.55％的概率是 15.75％……实际融资利率为 8.67％的概率是 3％。表明组合融资（50％为欧元，50％为日元）的成本高于国内融资成本的可能性仅为 3％。

（二）多种货币组合融资效益

在现实中，当借入多种外币时，组合融资的实际融资利率高于国内利率的唯一条件是：这几种货币都出现了最大可能的升值，在上例中欧元为 6％，日元为 5％。如果某种货币发生这种变化，其大幅度的升值将多少会被其他没有如此大幅度升值的货币所抵销。在本例中，欧元最大升值的概率是 15％，日元为 20％。这两个事件同时发生的综合概率只有 3％（15％×20％），也就是说，该公司外币组合融资成本低于国内融资成本的概率高达 97％，这就是外币组合融资的一个优点。

需要说明的是，在本例中综合概率的计算是建立在这两种货币的变动是相互独立的假设基础上的。如果这两种货币的变动高度正相关，那么，组合融资就可能不会像所描述的那样有利。当然，这种概率较小。

第三节　国际贷款货币的选择

一、影响国际贷款货币选择的主要因素

在国际融资中，常常会涉及以什么货币作为面值货币的问题，如国际商业银行贷款所采用的货币就有三种：借款国货币、贷款国货币和第三国货币。在国际贷款融资中涉及的贷款货币的选择问题，是国际财务管理所遇到的一个特殊问题。由于各国之间的不同货币存在汇率风险，大幅度的汇率波动会使耗费很多成本得到的融资坐地损失其价值，会改变外币偿付流量的价值，会使可盈利的跨国公司的经营不能获利，结果影响到财务的稳定性。所以在融资决策中，当决定从哪些渠道筹集资金后，一定要正确选择面值货币，它是国际财务管理者的一个重要决策。

借款人在取得国际贷款，面临货币选择时，必须考虑货币软硬（汇率升降）和利率高低两个因素。如果顾此失彼，就可能发生错误，导致损失。

一般来说，借贷双方的利益是对立的。对于借款人来说取得借款时选用软货币较为有利，因为借款人能从软货币汇率下跌中得到好处，可以减轻债务负担。对于贷款银行来说，发放贷款时使用硬货币比较有利，因为贷款银行能从硬货币汇率的上升中得到好处，增加债权收入。因此在银行借贷中，如果使用软货币，贷款银行为了弥补软货币汇率下跌时发生的损失，就会提高贷款利率；如果使用硬货币，借款人为了预防硬货币汇率上升时发生的损失，就会要求降低贷款利率。在国际金融市场上，以软货币借贷的利率高，以硬货币借贷的利率低，两种货币借贷的利率有时相差很大。

【例 8-2】 国内某合资企业拟从银行取得一笔价值 500 000 美元的 1 年期外汇贷款，有美元和港元两种货币可供选择。年利率为：借美元 6%，借港元 4.5%，期满一次还本付息。借款时的汇率是：HK7.7588/$，¥6.1496/$，¥0.7926/HK。预测还款时的汇率是：HK7.7540/$，¥6.4971/$，¥0.8379/HK。企业可借 500 000 美元，或借3 879 400 港元（$500 000×HK7.7588/$），两者都折合人民币 3 074 800 元。

如果只从利率高低来看，显然借港元合算。但把汇率和利率两个因素结合起来考虑，借哪种货币比较合算，则必须进行以下计算方可得出结论：

若借美元，期满时本利和为：

$$500\ 000 \times (1 + 6\%) = 530\ 000 (\text{美元})$$

若借港元，期满时本利和为：

$$3\ 879\ 400 \times (1 + 4.5\%) = 4\ 053\ 973 (\text{港元})$$

将港元本利和折算为美元：

$$4\ 053\ 973 \div 7.7540 = 522\ 823 (\text{美元})$$

可见，在上述情况下借港元比较合算，比借美元可少支付 7 177 美元(530 000−522 823)。

若将美元和港元本利和都折算为人民币，则更能直接说明问题。

$$500\ 000 \times (1 + 6\%) \times 6.4971 = 3\ 443\ 463 (\text{元人民币})$$
$$3\ 879\ 400 \times (1 + 4.5\%) \times 0.8379 = 3\ 396\ 824 (\text{元人民币})$$

经过计算比较，在上述情况下借港元比较合算，因为借港元比借美元可少支付 46 639 元人民币(3 443 463−3 396 824)。

如果该企业确信还款时汇率预测是准确的，即可选择借港币。但事实上汇率预测往往不完全准确，因此在具体决策时，还须考虑汇率变动的各种可能性。

二、国际贷款货币选择的方法

在国际金融市场上汇率的波动受多种因素的影响，一般很难预测。这种难以预测的汇率波动就是汇率风险。那么，如何在这种不确定即风险条件下进行信贷货币的选择呢？下面介绍几种常用的方法。

（一）预期成本分析法

预期成本分析法是比较各种选择结果的数学期望值。这里期望值的经济含义是借款成本的未来值，即预期成本对不同借款的预期成本的比较，从中作出选择。

【例 8-3】 延续[例 8-2]，假定预测还款时美元和港币汇率波动的各种可能性及相应概率如表 8-4、8-5 第(1)栏和第(2)栏所示，则美元、港币的预期成本计算如表 8-4 和表8-5 所示。

表 8-4

借美元预期成本

预期汇率	概率	利息		借款本金（美元）	汇率变动	本金汇率折合差额	借款成本	预期成本
		美元	人民币					
(1)	(2)	(3)	(4)=(1)×(3)	(5)	(6)=(1)−6.1496	(7)=(5)×(6)	(8)=(4)+(7)	(9)=(2)×(8)
6.2600	30%	30 000	187 800	500 000	0.1104	55 200	243 000	72 900
6.4935	40%	30 000	194 805	500 000	0.3439	171 950	366 755	146 702
6.7200	20%	30 000	201 600	500 000	0.5704	285 200	486 800	97 360
6.9310	10%	30 000	207 930	500 000	0.7814	390 700	598 630	59 863
	100%							376 825

表 8-5

借港元预期成本

预期汇率	概率	利息		借款本金（港币）	汇率变动	本金汇率折合差额	借款成本	预期成本
		港币	人民币					
(1)	(2)	(3)	(4)=(1)×(3)	(5)	(6)=(1)−0.7926	(7)=(5)×(6)	(8)=(4)+(7)	(9)=(2)×(8)
0.8025	30%	174 573	140 095	3 879 400	0.0099	38 406	178 501	53 550
0.8383	40%	174 573	146 345	3 879 400	0.0457	177 289	323 633	129 453
0.8650	20%	174 573	151 006	3 879 400	0.0724	280 869	431 874	86 375
0.9056	10%	174 573	158 093	3 879 400	0.1130	438 372	596 466	59 647
	100%							329 025

通过上面对两种借款预期成本的计算，得出借美元的预期成本为 376 825 人民币，借港元的预期成本为 329 025 人民币。借港元的预期成本小于借美元的预期成本，所以应该选择借港元。

（二）预期汇率分析法

我们可以用另一种方法将以上的分析更简单化，这里期望值的经济含义是预期汇率。先计算出汇率的期望值，即预期汇率，然后在这一汇率水平下对两种借款方案进行评估，从中选择借款成本最低的货币融资方案。

【例 8-4】 承[例 8-3]，采用预期汇率分析法计算如下：

美元预期汇率：

1 美元 $= 6.26 \times 30\% + 6.4935 \times 40\% + 6.72 \times 20\% + 6.931 \times 10\% = 6.5125$(元人民币)

港币预期汇率：

1 港币 $= 0.8025 \times 30\% + 0.8383 \times 40\% + 0.865 \times 20\% + 0.9056 \times 10\%$

$= 0.83963$(元人民币)

借美元的预期成本 $= [500\ 000 \times (1 + 6\%)] \times 6.5125 - 500\ 000 \times 6.1496$

$= 376\ 825$(元人民币)

借港元预期成本 $= [3\ 879\ 400 \times (1 + 4.5\%)] \times 0.83963 - 3\ 879\ 400 \times 0.7926$

$= 329\ 025$(元人民币)

计算结果同样表明，借港币预期成本低于借美元预期成本，所以应借入港币。

（三）标准离差分析法

通过概率计算出的期望值，它代表了预期成本和预期汇率，是对将来可能产生的成本和汇率的最好假设。但这依然仅是一种可能性，实际成本和汇率可能高于或低于期望值。这种偏离期望值的幅度是对风险和可靠性的测量。我们可将这种偏离期望值的幅度数量化，计算标准离差。标准离差越小，说明偏离期望值的幅度越小，风险越小，越可靠。

【例 8-5】 仍以[例 8-2]为例，计算过程和结果见表 8-6 和表 8-7。

表 8-6

美元标准离差的计算

汇率(1)	概率(2)	(3)＝(1)×(2)	(4)＝(1)－6.5125	(5)＝(4)^2	(6)＝(2)×(5)
6.2600	30%	1.878	－0.2525	0.06376	0.0191
6.4935	40%	2.5974	－0.0190	0.000 36	0.0001
6.7200	20%	1.344	0.2075	0.04306	0.0086
6.9310	10%	0.6931	0.4185	0.17514	0.0175
合计	100%	6.5125			0.0454

$$标准离差 = \sqrt{0.0454} = 0.213$$

表 8-7

港元标准离差的计算

汇率(1)	概率(2)	(3)＝(1)×(2)	(4)＝(1)－0.83963	(5)＝(4)^2	(6)＝(2)×(5)
0.8025	30%	0.24075	－0.0371	0.00138	0.0004
0.8383	40%	0.33532	－0.0013	0.00000	0.0000
0.8650	20%	0.173	0.0254	0.00064	0.0001
0.9056	10%	0.09056	0.0660	0.00435	0.0004
合计	100%	0.83963			0.0010

$$标准离差为 = \sqrt{0.001} = 0.032$$

借港币的标准离差小于借美元的标准离差，因此借港币较为有利，风险较之借美元要小。

（四）临界点分析法

上述的方法都是根据预测的汇率、概率，将期末汇率的不确定性（风险）数量化，然后计算出预期成本进行比较决策。而临界点分析法则是指先求出临界点的汇率，即两种借款方案成本相等时的汇率，然后再作直观分析。

【例 8-6】 仍以[例 8-2]为例，采用临界点分析法计算如下：

先计算利率差异的影响：

[(1＋6％)－(1＋4.5％)]/(1＋6％)×100％＝1.415％

再计算临界点汇率：

7.7588×(1－1.415％)＝7.6490

计算结果表明：当还款时汇率为 1 美元＝7.6490 港币时，借美元和借港币的成本是相等的；当 1 美元＜7.6490 港币时，借美元较合算；当 1 美元＞7.6490 港币时借港币较合算。

上面计算临界点汇率时，只涉及美元与港币一个汇率，如果计算临界点汇率时，涉及美元与人民币和港币与人民币两个汇率，就要设定其中的一个汇率，即：

当还款时，1 美元＝6.4971 元人民币，则临界点汇率为：

[500 000×(1＋6％)×6.4971]/[3 879 400×(1＋4.5％)]＝0.8494

当还款时，1 港币＝0.8379 元人民币，则临界点汇率为：

[3 879 400×(1＋4.5％)×0.8379]/[500 000×(1＋6％)]＝6.4091

以上计算说明，当 1 美元＝6.1496 元人民币，以及 1 港币＝0.8494 元人民币时，借美元和借港币的成本相等；当 1 美元＝6.4091 元人民币，以及 1 港币＝0.8379 元人民币时，借美元和借港币的成本相等。具体数据见表 8-8 所示。

表 8-8

临界点汇率分析

预期汇率	利息		借款本金（美元或港币）	汇率变动	本金汇率折合差额	借款成本
	港币	人民币				
(1)	(2)	(3)－(1)×2	(4)	(5)	(6)＝(4)×(5)	(7)＝(3)＋(6)
6.4971	30 000 美元	194 913	500 000	6.4971－6.1496＝0.3475	173 750	36 8663
0.8494	174 573	148 282	3 879 400	0.8494－0.7926＝0.0568	220 350	368 632
6.4091	30 000 美元	192 273	500 000	6.4091－6.1496＝0.2595	129 750	322 023
0.8379	174 573	146 275	3 879 400	0.8379－0.7926＝0.0453	175 737	322 012

说明：借款成本产生尾差的原因是计算汇率时四舍五入所致。

最后，应该指出的是，在进行国际贷款货币选择时，如果只考虑借款一个方面的问题，可以用上述方法。但是企业在实际生产经营活动中，可能面临的是因各种各样的经济活动所引起的不同货币的流入和流出，情况是很复杂的。所以在进行货币选择时，需要把这些问题综合起来进行分析，以利做出最佳决策。

本章小结

国际贷款融资的渠道可以分为外国政府贷款、国际金融组织贷款、国际商业银行贷款等。其中国际商业银行贷款是国际企业的主要筹资方式。国际商业银行中长期贷款的方式主要有独家银行贷款、联合贷款和银团贷款。其中银团贷款具有金额大、期限长、风险小等特点。贷款银行收取的利息率、所借货币的币值在贷款期内的波动以及所得税税率的高低会影响国际贷款融资成本的大小。企业的实际融资成本只有低于企业资金利润率的时候，才会获得财务杠杆利益，提高企业经济效益。在国际金融市场中汇率的波动受多种因素的影响，因此在贷款融资中应采用一定的方法选择贷款货币，降低汇率风险。

复习思考题

1. 国际商业银行贷款有哪些特点？可分为哪些种类？
2. 什么是国际银团贷款？企业取得这种贷款需支付哪些费用？
3. 多种外币组合融资有什么好处？
4. 哪些因素会影响国际贷款融资成本？
5. 国际贷款货币选择的方法有哪些？

练　习　题

1. 某跨国公司 2016 年 4 月 10 日签订某一贷款协议，贷款额 10 000 万美元，期限 5 年，承担期为半年（到 10 月 10 日止），并规定从贷款协议签订日 1 个月后（即 5 月 10 日起）收取承担费，承担费率（年率）为 0.25%。请填写表 8-9 中的有关数据，计算借款人实际支用贷款情况和应付承担费。

表 8-9

借款人实际支用贷款情况和应付承担费计算表

日期		支用金额（万元）	未支用金额（万元）	应计算承担费用时间		承担费率（日率）	承担费金额（万元）
月	日			起讫	天数		
		(1)	(2)	(3)	(4)	(5)	(6)
4	15	2 000					
5	5	4 000					
6	12	1 000					
8	8	1 000					
10	10	1 200					
合计							

2. 一家日本公司准备筹借 5 800 万日元用于下一年度经营，一日本银行愿意提供年利率为 3%的贷款，而一家美国银行愿意提供年利率为 2%的美元贷款，目前的即期利率为：1 美元=116 日元，该公司对美元远期汇率的预测结果如表 8-10 所示。

表 8-10

对美元远期汇率的预测结果

预期汇率¥/$	概率
112	10%
116	40%
120	30%
122	20%

$$112 \times 10\% = 116 \times 40\% + 120 \times 30\% + 122 \times 20\% = 112.512$$

要求：

(1) 试分析日元与美元贷款的平衡点汇率。

(2) 试用成本分析法做出选择哪种货币贷款的决策。

(3) 试用标准差分析法做出选择哪种货币贷款的决策。

(4) 若借款到期时，该公司有 40 万美元贷款收回，应选择哪种货币贷款？

3. 巴西联邦共和国通过大型国际银团贷款于 20 世纪 70 年代晚期和 80 年代早期大规模举债。1980 年代时巴西政府借款如此之频繁，以至于“巴西定价”已成为许多银团贷款的标准：

本金	US$ 500 000 000
到期	8 年
基准利率	LIBOR
幅度	2.5%
银团贷款费用	1.5%

(1) 此银团贷款的实际贷款额为多少？

(2) 如果第 1 年市场 LIBOR 利率为 8%，第 1 年的实际资金成本(百分数)是多少？

4. 假设南方公司需要借入 1 年期价值相当于 5 000 万元人民币的贷款，现有三种货币可供选择，有关利率资料如下：人民币利率 7.25%；欧元利率 3.5%；日元利率 2.5%。该公司有三种选择：一是只借入欧元；二是只借入日元；三是组合借入欧元和日元(拟借入的欧元和日元各占其所需资金的 50%)。

要求：填写表 8-11 和表 8-12 中的相关数据，并回答：

(1) 欧元融资成本比国内融资成本高的概率是多少？

(2) 日元融资成本比国内融资成本高的概率是多少？

(3) 组合融资(50%为欧元，50%为日元)的成本高于国内融资成本的概率是多少？

表 8-11

可能的实际融资利率的确定

币　种	贷款期内即期汇率可能变动百分比	即期汇率可能变动百分比的概率	以即期汇率可能变动百分比为基础计算的实际融资利率
欧元	1%	35%	
欧元	3%	50%	
欧元	6%	15%	
		100%	
日元	−1%	35%	
日元	2%	45%	
日元	5%	20%	
		100%	

表 8-12

组合融资分析

可能的综合实际融资利率		综合概率的计算	组合融资的实际利率的计算
欧　元	日　元		
		100%	

案 例 分 析

亚投行:中国和世界的共赢

亚洲基础设施投资银行2016年1月16日在北京正式开业。亚投行开业有助于打通区域乃至全球经济发展的“路障”,也将推进国际经济治理体系改革完善。在全球需求不足的背景下,亚投行的成立有助于扩大总需求促进全球经济复苏,因此,这是中国与世界的共赢。

有助于增加总需求。

亚投行是首个由中国倡导成立的多边开发金融机构,旨在重点推进亚洲区域的基础设施及互联互通建设。该银行总部位于北京,法定注册资本1 000亿美元。根据工作计划,亚投行将于2016年二季度为首批基建项目提供融资支持,预计今年放贷15亿至20亿美元,预计此后5至6年内每年放贷额达到100亿至150亿美元。

亚投行开业后,将利好区域内新兴经济体和发展中国家,进而为区域乃至全球注入暖流。2008年金融危机以来,全球经济陷入低谷,过去10年间曾扮演全球经济增长引擎的新兴经济体也渐显疲态,增速不断下滑。诺贝尔经济奖得主、哥伦比亚教授约瑟夫·斯蒂格利茨认为目前主要是全球需求不足,他预测2016年全球经济将和过去一年一样糟糕。

斯蒂格利茨认为解决这个问题要增加需求,这方面其实潜力很大。新兴经济体一大问题就是基础设施薄弱。在亚洲,不少国家目前铁路、公路、港口、电力还远远不能满足需求,不仅导致自身贸易和投资潜力无法充分发挥,也阻碍了区域经济合作。

而亚投行成立初期的重点融资领域，正是道路、桥梁、港口等交通领域，电网、油气管道等能源领域，以及市政、农业农村、仓储物流等。这些都切中新兴经济体和发展中国家的“痛点”，有利于改善其投资环境，增加就业，提升发展能力。

这些国家并非不想搞基础设施，最大的问题在于缺钱，亚投行开业后将与全球多边开发机构形成合力，提高亚洲基础设施和互联互通水平，对区域和全球经济发展都具有积极意义。成立亚投行有助于增加总需求，有助于全球经济恢复。

全球经济复苏有利中国。

亚投行开业后，中国作为第一大股东将扮演怎样的角色备受关注。中国是亚投行第一大股东，目前，中国的股本金占亚投行总股本金的30.34%，中国的首笔11.91亿美元股本金已缴付到位。而且，中国国家主席习近平在开业仪式上表示，中国作为亚投行倡议方，将坚定不移支持其运营和发展。除按期缴纳本金之外，还将向银行即将设立的项目准备特别基金出资5 000万美元，用于支持欠发达成员国开展基础设施项目准备。

虽然中国有资格获得亚投行的贷款项目支持，但考虑到本地区基础设施发展需求更加迫切的国家较多，因此亚投行成立初期，中方将暂不考虑申请亚投行资金支持。因此，成立亚投行并不是为了中国，而是为了促进亚洲和全球经济的发展。

中国经济发展是与全球经济融为一体的，目前中国经济增速的下降一大原因是出口下降，这与全球需求不足有关，因此，中国倡导成立亚投行支持亚洲基础设施建设，从而带动全球需求增长，不仅有利于全球经济复苏，也有利于中国经济发展。

因此，成立亚投行是中国与世界的共赢。

资料来源：新民晚报 2016.1.18

第九章　国际证券融资

【本章学习目标】

通过本章学习，了解国际证券市场的功能、类别和发行程序；了解影响国际股票发行价格的因素；了解国际债券的评级；熟悉国际股票融资的上市方式和国际债券的发行条件；掌握国际债券的类别和特征；掌握负债调换的类型和方法。

【本章关键词】

证券市场(Security Market)
公募发行(Public Placement)
私募发行(Private Placement)
封闭式基金(Close-end Fund)
开放式基金(Open-end Fund)
欧洲债券(European Bond)
外国债券(Cross Border Bond)
全球债券(Global Bond)
负债调换(Debt Swap)
货币调换(Currency Swap)
利率调换(Interest Rate Swap)
存托凭证(Depository Receipt,DR)

巴菲特选择上市公司的要素之一是并不关心某一年的经营业绩，而是看重4～5年的平均数字。他强调下面的准则：

(1) 集中于资本收益率，而不是每股收益。由于大多数公司都用上一年度盈利的一部分来增加权益资本，因此没有理由对每股收益感兴趣。如果一家公司在每股收益增长10%的同时，也将权益资本增加了10%，那就没有任何意义。最重要的指标是已投入的权益资本的收益状况，而不是每股收益。

(2) 计算股东收益。股东收益是巴菲特自己创立的指标。是公司利润＋折旧＋摊销－资本性支出－其他需要增加的营运资本。尽管不能为价值分析提供精确值，但他引用凯恩斯的话来说："宁可接受模糊的真理，也不要精确的错误"。股东权益对于分析公司抵御通货膨胀的能力是有用的。

(3) 寻找经营利润高的公司股票。该指标主要是反映公司获利的能力。而削减成本是提高获利水平的一个非常重要的方面。巴菲特自己的 Berkshire Hathaway 公司的费用开支仅为经营利润的1%。而同样获利能力的公司的该比率为10%左右。

(4) 对每1元的留存收益，确认公司已经产生出至少1元的市场价值，巴菲特的快速测试中，有一个重要的指标，即公司股票市值增量应该至少不低于留存收益的数额。

资料来源：财富赢家 2011.3.29

第一节　国际证券市场

证券市场是股票、债券、投资基金等有价证券发行和交易的场所。证券市场是社会化大生产和商品经济发展到一定阶段的产物。

一、证券市场的地位与功能

（一）证券市场在金融市场体系中的地位

金融市场是资金融通市场。证券市场在整个金融市场体系中具有非常重要的地位，是现代金融体系的重要组成部分。

从金融市场的功能看，证券市场通过证券信用的方式融通资金，通过证券的买卖活动引导资金流动，促进资源配置的优化，推动经济增长，提高经济效益。

从金融市场的运行看，金融市场体系的其他组成部分都与证券市场密切相关。

(1) 证券市场与货币市场关系密切。证券市场是货币市场上的资金需求者。证券发行通常要由证券经营机构垫款，垫款所需要的资金通常依赖于货币市场的资金供给。当证券市场上买卖兴旺、证券价格上涨时，又需要更多的资金来补助交易的完成，引起货币市场上的资金需求增长、利率上升。

(2) 长期信贷的资金来源依赖于证券市场。在资本市场内部，长期信贷市场的发展也必然依赖证券市场。作为金融机构的长期信贷资金，在很大程度上通过证券市场来筹集的，如金融机构通过证券市场发行股票筹集资本金、通过证券市场发行金融债券筹集信贷资金等。

(3) 任何金融机构的业务都直接或间接与证券市场相关。在现实中，任何金融机构的业务都直接或间接与证券市场相关，而且证券金融机构与非证券金融机构有很多交叉业务。

（二）证券市场的基本功能

1. 筹资功能

证券市场的筹资功能是指证券市场上为资金需求者筹集资金的功能。这一功能的另一作用是为资金供给者提供投资对象。在证券市场上交易的任何证券，既是筹资的工具，也是投资的工具。在经济运行过程中，既有资金盈余者，又有资金短缺者。资金盈余者为了使自己的资金价值增值，就必须寻找投资对象。在证券市场上，资金盈余者可以通过买入证券而实现投资；而资金短缺者为了发展自己的业务，就要向社会寻找资金。为了筹集资金，资金短缺者就可以通过发行各种证券来达到筹资的目的。

2. 资本定价

证券市场的第二个基本功能就是为资本定价。证券是资本的存在形式，所以，证券的价格实际上是证券所代表的资本的价格。证券的价格是证券市场上证券供求双方共同作用的结果。证券市场的运行形成了证券需求者和证券供给者的竞争关系，这种竞争的结果是：能产生高投资回报的资本，其市场的需求就大，其相应的证券价格就高；反之，证券的价格就低。因此，证券市场是资本的合理定价机制。

3. 资本配置

证券市场的资本配置功能是指通过证券价格引导资本的流动而实现资本的合理配置的功能。在证券市场上，证券价格的高低是由该证券所能提供的预期报酬率的高低来决定的。证券价格的高低实际上是该证券筹资能力的反映。而能提供高报酬率的证券一般来自于那些经营好、发展潜力巨大的企业，或者是来自于新兴行业的企业。这些证券的预期报酬率高，因而其市场价格也就相应高，从而其筹资能力就强。这样，证券市场就引导资本流向能产生高报酬率的企业或行业，从而使资本产生尽可能高的效率，进而实现资本的合理配置。

二、证券市场的分类

证券市场可以从不同的角度，依据不同的标准进行分类。

（一）按市场职能可以分为证券发行市场和证券流通市场

1. 证券发行市场

证券发行市场又称一级市场或初级市场，是发行者为筹集资金向外界及社会公众发行证券的市场，它由发行者（筹资者）、承销商和投资者组成。承销商是在证券市场上协助发行者发行证券或者为发行者寻找投资者的中介机构。如在美国，公司发行的证券大部分都是通过承销商销售的，承销商以投资银行（如第一波士顿投资银行、摩根·斯坦利投资银行、所罗门兄弟公司等）为主。美国投资银行的首要职能是承包和推销公司证券，此外还从事企业兼并、收购、基金管理和风险投资等业务。

2. 证券流通市场

证券流通市场又称二级市场或次级市场，是已发行的证券通过买卖交易实现流通转让的场所。证券流通市场一般由两个子市场构成：一是场内交易市场，是指由证券交易所组织的集中交易市场，有固定的交易场所和固定的交易时间，是最重要的证券流通市场；二是场外交易市场又称柜台交易，是指在证券交易所外由证券买卖双方当面议价成交的市场，它没有固定的场所，其交易主要利用电话进行，凡不在证券交易所上市的证券可申请在场外进行交易。

（二）按证券的性质可以分为股票市场、债券市场和基金市场

1. 股票市场

股票市场是股票发行和买卖交易的场所。股票市场的发行人为股份有限公司。股份有限公司通过发行股票募集公司的股本，或是在公司营运过程中通过发行股票扩大公司

的股本。股份公司在股票市场上筹集的资金是公司长期稳定的自有资本。股票市场交易的对象是股票,股票的市场价格除了与股份公司的经营状况和盈利水平有关外,还受到诸如政治、社会、经济等多方面因素的综合影响。因此,股票价格经常处于波动之中。

2. 债券市场

债券市场是债券发行和买卖交易的场所。债券发行人有中央政府、地方政府、金融机构或企业。债券发行人通过发行债券筹集的资金一般都有期限,债券到期时债务人必须按时归还本金并支付约定的利息。债券是债权凭证,债券持有者与债券发行人之间是债权债务关系。债券市场交易的对象是债券。债券因有固定的票面利率和期限,其市场价格相对股票价格而言比较稳定。

3. 基金市场

基金市场是基金证券发行和流通的场所。基金按流通方式不同可分为封闭式基金和开放式基金。封闭式基金在证券交易所挂牌交易,其价格随股市行情而波动;开放式基金是通过投资者向基金管理公司申购和赎回以实现流通的,其价格与基金的净资产基本等同。

三、证券的发行方式

证券的发行方式一般按以下标准进行分类。

(一) 按是否经过中介机构可以分为直接发行和间接发行

1. 直接发行

直接发行是指证券的发行者不委托中介机构承销,而由自己直接向投资者推销出售证券。这种方式适用于信誉极高的大企业和网点分布很广的金融机构。

2. 间接发行

间接发行是指证券发行者通过承销商向投资者推销证券。这是当今世界各国最广泛采用的方法,因为专门的证券发行机构不仅具备广泛的发行网点和全面的信息,而且拥有熟悉证券知识的专业人员。当然,间接发行较之直接发行加大了发行成本,但可以扩大证券发行对象和范围,使证券发行更加迅速、可靠。

(二) 按是否向社会公开发行可以分为公募发行和私募发行

1. 公募发行

公募发行是指证券发行者向非指定的广大投资者公开出售证券的方式。采用这种方式,证券发行者必须按有关法律的规定,向证券管理机构注册登记,办理证券发行的审核手续,并须在公开说明书上如实披露公司的有关资料。公开发行是证券上市前必经的一种发行程序,证券公开发行后,发行者可以申请上市,也可以不申请上市。在公募发行时,证券发行者一般都要请专门的证券机构代为向广大投资者出售证券。

公募发行方式的优点:一是这种发行方式是以众多的投资者为发行对象,筹资潜力大，因此发行公司不需要向投资者提供特殊的优厚条件；二是公募发行后一般可立即上市转让。

2. 私募发行

私募发行是指证券发行者对少数特定的投资者出售证券的方式。这里的投资者是一些机构投资者，如进行金融性投资的综合财团、投资银行、信托投资公司和各种基金等。与公募发行相比，私募发行的价位较低。根据国际经验，同一家公司在同一时间，私募发行的价格要比公募发行的价格低二至四成。

私募发行的优点：一是发行手续比较简单，可以节省发行时间和费用，不必公开公司的有关资料；二是发行条件可以根据发行公司和投资者需要随时修订，从而避免复杂化法律条款的限制。近年来，这种发行方式越来越受到一些发行公司的欢迎。

四、国际证券交易的主要市场

世界上证券交易的主要市场，17 世纪是荷兰的阿姆斯特丹，18～19 世纪是伦敦，20 世纪是伦敦和纽约并重。20 世纪 80 年代日本东京证券交易所发展成为世界最大的证券市场之一，它与纽约证券交易所、伦敦证券交易所形成鼎足之势，并与香港联合证券交易所、新加坡证券交易所构成一个昼夜不停的全球性证券交易运作体系。根据 1997 年 9 月的资料，以上市公司的股票市值计算，世界前十大证券交易所依次是：纽约证券交易所、东京证券交易所、日本大阪证券交易所、美国芝加哥证券交易所、伦敦证券交易所、美国纳斯达克证券交易所、法兰克福证券交易所、巴黎证券交易所、加拿大多伦多证券交易所和香港联合证券交易所。

下面简要介绍美国的纳斯达克证券交易所。

（一）纳斯达克的含义

美国的柜台市场由分散在全国各地的证券公司的交易柜台所组成。20 世纪 70 年代以前，由于柜台交易非常分散，这些交易的行情是用电话通知全国报价局用印刷品公布的，不便于投资者及时掌握时刻变动的市场行情。为了解决柜台交易市场中信息不灵和价格不透明等问题，1971 年美国利用电子计算机系统建立了一个全国证券交易商协会自动报价系统，其英文全称为“The National Association of Securities Dealers Automated Quotations System”，缩写为“NASDAQ”，中国直译为纳斯达克。纳斯达克的诞生使柜台市场业务发生了根本性变革，它彻底改变了以前完全依靠电话报价的做法，通过计算机网络把全国所有的自营商连接在一起，及时提供准确的行市，形成了全球第一家电子化证券市场。纳斯达克是美国发展最快的证券市场，目前已成为纽约交易所之外全球第二大股票交易所，为世界各国的投资者服务。目前，纳斯达克在世界各地一共装置了 40 多万台计算机终端，向美国及世界各个角落的交易商传递 5 000 多种证券的全面报价和最新交易信息。

（二）纳斯达克的特点

与纽约证券交易所等传统交易所相比，纳斯达克交易所具有许多鲜明的特点。

1. 利用现代信息技术建立电子交易系统

纳斯达克利用现代信息技术建立电子交易系统，增加了交易的透明度，创造了更加公平的竞争环境，现已成为全球最大的无形交易市场。

由于利用电子交易，比传统的股票市场运作成本低，自1971年创建以来，促进美国的股票交易费用大幅降低。相对低廉的上市费用，也促使美国资本市场的流动性显著增强，全球金融霸主的地位更加稳固。

2. 股票上市标准较低

企业要在纳斯达克上市，首先要满足上市财务规定，其次要满足公司管理标准，最后要满足维持上市的条件。在纳斯达克股票上市的标准低于纽约证券交易所等传统交易所，为高风险、高成长性的企业提供了资本市场。纳斯达克全国市场无论对盈利公司（经营型公司），还是尚未获利但具有发展潜力的公司（发展型公司）均开放。在对上市公司的资产要求方面，纳斯达克全国市场净有形资产（总资产－总负债－商誉）最低要求为600万美元，小型市场400万美元，而纽约交易所为1亿美元；在盈利方面，在纳斯达克全国市场上市要求过去3年税前利润100万美元，未来销售和利润预测在25%以上，而小型市场几乎没有要求，而在纽约交易所上市则要求过去3年税前利润1亿美元，且要考虑未来利润。由此可以看出，纳斯达克市场具有良好的市场适应性，能适应不同种类、不同规模和处于不同发展阶段公司的上市要求。

3. 发展速度快

外国公司在纳斯达克发行股票的数量增加快。目前在纳斯达克市场上市的企业共有5 500家左右，其中在纳斯达克全国市场有3 900多家，在纳斯达克小型资本市场有1 400多家。像微软、英特尔、雅虎、苹果、戴尔、美国在线等著名的高科技企业均在纳斯达克上市。同时，外国著名企业丰田、爱立信、佳能等也在此上市。1999年中国的China.com成功地登陆纳斯达克。最为典型的是1986年在纳斯达克上市的微软公司，当时的资产只有200万美元，上市时的股价为15美分。到1999年7月，微软股价已超过100美元，市值已经达到5 000亿美元。由此可以看出，纳斯达克并非一般意义的二板市场，也并非清一色的高科技市场。可以把它理解为高成长性的中小型企业和外国企业提供的最佳上市场所。

在市场交易方面，纳斯达克的交易额以年平均超过100%的速度增长，1994年纳斯达克的交易量就超过了伦敦和东京证券交易所，成为纽约交易所之外，全球成交量最大的股票交易所。

纳斯达克的神速发展还在于其特有的做市商制度，它不仅成为纳斯达克的核心，也是其与其他股票市场的主要区别所在。所谓做市商（Market Maker）也就是“庄家制度”，是指一些独立的股票交易商为投资者承担某一种股票的买进或卖出，不必等买卖双方同时出现，只要一方同做市商交易即可。之所以采取做市商制度，在于在纳斯达克市场上市的大小型公司，特别是在小型资本市场上的110多家上市公司中，平均市值只有2 500万美元，平均股价只有3.15美元。如果只存在1个庄家，市场价格很容易被操纵。同时，许多上市公司初上市时缺乏名气，流通性差。为此，凡在纳斯达克上市的股票，必须有2个以上的"做市商"为其报价，规模较大的往往达到40～45家，平均有12家。

做市商制度帮助在纳斯达克上市的公司提高了知名度，提高了市场的流通性，保证了市场不间断的交易活动，对于市值较低、交易次数少的股票尤为重要。同时，更使得交易有很高的透明度。由于多个做市商参与，使得同一只股票的价格趋向一致，因而具有发现价格功能。而且，还造就了一大批机构投资者，增进了市场的稳定性。

第二节　国际股票融资

一、股票的概念和股票市场国际化

股票是股份公司筹集资本时发行的一种法律凭证，它是代表股份资本的所有权证书。股票按股东享有的权利可以分为普通股和优先股。

普通股票是最常见的一种股票，其持有者享有股东的基本权利和义务。普通股票的股利完全随公司盈利的高低而变化，普通股股东在公司盈利和剩余财产的分配顺序上列在债权人和优先股股东之后，故其承担的风险也相应较高。

优先股票是一种特殊股票，在它的股东权利和义务中附加了某些特殊条件。优先股票的股息率是固定的，其持有者的股东权利受到一定的限制，但在公司盈利和剩余财产的分配上比普通股股东享有优先权。

国际性的股票交易早在20世纪20年代就有一定的规模，以后伴随着跨国公司的发展而不断发展。到20世纪80年代初期，国际股票市场已基本形成。股票市场的国际化有以下三种形式：

(1) 公司在本国股票市场上发行股票并上市，吸引外国投资者买卖本公司股票，筹集外资。

(2) 公司到国外股票市场上去发行股票并上市，筹集外资。

(3) 有些国家允许外国公司到它的股票市场上发行股票并上市，筹集外资。

近年来，股票市场国际化倾向越来越明显，一些国际企业来自国外投资者的股权资本比例有所上升，有越来越多的企业在其他国家的股票交易所挂牌上市，国际股票融资已成为大型国际企业的重要资金来源。

从股票市场总的来看，最大的股票市场是美国，日本名列第二，以下是英国、法国和德国。亚洲、拉丁美洲和欧洲的许多发展中国家从20世纪80年代以来，或改造旧股票市场或创立新股票市场，股市发展非常迅速。它们常常被称为新兴市场(Emerging Markets)。新兴股票市场发展既为当地经济起了促进作用，同时也为国际投资者提供了新的机会。

随着各国金融市场规则的放松，更多的公司到外国股票交易所上市，以及投资者更倾向于为分散风险而进行国际证券组合投资，股票市场的全球一体化程度明显加速。全球一体化的主要标志是所有的主要股票市场呈一致增长趋势。它们之间又互相影响，股票市场之间的相关性越来越明显，尤其是发生重大不利事件时。例如，各主要股市都遭受了1987年10月"黑色星期五"美国股市巨跌的影响。那一天，美国道·琼斯股票指数跌了20%以上，是历史上跌幅最大的一次。2001年"9·11"也影响了全世界各地的股市。

二、发行国际股票的意义

一般而言，发行国际股票的意义是：

(1) 分散所有权，以减少在国内被兼并的风险。

(2) 可募集到较大量资金，实现国际证券组合投资，达到分散风险的效果。

(3) 建立企业国际形象，可在国内、国外更容易募集债券资金。

(4) 扩展商品的销路。

当然，发行国际股票的同时，也会有增加股价变动的风险，如国外投资者可能会对国内坏消息发生过度反应，使股价大跌。

三、国际股票的上市方式

企业在境外发行股票和上市可采用多种方式，除按股票是否向社会公开发行，可把国际股票融资分为私募和公募两种以外，还可按不同的标准进行不同的分类。

(一) 按是否以本公司的名义发股上市分类

按是否以本公司的名义发股上市，可分为直接上市方式和间接上市方式。以下以我国企业为例加以说明。

1. 直接上市

直接上市是指我国内地企业直接以本公司的名义到香港和国外股票市场发行股票并上市。

利用这种方式，企业不仅可筹集到大量资金，且有利于转换经营机制，提高知名度和促进企业的国际化经营，因而国家鼓励采用这种国际股票融资方式。我国国务院证券管理部门分批选定的试点企业在中国香港和国外发股上市，都是采用此种方式。

2. 间接上市

间接上市是指我国内地企业以在香港或外国有关公司的名义发行股票和上市。

因为直接到境外发股上市，会遇到法律之间的差异和其他的障碍，采用间接方式则可绕过这些障碍，达到境外上市的目的。间接上市具体又可分为买壳上市、造壳上市和借壳上市等几种情况。与一般企业相比，上市公司的最大优势是能在证券市场上大规模筹集资金，促进公司规模迅速扩大。因此，上市公司的上市资格也成为一种“稀有资源”，所谓“壳”就是指上市公司的上市资格。

（1）买壳上市。买壳上市是指国内企业购买一家已在中国香港或境外上市、业绩较差、筹资能力弱化的上市公司，取得对该公司的全部股权或控股权，加以整顿、重组，注入国内资产，扩展上市公司的规模，然后利用该公司的上市资格在国际股票市场上筹集资金，以达到国内企业境外上市的目的。在买壳上市时，首先遇到的问题是如何挑选理想的“壳”公司。一般来说，“壳”公司具有这样一些特征：所处行业大多为夕阳行业，其主营业务增长缓慢，盈利水平较低甚至亏损；公司的股权结构比较单一，便于对其进行收购控股。买壳上市方式手续简便，节省时间，但是要选择一家合适的壳公司并非易事。购买壳公司要支付一大笔外汇资金，且风险相对较大，更重要的是可能会造成国有资产流失。

（2）造壳上市。指国内欲上市企业先在境外建立一家公司，创造条件申请上市，取得上市资格后，国内企业通过这家上市公司在境外募股上市。造壳上市具体又有以下三种方式：① 控股上市，是指国内企业在境外注册一家公司，然后由该公司建立对国内企业的控股关系，再以该境外控股公司的名义在境外申请募股上市，所筹资金投回国内公司；② 附属上市，是指国内欲上市企业在境外注册一家附属机构（国内企业的子公司），然后将境内资产、业务注入境外附属公司，再由它申请境外募股上市；③ 分拆上市，是指从现有的境外公司中分拆出一个子公司，然后注入国内资产，再由它在境外申请募股上市。与直接发股上市方式相比，造壳上市是以一家境外未上市公司的名义申请发股上市，这相对于国内企业直接申请到境外募股上市要容易一点。相对于买壳上市而言，造壳上市成本与风险相对要低，因为造壳上市是有目的的选择或设立公司，而买壳上市却要花费很大代价去购买壳公司，购买不当，很容易造成损失，风险较大。但是造壳上市的最大特点是从境外设立公司到最终发行股票经历时间较长，且国内企业必须先拿出一笔现汇或其他资产到境外注册设立壳公司，这与目前我国企业资金紧张的现状是相悖离的。

（3）借壳上市。借壳上市是指国内母公司通过将资产注入境外已上市的子公司，然后以该子公司的名义在境外募股上市。

（二）按股东持有股票的形式分类

按股东持有股票的形式可分为纸面形式的股票、记入股东账户的股票和存托凭证。

1. 纸面形式的股票

这是股票的基本形式，公司发行股票时，投资者购买股票交款，公司将股票交给投资者。现在，这种形式的股票只在采用私募方式时使用。

2. 记入股东账户的股票

在采用公募发行时，公司一般不发给投资者纸面形式的股票，而是委托证券公司或股票交易所利用电脑为股东开设账户，股东买入和卖出股票数都记入该账户。

3. 存托凭证

存托凭证(Depository Receipt,DR)是股票的替代形式，又称存券收据或存股证，是指在一国证券市场流通的代表外国公司有价证券的可转让证券凭证，属公司融资业务范畴的金额衍生工具。存托凭证一般代表公司股票，有时也代表债券。以股票为例，A国的上市公司甲为使其股票在B国发行和上市，向B国证券管理部门提出申请，获得批准后，在B国找一家信誉好的银行作为存托银行，由存托银行指定一家与企业有关的在A国的银行作为保管银行，甲公司将一定数额的股票存入保管银行，在B国的投资者到存托银行交款购买A国甲公司的股票，由存托银行签发存托凭证。投资者持有的不是甲公司的实际股票，而是代表甲公司股票的存托凭证，可据以领取股利，也可以在流通市场转让出去。存托凭证方式简便易行，对国际股票的筹资者和投资者都比较方便。

DR根据上市地点的不同又可分为ADR(美国存托凭证)、EDR(欧洲存托凭)、HKDR(香港存托凭证)、SDR(新加坡存托凭)，等等。如果发行范围不止一个国家，就叫全球存托凭证(GDR)。但从本质上讲GDR与ADR是一回事，两者都以美元标价，都以同样标准进行交易和交割，两者股息都以美元支付，而且存托银行提供的服务及有关协议的条款与保证都是一样的。

四、美国存托凭证

美国存托凭证(ADR)于1927年由摩根保证银行推出，它出现最早，运作最规范，流通量最大，最具有代表性。现在办理ADR业务的美国银行主要是纽约银行、花旗银行和摩根保证银行等。我国一些公司曾经采用这种方式，因此它是一种进入美国资本市场的有效途径。下面以美国存托凭证(ADR)为例加以说明。

美国存托凭证(ADR)是美国银行签发的一种代表外国公司股权的证券，使外国公司的股票可在美国筹资和上市，其实质是外国公司股票的一种替代交易形式。

在发行ADR的过程中，主要涉及存托银行、保管银行和存券信托公司三方。

存托银行，是ADR的发行者，一般是美国的银行或信托公司，主要为ADR的投资者提供所需要的服务。

保管银行，通常是存托银行在实际的证券发行国的分行、参股银行或与其业务关系良好的当地银行。保管银行主要负责保管ADR所代表的实际的证券。

存券信托公司，是美国的证券中央保管清算机构，负责其成员公司(包括银行、清算公司、信托公司等)证券的登记、保管和过户。

在美国，投资人若想购买外国股票，通常是通过ADR的方式来购买。ADR如同本国股票一样可以买卖、转让与注册，只是1单位的ADR可能为好几股的外国股票，这是因为各国股市的成交单位不同。由于 ADR 与标的外国股票可以互相转换，所以可经由套利活动使两者的价格相等。

当外国公司发放股利时，是将股利通过存托银行交给美国银行，发行 ADR 的美国银行再将这种以外币计价的股利转换成美元后，再送达 ADR 的持有人，如此，投资人就可省去转换美元的手续。ADR 是记名的，其转让比照美国股票的转让办法，如果 ADR 的持有人死亡，其原来的 ADR 并不会受到外国遗产税的课征。

ADR 有保证与未保证两种形式，前者是指外国公司希望其股票能在美国市场上转让与买卖，需先向美国证管会登记，并需找一家美国银行代为发行 ADR，其间发生的种种成本全由这家外国公司自行负担；至于后者，是指当外国公司无意在美国发行股票，但美国投资人对其股票感兴趣，因而美国证券公司为了满足投资人的需求，创造出未保证的 ADR。对投资者而言，未保证的 ADR 较无保障。

发行 ADR 筹资的优点是：

(1) 通过发行 ADR，可以建立在美国金融界的经营记录，扩大公司及其产品在美国市场上的知名度，提高公司产品和服务的形象，从而增加股东对公司的信任和兴趣，为日后直接在美国市场上发行证券奠定基础。

(2) 公司到美国发行 ADR，还可以避开美国法律对在美国直接发行股票、债券的公司在注册要求、信息披露、会计准则等方面的严格要求，并享有某些豁免，从而以较低的成本进入美国市场筹资。因此，ADR 越来越受到发行公司的欢迎。

五、国际股票发行价格的确定

(一) 影响股票市场价格的因素

股票市场价格的高低，取决于两个因素：一是股利；二是存款利息率。可用下列公式表示如下：

$$SP=D/I$$

式中　SP——股票市场价格；

D——年股利；

I——年存款利息率。

例如，某公司股票面值 200 美元，年股利 25 美元，银行存款年利息率 10%，则该股票的市场价格为 250 美元(25/10%)。

上列公式中仅仅表明影响股票市场价格的基本因素，在实际中，由于股利水平和利率高低受许多因素影响，股票价格的形成并非如此简单。一般来说，股利水平是股份公司经营状况变化的反映，一切影响企业经济效益的行为和现象，最终都会影响到企业的净收益大小和股利派发的多少，从而影响股票价格。银行利息率高低则是金融市场环境变化的结果，凡是引起金融市场环境改变的因素，也都会影响股票价格的波动。影响股票市场价格波动的因素，除了经济因素以外，还有政治因素和心理因素等。

(二) 确定发行价格的方法

确定股票发行价格的方法有多种，现主要介绍以下三种方法。

1. 市盈率法

市盈率又称本益比，是指股票市场价格与盈利的比率。其计算公式如下：

$$市盈率=股票市价/每股收益$$

通过市盈率法确定股票发行价格，首先应根据经审核后的盈利预测计算出发行人的每股收益；然后可根据二级市场的平均市盈率、发行人行业情况（同类行业公司股票的市盈率）、发行人的经营状况及其成长性等拟定发行市盈率；最后依发行市盈率与每股收益之乘积决定发行价。

按市盈率法确定发行价格的计算公式如下：

$$发行价=每股收益\times发行市盈率$$

$$每股收益=税后利润/发行前总股本数$$

确定每股税后利润有两种方法：一种为完全摊薄法，即用发行当年预测的全部税后利润除以总股本，直接得出每股税后利润；另一种是加权平均法。不同的方法得到不同的发行价格，一般来说采用加权平均法较为合理。因为股票发行的时间不同，资金实际到位的先后对企业效益影响较大，同时投资者在购股后才应享受应有的权益。

加权平均法计算公式如下：

$$股票发行价格=\frac{发行当年预测利润}{发行当年加权平均股本数}\times市盈率$$

$$=\frac{发行当年预测利润}{发行前总股本数+本次公开发行股本数\times(12-发行月份)/12}\times市盈率$$

$$每股年税后利润=\frac{发行当年预测税后利润}{发行前总股本数+本次公开发行股本数\times(12-发行月份)/12}$$

2. 净资产倍率法

净资产倍率法又称资产净值法，指通过资产评估和相关会计手段确定发行人拟募股资产的每股净资产值，然后根据证券市场的状况将每股净资产值乘以一定的倍率，以此确定股票发行价格的方法。其计算公式如下：

$$发行价格=每股净资产\times溢价倍率$$

净资产倍率法在国际上常用于房地产公司或资产现象要重于商业利益的公司的股票发行。以此种方式确定每股发行价格不仅应考虑公平市值，还需考虑市场所能接受的溢价倍数。

3. 现金流量折现法

现金流量折现法通过预测公司未来盈利能力，据此计算出公司净现值，并按一定比例的折扣率折算，从而确定股票发行价格。该方法首先是用市场接受的会计手段预测公司每个项目未来若干年内每年的净现金流量，再按照市场公允的折现率，分别计算出每个项目未来的净现金流量的净现值。由于未来收益存在不确定性，发行价格通常要对上述每股净现值折让20%～30%。

国际主要股票市场对新上市公路、港口、桥梁、电厂等基建公司的估值和发行定价一般采用现金流量折现法。这类公司的特点是前期投资大，初期回报不高，上市时的利润一般偏低，如果采用市盈率法发行定价则会低估其真实价值，而对公司未来收益（现金流量）的分析和预测能比较准确地反映公司的整体和长远价值。用现金流量折现法定价的公司，其市盈率往往远高于市场平均水平，但这类公司发行上市时套算出来的市盈率与一般公司发行的市盈率之间不具有可比性。

第三节　国际债券融资

一、国际债券的特点

国际债券是指债券发行者（一国政府、金融机构、工商企业以及国际组织机构）在国际金融市场上以外国货币为面值发行的一种有价证券。其特点是举债人属于一个国家，债券发行在另一个国家，即它的发行人和投资人分属于不同的国家。在国际金融市场上，债券可以转让、流通、自由买卖。发行债券进行筹资是国际企业的一种主要的长期筹资方式。

和股票相比，债券保险程度高，风险小，所以长期债券的利息比股息低。企业的利息费用能起到税盾作用，资金成本一般也比其他长期筹资方式的资金成本低，所以债券融资可为企业提供较便宜的资金来源。

和银行贷款相比，由于债券发行是直接融资，所以利率比银行贷款利率低，而流动性却比银行贷款大，如果借款不再需要，可以提前收回债权，所以它是一种比较灵活的融资方式。

债券融资期限长，大部分债券利率固定，所筹资金可以自由运用，不受限制，但发行手续比较繁琐。企业发行债券是凭借自身的信誉，在国际金融市场上向社会公众借款。企业本身信誉的好坏直接关系到债券的发行以及所支付的利息。企业的资信好，投资者所冒的风险小，企业可以支付较低的利息；反之，只能通过提高利息来增加债券的吸引力。

二、国际债券的分类

国际债券按照面值货币与发行债券市场所在国的关系，主要分为欧洲债券和外国债券两类。20 世纪 90 年代出现“全球债券”新概念。

（一）欧洲债券

欧洲债券是指国际债券发行人，通过银行或其他金融机构在债券面值货币以外的国家发行并推销的债券。其特点是债券发行人属于一个国家，发行地在另一个国家，债券面值所使用的货币则属于第三个国家，债券发行国所吸收的资金是面值货币国家境外流通的货币。发行地也可以是几个国家，面值货币也可以是多国的。例如，中国在英国、德国和法国债券市场上发行美元债券，发行该债券的组织工作不是由美国国内银行，而是由英国、德国和法国等国家的商业银行的海外分行等组成的国际辛迪加进行的，这种债券叫欧洲美元债券。在英国以外的其他国家（如德国和法国）发行以英镑为面值的债券，叫欧洲英镑债券。以此类推，在日本以外其他国家（如英国和意大利）发行以日元为面值的债券，叫欧洲日元债券，等等。

欧洲债券发行自由，无须得到有关国家、政府的批准，债券持有者所获得的利息无须缴纳所得税。

（二）外国债券

外国债券是指国际债券发行人通过外国金融市场所在地国家的银行或其他金融机构发行的，以市场所在国家的货币为面值的债券。其特点是：发行人属于一个国家，债券的面值货币及发行市场则在另一个国家。例如，我国在日本发行的以日元为面值的债券，就是外国债券。债券的发行工作由日本金融机构承包，发行的债券在日本市场上开价和买卖，购买人是日本的投资者。发行外国债券要得到市场所在国的同意，并且受到该国金融法规的管理。

外国债券市场的历史比较长，在 19 世纪初就已经盛行了。在欧洲债券市场未出现以前，所有在国外发行的债券，都属于外国债券。外国债券主要在美国、日本、德国、瑞士四个国家，它们占整个外国债券市场的 95%左右。外国发行者在美国市场公开发行的长期美元债券称为“扬基债券”(Yankee Bond)；外国发行者在日本市场公开发行的日元债券称为“武士债券”(Samruai Bond)；外国发行者在英国市场公开发行的英镑债券称为“猛犬债券”(Bulldogs)，等等。

（三）全球债券

全球债券是指在全世界各主要证券市场同时发行的国际债券。这是 20 世纪 80 年代年代末在国际资本市场日益全球化背景下的一种创新。例如，1997 年 7 月，中国香港和记黄埔公司发行了 20 亿美元全球债券，按期限分四种：10 年的 7.5 亿美元，20 年的 5 亿美元，30 年的 5 亿美元，40 年的 2.5 亿美元。又如，2000 年 6 月，德国电信发行了一笔以美元、欧元、英镑和日元四种货币计值的全球债券，筹资145亿美元。

小知识

欧洲债券市场的形成

20世纪50年代，随着国际贸易和国际借贷的迅速发展，在欧洲形成了大量美元盈余。至60年代，这些美元盈余已达2 500万元。这部分滞留于欧洲的美元，被称为欧洲美元。于是国际货币市场开始出现。欧洲债券就是伴随着欧洲货币市场的形成而出现的。20世纪60年代，由于美国对购买外国债券者征收利息平衡税，迫使大量美国公司转向国外筹资，向欧洲持有美元的投资者发行债券，以避开国内管制。第一笔欧洲债券于1961年2月1日在卢森堡发行。进入70年代之后，受第一次石油危机的影响，石油输出国组织（OPEC）国家的贸易盈余源源不断地流入欧洲货币市场，进一步加大了欧洲美元的数量。与此同时，债券发行量在不断上升，继欧洲美元债券发行后，1964年出现欧洲马克债券，1965又以法国法郎和荷兰盾发行欧洲债券，70年代加拿大元大量发行欧洲债券，1975年第一次用“特别提款权”发行欧洲债券；1977年发行了欧洲日元债券；1982年以瑞士法郎标价的欧洲债券开始发行。随着债券发行量的不断扩大，欧洲债券市场逐渐规模化和规范化，并成为了各跨国公司融资与投资的主要场所。尤其是进入20世纪80年代以后，欧洲债券市场受到越来越多的发行者的青睐。目前，欧洲债券主要以美元发行，另外有英镑、日元、澳元、新元和加元等币种。

三、国际债券的发行条件

国际债券的发行条件是指确定国际债券的发行额度、期限利率、票面金额、发行价格等。这些将由债券发行人与接受委托的承购公司通过洽谈来协商，最后签订书面协议，以法律条文形式加以明确规定。债券发行条件是否合理、有利，对于融资企业的筹资成本、发行效果和未来销路都有很大的影响。

（一）发行额度

发行额度是发行债券的总值，即通过债券所要筹集的资金额度。它应根据发行者对资金的需要量、发行市场的具体情况、发行者信誉水平、债券的种类、承购辛迪加的销售能力等多种因素综合考虑后做出决定。发行额度的大小与发行成本有一定关系，发行额度越大，发行成木越低，对发行者越有利。但发行过多会恶化发行条件，造成销售困难，有的债券市场对一次发行债券的最高额度进行限定。

（二）票面利率

债券利率的高低所受影响因素诸多，它随着发行市场行情、发行时期、发行时的国际金融形势、发行者信誉的不同而变化。一般来讲，债券的利率和市场的利率呈同方向变动。因为债券的持有者的债券实际利息收益如果低于市场利率，人们就会转向银行存款和其他有价证券的投资，而使债券难以销售。如果债券利率高于市场利率，又会增加企业的成本。所以决定票面利率的关键因素是市场利率。

企业的信用级别和经营状况也会影响债券利率。如果企业的信用级别高，财力雄厚，偿债能力强，即使债券的利率较低，也可以筹集到资金；反之，信用级别低的企业，债券利率就要提高，以吸引投资者。

另外，就整个金融市场的形成来看，当社会资金充实时，筹资容易，可以考虑用低利率来获得资金；当社会资金短缺时，则需要支付较高的利率。

最后，还要考虑承购债券公司的销售能力，如果它的推销能力很强，也可以降低利率，所以它也是影响债券利率的因素之一。

（三）发行价格

债券的发行价格取决于面值、票面利率、偿还期限和市场收益率。债券的发行价格可以平价、折价或溢价发行。折价或溢价发行是为了与市场的实际利率保持一致，以调整债券购买人的实际收益。

这里要指出的是，债券虽然是一种确定付息的证券，但在二级市场它的价格会随市场利率和供求情况的变化而发生波动。

首先，债券的价格及其收益率会随着利息水平的变动而发生变化。债券价格与票面利率成正比，和市场利率成反比。其公式如下：

债券价格＝(债券票面利率×面值)/市场利息率＝债券利息收入/市场利息率

其次，债券价格受供求因素的影响，即投资者承购债券的能力和债券发行数量的影响。如果供过于求，债券价格下降；供小于求，债券价格上升。

（四）债券期限

债券的期限根据发行者对资金的实际需要和选择，同时考虑不同市场的传统做法与法令法规，以及利率等各种因素来确定。偿还期限长，票面利息要相应提高，所以偿还期也是平衡发行条件的一个方面。目前国际债券偿还期限一般 5～20 年，美元债券市场期限曾长达 25 年，日本市场为 12 年。

（五）偿还方式

国际债券的偿还方式有以下几种。

1. 购销偿还

发行者根据市场情况和有利时机以及本身的资金状况，在市场价格便宜，或市场利率趋于下降时，从流通市场买回发行的债券，而不管是否到期。

2. 比例偿还

发行者按债券的发行总金额，每年分比例偿还本息。它分为平均比例偿还、逐年递增比例偿还和逐年递减比例偿还。

3. 抽签偿还

每年抽一两次签，债券持有人根据中签号码收回本息。

4. 轮次偿还

发行债券时，规定按债券号码的顺序偿还本息。

(六) 担保

发行人可以用其财产或第三者信用作为担保品，保证到期还本付息，也可以仅凭发行人的信用发行债券。发行债券时提供适当的担保，有助于吸引投资者购买。在西方国家，为保护投资者利益，对于无担保债券往往要凭信托契约才能发行，要受到若干条件的约束。

四、国际债券的评级

在国际债券市场发行债券，为了保证投资者的利益，一般要通过专门的评级机构对债券发行进行信誉评级，这是对发行者还本付息能力所作出的评估，作为投资者购买债券时的参考。债券评级的内容主要包括发行企业的基本素质、财务质量、发展前景、偿债能力等方面。很多国家设有债券评级机构，世界主要信用评级机构见表 9-1。其中，具有国际权威性的资信评估公司主要有三家：穆迪投资者服务公司，擅长主权国家评级；标准普尔公司，擅长企业评级；惠誉国际，擅长金融机构与资产证券化评级。

表 9-1

世界主要信用评级机构

首次评级时间	机构名称	所在国	评级领域
1909	穆迪投资者服务公司(Moody's)	美国	全面服务
1922	惠誉国际(Fitch IBCA)	法国	全面服务
1923	标准普尔(Standard & Poor's)	美国	全面服务
1975	日本评级投资情报中心(R&I)	日本	全面服务(限于日本)
1977	Dominion 债券评级服务公司(DBRS)	加拿大	全面服务(限于加拿大)
1985	日本信用评级公司(JCRA)	日本	全面服务(限于日本)

各家评级机构对债券评级分类方法不尽相同，档次设置也有区别，但基本原则大同小异。主要是根据企业对其所发行债券的本金和利息的支付能力以及风险程度来划分档次，一般最高级为 AAA 级，最低级为 D 级。例如，日本政府规定，发行日元债券，属 AAA 级的，贷款数额可不受限制；AA 级的限定只可发行 300 亿日元；未被评级的只能发行 100

亿日元。资信级别还影响到债券的发行期限，级别越高期限越长。表 9-2 是标准普尔公司信誉评级的档次和划分标准，分为 10 个等级。

表 9-2

债券信用等级及含义

符　号	符号的含义	品　质　说　明
AAA	最高级	最高级品质，本息具有最大的保障
AA	高级	高级品质，对本息的保障条件略逊于最高级债券
A	中高级	中上品质，对本息的保障尚属适当，但保障条件不及以上两种债券
BBB	中级	中级品质，目前对本息的保障尚属适当，但未来经济情况发生变化时，约定的条件可能不足以保障本息安全
BB	中低级	中下品质，具有一定投机性，保障条件属于中等
B	半投机性	具有投机性，而缺乏投资性，未来的本息缺乏适当的保障
CCC CC	投机性	两者都具投机性，CC 级比 CCC 级更差。债息尚能支付，但是经济状况不佳时，债息可能停付
C	充分投机性	信誉不佳，本息可能已经违约停付，专指无力支付债息的公司债券
D	最低等级	品质最差，不履行债务，前途无望

小知识

债券评级的起源

信用评级的起源可追溯到古罗马时代。当时放款人在当地的集会广场上放一条长凳，经营货币借贷，正是那个时期出现了“信用(Credit)”这个词。当借款人前来借款时，放款人使用这个词，意思是他相信借款人；同时，也出现了“破产(Bankruptcy)”一词。有时，放款人因错误相信借款人的偿债能力，而发现自己无法继续经营时，就会将长凳一摔为二，说明其已经“破产”。

在 19 世纪末和 20 世纪初，美国正处于工业化带来的经济迅速发展时期。由于铁路建设需要大量资本，许多公司通过发行债券融资。这些公司在信用质量上存在极大的差异。有的实力雄厚，有的则财务状况不佳，更有的甚至纯粹就是欺骗，以兴建子虚乌有的铁路和工厂为幌子而发行债券。但当时在金融市场上，投资者缺乏可靠的金融信息，很少有评价债券信用风险的方法。

1890 年，穆迪投资者服务公司(Monday's Investor Service)的创始人约翰·穆迪开始编写美国公司财务信息手册，并逐步建立了衡量债券倒债风险的评估体系。他在 1909 年首次对美国铁路公司的债券进行评估。其评级手册受到了投资者的广泛欢迎。1918 年，穆迪的评级对象开始扩展到外国政府在美国发行的债券。

五、国际债券的发行成本

发行债券的成本除了按票面利率计算的利息外，还有各种发行费用。

(一) 初期的主要费用

(1) 承购手续费，包括债券发行的管理费、承购费、销售费等，占债券发行额的2%～2.5%。

(2) 杂费，是承购银行或公司所支付的差旅费、通信费等实际费用。

(3) 印刷费，发行1亿美元债券需支付5 000～7 000美元。

(4) 律师费，一般要3 000～5 000美元。

(5) 上市费用，即进入市场的手续费、广告费。

(二) 期中的主要费用

(1) 管理费，一般为3 000～5 000美元。

(2) 付息手续费，付给财务代理人，一般是所付利息额的0.25%。

(3) 还本手续费，约为偿还金额的0.125%。

(4) 其他费用，包括注销债券和息票的手续费，计划外服务费等。

六、发行国际债券的策略

发行国际债券是一项风险性、技术性很强，需要丰富经验的工作。企业所具有的雄厚资本、知名度以及国家的声望，都将有助于债券的发行工作。在债券的发行过程中，应采取一些策略，以使债券的发行事半功倍，减少风险。

(1) 慎重选择发行代理者和发行时机。

(2) 分散发行市场，争取有利的发行条件。

(3) 合理配置发行债券的币种，减少外汇风险。

(4) 预测利率的变动趋势，决定债券计息方式和偿还年限。

第四节　负债调换融资

一、负债调换的概念

所谓负债调换，通俗地讲是指两个借款人相互交换各自的债务。即A、B两个借款人从两个不同的市场以相对有利的条件取得债务，经过交换后，借款人A承担借款人B的偿付义务，同样，B承担A的债务，由此使他们共同进入对方的市场。而这时进入对方市场的条件要比当初自己直接进入该市场更为有利，其结果，双方都降低了筹资的成本，减少了风险。

调换交易是通过投资银行或商业银行进行的，银行为调换双方充当中介，银行在每笔互换安排中的获利，一般为本金数量的 0.05%。

负债调换产生于 20 世纪 70 年代末期，由于当时高利率和利率波动使一些跨国公司利润受到影响，负债调换开始时就是为了保护利润不受利率波动的影响而产生的一种风险管理方法，以后很快发展成为保值工具。在各种各样的资金需求与供应的融资方式中，作为调换交易中心的银行可以为各种资金需求者和供应者提供借款、投资、保值、套利等相互调换的机会和选择。银行作为中介人同参与的每一方签订合约，并承担风险。而一些大银行，作为市场的发动者，并不着眼于把每笔交易能够直接对应安排(因为这样有时须花几天甚至几周的时间才能寻找到合适的互换对象)，而是从全部的合约中连接合约各方，这样就增加了调换交易的灵活性。通过它们签订的调换合约往往只需几分钟。它还可以把星期、天、小时的期限放在一起交易，于是大大扩大了交易量。

二、负债调换的类型

负债调换从整体上可分为两种类型，货币调换和利率调换。

(一) 货币调换

货币调换是指有条件用某种货币如美元融资的借款人想寻求用另一种货币如港币融资，而有条件用港币融资的借款者则寻求美元融资。不同货币之间的调换，其目的是使不同货币的债务市场得到最佳利用。

【例 9-1】 德国 A 跨国公司和美国 B 跨国公司都准备进行商业信贷融资。德国 A 公司打算申请总金额为 1 200 万 5 年期美元贷款，美国 B 公司也计划借入 1 000 万 5 年期的欧元。对德国 A 公司来说，5 年期欧元目前的利率为 5%，而对美国 B 公司来说 5 年期美元贷款目前的利率为 4%。由于信誉度问题，德国 A 公司美元的借款利率为 6%，美国 B 公司欧元的借款利率为 6%。目前市场上欧元对美元的汇率为 1 欧元＝1.2 美元。于是，两家跨国公司分别与同一家中介银行签订互换协议。现将互换过程阐述如下。

表 9-3 是德国 A 公司和美国 B 公司贷款利率情况表。

表 9-3

贷款利率情况表

	德国 A 公司	美国 B 公司	利　　差
美元贷款利率	6%	4%	2%
欧元贷款利率	5%	6%	1%
总利差	—	—	3%

从表 9-3 中可知，德国 A 公司若能获得 4%年利率的美元贷款，将节省 2%的年利率，节约贷款成本 24 万美元(1 200×2%)；美国 B 公司若能获得 5%年利率的欧元贷款，将节省 1%的年利率，节约贷款成本 10 万欧元，按目前的汇率折算成美元为 12 万美元(10×

1.2)。双方每年共节约成本 36 万美元(24＋12)，5 年共节约 180 万美元。

第一，货币互换后两公司实际节约额。

假定银行安排互换成本按互换总额的 0.05％收取，以美元计算为 0.6 万美元(1 200×0.05％)。因此两公司 5 年实际节约额为 179.4 万美元(180－0.6)。现将 179.4 万美元按节约比例在德国 A 公司和美国 B 公司中进行分配：

德国 A 公司每年节约额＝179.4×24÷36÷5＝23.92(万美元)

美国 B 公司每年节约额＝179.4×12÷36÷5＝11.96(万美元)

第二，中介银行按节约额安排互换后的利率。

德国 A 公司：

美元年贷款成本＝1 200×6％－23.92＝48.08(万美元)

美元贷款年利率＝48.08÷1 200×100％＝4.0067％

美国 B 公司：

欧元贷款成本＝1 000×6％－(11.96÷1.2)＝50.0333(万欧元)

欧元贷款年利率＝50.0333÷1 000×100％＝5.0033％

第三，货币互换程序。

货币互换程序如图 9-1 所示。

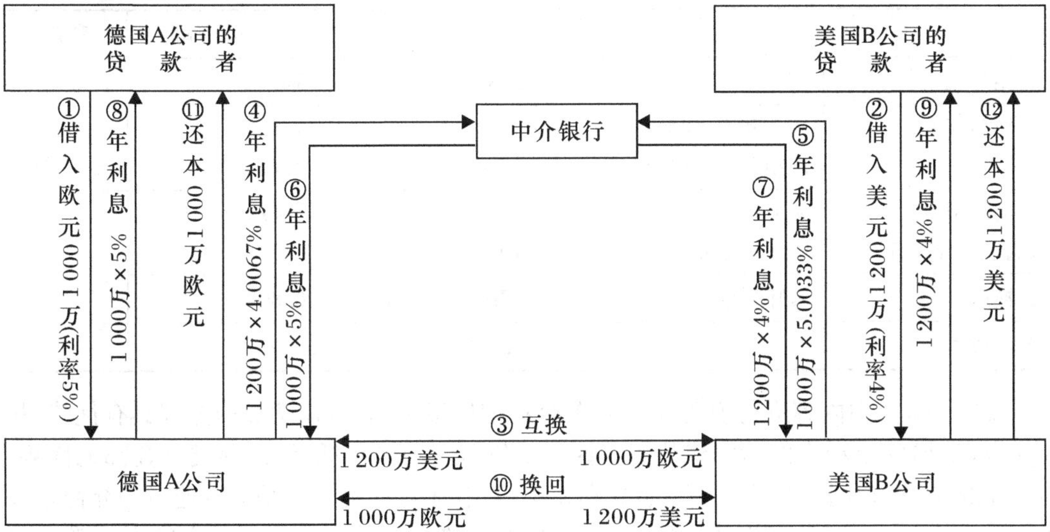

图 9-1　货币互换程序

通过上述货币互换，既避免了外汇风险，又降低了借款成本，德国 A 公司筹建到利率为 4.0067％的美元，节省利率成本 1.9933％(6％－4.0067％)，美国 B 公司筹建到利率为 5.0033％的美元，节省利率成本 0.9967％(6％－5.0033％)，中介银行以美元计算获得利率利益 0.01%[(4.0067%−4%)+(5.0033%−5%)]。

德国 A 公司 5 年共节约成本=1 200×1.9933%×5=119.598(万美元)

美国 B 公司 5 年共节约成本=1 000×0.9967%×5=49.835(万欧元)

中介银行以美元计算 5 年共获得收益=1 200×0.01%×5=0.6(万美元)

（二）利率调换

利率调换是指两个独立的筹资者，利用各自的筹资优势，分别借入币种、金额和期限相同但计息方式不同的债务，然后双方通过中介人(通常是银行)互换付息方式，以期得到各自所期望的利率种类，从而达到降低借款成本和避免将来利率不利变化带来风险的目的。

【例 9-2】 中国香港 A 跨国公司和 B 跨国公司，各需要筹集 5 000 万美元资金，期限 5 年。其中 A 公司信用级别为 AAA，B 公司信用级别为 BBB。选择筹资的渠道有两个：在欧洲债券市场上发行固定利率的债券或从国际商业银行取得浮动利率的中期贷款。A 公司认为市场利率会下浮，希望调换为浮动利率，B 公司担心利率会上浮，希望调换为固定利率。双方由一家银行做中介进行了互换。具体计算见表 9-4 所示。

表 9-4

利率调换计算表

		A 公 司	B 公 司	利差
信用等级		AAA	BBB	
调换前利率	固定利率(债券) 浮动利率(贷款)	10.00% LIBOR+0.25%	11.00% LIBOR+0.75%	1.00% 0.50%
调换时利率 (通过中介协商)	A 公司支付 B 公司利率 B 公司支付 A 公司利率	 10.05%	LIBOR 	
调换后	实际利率	LIBOR−0.05%	10.80%	
节约成本		0.30%	0.20%	

现对表 9-4 中内容进行说明。由于 A 公司信用级别高，筹措两类资金都具有优势，相对而言，筹措固定利率的债券优势更大些。B 公司信用级别低，筹措两类资金都无优势，但对比起来，浮动利率利差比固定利率利差小，具有相对优势。于是双方通过中介协定以筹措的本金 5 000 万美元为计息的基础，各自在优势方面筹资。A 公司在欧洲债券市场上以固定利率 10%发行 5 000 万美元债券，B 公司以 LIBOR+0.75%的浮动利率借入 5 000万美元银行贷款，双方互相交付利息，不转移本金。如果通过中介协商 B 公司向 A 公司支付的利率为 10.05%，A 公司向 B 公司支付的利率为 LIBOR。这时双方的情况变成：

第一，B公司得到LIBOR，但还需再支付0.75%，因为它取得的是浮息贷款，即B公司实际支付的利息是付给A公司的固定利率加上浮息利差：

$$10.05\%+0.75\%=10.80\%$$

若不考虑中介银行的收益，B公司取得固定利率的债券，比它直接在欧洲债券市场筹资节约的筹资成本为：

$$11.00\%-10.80\%=0.20\%$$

第二，A公司得到10.05%的利率，高于它直接筹资的固定利率10%，差额可以用来冲减它所支付的LIBOR，即：

$$\text{LIBOR}-(10.05\%-10.00\%)=\text{LIBOR}-0.05\%$$

可见，A公司可以用低于LIBOR的成本筹措到浮动利率的贷款，这比它直接筹措浮动利率贷款节约的筹资成本为(未考虑中介银行的收益)：

$$\text{LIBOR}+0.25\%-(\text{LIBOR}-0.05\%)=0.30\%$$

从上面的例子中可以看到利率调换所带来的益处：

(1) 可以降低双方的筹资成本。从上例可以看到，调换的结果使B公司获得固定利率债券，其利率要低于以它自己公司名义发行的债券利率；A公司则调换到浮动利率的银行贷款，取得低于LIBOR的利率贷款。这样双方都取得了较低成本的资金。

(2) 可以为某些借款人进入债券市场提供一个有效的途径。有些债权人由于资信不佳或负债过多而不能发行债券，借助利率调换市场，无须经过信用评级和公布企业有关资料，也能得到成本较低、金额和期限合适的债券融资。

(3) 可以调节筹资成本和风险。它可以根据利率的变动趋势来采取不同的措施，如果未来的利率处于下降趋势，可以利用利率调换将固定利率换成浮动利率，以降低筹资成本；如果利率回升，可以进行第二次调换，再换成固定利率。

总之，利用这种灵活的方法，可以避免利率风险，降低筹资成本。利率调换要以银行作为交易中介人，一般有大的国际银行参与，通过电话进行安排，以电传为确认，双方接受即可达成协议。整个交易迅速、简便、易行，其信用风险要比直接筹资风险小。如果一方拒付违约，另一方将受到与银行签订合约的保护，由银行承担违约风险，为了抵偿两方拒付的风险，银行要收取手续费。

本章小结

国际证券市场是国际股票、国际债券等有价证券发行和交易的场所。国际证券市场由国际证券发行市场和流通市场所组成。国际证券市场一般有两层含义：一层含义是指已经国际化的各国证券市场;第二层含义指的是不受某一具体国家管辖的境外证券市场。目前,绝大多数的国际证券市场属于第一层含义的证券市场,只有欧洲债券市场属于第二层含义的国际证券市场。由于股票是目前国际证券市场上交易量最大的有价证券,所以人们通常所称的证券市场一般是指股票市场。发行国际证券可以在更具深度和广度的国际市场上筹集资金,能够扩大投资者的分布范围,提高企业的知名度。负债调换,可使两个或多个借款人从不同的市场以相对有利的条件取得债务,降低筹资的成本,减少风险。

复习思考题

1. 什么是国际证券的发行市场和流通市场?
2. 什么是美国的纳斯达克市场?它有哪些特点?
3. 什么是存托凭证?它有什么优点?
4. 什么是欧洲债券和外国债券?
5. 什么是货币调换和利率调换?

练 习 题

1. 一家英国跨国公司,其在美国的子公司准备在纽约州信贷市场上借入2 400万美元,期限为3年,利息每半年支付一次,借款年利率为5%,而该公司的英镑借款利率为3%;一家美国跨国公司在英国的子公司准备借入2 000万英镑信贷资金,期限也是3年,利息每半年支付一次,其借款年利率为6%,而该公司的美元借款利率为4%。目前即期汇率为1英镑=1.2美元,一家英国银行愿意提供货币互换安排,并按互换金额的0.05%获得收益。请回答并计算下列问题:

(1) 中介银行将如何安排两家公司的借款?

(2) 若中介银行安排两家公司均分节约成本,各自的利息应如何支付?

(3) 为两家公司设计一个互换协议。

2. 某跨国公司发行面值为1 000美元,期限为5年,票面利率为8%的定期付息企业债券20 000张。要求:

(1) 若发行时市场利率为10%,债券的发行价格应定为多少?

(2) 若公司以1 041美元价格发行,发行时市场利率是多少?

3. 统一公司已发行10%固定利息债券,除此之外该公司还想将该债券转换成浮动利率债券,于是该公司参与了利率交换,该交换可以将10%利息支付转换成LIBOR+1%的浮动利息,利息费用的支付是视之前所发行的债券本金来决定,该债券每年年底支付利息并在3年后到期,该公司预期LIBOR在第1年年底会是9%,在第2年年底会是8.5%,

在第 3 年年底会是 7%，请决定该公司在交换后其预期的融资率。

案 例 分 析

甲公司是一家 AAA 级家用电器公司，准备筹措 6 000 万美元信贷资金，由于在信贷市场连续美元借款，因此其固定利率借款利率高于其他企业，年利率为 8%，其浮动利率贷款为 LIBOR+6.25%。乙公司是一家 BBB 级纺织品公司，也准备筹措 6 000 万美元借款，由于资质问题和市场对固定利率的不敏感性，其借款固定利率为 7%，浮动利率LIBOR+12.5%。

甲公司在浮动利率上有优势，但它希望得到固定利率贷款；乙公司在固定利率上有优势，但希望得到浮动利率贷款，一家商业银行愿意提供互换安排。

请思考并分析下列问题：

1. 假定互换银行要求有 2%的利息收益，甲公司也要求节约 2%的成本利率，请为两家公司设计一个互换协议。

2. 假定银行要求按互换金额的 0.05%获得收益，乙公司要求节约 3%的成本利率，该互换是否能够达成协议？

3. 假定互换银行要求有 3%的利息收益，乙公司也要求节约 3%的成本利率，该互换是否能够达成协议？若能够达成，请为两家公司设计一个互换协议。

分析：

1. 成本节约情况如表 9-5 所示。

表 9-5

成本节约情况表

公　　司	美元固定利率(%)	美元浮动利率	节　　约(%)
甲公司	8	LIBOR+6.25%	1.75
乙公司	7	LIBOR+12.50%	5.50
总节约成本	1	6.25%	7.25

协定如下：

双方各以优势利率贷款后，通过银行互换，利息支付情况如图 9-2 所示。

总节约成本为：7.25%；

甲公司固定利率贷款利率为 8%，节约 2%，实际支付应为 6%；

银行要求收益：2%；

收益净剩：7.25%−2%−2%=3.25%；

乙公司浮动利率贷款利率为 LIBOR + 12.50%，节约成本 3.25%，实际支付为 LIBOR+9.25%；

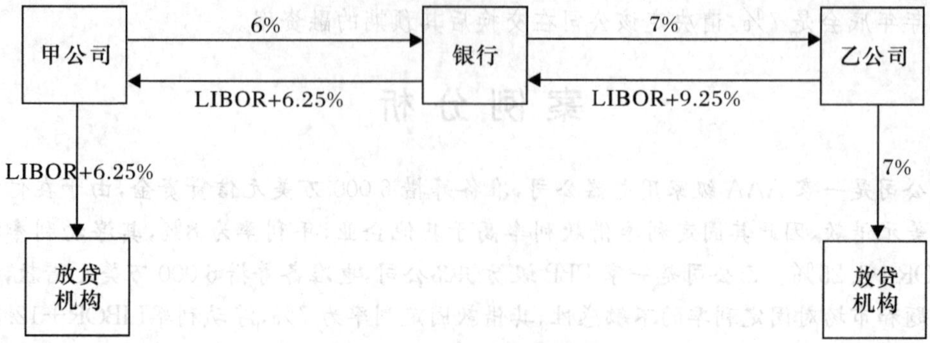

图 9-2　利息支付情况图

银行从乙公司取得利率 LIBOR+9.25%,向甲公司支付 LIBOR+6.25%,收益 3%;

银行从甲公司取得利率 6%,向乙公司支付 7%,损失 1%;结果净收益:3%-1%=2%。

2. 乙公司浮动利率贷款利率为 LIBOR+12.50%,节约成本 3%,实际支付为 LIBOR+9.50%;

银行要求收益:0.05%;

收益净剩:7.25%-3%-0.05%=4.20%;

甲公司固定利率贷款利率为 8%,节约 4.20%,实际支付应为 3.80%如图 9-3 所示;

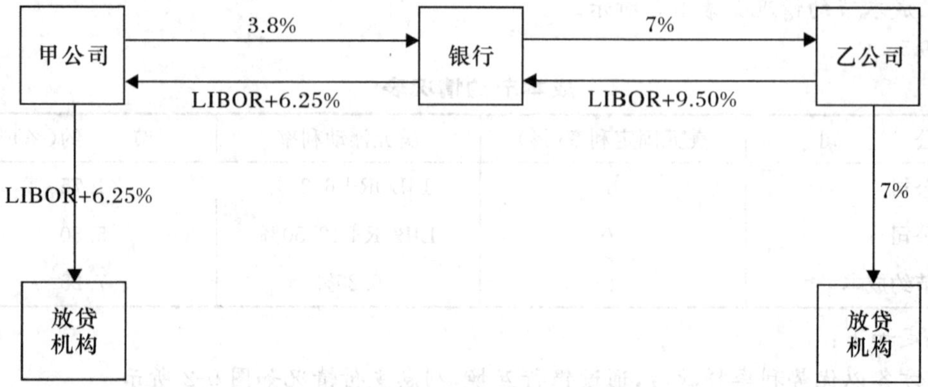

图 9-3　利息支付情况图

银行从乙公司取得利率 LIBOR+9.50%,向甲公司支付 LIBOR+6.25%,收益 3.25%;

银行从甲公司取得利率 3.80%,向乙公司支付 7%,损失 3.20%;结果净收益:

3.25％－3.200％＝0.05％。

3. 总节约成本为7.25％，银行与乙公司共要求节约6％，甲公司还可节约1.25％成本，协定能够达成。

乙公司浮动利率贷款利率为LIBOR＋12.50％，节约成本3％，实际支付为LIBOR＋9.50％；

银行要求收益：3％；

收益净剩：7.25％－3％－3％＝1.25％；

甲公司固定利率贷款利率为8％，节约1.25％，实际支付应为6.75％如图9-4所示。

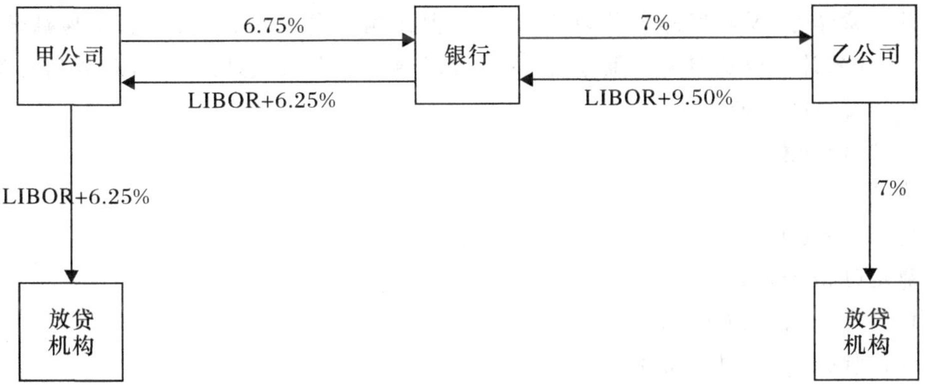

图9-4　利息支付情况图

银行从乙公司取得利率LIBOR＋9.50％，向甲公司支付LIBOR＋6.25％，收益3.25％；

银行从甲公司取得利率6.75％，向乙公司支付7％，损失0.25％；结果净收益：3.25％－0.25％＝3％。

第十章　特定方向的融资

【本章学习目标】

通过本章学习，掌握国际贸易融资的方法；熟悉国际贸易的付款方式；掌握融资租赁的概念、租金的计算以及租赁决策方法；熟悉国际租赁形式；熟悉国际项目融资的类型；了解国际补偿贸易融资的方式。

【本章关键词】

汇票(Draft)
信用证(Credit)
福费廷(Forfaiting)
出口信贷(Export Credit)
买方信贷(Buyer's Credit)
卖方信贷(Seller's Credit)
国际租赁(International Lease)
经营租赁(Operating Leasing)
融资租赁(Finance Lease)
项目融资(Project Financing)
补偿贸易(Compensation Trade)
寄售(Consignment)

> 许多人错误地认为融资租赁是在企业资金有限或周转不好时，才选用的获取固定资产的方法。实际上，融资租赁往往是企业认真考虑如何采用最优方法获得资产后发生的。这些企业先进行资本预算决策，确定融资阻力比直接购买对企业更有利时，就采取融资租赁获得固定资产。不同租赁合同规定的条款会导致不同类型的租赁业务。比如，使用汽车3天的租赁，这种租赁使出租人保留了与汽车所有权有关的主要风险和收益，这类租赁即为经营性租赁。假如租赁合同中提出：虽然出租人在租赁期内保留出租财产的所有权，但合同的经济实质却是由承租人融资购买该资产，这类租赁就相当于融资性租赁。
>
> 资料来源：刘仲文.国际会计学.北京：首都经济贸易出版社，2005

第一节　国际贸易融资

跨国企业的国际贸易活动随着时间而日趋重要，而造成此趋势的最大原因，是商业银行能从许多不同的渠道对国际贸易进行融资。在国际贸易中，出口商可能需要有充分的资金来支付整个从生产到收款的交易循环，所以在某些情况下，出口商可能需要向银行融资来调节其现金流量。然而，也可能因为出口商要求进口商须先行支付，以致进口商自行进行内部融资或向银行融资，使得出口商无须通过银行进行融资。总之，银行对进行交易的买卖双方而言，都扮演了一个不可或缺的角色。

一、国际贸易的付款方式

一般来说，在国际贸易的不同付款方式中，越保护出口商的付款方式，对进口商越不方便。然而，这些方法中有些设计的目的是保护买卖双方免受商业及政治风险的伤害。就出口商而言，当其评估选择付款方式时，应权衡风险与丧失销售机会的成本。以下介绍五种基本付款方式。

（一）预付货款

在预付货款的方式下，出口商要在进口商将贷款汇到后，才会将货物装船交运。付款的形式通常是以电汇到出口商的银行账户或使用银行汇票。这种方式给予出口商最大程度的保障，通常在与买方进行第一次交易或进口国政治不稳定时，才会要求此种付款方式。当然，大部分的买方并不愿意下这种须承担所有风险的订单。

（二）信用证

信用证是一种由银行代表进口商所签发的文件，保证只要出口商能提供证明文件，证明遵照信用证内所规定的条件装船，则银行将付款给出口商。在正常的情况下，使用信用证交易的程序中包含出口商、银行和进口商银行（开证银行）。此种方式的效果是开证银行以自己本身的信用来代替进口商的信誉，如此较能取得出口商的信赖。这方式对买、卖双方来说是个妥协的方法，因为它对双方都提供了相当的利益。一方面，只要出口商能够根据信用证的规定提交证明文件，开证银行就有义务支付货款。另一方面，进口商不必先付款，直到货物已装船并取得证明文件。

（三）汇票

汇票是一种只要一方（通常是出口商）提示出汇票，买方须无条件照票面金额支付款项的承诺，汇票代表出口商向进口商收取货款的正式要求。汇票对出口商所提供的保障较信用证少，因为银行并没有义务替买方支付款项。

大部分使用汇票进行的交易是通过银行的渠道。从银行的术语来说，就是托收(Documentary Collection)。在汇票交易中，银行在两方之间扮演中间者的角色，收取货运单据(Shipping Document)和货款。如果出货是根据即期汇票(Sight Draft),只要货物确已装船,且将汇票提示给买方,则出口商将能获得货款,买方的银行会等到买方已经支付汇票的款项之后,才将货运单据交给买方,这就是所谓的付款交单(Documents Against Payment)。因为银行只能根据出口商的指示才能交付货运清单,故这是能提供出口商些许保障的措施。买方须提交货运清单才能提货,在汇票还没有提示之前,无须为货物付款。

汇票可能是即期或是远期的,即期汇票必须在提示时付款或是拒绝兑付;远期汇票在未来特定到期日才需付款,因而该汇票成为一种有用的融资工具。如果出货是根据远期汇票,出口商会要买方银行须在汇票经过买方承兑以后才能交出货运清单,这就是所谓的承兑交单(Documents Against Acceptance)。经过承兑后,买方保证在未来某个特定的日子付款。在这种交易形态中,买方将能在付款前提取货物,但买方有责任在汇票到期日付款。这种方式相当于出口商提供融资,并相信买方财务的信用,会在到期日付款。因为银行在双方都被当作是托收的机构,所以这是使用远期汇票额外的便利。此外,汇票还能在出口商为收不回的账款进行诉讼时作为证据。而额外的风险是在到期日若买方没有付款时,银行没有义务代为清偿。因此出口商须承担所有风险和对买方进行信用调查,但是若为银行承兑汇票则银行有义务代为清偿。

(四)寄售

在寄售交易中,出口商将货物运交进口商时仍保留实际的所有权。进口商将之提取当成存货,但无须付款直到商品卖给第三者。出口商信任进口商将会在货物卖出后交付货款。假如进口商没交付货款,由于没有签发汇票而货物已售出,出口商只拥有有限的追索权。因为风险高的关系,除了子公司和母公司的交易外,寄售的方法很少使用。

(五)记账交易

与预付货款交易相反的是记账交易,它是出口商先将货物运交进口商,进口商根据合同规定的日期交付货款。出口商完全信任买方的财务信用、诚实、名誉。此种交易方式只有在买卖双方有丰富的交易经验及彼此互相信任的基础上才被采用,因此记账销售的方式一般适用于国外关系企业或与出口商有长期良好往来关系的顾客。记账销售方式对出口商来说虽然风险大,然而,由于国际贸易的大幅增长,市场竞争的激烈,以及取得进口商信用资讯条件的改善,加之较低的成本(相比其他付款方式,银行费用少),该方式近年来被采用的比例不断加大,特别是在工业化的国家。

表 10-1 是对各种付款方法的比较。

二、国际贸易融资的方法

从以上所述可以看出,银行在国际贸易融资交易双方间扮演重要的角色。下面介绍一些较常用的国际贸易融资方法。

表 10-1

付款方法的比较

交易方式	付款时间	买方可提取货物的时间	出口商的风险	进口商的风险
预付货款	出货前	付款后	无	须完全信赖出口商会依照订单出货
信用证	出货的同时	付款后	非常小甚至没有,须看条件而定	能确定货物已经运出,但须信任出口商是依照所交付的文件出货
即期汇票:付款交单	将汇票提示给买方的同时	付款后	如果汇票没有兑现,须将货物做处理	同上,除非进口商能在付款前先验收
远期汇票:承兑交单	汇票的到期日	付款前	须信任买方将会支付货款	同上
寄售	货物卖出时	付款前	准许买方付款前出售货物	无,能改善买方的现金流量
记账交易	依照双方所协议的时间	付款前	须信任买方会在协议的时间付款	无

(一) 应收账款融资

在有些情况下,出口商可能愿意在没有银行保证付款的情况下先交货给买方,形成应收账款。当然出口商在发货前,要对买方进行征信,评价买方的信用状况。如果出口商出货后临时急需现金,它可以以应收账款作担保向银行融资,银行将贷款给出口商,这就是所谓的应收账款融资。银行的贷款是根据出口商的信用来核定的,无论买方以任何理由拒付货款,出口商都有责任将钱归还给银行。

以国际贸易的应收账款融资包括一些额外的风险。例如,政府的限制和外汇管制,这些都可能阻碍买方将钱交付给出口商。因此借款利率会比以国内应收账款担保高,融资的期间通常是 1~6 个月。而为了减轻国外应收账款可能带来的额外风险,出口商及银行通常会利用出口信用保险(Export Credit Insurance)。

(二) 出售应收账款

当出口商在收取货款之前出货,其应收账款的余额会增加。应收账款存在坏账风险,因此有些出口商可能会考虑将应收账款出售给客账代理商,即出口商将应收账款卖出而不附追索权。客账代理商承担一切的管理责任,包括对买方征信账款的收回。理所当然的,客账代理商在购买应收账款之前会先对国外买方进行征信。客账代理商会以折现的方式购买应收账款且收取手续费以维持其营运。出售应收账款对出口商的好处是:

(1) 出售应收账款出口商不必担心应收账款的管理问题。

(2) 客账代理商承担买方信用的调查。

(3) 将应收账款出售可立即获得现金,以改善出口商的现金流量。

买方的信用是要通过客账代理商的观点来看的,因此跨国客账代理(Cross-border Factoring)就应运而生。出口商的客账代理商寻找买方国家的客账代理商,由他们进行征信及收款。在实务中,客账代理的服务常常是由商业银行的客账代理部、商业财务公司或其他财务机构所提供。

(三) 信用证

1. 开证银行、通知银行和押汇银行

前面提过信用证对买卖双方都有保障和利益,所以它是国际贸易融资的主要方法。信用证是由银行代表一特定团体承诺在一些特定的条件下付款给受益人。受益人(出口商)在能提出确实遵从信用证规定的文件时,就能获得付款。在正常情况下,使用信用证交易的程序中会包含出口商的银行和进口商的银行。开证银行以本身的信用来代表进口商。它基本上保证在出口商确实遵守信用证的条件后会付款给出口商。这里,开具信用证的银行就是所谓的"开证银行"。开证银行将信用证送交受益人国家内的银行,此银行称为"通知银行"。同意对文件进行验收且付款给受益人的银行,称为"押汇银行"。

有一点是非常重要的,就是信用证不能确保买方所收到的货会和它所订购的一样。银行只处理文件,不处理货物。银行付款的决策是根据文件是否符合规定,而不是接受商品或检验;因此买方必须信赖卖方会依据信用证和订购单的规定出货。

2. 保兑银行

有时候出口商会对开证银行是外国银行而感到不妥,纵使它是一家国际知名的银行,出口商也会考虑到会不会因为外国政府进行外汇管制或其他的限制而阻止开证银行付款。基于此理由,出口商可能会要求一家当地银行对信用证进行保兑,且保证开证银行会承担所有的付款责任。保兑银行有义务根据信用证付款给受益人,而不论开证银行是否有能力付款。因此保兑银行信任外国开证银行是健全的,而出口商只需担心保兑银行的信用。

3. 信用证流程

一旦有受益人向开证银行出具相关文件,银行就必须支付信用证上所记载货款,所以进口商除了支付信用证上的金额外,还须支付相关手续费。进口商通常在开证银行开立账户以供提取,故银行无须动用自有资金。如果进口商的账户没有足够的资金,开证银行有义务代为支付信用证的款项。这就是为什么银行在代表进口商开立信用证及提供贷款之前,须先进行征信的原因。信用证的一般流程见图 10-1。

4. 信用证文件

一般信用证所要求的文件有汇票(即期或远期)、提单(Bill of Landing)、商业发票(Commercial Invoice)。其他文件(如产地证明书、检查证明书、包装明细表或保险证明书等)则视协议、产品、国家而定。下面介绍最常见的三种信用证文件。

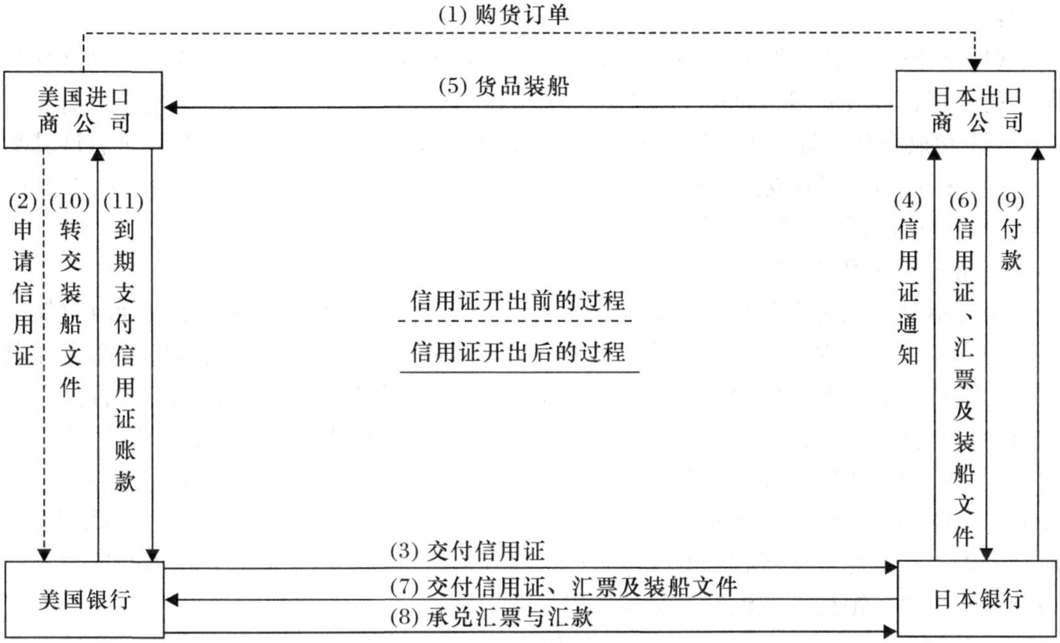

图 10-1　信用证流程图

(1) 汇票。汇票是一种只要一方(通常是出口商)提示出汇票,买方须无条件照票面金额在当时或未来某特定日期支付款项的承诺。如果是即期汇票,则在文件提示的同时就须付款;如果是远期汇票则须经进口商的承兑,这就是所谓的商业汇票(Trade Acceptance)。银行承兑汇票是一种远期汇票,且经银行保证承兑。汇票的票期通常都在 30～180 天。

(2) 提单。使用信用证交易下,最主要的文件是提单。提单最主要的功能是代表所有权的转移。如果货物是经由船舶运送,则运送人将会签发所谓的海运提单(Ocean Bill of Lading);如果是经由空运交货,则签发空运提单(Airway Bill),由运送者送交信用证给出口商,出口商再将信用证连同其他相关证明文件提送给银行。

(3) 商业发票。商业发票通常包含下列内容:① 卖方的名称及地址;② 买方的名称及地址;③ 日期;④ 付款期间;⑤ 价格及费用明细;⑥ 数量、重量、包装等;⑦ 货物运送的信息。

如果按照信用证出货,发票的记载须与信用证所规定的一致。

5. 信用证的基本形式

信用证有两种基本的形式:可撤销与不可撤销。可撤销信用证能在任何时间取消或撤回而不用事先通知受益人,此种信用证较少使用;不可撤销信用证在没有得到受益人的同意前,不能撤销或变更。在国际贸易融资中,有许多不同的形式的信用证被使用。

例如：

(1) 保证信用证。保证信用证(Standby Letter of Credit)是保证出口商能取得发票金额的信用证，即使在进口商不支付货款的情况下，银行也保证支付该货款给出口商。

(2) 可转让信用证。可转让信用证(Transferable Letter of Credit)是指信用证容许其受益人将其权益的一部分或全部转让给他人。新受益人和原始受益人享有同等的权利和保障。

(四) 银行承兑汇票

1. 银行承兑汇票的交易流程

银行承兑汇票是经银行保证兑现的远期汇票。它使银行有义务在汇票到期时付款给汇票的持有人。产生银行承兑汇票的第一步是进口商向出口商订货，然后进口商会要求其当地银行代表它开立信用证。此信用证允许出口商出货后签发远期汇票给银行。出口商将汇票和货运清单交给当地银行，然后出口商的银行再将汇票及货运清单寄送给进口商银行。进口商的银行在收到汇票后会承兑此汇票，于是一张银行承兑汇票就完成了。如果出口商不愿在汇票到期时才取得现金，则它可将此银行承兑汇票拿到货币市场出售。但是出售银行承兑汇票所收到的现金将比汇票到期时所收到的金额少。这差距反映出货币的时间价值。银行承兑汇票的交易流程见图 10-2。

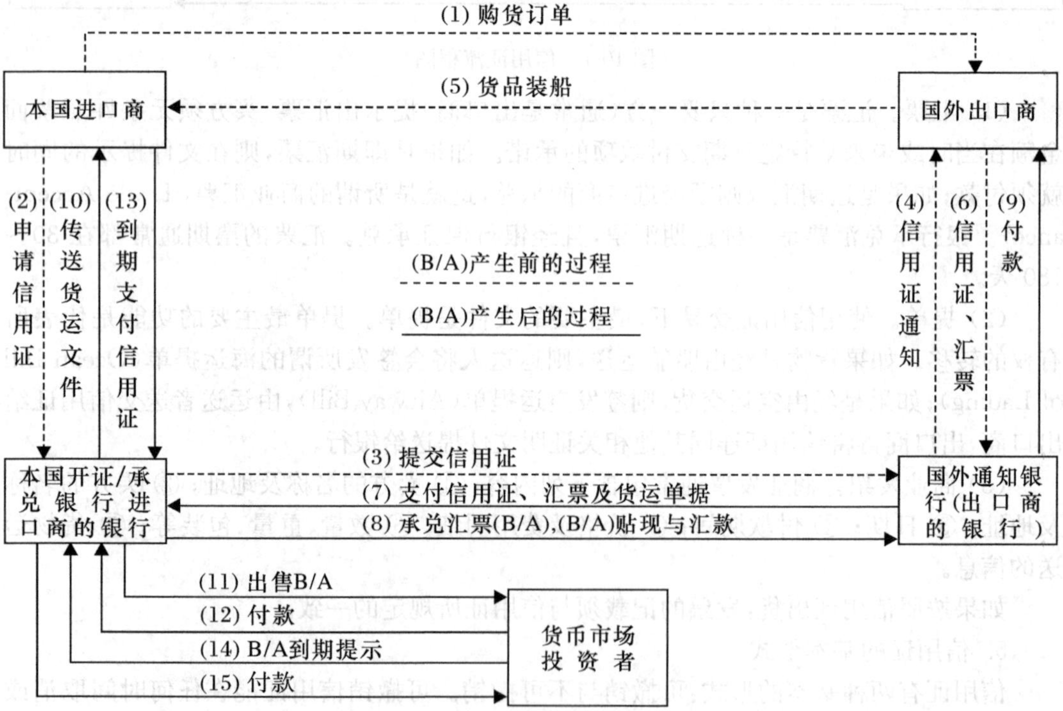

图 10-2　银行承兑汇票流程图

2. 银行承兑汇票与应收账款融资的区别

货币市场的投资人可能愿意以折价的价格购买银行承兑汇票并持有它到到期日。银行将会在到期日支付全部面额。银行也将向进口商收取汇票面额及手续费。如果出口商将承兑汇票持有至到期日，就如同它融资给进口商，这和应收账款融资是相同的。银行承兑汇票和应收账款融资最大的不同点在于，银行承兑汇票有银行保证付款给出口商。如果出口商将银行承兑汇票拿到次级市场出售，即表示出口商将不再对进口商提供融资，继而由银行承兑汇票的持有者来对进口商提出融资。

3. 银行承兑汇票对出口商、进口商和开证银行的好处

(1) 银行承兑汇票对出口商的好处。出口商可以不必担心进口商的信用风险，所以可以拓展新的国外市场。此外出口商可能会承受一点政治风险或是外国政府进行外汇管制的风险。但是在正常的情况下，即使有管制的存在，银行仍被允许支付他们承诺支付的款项。然而在外汇管制的情况下，进口商若要支付货款给出口商，就会遭遇到很大的困难，因为如果没有银行承兑汇票，就算进口商有意愿支付款项，出口商还是可能取不到货款。最后，出口商能在开证银行付款前出售银行承兑汇票，提早获得资金。

(2) 银行承兑汇票对进口商的好处。银行承兑汇票对进口商的好处是能有更多的途径从外国市场购买原料和其他产品。没有银行承兑汇票，出口商可能不愿意接受进口商的信用风险。通过银行承兑的程序，进口商可以确认货物确已交运。即使进口商尚未付款，这个确认还是非常重要的，因为进口商可能需要知道货物是否已交运及何时将会到达。最后，因为银行承兑汇票允许进口商在未来的日子付款，所以在银行承兑汇票到期日之前，进口商都获得银行的融资。没有银行承兑汇票，进口商可能被要求在出货前付款而使资金冻结。

(3) 银行承兑汇票对开证银行的好处。银行能从签发承兑汇票的过程中获取手续费。银行对客户收取的手续费反映出银行对客户信用的评估。对顾客收费所用的利率通常是“All-in Rate”，是折现率加上承兑手续费。通常承兑(Banker’s Acceptance，BA)融资的利率会比基本借款的利率低，表 10-2 是两者的比较。在这个例子中，6 个月期的利息成本节省了 $ 12 000。因为银行承兑汇票是可以在次级市场上流通的，所以其承兑的

表 10-2

基本借款与承兑利息成本比较

项　　目	借　　款	承　　兑
总额	$ 1 000 000	$ 1 000 000
期间	180 天	180 天
利率	Prime+1.5%	BA Rate+1.5%
利息成本	$ 57 500	$ 45 500

利率通常落在即期国库券和商业本票之间。因为银行承兑汇票的获利率、安全性及流动性，所以投资人较愿意购买承兑汇票当作投资。当银行签发、承兑、出售承兑汇票的同时，它实际上是使用投资人的钱对银行的客户进行融资。结果是银行以较低的价格创造一项资产，而以另一较高价格卖出，而保留佣金(价差)当作手续费用。

【例 10-1】 银行承兑汇票融资的成本的评估。假设 100 万元 90 天期承兑汇票的贴现率是每年 9.8%，而且承兑费用是每年 2%。如果出口商选择持有承兑汇票，则 90 天后它收到的金额将为面额扣除承兑费用：

承兑汇票的面额	＄1 000 000
减 90 天的费用(每年 2%)	－5 000
出口商 90 天后收到的数额	＄995 000

此外，出口商也可以用 2.45%贴现卖出承兑汇票(9.8%/4)，并马上收到＄970 500：

承兑汇票的面额	＄1 000 000
减 90 天的费用(每年 2%)	－5 000
减 90 天的贴现(每年 9.8%)	－24 500
出口商马上可以收到的数额	＄970 500

出口商是否要将承兑汇票贴现或继续持有，决定于货币的机会成本。假设出口商的货币机会成本是 10.2%，则继续持有承兑汇票的现值为＄995 000/[1＋(0.102/4)]，即＄970 258。在这个例子中，结果是出口商会卖掉承兑汇票。

三、出口信贷融资

随着国际贸易的迅速发展，各个国家在争夺国际市场方面存在激烈竞争。出口贸易金额较大，运输路途遥远，付款期限较长，存在商业和政治风险，使得出口商无力承担巨额资金的长期积压。同时，进口商也感到资金融通的困难，特别在资本商品的出口销售方面。各国政府为了鼓励本国的商品出口，特别是大型机器设备出口，降低出口成本，使出口商能以较低的利率融通到资金，采用由官方或半官方机构提供利息补贴或中长期信贷的方式给予支持，以增强本国商品的竞争能力。该项贷款贷给本国出口商的叫卖方信贷，贷给外国进口商或进口商银行的叫买方信贷，两者统称为出口信贷。

(一) 卖方信贷

卖方信贷是在大型设备和成套设备贸易中，出口国银行为了便于出口商以赊销或延期付款的方式出口设备，向出口商提供的中长期贷款。在这种贸易中，进口商先支付

10%～15%的定金，在分批交货验收和保证期满时，再支付10%～15%的货款，其余70%～80%的货款在合同规定的期限内分期偿还，并支付延期付款期间的利息。

出口商向本国出口信贷机构或商业银行申请贷款，大致获得和延期货款相等金额的贷款。当进口商分期偿还货款和利息后，出口商再用来偿还贷款。出口商借到卖方信贷后，除按规定利率支付利息外，还要支付信贷保险费、承担费、管理费等。这些费用附加在出口商品的货价中，但具体金额大小，进口商无从知道，所以延期付款的货价一般比较高。

（二）买方信贷

买方信贷是为了促成设备出口交易，出口国的出口信贷机构或银行向进口商或进口商银行提供的中长期贷款。这种信贷方式应用非常普遍，它的实质是用输出资本来促进、帮助商品的输出。一些发达国家为了扩大本国大型设备项目和成套设备的输出，减少银行风险，很愿意采用这种信贷方式。对于发展中国家，需要国外的先进设备发展本国生产，也是一种很好的融资方式。

买方信贷的利率一般低于市场利率，大多数国家遵照国际君子协定规定的利率，同时还需要支付有关费用。如果买方信贷直接贷款给进口商，那么当双方签订的贸易合同生效后，进口商先缴纳相当于货价15%的现汇定金，然后以贸易合同为基础与进口商所在地银行签订货款协议。进口商用借得的货款，以现汇付款的条件给出口商，对其欠款将按货款协议里规定的条件分期偿付给出口商所在地银行。如果买方信贷货款给进口方银行，也是签订贸易合同后，进口商先缴15%的现汇定金，然后由进口方银行与出口方所在地银行签订货款协议，这一协议当然也以贸易合同为基础，但具有相对的独立性。进口方银行以借得的款项贷给进口商，由其以现汇条件向出口商支付货款。进口商按照货物协议规定，向进口方银行偿还贷款，进口方银行再根据协议分期向出口商所在地银行还款。

（三）福费廷

福费廷(Forfaiting)是出口信贷的一种方式，是一种专门的代理融资技术，它应用在延期付款的大型设备贸易中。

在一项福费廷交易中，出口商把经进口商承兑的远期汇票(期限在3～7年，最长达10～20年)，向已签约的福费廷银行出售这些无追索权的票据，提前取得现款从而免除出口商的一切风险。在某些方面，这与出口保付代理相类似，因为代理人承担着从购货方收取货款的责任，也承担着信用危险和国家风险。由于福费廷银行承担着不付款的风险，所以，它应该评估进口商的信用程度。

福费廷业务起源于20世纪60年代，最早由瑞士和奥地利等国在向东欧出口成套设备时使用，现在已广泛应用。特别在伦敦已有极大发展。此外，在美国、加拿大、中国香港、新加坡、澳大利亚和欧洲中心也设有“福费廷”机构，无数的银行和金融机构从事“福费廷”业务。然而由于这种融资技术实际上是由从事代理融资的专门银行承担起了进口商银行的国家风险，所以必须具有雄厚财力，有较高的国际信誉，拥有金融市场专家的银行和金融机构才有条件从事这种业务。它的融资过程是这样的：

(1) 当出口商和进口商签订贸易合同，决定使用“福费廷”时，出口商与所在地办理福费廷业务的金融机构联系，做好各项信贷安排。

(2) 出口商向进口商索取为支付货款而签发的远期汇票，这一汇票要取得进口商往来银行的担保，它必须保证当进口商不能履行支付义务时，由该银行最后付款。

(3) 出口商发运设备后将全套货运单据通过银行寄送给进口商，换取经进口商承兑的并附有银行担保的承兑汇票或本票。

(4) 按照与“福费廷”银行的约定，买断票据。“福费廷”银行付款后，出口商等于收到了现金货款，即使到期时进口商或担保银行不能付款，出口商已没有任何风险，所以这种交易方式对出口推销货物非常有利。

(5) “福费廷”银行买入票据后，主要审查进口商和担保银行的信用，一般对东欧和发展中国家要求国家银行进行担保，这样才能保证当票据到期时“福费廷”银行可以收回有关票据的款项。

(6) 票据可以自由转让，一般在未到期前可随时转售出去，这种融资方式营业额很大，各项费用较高，“福费廷”银行利润相当可观。

对于进口商来说，由于“福费廷”银行已代其向出口商支付了货款，等于向其提供了一笔货款，并承担了风险。但是，出口商和“福费廷”银行的谈判内幕，进口商并不清楚；“福费廷”银行转售出去的票据在哪些国家流通，何人持票也无法控制。鉴于此种情况，有些进口国限制使用这种融资方式。然而对一些特殊需用的设备或通过其他途径得不到出口信贷时，也只好接受这种信贷方式。

近年来，福费廷业务有了很多新发展，这项业务与货币调换、利率调换、货币期权等金融创新结合起来，从而改变了它原来的形态，更适应投资者的需要，并减少了各种风险。

第二节　国际租赁融资

一、国际租赁融资的概念

根据 1999 年 1 月 1 日生效的《第 17 号国际会计准则——租赁》(IAS17)，租赁是指“在一个议定的期间内，出租人将某项资产的使用权让与承租人，以换取一项或一系列支付的协议”。租赁可用图 10-3 表示。

租赁有国内租赁和国际租赁之分。凡租赁业务活动涉及其他国家的，就可称为国际

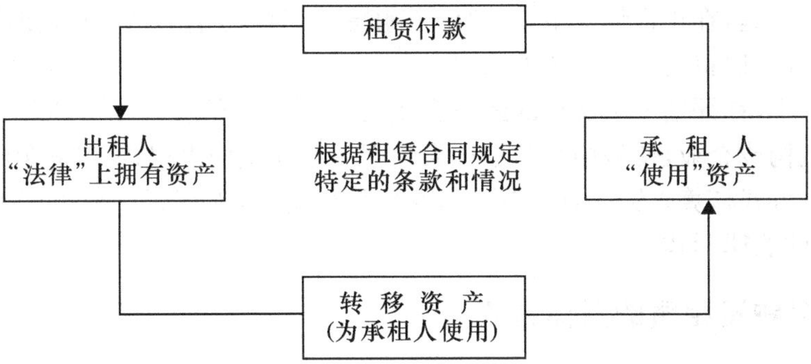

图 10-3　租赁双方履约关系图

租赁。国际租赁是直接利用外资的一种灵活的信贷方式，对出租人来说，它是一种通过信贷取得收入的方式，对承租人来说，则是一种筹集资金的方式。

租赁按期限长短，可以分为短期租赁和中长期租赁。短期租赁从 1 天、1 周、1 月到 1 年，多用于国内租赁。国际租赁一般采用中长期租赁，通常为 3 年、5 年、10 年，也可以长达 20 年、25 年，甚至 30 年。

二、国际租赁的类别和融资租赁的确认

国际租赁一般可分为经营租赁和融资租赁两类。不同的租赁合同规定的条款会导致不同类别的租赁业务。比如，使用某出租公司汽车 5 天的租赁合同，这种租赁使出租人保留了与汽车所有权有关的主要风险和收益，这类租赁即为经营性租赁。融资租赁是指"在实质上转移了与一项资产所有权有关的几乎全部风险和报酬的租赁。所有权最终可能转移，也可能不转移"。根据 IAS17 的规定，出租人和承租人必须将某项租约确认为经营租赁或融资租赁。一般出租人和承租人是用同样的方式确认租赁类型的。将一项租赁归类为融资租赁，其确认标准有以下五种情况：

(1) 在租赁期结束时，资产的所有权转让给承租人。

(2) 承租人有购买租赁资产的选择权。

(3) 租赁期占资产使用寿命的大部分。

(4) 租赁开始时最低租赁付款额的现值几乎相当于租赁资产的公允价值。

(5) 租赁资产性质特殊，以至于如果不进行较大修改，只有承租人才能够使用。

除上述五种情况外，IAS17 中还指出以下几种情形，如果满足其中的一项或几项也能导致一项租赁归类为融资租赁：

(1) 如果承租人撤销该租赁，则撤销导致的出租人的损失由承租人承担。

(2) 资产残值的公允价值波动形成的利得或损失归承租人。

(3) 承租人能以大大低于市场租价的租金继续租赁至下一期间。

需要指出的是，在正常情况下，一项融资租赁是不可撤销的，它可以使出租人收回自己的投资，并且可以得到提供资金的回报。

实际业务中，在评估一项交易的经济实质时，经常需要运用职业判断。例如，有的企业利用中介机构或企业，使该中介与承租人建立一系列短期再租赁，以避免将该类资产采用融资租赁的方式核算。因此，应该注意，在任何情况下，对租赁的分类应关注交易的实质，而不是它的法律形式。

三、国际融资租赁的具体方式

国际融资租赁按其程序的不同，可分为以下几种具体方式。

（一）国际自营性租赁

国际自营性租赁是指本国的租赁公司运用从国外金融市场上筹措的外汇资金，或从本国银行借入的外汇资金，或运用租赁公司的自有外汇资金，根据本国企业的委托，按照本国企业提交的设备订单，以买方的身份与国外供货厂商签订买卖合同。设备购进后，将其出租给本国企业使用，租赁期间，由本国企业分期向本国租赁公司支付租金。国际自营性租赁的程序大致可用图 10-4 表示。

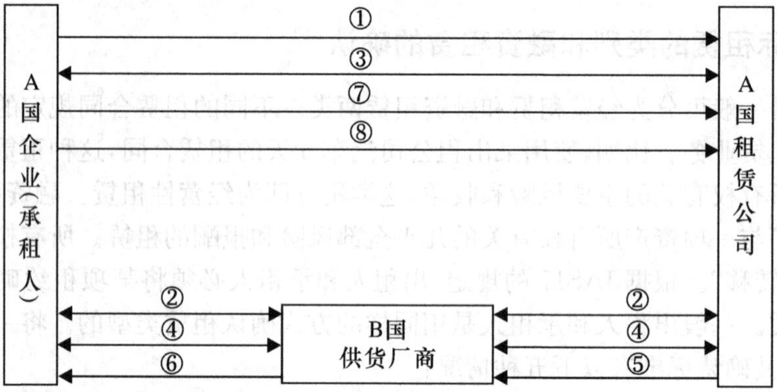

图 10-4　国际自营性租赁程序图

说明：① 申请租赁；② 承租人选定租赁物和供货厂商，与租赁公司一起与供货厂商进行技术谈判；③ 签订租赁合同；④ 租赁公司和承租人与供货厂商进行商务谈判，签订买卖合同；⑤ 支付购买租赁物的贷款；⑥ 租赁物交货与验收；⑦ 分期支付租金；⑧ 租赁期满，承租人支付名义价，留购租赁物。自营性融资租赁虽然承租人和出租人同属于一国，但涉及外国的供货厂商，租赁业务跨越两个国家，故视为国际融资性租赁。

（二）国际转租赁

国际转租赁是指本国的租赁公司根据本国企业的委托，按照本国企业选定的租赁物（例如某种设备）、供货厂商和提交的设备订单，先以承租人的身份从国外租赁公司租赁设备，再以出租人的身份将设备转租给本国企业。这种租赁方式一般是在本国租赁公司资金不足，或对国外供货厂商的情况没有完全把握的情况下才采用的。国际转租赁的一般程序见图 10-5。

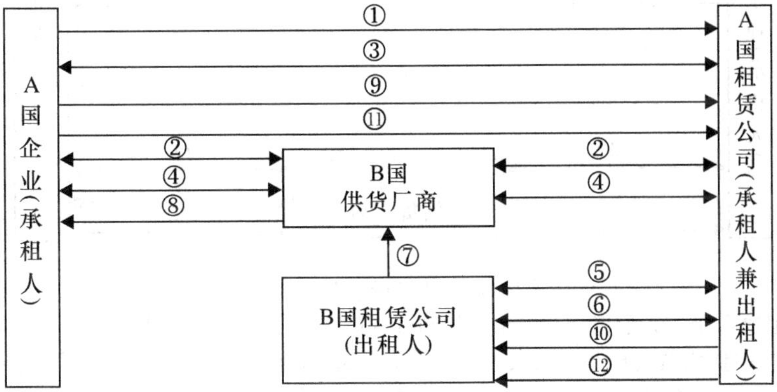

图 10-5　国际转租赁程序图

说明：① 租赁委托；② 承租人选定租赁物和供货厂商，与 A 国租赁公司一起与供货厂商进行技术谈判；③ 签订租赁合同；④ A 国租赁公司和 A 国承租人与 B 国供货厂商进行商务谈判，签订买卖合同；⑤ 签订地位转让合同；⑥ 签订租赁合同；⑦ 支付租赁物货款；⑧ 租赁物交货与验收；⑨ 分期支付租金；⑩ 分期向 B 国租赁公司支付租金；⑪ 租赁期满，承租人支付名义价留购租赁物；⑫ 承租人（A 国租赁公司）支付名义价留购租赁物。

（三）国际直接租赁

国际直接租赁是指本国企业（承租人）从国外某供货厂商处选定所需设备，直接与国外租赁公司签订租赁合同，由国外租赁公司按照承租人的订货要求与供货厂商签订设备买卖合同，国外租赁公司向供货厂商支付设备货款，购买该项设备，由供货厂商将设备发运给承租人，承租人使用设备，定期向国外租赁公司支付租金。承租人也可委托本国租赁公司代为选择适宜的国外供货厂商和租赁合同，然后由承租人选定所需设备，直接与国外租赁公司签订租赁公司，国内租赁公司只负责介绍和担保责任。国际直接租赁的程序见图 10-6。

（四）杠杆租赁

杠杆租赁是直接融资租赁的一种特殊类型，最近几年在美国特别流行，所涉及的大多如飞机、船舶这类大的资产项目。在这种租赁方式下，出租人购买承租人指定的资产时，只支付购买资产所需资金的一部分（一般为 20%～40%），其余部分（一般为 60%～80%）以欲购资产作为担保，从银行、保险公司等金融机构贷款支付。购入的资产租给承租人，出租人从承租人处收取租金并向提供贷款的金融机构偿还贷款。如果出租人不能按期偿还债务，则租赁资产所有权就要转归资金出借者。

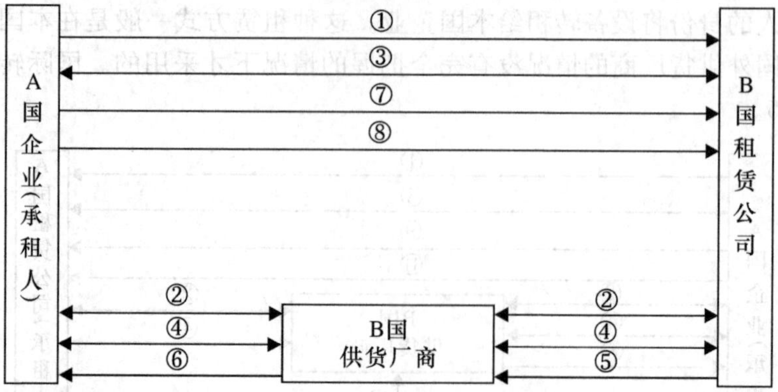

图 10-6　国际直接租赁程序图

说明：① 租赁委托；② 承租人选定租赁物和供货厂商，同租赁公司一起与供货厂商进行技术谈判；③ 签订租赁合同；④ 租赁公司和承租人一起与供货厂商进行商务谈判，签订买卖合同；⑤ 支付购买租赁物的价款；⑥ 租赁物交货与验收；⑦ 分期支付租金；⑧ 租赁期满，承租人支付名义价留购租赁物。

杠杆租赁的参与方有出租人、承租人、贷款人、经纪人和有关委托人。租赁设备可减免税金和允许采用加速折旧等方法，使出租人得到较多优惠。但这种税收优惠并不是任何一种设备租赁都可以享受到的。例如，在美国对此就有严格的规定，对租赁到美国境外的设备必须符合下述条件才可以享受投资减税的好处：

(1) 飞机。租用的飞机要在美国注册并且每年必须飞往美国 26 次。

(2) 船只。租用的船只要在美国注册，同时必须雇佣一定比例的美国船员。

(3) 石油勘探设备。租用钻井台也要雇佣一定比例的美国工人。

(4) 各种车辆。这些车辆要每年往返美国若干次。

(5) 集装箱。必须用于和美国的贸易，等等。

所以杠杆租赁有相当的局限性，目前只有美国等少数国家采用。

(五) 售后租赁

售后租赁是指卖主将一项资产出售后又将这项资产租回。租赁付款和售价通常是相互关联的，因为它们是以一揽子方式进行谈判的。售后租回交易按照其经济实质划分为融资租赁售后租回和经营租赁售后租回两种方式。

一项售后租回交易涉及财产销售，指财产的全部或部分买者(出租人)租回给卖者(承租人)。卖者(承租人)进行这项交易的目的或是为了融资一项财产，或是为了获得额外的营运资本。买者(出租人)是对此交易产生的回报率和出租财产的安全性有兴趣。但是，应注意的是租赁付款和售价是以一揽子方式进行谈判，结果很有可能不代表公允价值。

四、融资租赁租金的计算

在融资租赁筹资方式下，承租企业要按合同规定向租赁公司支付租金。租金的数额和支付方式对承租企业的未来财务状况具有直接的影响，也是租赁筹资决策的重要依据。

（一）融资租赁租金的构成

融资租赁的租金包括设备价款和租息两部分，其中租息又可分为租赁公司的融资成本、租赁手续费等。

1. 设备价款

设备价款是租金的主要内容，它由设备的买价、运杂费和途中保险费等构成。

2. 融资成本

融资成本是指租赁公司为购买租赁设备所筹资金的成本，即设备租赁期间的利息。

3. 租赁手续费

租赁手续费包括租赁公司承办租赁设备的营业费用和一定的盈利。租赁手续费的高低一般无固定标准，可由承租企业与租赁公司协商确定。

（二）租金的计算方法

在租赁期内利率固定不变的情况下，计算租金的方法有以下几种。

1. 附加率法

所谓附加率法是指在租赁资产的概算成本上再附加一项特定的比率来计算租金的方法。之所以要增加这一附加，主要考虑因素是融资的风险性和出租人应取得利润。这里的风险包括利率风险、汇率风险以及承租人无力偿付租金等风险。

在租金后付的情况下，采用附加率法平均每期租金的计算公式如下：

$$R=P(1+ni)/n+P\cdot r$$

式中　R——平均每期租金额；

P——租赁资产的概算成本；

n——付租期数；

i——每期的利息率；

r——附加率。

【例 10-2】 设概算成本 $P=\$10\,000$，分 3 年六期偿还租金，年利息率 8%，附加率 5.5%，求每期平均应付租金。

分析：每期的利息率：　$i=8\%\div2=4\%$

平均每期租金额：　$R=10\,000\times(1+6\times4\%)\div6+10\,000\times5.5\%=\$2\,616.67$

2. 等额年金法

等额年金法是运用年金现值的计算原理来计算每期应支付租金的一种方法。用这种方法计算租金时，要将利率和手续费率综合在一起确定一个租费率，以此为贴现率进行年金（租金）的计算。每次应付租金计算的公式如下：

$$R=TPV/(P/A,i,n)$$

式中 R——每年末支付的租金；

TPV——租赁设备应计的总现值；

i——双方商定的租费率；

n——租赁期；

$(P/A,i,n)$——年(租)金现值系数。

【例 10-3】 仍以上例为例，按等额年金法计算每年年末应支付的租金如下：

假定租赁双方商定的租赁费率为 11%(其中利率为 10%)：

$$R=[700-8\times(P/F,10\%,5)]/(P/A,11\%,5)$$

$$=(700-8\times0.621)/3.696$$

$$=188.05(万美元)$$

此例如果为先付等额租金方式，则每年年初支付租金为：

$$R=[700-8\times(P/F,10\%,5)]/[(P/A,11\%,4)+1]$$

$$=(700-8\times0.621)/(3.102+1)$$

$$=169.44(万美元)$$

3. 平均支付本金法

平均支付本金法，又称递减式计算法，其计算公式如下：

$$R_n=[P-(n-1)\cdot P/N]\cdot i+P/N$$

式中 R_n——第 n 次付租数；

P——概算成本；

n——付租次序；

N——总付租期数；

i——每期利率。

这种方法的特点是：把资金分为融资本金和利息两块。本金分摊在各期中，利息按每期实际占用资金计算，只计单利，对双方都很合理，目前我国许多租赁公司采用此方法。

五、租赁筹资决策

租赁筹资决策包括经营性租赁决策和融资租赁决策，它们所需考虑的因素有显著的不同。经营性租赁主要是为了满足生产经营的需要而临时租入设备，企业并没有长期添置资产的意图；同时，经营性租赁所涉及的时间也比较短，所面临的风险因素也就较少，因此其决策相对简单，主要是针对所需设备的特性，选择能提供适当设备且价格低廉的租赁公司。

融资租赁的目的最终是为了添置资产，而且由于涉及的时间比较长，面临的不确定性因素较多，因此其决策所涉及的问题也比较多。当企业决定投资于某项固定资产时，可以选择以下几种方式：

第一种：借款购买该资产。

第二种：租赁该资产。

第三种：企业用自有资金购买该资产。

第一种和第三种方式虽然有所不同，但是都属于购买决策。这样企业在增加固定资产时，就需要在租赁和购买两种方式中进行选择，采用成本最低、风险最小的方案。

影响融资租赁决策的因素比较多，对这些因素分析大致可以归纳为租赁费用、现金流量的时间分布及其数额、机会成本、税收和风险等因素。

下面举一简例，分别从承租人和出租人的角度对租赁契约的可行性进行决策分析。

（一）从承租人角度决策

【例 10-4】 假定某跨国公司欲添置一项新设备，有两个方案可供选择：

A 方案租赁：租赁的费用共 150 万美元，分 5 年支付，每年年末支付 30 万美元，不需要负担维修费用。

B 方案贷款买入：购买成本为 100 万美元，每年年末尚需支付 4 万美元的维修费用，5 年后的残值为 10 万美元，购买款项的贷款利率为 10%，所得税税率为 40%，折旧采用直线法。试问租赁和融资购买何者为佳？

从承租人角度来决策租赁契约的可行性，此时财务管理者所面临的问题是如何比较两种方案的增量现金流量及其现值。至于两种方案现金流量相同的部分，如销售收入及营运成本的变动，则没有考虑的必要。

第一步，计算 A 方案租赁的现金流量：

第 1～第 5 年每年的税后现金流量（ATCFL）计算如下：

$$ATCFL=-\$300\,000\times(1-0.40)=-\$180\,000$$

因为每年租金可以抵减所得税，节税额为 \$120 000（300 000×0.40），再将租金与节税额相减就是租赁方式下的税后现金流量。

第二步，计算 B 方案融资购买的现金流量：

第 0 年的税后现金流量（ATCFO）可简单表示为：

$$ATCFO=-\$1\,000\,000$$

购买设备的成本是第 0 年唯一发生的现金流量。如果维修费用是在每年年初支出，则此现金流量必须加入上式。

第 1～第 5 年的税后现金流量计算如下：

$$ATCFO=[(\$1\,000\,000-\$100\,000)\div5]\times0.40-\$40\,000\times(1-0.40)$$

$$= \$72\,000 - \$24\,000 = \$48\,000$$

等号右边第一项是折旧的节税额,第二项是维修费用及其节税额的总和。

融资购买方式在第 5 年尚有一笔现金流量:

$$ATCFO = \$100\,000$$

这是该设备的残值。不过因为账面价值与残值没有差异,所以对税赋不造成任何影响。

第三步,计算资金成本:

租赁与融资购买所采用的折现率均为负债的税后资金成本。根据资金成本的计算公式,我们可以得到负债的税后资金成本如下:

$$K = 10\% \times (1 - 0.40) = 6\%$$

将前面有关租赁的现金流量资料,以图 10-7 表示如下。

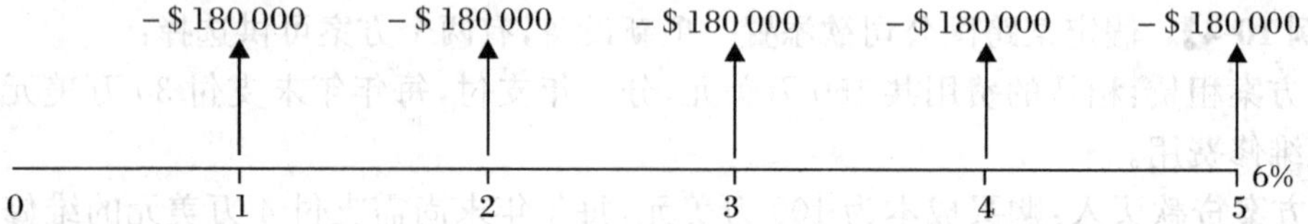

图 10-7　租赁现金流量

同样,将有关融资购买的现金流量的资料,以图 10-8 表示如下。

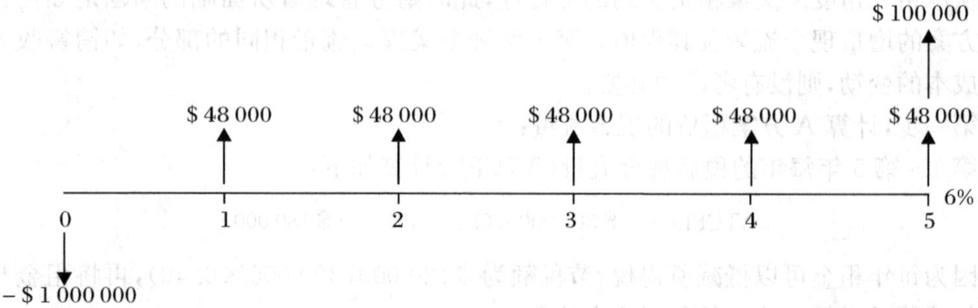

图 10-8　融资购买现金流量

第四步,分别计算出两种方案的现值:

A 方案:　$PV = -\$180\,000 \times (P/A, 6\%, 5)$

$= -\$180\,000 \times (4.2124) = -\$758\,232$

B 方案:　$PV = -\$1\,000\,000 + \$48\,000 \times (P/A, 6\%, 5) + \$100\,000 \times (P/F, 6\%, 5)$

$= -\$1\,000\,000 + \$48\,000 \times (4.2124) + \$100\,000 \times (0.7473)$

$= -\$723\,075$

结论是:融资购买优于租赁的方式,因为其现值较大。

本例中如果租金与维修费用需要在年初支出,我们可从图 10-9 来看这样小幅度的变动对租赁现金流量的影响。

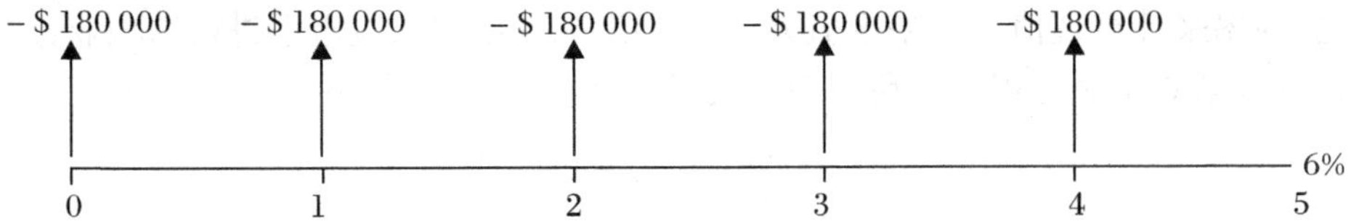

图 10-9 租赁现金流量(年初支出)

而对于融资购买现金流量的影响见图 10-10。

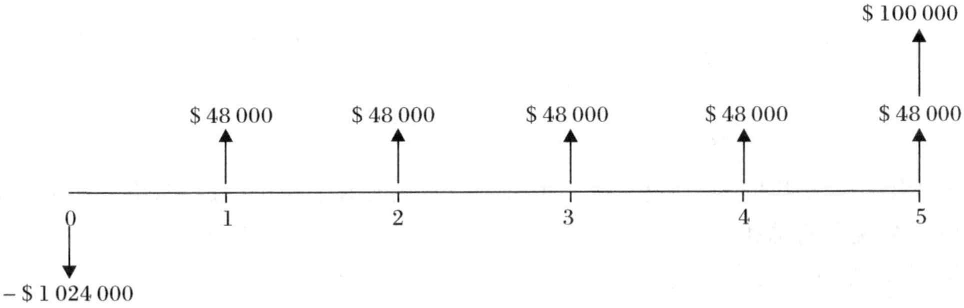

图 10-10 融资购买现金流量(年初支出)

两种方案的现值分别如下:

A 方案: $PV = -\$180\,000 - \$180\,000 \times (P/A, 6\%, 4)$

$= -\$180\,000 - \$180\,000 \times (3.4651)$

$= -\$803\,718$

B 方案: $PV = -\$1\,024\,000 + \$48\,000 \times (P/A, 6\%, 4) + \$172\,000 \times (P/F, 6\%, 5)$

$= -\$1\,024\,000 + \$48\,000 \times (3.4651) + \$172\,000 \times (0.7473)$

$= -\$729\,140$

计算结果表明:即使发生变动之后仍是融资购买的方式较佳,因为其现值较大。

(二) 从出租人角度决策

如果站在出租人的角度来评价租赁契约的可行性,所面对的问题是:在出租人既定的机会成本下,租赁的现值是多少?机会成本是指出租人投资于相同风险等级的金融工具所赚取的税后收益率。

【例 10-5】 仍以[例 10-4]为例,在所有条件均不变的情况下,再加入下列资料:

出租人的所得税率为 40%;

风险等级与租赁契约相同的债券,税前收益率为 8.33%;

出租人对设备采取直线折旧法,且得到的残值金额与承租人一样。

试问出租人是否应从事这项租赁行为?

解决这个问题的关键是先从出租人的观点估计增量现金流量,再利用出租人的机会成本为折现率来计算现值。如果现值大于 0,则意味着出租人应着手进行这项业务。

第一步,第 0 年时出租人的税后现金流量(LATCF)计算如下:

$$LATCF = -\$1\,000\,000$$

这是出租人购买设备的成本,是第 0 年仅有的现金流量。假如维修费用或租金收入是在每年年初发生,则应加入上式。

第二步,第 1～第 5 年的税后现金流量计算如下:

$$\begin{aligned} LATCF &= [(\$1\,000\,000 - \$100\,000) \div 5] \times 0.40 - \$40\,000 \times (1-0.40) \\ &\quad + \$300\,000 \times (1-0.40) \\ &= \$72\,000 - \$24\,000 + \$180\,000 = \$228\,000 \end{aligned}$$

上式第一项是折旧的节税额,第二项是维修费用及其节税额的总和,第三项是租金收入与应缴纳税金的总和。

第三步,第 5 年尚有一笔现金流量:

$$LATCF = \$100\,000$$

这是该设备的残值。由于其账面价值与残值相同,故对税赋不造成任何影响。

把全部的现金流量资料,汇总后可在图 10-11 中表示。

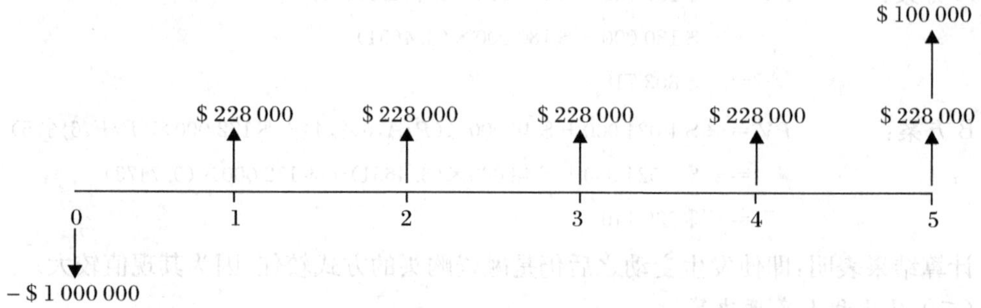

图 10-11　现金流量汇总

至于出租人投资于相同风险等级债券所赚取的税后收益率(ATY)计算如下:

$$ATY = 8.33\% \times (1-0.40) = 5\%$$

第四步,最后将这个数字作为折现率,求出现值:

$$PV = -\$1\,000\,000 + \$228\,000 \times (P/A, 5\%\ 5) + \$100\,000 \times (P/F, 5\%, 5)$$

$$=-\$1\,000\,000+\$228\,000\times(4.3295)+\$100\,000\times(0.7835)$$

$$=\$65\,476$$

结论：因为现值为正数，所以这项租赁契约可行。

在例中，我们还可以很容易地求得出租人所应收取租金的下限，也就是出租人对于租赁采取与否都感到无差异的值。

首先，把＄228 000 以 X 代替，并设 PV 为 0。

$$0=-\$1\,000\,000+X\times(P/A,5\%,5)+\$100\,000\times(P/F,5\%,5)$$

$$=-\$1\,000\,000+X\times(4.3295)+\$100\,000\times(0.7835)$$

可求出 X：

$$X=\$212\,876.77$$

然后，将 X 值代回到第 1～第 5 年的税后现金流量（LATCF）一式中：

$$\$212\,876.77=[(\$1\,000\,000-\$100\,000)/5]\times0.40-\$40\,000\times(1-0.40)+Y\times(1-0.40)$$

$$=\$72\,000-\$24\,000+Y\times(0.60)$$

$$Y=\$274\,794.61$$

Y 值就是出租人所应收取租金的下限。

第三节　其他国际融资方式

一、国际项目融资

（一）国际项目融资的涵义

项目融资（Project Financing）是国际间比较普遍采用的大规模筹集资金的一种融资方式，也是目前国际商业银行信贷中的一种相当主要的方式。它主要用于交通、能源、采矿、农林业、化工、制造业、冶金等大型资金密集性的工程项目的资金筹集。这种融资方式资金需要量大，风险也大，非一般筹资方式能承受得了。项目建设往往涉及复杂的过程，包括设备置换、新技术应用、经济规模，以及政治的稳定性、通货膨胀、外汇和利率变动等多方面的政治和商业风险，往往使最大的跨国公司也感到难以独揽项目。但项目本身往往又以提供更多的资源和更大的利润前景来吸引各国政府、金融机构和有关企业。所以这一融资方式在国际金融市场上得到了迅速发展，项目筹资规模从 20 世纪 60 年代的 1 亿～2 亿美元发展到今天的数 10 亿美元。

国际项目融资虽然已经出现有近 40 年的时间，但作为学术用语，迄今为止还没有一个公认的定义。这里介绍我国国家计委与外汇管理局共同发布的《境外进行项目融资管理办法》中的定义：国际项目融资是指以境内建设项目的名义在境外筹措外汇资金，并仅以项目自身预期收入和资产对外承担债务偿还责任的融资方式。根据该定义，国际项目融资应具有以下性质：

(1) 债权人对于建设项目以外的资产和收入没有追索权。

(2) 境内机构不以建设项目以外的资产、权益和收入进行抵押、质押或偿债。

(3) 境内机构不提供任何形式的融资担保。

从该定义中可以看出，国际项目融资包括以下两层基本含义：

(1) 必须存在一个经济实体，又称之为项目公司。项目公司是为项目的开发而特别成立的组织，是借款人或是债务的承担者，也是债务的偿还者。

(2) 偿还项目贷款的来源必须明确。用来偿还债务的资金主要来源于项目运行所得的收益。如果项目运行后效果不好，即项目的净利润不能全部偿还债务，债权人只能从项目本身的资产中或其他信用中收回贷款，而不涉及项目以外的任何资产。所以，项目融资是一种无追索权或有限追索权的贷款。

(二) 国际项目融资的特征

与传统融资方式相比较，项目融资具有以下几方面特征。

1. 以项目为主体安排融资

投资发起人是以项目投产运行后所产生的现金流量和项目的资产为基础来融资，而不是依靠发起人的信誉或资产。

2. 无追索权或有限追索权

无追索权即项目的投资人或债权人百分之百地依赖于项目的经济实力，而对债务人项目以外的资产无任何追索权力；有限追索权是对债务人项目以外的资产在某个特定期内(通常为项目的建设期或试运营期)有追索权，除此以外无任何形式的追索权。

3. 融资周期长

项目生命周期包括从立项开始，经过项目的准备、实施、竣工验收、试运行，直到项目的正式投产运行等众多的阶段。前期准备阶段需要花费大量的时间进行可行性研究、项目评估和合同谈判等；实施阶段又要经过项目建设期、试运行期，然后进入经营期。项目只有进入经营期后才有可能产生净现金流量，归还借款。因此，融资时间比较长。

4. 风险分担

由于项目融资渠道多，可使同一个项目拥有众多投资者，由此分散了风险，实现了真正意义上的“共享利润，共担风险”。

5. 非公司负债型融资

项目融资属资产负债表外的融资，即用于建设项目的债务不出现在项目投资者的资产负债表内，而在表外，这与传统会计处理方法不同。这样可使投资者在银行面前树立好的形象，不至于因为资产负债比例失衡而丧失许多新的筹资机会。

6. 融资成本高

项目融资以商业银行为主，融资金额大，手续简便，但融资成本较高。国际商业银行贷款的利率以国际金融市场利率为基准，一般由伦敦商业银行间同业拆放利率再加上一个附加利率构成，与出口信贷、政府贷款和国际金融机构贷款的低息、无息相比较要高得多，而且还要承担各种费用。

7. 项目融资多数能够得到政府的支持

由于融资的项目一般来说是规模大、投资时间长、风险高的国家级项目，因而本国政府不得不亲自出面，以借款人的身份给予最高的支持或担保。另外，对于国际项目融资的较高利率，本国政府也给予一定补贴。

（三）国际项目融资的参与者

国际项目融资具有多方面的参与者，它们对贷款的取得、项目的完工和贷款的偿还具有主要的作用。

1. 项目的主办人

项目的主办人是项目的主营机构，一般包括政府部门、国有和私营企业，它从组织上负有督导该项目计划落实的责任。对于有追索权的项目，如果发生意外使该项目所创收入不足以偿付债务时，一般情况下作为第三者负有拿出差额资金进行偿还的责任。所以项目主办人的资信状况对贷款的取得具有影响。

2. 项目承办者

项目承办者一般是公司，它是为工程项目筹集资金并经营该工程的独立的法人实体，具体负责该项目建设计划的落实和经营，并负责偿还贷款。承办者有独资的，也有合资的。

3. 贷款人

项目贷款人一般是国际金融机构、政府机构、出口信贷机构、商业银行、保险公司等。

4. 项目产品的买主

项目产品的买主通过签订长期的购买合同，特别是订立无论取得货物与否均需付款的合同，为贷款人对项目的贷款提供了重要的信用支持。因为偿还项目贷款的资金来源主要依靠项目产品销售和设备使用后的收入，所以项目的买主是项目融资的参与者，它们有时是一个方面，有时来自多方面，它们的资信状况是能否取得贷款的最主要因素。

5. 担保人

担保人一般是项目所在国的中央银行、国际大银行、国际大企业。

6. 政府官方保险机构

发达国家的政府官方保险机构一般对贷款提供保险，这些国家的银行等信贷机构向工程项目提供贷款时，常常以能否取得政府官方信贷保险机构的保险为前提，提供这些信贷保险的机构，如美国的海外私人投资公司、英国的出口信用保证局、法国的外贸保险公司、德国的海尔格斯保险公司，等等，这些机构也是项目贷款的主要参与人。

7. 设备供应者

项目设备的供应者主要是指为项目提供各种材料、机械和运输设备的公司、厂商。他们在保证项目按时竣工中起举足轻重的作用。他们的经营情况、作风和资信是贷款人进行决策时所考虑的重要因素之一。争取以延期付款方式向供应商支付货款，是取得项目资金的一个重要来源。

8. 工程师和承包人

他们的技术水平、工作作风是项目成败的关键，加上资历和声誉也是能否取得贷款的重要因素之一。

9. 托管人

在国际大型工程项目的资金筹集中，一般有托管人介入，他们负责管理项目产品的收入，用以偿还贷款人的本金和利息，并保证在贷款债务未清偿前，承包者不许挪用该笔款项。

（四）国际项目融资的模式

项目融资模式是国际项目融资整体结构中的核心部分，是对国际项目融资各要素的具体组合和构建。主要的项目融资模式有以下几种。

1. 直接融资模式

直接融资模式是由项目投资者以自己良好的资信名义做担保，从金融机构贷款为项目的建设和运营提供资金的融资方式。这种模式适用于结构简单且投资人的财务结构和资信良好的项目，常见于投资者直接拥有项目资产，并控制项目现金流量的非公司型结构中，有时也是为某一项目筹集追加资金的唯一方法。

2. 项目公司融资模式

投资者通过建立一个单一的公司来安排融资，有单一项目子公司和合资项目公司两种形式。

3. “设施使用协议”项目融资模式

指依靠某种设施的拥有者与使用者达成的具有“无论提货与否均需付款”或“无论使用与否均需付款”性质的协议及其他担保所构成的信用保证，从金融机构贷款，从而实现项目融资的方式。这种模式主要应用于一些基础性项目及服务性项目，如石油、天然气管道项目、发电设施、某种专门产品的运输系统以及港口、铁路设施、公路和机场等。在工业型项目中，该模式又被称之为委托加工协议。

4. “杠杆租赁”项目融资模式

指在项目投资者的要求和安排下，由杠杆租赁结构中的资产出租人融资购买项目的资产，然后租赁给承租人的一种融资形式。资产出租人和融资贷款银行的收入以及信用保证主要来自该租赁项目的税务好处、租赁费用、项目的资产以及对项目现金流量的控制。

5. “生产支付”项目融资模式

指项目公司以项目生产的产品及其销售收益的所有权作为担保，使项目获得所需资金的一种融资方式。这种模式只适用于资源储藏量已经探明，并且项目生产的现金流量能够比较准确地计算出来的项目。对于那些资源属于国家，项目公司只能获得资源开采权的国家和地区，产品支付还要通过购买项目未来生产的现金流量，加上资源开采权和项目资产的抵押来提供信用保证。

6. “黄金贷款”项目融资模式

指项目建设初期由贷款银行将一定数量的黄金借给项目公司，以满足其项目建设的资金需要，在项目的生产期间该公司再以生产出来的黄金分期偿还贷款的融资方式。这种模式主要适用于已证实储量并完成最后可行性研究报告的项目。

7. ABS 项目融资模式

ABS 是英文单词 Asset-backed Securitization 的缩写，具体是指以目标项目所拥有的资产为基础，以项目资产的未来收益为保证，通过在国际资本市场发行高档债券等金融产品来筹集资金的一种项目证券融资方式。ABS 模式的目的在于通过其特有的提高信用等级的方式，使原本信用等级较低的项目照样可以进入高档证券市场，并利用该市场信用等级高、债券安全性和流动性好、利率低的特点，大幅度降低发行债券和筹集资金的成本。

8. BOT 项目融资模式

BOT 是建设(Built)，经营(Operate)和转让(Transfer)三个英文单词第一个字母的缩写，代表着一个完整的项目融资过程。这种模式指由项目所在国政府或所属机构为项目的建设和经营提供一种特许权协议(Concession Agreement)作为项目融资的基础，由本国公司或者外国公司作为项目的投资者和经营者安排融资、承担风险、开发建设项目，并在有限的时间内经营项目获取商业利润，最后根据协议将该项目转让给相应的政府机构的融资模式。BOT 方式，从项目发起人来看是一种融资方式，从外商来看则是一种投资方式，是项目发起人吸收外商直接投资满足项目资金需要的方式。

BOT 是 20 世纪 80 年代以来逐渐发展起来的一种新的投融资方式。不论欧美发达国家还是广大发展中国家，经常采用这种方式建设大型基础设施项目，如电站、供水、高速公路、铁路、桥梁、港口、机场、钢铁企业和环保设施。这些项目工程量大，建设时间长，耗资巨大，但这些项目的市场需求都较大，能获得稳定的收入。

现以某电力总公司为例，说明 BOT 项目融资方式的基本程序。该公司现有三个电厂：A 厂、B 厂和 C 厂，为了解决电力供不应求问题，经政府批准，该公司发起建一新电厂——D 厂，采用 BOT 方式。其基本程序见图 10-12。

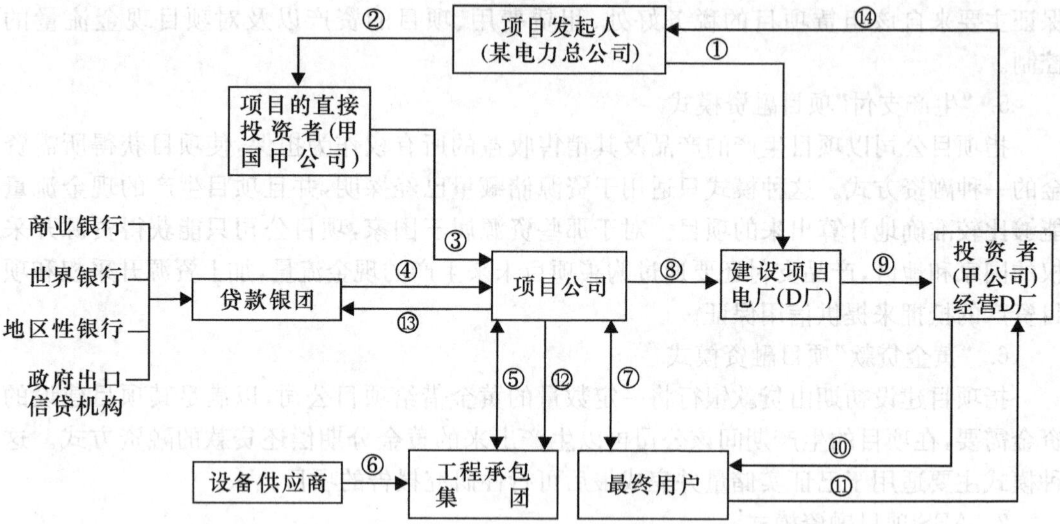

图 10-12 BOT 项目融资方式的基本程序图

说明：① 某电力总公司经政府批准发起建设一新电厂——D 厂；② 通过招标、投标，甲国甲公司中标，电力总公司授予中标者建设、经营 D 厂的权利，签订特许权协议；③ 甲公司投资建立项目公司；④ 项目公司从境外银团获得贷款；⑤ 项目公司与工程承包集团签订工程承包合同；⑥ 工程承包集团与设备供应商签订供应合同；⑦ 项目公司与产品或服务最终用户签订购销合同；⑧ 项目公司进行施工，建设 D 厂；⑨ D 厂建造完工，由投资者(甲公司)经营；⑩ D 厂向用户供应电力；⑪ D 厂获得销售收入；⑫ 项目公司向工程承包集团支付工程款；⑬ 项目公司向贷款银团还本付息；⑭ 协议经营期满，甲公司将 D 厂转让给项目发起人。

二、国际补偿贸易融资

(一) 国际补偿贸易的概念

国际补偿贸易是指出口商提供机器、设备，其价款允许进口商用进口的设备、技术生产的产品或双方商定的其他产品分期清偿的贸易方式，也可以说是一方向另一方出口商品，同时承担分期向对方购买一定数量的商品的义务。这种贸易方式欧美国家称为“Compensation Trade”或“Counter Trade”。出口方供应设备、技术，并取得补偿品，进口方提供补偿品，并取得设备、技术的所有权和使用权，属于商品买卖关系。从进口方来说，国际补偿贸易也是利用外资的一种重要方式。

(二) 国际补偿贸易的产生和发展

国际补偿贸易是 20 世纪 60 年代以后，在易货贸易的基础上发展起来的商品技术贸易与信贷结合的一种形式。原苏联和东欧国家在 20 世纪 60 年代以来从西方国家进口大量设备、技术，但自由外汇短缺，就提出用产品直接支付进口；亚、非、拉的一些发展中国家，由于国际收支逆差，也希望采用补偿贸易方式用产品支付进口货款。一些工业发达国家为了克服国际贸易中外汇短缺的障碍，向更多的国家推销自己的商品，或通过向资源丰富的国家提供设备、技术，以稳定的合同关系从那里获得原材料，也愿意采用补偿贸易形式。跨国公司的发展，企业销售系统的扩大和完善，也为国际贸易补偿的开展创造了必要的条件。近三十年来，国际补偿贸易发展迅速，已为许多国家所采用。我国开展国际补偿贸易始于 20 世纪 70 年代末。

小知识

我国对国际补偿贸易的几项规定

(1) 凡是由国外厂商提供或者利用国外出口信贷进口生产设备或技术，由我方企业进行生产，以返销其产品方式分期偿还对方技术、设备价款或贷款本息的交易方式，都属于补偿贸易。中小型补偿贸易应以发展轻纺产品、机电产品、化工产品、建筑材料、地方中小型矿产品和某些农副产品为主。其他行业如有利于发展产品出口，并具有偿还能力的，也可以对外开展补偿贸易。

(2) 补偿贸易原则上要以引进技术、设备所生产的产品返销对方，进行直接补偿。直接补偿确有困难，或者以其他产品偿还对我方扩大出口更为有利时，在不影响完成国家规定的调出任务的前提下，也可以使用该企业(包括联合体)所生产的其他产品进行间接补偿。

(3) 开展补偿贸易，应当尽可能直接利用设备出口国家的出口信贷，包括中国银行在国外筹措的买方信贷。使用这种信贷必须和返销产品进行补偿结合，否则不属于补偿贸易，不能减免进口关税和工商税。

(4) 使用国外贷款进口材料在国内制造设备或直接购买国内设备，然后用这些设备所生产的产品偿还贷款本息，也是补偿贸易的一种形式。

(5) 直接用国内产品同国外厂商交换设备、原材料、器件或产品，以货换货，是易货贸易，不属于补偿贸易范围。

(三) 国际补偿贸易的分类

1. 国际补偿贸易按其涉及的单位分类

国际补偿贸易按其涉及的单位多少可分为双边补偿贸易、三角补偿贸易和多边补偿贸易。

(1) 双边补偿贸易。补偿贸易活动只涉及出口方和进口方两个方面的，称为双边补偿贸易，见图 10-13。

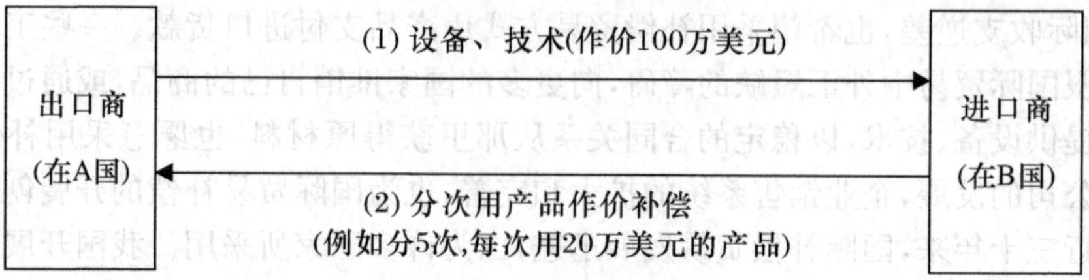

图 10-13　双边补偿贸易图

(2) 三角补偿贸易。有时设备、技术的出口方对于从进口方返销或回购的产品,自己不需要使用又无力销售,而必须找一家经销商来销售这些产品,以参与完成补偿贸易的全过程,这称为三角补偿贸易,见图 10-14。

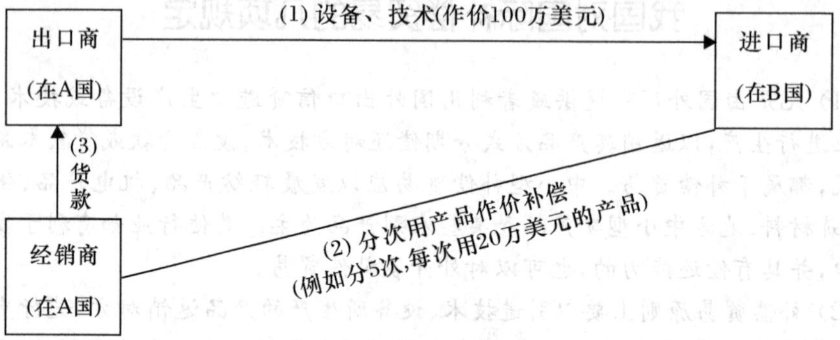

图 10-14　三角补偿贸易图

(3) 多边补偿贸易。由于补偿贸易从出口方发运设备,经安装、调试、投产、产品出运,到补偿设备、技术全部价款为止,需经历若干年,出口方会感到资金周转困难。因此,补偿贸易离不开资金融通,就有利用出口信贷及商业银行贷款的必要。在这种情况下,就会出现前述三方再加上银行四方参加的多边补偿贸易。利用卖方信贷时的补偿贸易见图 10-15,利用买方信贷时的补偿贸易见图 10-16。

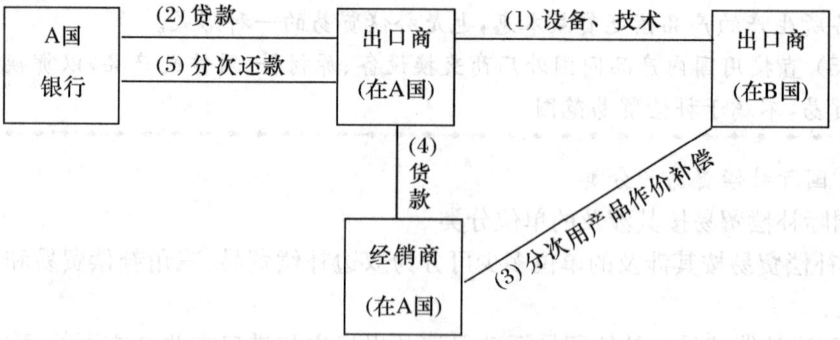

图 10-15　利用卖方信贷时的补偿贸易图

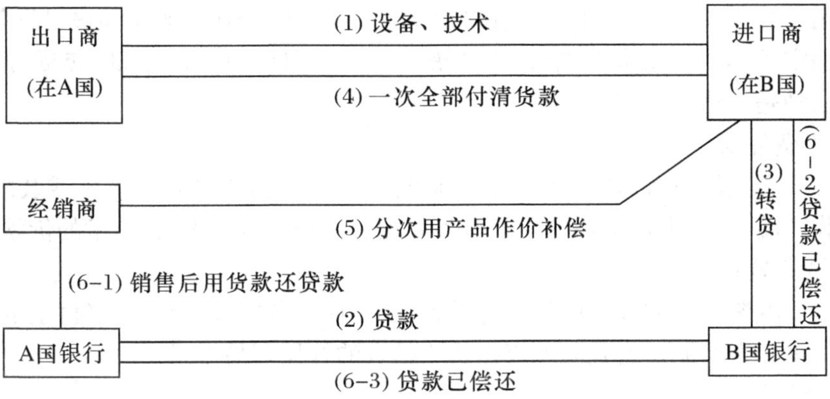

图 10-16　利用买方信贷时的补偿贸易图

在图 10-16 中，出口商的经销商应将产品销售所得货款汇给进口商，由其偿还 B 国银行贷款本息，然后 B 国银行偿还 A 国银行贷款本息。为了节省和简化，进口商指示经销商用货款偿还贷款，这样，进口商欠 B 国银行的贷款和 B 国银行欠 A 国银行的贷款都已偿还。

2. 国际补偿贸易按其规模和重要程度分类

国际补偿贸易按其规模和重要程度可分为大型和中小型补偿贸易两种。

大型补偿贸易是指国家掌握的大型厂矿、农田水利、铁路、港口等重要的建设项目所进行的规模较大的补偿贸易。中小型补偿贸易是指生产一般轻纺产品、手工业产品、机电产品、地方中小型矿产品和某些农副产品的企业引进设备、技术，以生产的产品或其他产品作价偿还的项目。

(四) 国际补偿贸易的方式

国际补偿贸易中进口方对出口方提供的设备、技术价款的补偿有以下几种方式。

1. 直接产品补偿

直接产品补偿又称产品返销，是指进口商用进口的设备、技术所生产的产品作价分期偿还出口方设备、技术的价款。这是补偿贸易的基本形式。采用这种形式，进口方生产的直接产品的性能和质量必须符合出口方的要求，或在国际市场上是可销的。进口设备、技术的企业一般应争取采用这种补偿形式，因为引进设备、技术后，企业的技术水平、生产能力和产品质量都会提高，具备一定的偿还能力。补偿贸易的商品一般是某种设备、技术，但也可能是一个工厂。例如，阿根廷从巴西购买一个水电站作为补偿，按长期合同，阿根廷向巴西销售该水电站的一定比例的产品。

2. 间接产品补偿

间接产品补偿又称产品回购。如果进口的设备、技术不生产有形产品，或生产的有形产品对方不需要，或进口方国内对这种产品有较大的需要，经双方协商一致，也可以由进口方分期用一种或几种产品(不是该进口设备、技术生产的)作价来偿还进口设备、技术的价款。在确定用其他产品来补偿时,应考虑这些产品可能供应的数量、交货时间以及品质、花色、品种是否适销等问题。

3. 加工费补偿

出口方除了提供设备、技术外,还供应原材料、零配件,由进口方加工或装配成产品,出口方回收产品,进口方用应得的加工费和装配费来补偿进口设备、技术的价款。

4. 融资租赁补偿

引进方以融资租赁方式从国外取得设备,投产后,用产品向出租方偿付租金,期满后,设备作价由承租方留购。这是与融资租赁相结合的补偿贸易方式。

5. 综合补偿

进口方引进设备、技术的价款,一部分用产品偿还,一部分用货币偿还。用于补偿的产品,可以是直接产品,也可以是间接产品。进口方为了节省外汇支出和推动产品出口,一般都应争取百分之百地以产品补偿,但有时为了能达成协议,也可根据具体情况采用综合补偿方法。

以上各种补偿方式各有特点,应根据不同的对象和进、出口双方的需要与可能来决定。

小知识

国际补偿贸易与易货贸易的区别

补偿贸易与易货贸易两种形式的共同特点是出口与进口相结合。补偿贸易虽然仍保留着以实物支付来偿还进口,没有脱离以物易物的范畴,但它在易货贸易的基础上向前发展了一步,它与易货贸易相比有以下两点区别:

(1) 易货贸易在时间上是限期一次完成的,而补偿贸易的价款在时间上是分期多次逐步偿还的。补偿贸易从出口方提供设备、技术,直到进口方用产品补偿其全部价款,需要经过一段时间,少则三五年,多则十年以上。这就是说,补偿贸易是以信贷为基础,是融资与贸易相结合。补偿贸易的核心特点,是进口设备、技术中长期融资与用所产产品分期偿还这两者的结合。

(2)易货贸易在金融上严格限定双方用等价的商品相交换,而补偿贸易并无此限定。补偿贸易的出口方在合同中所承担的返销或回购产品的义务,可以不以设备、技术作价的金额为限,产品返销或回购数额可以超过设备、技术的价款,这有利于企业进口设备、技术来带动更多的产品外销。

(五) 国际补偿贸易项目的财务可行性分析

企业通过补偿贸易方式引进技术、设备,从技术、设备的价款分期偿付来看,是企业的一种筹资方式,从将引进的设备、技术用于生产经营从而获得收益来看,又是企业的一种投资行为。企业从事补偿贸易必须进行可行性研究,讲求经济效益,使企业增加利润,及时偿还引进设备、技术的价款,并在补偿贸易期结束时,赚回进口的设备。由于补偿贸易使用了国外资金,其产品又在国际市场上出售,货币收支涉及外汇核算问题,所以用衡量经济效益的一般标准,对从事补偿贸易的企业来说是不够的。下面针对补偿贸易的特点,从财务方面反映补偿贸易经济效益的几个主要指标。

1. 可能偿还期

可能偿还期又称可能补偿期,表示在以每年出口产品的外汇净收益偿还外资的条件下还清全部外资所需要的时间(以年作为单位)。每年的外汇净收益越大,则可能偿还期越短,可能偿还期短表明偿还能力强。

一般情况下,合同中规定的偿还期限要长于企业在补偿贸易可行性研究中计算的可能偿还期,这样,在企业使用外资期间,在偿还外资以后,还能有一部分外汇收入。如果两者基本相等,则表示企业在使用外资期间,要将全部外资净收入都用于偿还外资;如果前者小于后者,则表示企业在使用外资期间,自己不可能偿还全部外资。可能偿还期的计算公式如下:

$$Y=T/(V-F)$$

式中 Y——可能偿还期;

T——待补偿外汇总额(外资总成本);

V——年外汇收入;

F——年成本费用。

待补偿外汇总额包括引进设备、技术的全部货款或贷款和货款延付期间或贷款期间的利息,以及其他财务费用。年外汇收入是由平均出口产品数量和售价决定的。年成本费用包括原材料、燃料、动力、工资、折旧及其他有关费用。

【例 10-6】 我国甲公司与美国乙公司进行一项贸易补偿,引进设备、技术价款 1 000 万美元。建厂房和设备安装期 1 年,合同规定,投产后第 1 年年末付 2 年期间的利息,第 2 年开始用该设备生产的产品作价补偿,每年补偿 200 万美元,并付当年利息,年利息率 9%,5 年还清。预测补偿期间平均每年生产并出口的产品为 10 万件,每件平均价格 85 美元,每件平均成本费用 260 元人民币,平均汇率为 1 美元=8.00 元人民币。引进的设备预计可使用 15 年。国内资金投入量为 4 000 万元人民币。

第一,计算待补偿外汇总额。

投产后第1年年末付2年期间的利息如下：

$$1\,000\times(1+9\%)^2-1\,000=188.1\text{(万美元)}$$

第3～第7年的5年期间的本利和总额如下：

$$(1\,000+200)/2\times5\times9\%+1\,000=1\,270\text{(万美元)}$$

待补偿外汇总额如下：

$$188.1+1\,270=1\,458.1\text{(万美元)}$$

第二，计算年外汇收入。

$$10\times85=850\text{(万美元)}$$

第三，计算年成本费用。

$$10\times260=2\,600\text{(万元人民币)}$$

$$2\,600\div8.00=325\text{(万美元)}$$

第四，计算可能偿还期。

$$Y=1\,458.1\div(850-325)=2.7773\text{(年)}$$

从使用外资时算起，可能偿还期如下：

$$1+2.7773=3.7773\text{(年)}$$

2. 外资偿还率

外资偿还率是指企业使用国外资金所创造的全部外汇净收益中，偿还外资的部分所占的比重，其计算公式如下：

$$E_1=T/[(V-F)\times n]\times100\%$$

式中 E_1——外资偿还率；

n——使用外资创造外汇收入的年限。

按前例资料计算如下：

$$T=1\,458.1\div[(850-325)\times6]\times100\%=46.29\%$$

由 $T=(V-F)\times Y$ 得：

$$E_1=[(V-F)\times Y]/[(V-F)\times n]\times100\%=Y/n\times100\%$$

带入例中数据得：

$$E_1=2.7773\div6\times100\%=46.29\%$$

3. 使用外资收益率

使用外资收益率是指企业在使用外资期间的外汇净收益扣除偿还外资的部分后，归自己所得部分占净收益的比重，可用 E_2 表示。其计算公式如下：

$$E_2=[(V-F)\times n-T]/[(V-F)\times n]\times 100\%$$

或：

$$E_2=100\%-E_1$$

代入前例数据计算得：

$$E_2=[(850-325)\times 6-1\,458.1]\div[(850-325)\times 6]\times 100\%=53.71\%$$

或：

$$E_2=100\%-46.29\%=53.71\%$$

4. 补偿贸易换汇率

补偿贸易换汇率是指使用每一单位国内资金所能获得的外汇净收入(指外汇收入减去偿还外资数以后的净额)的数额。一般分为外资使用期间的换汇率和进口设备服务期间的换汇率两种。外汇使用期间的换汇率用 S_1 表示，进口设备服务期间的换汇率用 S_2 表示，其计算公式分别如下：

$$S_1=(V\times n-T)\,/\,(Z\times N)\times 100\%$$

$$S_2=(V\times L-T)\,/\,(Z\times L)\times 100\%$$

式中　N——使用外资年限；

L——进口设备使用年限；

Z——本国资金投入量。

根据前例数据计算得：

$$S_1=(850\times 6-1\,458.1)\div(4\,000\times 7)\times 100\%=13.01\%$$

$$S_2=(850\times 15-1\,458.1)\div(4\,000\times 15)\times 100\%=18.82\%$$

5. 补偿贸易利润率

补偿贸易利润率是指企业进行补偿贸易所获得的利润与投入的国内资金的比率。计算方法是将补偿贸易的一切进出口开支和收入，均按汇率折算成本国货币，用本国货币统一核算利润率，显然，其利润率受外币与人民币的兑换率影响较大。补偿贸易的利润率也分为两种：一种是外资使用期间的利润率(用 P_1 表示)；另一种是进口设备服务期间的利润率(用 P_2 表示)。计算公式分别如下：

$$P_1=[(V-F)\times n-T]\times r\,/\,(Z\times N)\times 100\%$$

$$P_2=[(V-F)\times L-T]\times r\,/\,(Z\times L)\times 100\%$$

式中　r——人民币对外币的汇率。

根据前例数据计算得：

$$P_1 = [(850-325)\times 6-1\,458.1]\times 8.00\div(4\,000\times 7)\times 100\%$$
$$=48.34\%$$

$$P_2 = [(850-325)\times 15-1\,458.1]\times 8.00\div(4\,000\times 15)\times 100\%$$
$$=85.56\%$$

需要指出的是，以上各项指标都是静态指标，是按一定时期各年的平均数计算的，没有考虑货币的时间价值。实务中可结合净现值和内部收益率等动态指标进行计算和分析。

（六）国际补偿贸易融资的利弊

1. 国际补偿贸易融资的优点

(1) 利用补偿贸易，引进技术、设备，不需要支付外汇，有利于解决扩大进口和缺少外汇的矛盾。

(2) 通过补偿贸易，引进先进的设备和技术，有利于搞好企业的技术改造，提高企业技术水平和劳动生产率，提高经济效益，增加国家财政收入。

(3) 补偿贸易把进口与出口结合起来，有利于扩大商品的出口，可以利用外商的销售渠道来销售企业的产品。

(4) 在用直接产品补偿的情况下，设备、技术的出口方出于本身的利益，主动关心设备的使用，在产品设计和生产方面提供技术交流。

2. 国际补偿贸易融资的缺点

(1) 补偿贸易的内容复杂，涉及信贷、生产和流通领域，所以进行起来比较困难。

(2) 买方付出的代价较高。出口方提供的机器设备、技术的价格通常含有较高的利润。

(3) 进口的设备、技术可能不是最先进的，而且设备、技术出口方对补偿产品的规格、质量和交货期限等方面要求很严，往往还借口销售市场情况不好，对补偿产品进行压价。

本章小结

国际贸易融资的融资对象可以是进出口商，也可以是国内外进出口银行。融资渠道可以通过商业信用，也可以采用银行信用。融资方式包括有抵押贷款和无抵押贷款、汇票抵押贷款、承购应收账款业务、福费廷业务等。融资的项目包括出口设备的生产、销售、运输、安装，商品的采购、打包、仓储、出送，与商品进出口相关的制单、签约、申请开证、承兑、议付等环节。国际租赁对出租人来说，它是一种通过信贷取得收入的方式，对承租人来说，则是一种筹集资金的方式。国际租赁的形式有经营性租赁和融资租赁之分。融资租赁的租金包括设备价款和租息两部分。国际项目融资一般是指以境内建设项目的名义在境外筹措外汇资金，并仅以项目自身预期收入和资产对外承担债务偿还责任的融资方式。国际补偿贸易是在易货贸易的基础上发展起来的商品技术贸易与信贷结合的一种形式。

复习思考题

1. 简述福费廷业务的概念和融资过程。
2. 简述出口信贷的概念和内容。
3. 国际租赁的形式有哪些？各有什么特点？
4. 什么是项目融资？项目融资有哪些类型？简述 BOT 项目融资方式的基本程序。
5. 国际补偿贸易有哪些方式？评价其经济效益的指标有哪些？

练 习 题

1. 甲公司和乙公司都要花费 5 万美元来增加生产能力。甲公司从银行得到一笔 5 万美元的贷款购置设备，贷款年利率 8%，期限 5 年，等额摊还本息。而乙公司决定采用经营租赁租入设备，租期 5 年，租约要求的收益率为 8%。资产增加前，两公司的资产负债表相同如表 10-3 所示。

表 10-3

资产负债表（简表）

流动资产	70 000 美元	负债	50 000 美元
固定资产	80 000 美元	股本	100 000 美元
总资产	150 000 美元	负债与股本	150 000 美元

要求：

(1) 给出两公司增加生产能力后的资产负债表，并计算两公司新的债务比率。

(2) 如果乙公司采用融资租赁，租金现值 5 万美元，则资产负债表将怎样变化？

(3) 筹资方式不同是否会影响公司的总资产报酬率和股本收益率？如何影响？

2. 某跨国公司需要一套 100 万美元的新设备，设备折旧寿命 3 年，按直线法计提折旧，残值为零。设备维修费每年 5 万美元，所得税税率 25%。

(1) 若借款购买，贷款利率 14%，每年年底等额摊还，偿还期 3 年。

(2) 若租赁，租期 3 年，租金 32 万美元，每年年底支付。3 年后花 20 万美元买下这套设备。问：若暂不考虑汇率的变动，该公司是购买还是租赁此套设备？

3. 某跨国公司借款购买一台设备，价格 3 万美元，全部由银行贷款，期限 5 年，年利率 10%，每年年末等额摊还。设备折旧寿命 5 年，残值为零，采用直线法计提折旧，公司所得税税率 25%。若租赁同样设备，则 5 年中每年租赁费 7 000 美元。购买与租赁设备的年维修费相同。问：若暂不考虑汇率的变动，该公司应该租赁还是借款购买此设备？

案例分析

租赁还是购买

已知安德森设备公司计划装备一条自动装配生产线，折旧寿命 10 年，需花费 1 000 万美元。但公司只计划使用 5 年，因 5 年后即将改变生产品种。公司可按利率 10%（税前债务成本）获得贷款 1 000 万美元。该装配线估计 10 年后的残值为 5 万美元，但估计 5 年后的残值为 100 万美元。因而，如果公司购买该装配线，于 5 年后再售出，可期望获得税前残值收入 100 万美元。同样，公司可租赁该装配线，但 5 年中，按合同每年年初需付租金 275 万美元。5 年后设备归出租人。租约规定，出租人负责维修、保养该设备；如果是该公司购买该设备的话，每年年初需付维修、保养费 50 万美元。公司边际税率为 40%。

请思考并分析该公司应该租赁还是购买该装配线？

分析：根据已知条件，我们列表分别计算公司借款买设备与租赁设备的现金流量比较如表 10-4 所示。

表 10-4

借款购买与租赁的现金流量比较

单位：万美元

类别	现金流量项目	第 0 年	第 1 年	第 2 年	第 3 年	第 4 年	第 5 年
借款购买	1. 购买价格	−1 000					
	2. 维修、保养费	−50	−50	−50	−50	−50	
	3. 维修、保养费的税收节省额（50×40%）	20	20	20	20	20	
	4. 折旧的税收节省额①		80	128	76	48	44
	5. 残值						100
	6. 残值税金②						−16
	7. 净现金流量	−1 030	50	98	46	18	128
	8. 净现值（购买成本）−747.1（折现率为 6%③）						

（续表）

类别	现金流量项目	第 0 年	第 1 年	第 2 年	第 3 年	第 4 年	第 5 年
租赁	1. 租金	－275	－275	－275	－275	－275	
	2. 租赁的税收节省额（275×40%）	110	110	110	110	110	
	3. 净现金流量	－165	－165	－165	－165	－165	
	4. 净现值（租赁成本）－736.7（折现率为 6%）						

说明：① 根据美国 ACRS 标准，折旧率分别为 0.2、0.32、0.19、0.12 和 0.11，因此第 1 年折旧的税收节省额为（1 000×0.2）×0.4＝80 万美元，其他类推；② 残值价值为 100，而账面价值为 60 万美元，因而残值的税金为（100－60）×0.4＝16 万美元；③ 按税后债务成本：10%×（1－0.4）＝6%折现。

根据表 10-4 所计算出来的净现值，加以比较，便可知租赁有较低费用，因而可采用租赁方式。这种租赁的比较优势可表示如下：

租赁的纯优势＝借款购买成本净现值－租赁成本净现值

＝747.1－736.7＝10.4（万美元）

由计算可知，安德森公司通过租赁可比借款购买少花费 10.4 万美元，因而租赁可行。

第十一章 资金成本与资金结构

【本章学习目标】

通过本章学习，掌握资金成本的内涵、个别资金成本和综合资金成本的估算方法；掌握经营杠杆系数、财务杠杆系数、复合杠杆系数的计算及各种杠杆作用；掌握资金结构优化决策的方法；熟悉边际资金成本的测算；了解资金结构的理论。

【本章关键词】

资金成本(Capital Costs)
资金占用费(Capital Occupying Fee)
资金筹集费(Flotation Costs)
杠杆效应(Leverage)
经营杠杆(Operating Leverage)
财务杠杆(Financial Leverage)
复合杠杆(Total Leverage)
资金结构(Capital Structure)
经营杠杆系数(Degree of Operating Leverage,DOL)
财务杠杆系数(Degree of Financial Leverage,DFL)
复合杠杆系数(Degree of Total Leverage,DTL)

古希腊伟人阿基米德说过："给我一个支点，我将撬起地球。"这句名言形象、准确地描述了自然科学中的杠杆作用。由于这个杠杆的存在，使得"力"得以"放大"——原来只能搬动100千克重物，现在却能移动1 000千克的重物。在财务管理中，同样存在着类似的杠杆效应，如经营杠杆和财务杠杆。由于固定费用的存在，当业务量发生较小变化时，利润(或亏损)会产生较大的变化。杠杆效应像一把双刃剑，魔力神奇无穷。了解这些杠杆的原理，它将有助于企业合理地回避风险，提高盈利水平。

资料来源：陈玉菁. 中小企业财务管理通. 上海：立信会计出版社，2003

第一节 资金成本

一、资金成本的概念和意义

天下没有免费的午餐。任何企业从各种来源筹集的资金不可能无偿使用，而要付出代价。资金成本就是企业筹集和使用资金而支付的各种费用，即付出的代价。资金成本包括资金占用费和资金筹集费两部分。

资金占用费是指国际企业在生产经营、投资过程中因占用（使用）资金而支付的代价，如向投资者支付股票股息、向债权人支付银行借款利息等，资金占用费是资金成本的主要内容。

资金筹集费是指国际企业在筹措资金过程中为获取资金而支付的费用。如发行股票、债券支付的印刷费、手续费、律师费、资信评估费、公证费、担保费、广告费，等等。

相比之下，资金占用费是国际企业筹资经常发生的，而资金筹集费通常在筹集资金时一次性发生，因此在计算资金成本时可作为筹资金额的一项扣除。

资金成本是国际企业财务管理中的重要概念。对于企业筹资来讲，资金成本是选择资金来源、确定筹资方案的重要依据，企业要选择资金成本最低的筹资方式。对于企业投资来讲，资金成本是评价投资项目、进行投资决策取舍的重要标准，投资项目只有在其投资收益率高于资金成本时才是可接受的，否则将无利可图。资金成本还可作为衡量企业经营成果的尺度，即经营利润率应高于资金成本，否则表明经营不利、业绩欠佳。

二、资金成本的计算公式

资金成本可以用绝对数表示，也可以用相对数表示，但在国际财务管理中，一般用相对数表示，即表示为资金占用费与实际筹得资金的比率。实际筹得资金是筹资数额扣除资金筹集费用后的差额。资金成本通用计算公式如下：

$$K=\frac{D}{P-f} \quad 或 \quad K=\frac{D}{P(1-F)}$$

式中 K——资金成本率；

D——资金占用费；

P——筹资金额；

f——资金筹集费；

F——筹资费用率，即资金筹集费占筹资金额的比率。

需要指出的是，国际企业资金来源不同，风险不同，资金成本也就不同。从原则上讲，企业筹集和使用的各种资金都要计算资金成本，但是短期资金来源如应付账款往往没有或只有很少资金成本，而且占用时间有限，所以筹资决策时往往不加以考虑。在筹资决策中重点是计算长期资金的资金成本。

在实际工作中，由于运用的场合不同，资金成本可以有多种形式。在比较各种筹资方式时，使用个别资金成本，包括长期借款成本、债券成本、优先股成本、普通股成本、留存收益成本；在进行资金结构决策时，使用综合资金成本；在进行追加筹资决策时，使用边际资金成本。

三、个别资金成本的计算

（一）长期借款成本

长期借款的资金成本主要指借款利息和筹资费用。由于借款利息是在税前支付的，这样企业实际上就少交了一部分所得税。企业实际负担的借款利息应该是：借款利息×(1－所得税税率)。因此，一次还本分期付息的长期借款资金成本的计算公式如下：

$$K_1=\frac{I_t(1-T)}{L(1-F_1)}$$

式中　K_1——长期借款资金成本；

I_t——长期借款年利息；

T——所得税率；

L——长期借款筹资额(借款本金)；

F_1——长期借款筹资费用率。

【例 11-1】 某跨国公司取得 5 年期长期借款 200 万欧元，年利率 7%，每年付息一次，到期还本，筹资费用率 0.5%，假定该公司所得税税率为 25%，则该项长期借款的资金成本如下：

$$K_1=\frac{200\times 7\%\times(1-25\%)}{200\times(1-0.5\%)}=5.53\%$$

上述计算长期借款资金成本的方法比较简单，但缺点在于没有考虑货币的时间价值，因而这种方法的计算结果不是十分精确。如果对资金成本计算结果的精确度要求较高，可采用以下公式计算长期借款的资金成本：

$$L(1-F_1)=\sum_{t=1}^{n}\frac{I_t}{(1+K)^t}+\frac{P}{(1+K)^n}$$

$$K_1=K(1-T)$$

式中　P——第 n 年末应偿还的本金；

K——所得税前的长期借款资金成本；

K_1——所得税后的长期借款资金成本。

第一个公式中的等号左边是借款的实际现金流入；等号右边为借款引起的未来现金流出的现值总额，由各年利息支出的年金现值之和加上到期本金的复利现值而得。

（二）长期债券成本

发行债券的成本主要是指债券利息和筹资费用。债券利息的处理与长期借款利息的处理相同，应以税后的债务成本为计算依据。按照到期一次还本、分期付息的方式，债券资金成本的计算公式如下：

$$K_b=\frac{I_b(1-T)}{B(1-F_b)}$$

式中　K_b——债券资金成本；

I_b——债券年利息；

T——所得税率；

B——债券筹资额；

F_b——债券筹资费用率。

若债券按溢价或折价发行，为更精确地计算资金成本，应以实际发行价格作为债券筹资额。

【例 11-2】 某跨国公司发行面额为 1 000 万港币的 8 年期债券，票面利率为 6%，发行费用率为 5%，发行价格为 1 200 万港币，公司所得税率为 25%。该债券成本如下：

$$K_b=\frac{1\,000\times 6\%\times(1-25\%)}{1\,200\times(1-5\%)}=3.95\%$$

（三）优先股成本

企业发行优先股股票筹资，同发行长期债券筹资一样，也需支付筹资费用，如注册费、代销费等。优先股的股息率在事先确定，且定期支付股息。优先股与债券不同的是：优先股的股息是以税后利润支付的，企业不会因此而少缴所得税。因此，优先股资金成本的计算公式如下：

$$K_p=\frac{D_p}{P_p(1-F_p)}$$

式中　K_p——优先股成本；

D_p——优先股年股息；

P_p——优先股股金总额；

F_p——优先股筹资费率。

【例 11-3】 某跨国公司发行优先股股票 500 万美元，筹资费用率 3%，年股息率为 14%，则优先股成本如下：

$$K_p=\frac{500\times 14\%}{500\times(1-3\%)}=14.43\%$$

（四）普通股成本

普通股成本属权益资金成本。权益资本的资金占用费是向股东分派的股利，而股利是以税后利润支付的，不能抵减所得税。计算普通股成本，常用的方法有“评价法”和“资本资产定价模型法”。

1. 评价法

评价法又称股利增长模型法。按照此种方法，普通股资金成本的计算公式如下：

$$K_s=\frac{D_c}{P_c(1-F_c)}+G$$

式中 K_s——普通股成本；

D_c——预期年股利额；

P_c——普通股筹资额；

F_c——普通股筹资费用率；

G——普通股利年增长率。

【例 11-4】 某跨国公司发行普通股共计 800 万美元，预计第 1 年股利率 14%，以后每年增长 1%，筹资费用率为 3%。该普通股的成本如下：

$$K_s=\frac{800\times 14\%}{800\times(1-3\%)}+1\%=15.43\%$$

2. 资本资产定价模型法

按照“资本资产定价模型法”(CAPM)，普通股成本的计算公式则如下：

$$K_s=R_s=R_F+\beta(R_m-R_F)$$

式中 R_F——无风险报酬率；

β——股票的贝他系数；

R_m——平均风险股票必要报酬率。

上式表明，某公司普通股的资金成本等于无风险报酬率加上适当的风险溢价。而适当的风险溢价则等于经企业按 β 系数调整后的市场风险溢价（平均风险股票必要报酬率减去无风险报酬率）。

【例 11-5】 某期间市场无风险报酬率为 10%，平均风险股票必要报酬率为 14%，某跨国公司普通股的 β 值为 1.2。则该普通股的资金成本如下：

$$K_s=10\%+1.2\times(14\%-10\%)=14.8\%$$

四、加权平均资金成本

由于受多种因素的制约，国际企业往往不可能只使用某种单一的筹资方式，而需要通过多种方式筹集所需资金。为进行筹资决策，就要计算确定企业全部长期资金的总成本——加权平均资金成本。加权平均资金成本一般是以各种资金占全部资金的比重为权数，对个别资金成本进行加权平均确定的，其计算公式如下：

$$K_w=\sum_{j=1}^{n}K_jW_j$$

式中 K_w——加权平均资金成本；

K_j——第 j 种个别资金成本；

W_j——第 j 种个别资金占全部资金的比重(权数)。

【例 11-6】 某跨国公司账面反映的长期资金共 500 万欧元，其中长期借款 100 万欧元，应付债券 150 万欧元，留存利润 120 万欧元，普通股 130 万欧元，个别资本占全部资本的比重分别为 20%、30%、24%、26%；资金成本分别为 6.13%、9.56%、12%、12.15%。该公司的加权平均资金成本率如下：

$$\begin{aligned}K_w&=20\%\times6.13\%+30\%\times9.56\%+24\%\times12\%+26\%\times12.15\%\\&=10.13\%\end{aligned}$$

上述计算中的个别资本占全部资本的比重，是按账面价值确定的，其资料容易取得。但是当资本的账面价值与市场价值差别较大时，如股票、债券的市场价格发生较大变动，其计算结果会与实际有较大的差距，从而贻误筹资决策。为了克服这一缺陷，个别资本占全部资本比重的确定还可以按市场价值或目标价值确定。

五、边际资金成本

由于多种因素的制约，企业往往无法以某一固定资金成本来筹措无限的资金，当其筹集的资金超过一定限度时原来的资金成本就会增加。在企业追加筹资时，需要知道筹资额在什么数额上会引起资金成本怎样的变化，这就要用到边际资金成本的概念。

边际资金成本是指资金每增加一个单位而增加的成本。边际资金成本也是按加权平均计算的，是追加筹资时所使用的加权平均成本。

一般而言，初期的边际资金成本与加权平均资金成本是重合的，但随着所筹集资金的增加，边际资金成本上升的速度将比加权平均资金成本快。

【例 11-7】 某跨国公司拥有长期资金 400 万欧元，其中长期借款 60 万欧元，长期债券 100 万欧元，普通股 240 万欧元。由于扩大经营规模的需要，拟筹集新资金。经分析，认为筹集新资金后仍应保持目前的资本结构，即长期借款占 15%、长期债券占 25%、普通股占 60%，并测算出了随筹资的增加，各种资金成本的变化如表 11-1 所示。

表 11-1

筹资规模与资金成本

资 金 种 类	目标资本结构	新筹资额	资金成本
长期借款	15%	45 000 欧元内	3%
		45 000～90 000 欧元	5%
		90 000 欧元以上	7%
长期债券	25%	200 000 欧元内	10%
		200 000～400 000 欧元	11%
		400 000 欧元以上	12%
普 通 股	60%	300 000 欧元内	13%
		300 000～600 000 欧元	14%
		600 000 欧元以上	15%

1. 计算筹资突破点

因为花费一定的资金成本只能筹集到一定限度的资金，超过这一限度多筹集资金就要多花费资金成本，引起原资金成本的变化，这样，把在保持某资金成本的条件下可以筹集到的资金总限度称为筹资突破点。在筹资突破点范围内筹资，原来的资金成本不会改变；一旦筹资额超过筹资突破点，即使维持现有的资本结构，其资金成本也会增加。筹资突破点的计算公式如下：

$$筹资突破点=\frac{可用某一特定成本率筹集到的某种资金额}{该种资金在资本结构中所占的比重}$$

比如，利用表 11-1 中的数据，在花费 3%资金成本时取得的长期借款筹资限额为 45 000元，其筹资突破点为：

$$\frac{45\,000}{15\%}=300\,000(欧元)$$

而在花费 5%资金成本时，取得的长期借款筹资限额为 90 000 元，其筹资突破点为：

$$\frac{90\,000}{15\%}=600\,000(欧元)$$

按照此方法，表 11-1 中各种情况下的筹资突破点的计算结果如表 11-2 所示。

2. 计算边际资金成本

任何项目的边际成本是该项目增加一个产出量相应增加的成本。例如，目前平均人

表 11-2

筹资突破点计算表

资金种类	资本结构	资金成本	新筹资额	筹资突破点(欧元)
长期借款	15%	3%	45 000 欧元内	300 000
		5%	45 000～90 000 欧元	600 000
		7%	90 000 欧元以上	—
长期债券	25%	10%	200 000 欧元	800 000
		11%	200 000～400 000 欧元	1 600 000
		12%	400 000 欧元以上	—
普 通 股	60%	13%	300 000 欧元内	500 000
		14%	300 000～600 000 欧元	1 000 000
		15%	600 000 欧元以上	—

工成本为 10 欧元;如果增加 10 个人,人工的边际成本可能是每人 15 欧元;如果增加 100 人,人工的边际成本可能增加到每人 20 欧元。这种现象可能是由于比较难找到愿意从事该项工作的工人所导致的。同样的观念用于筹集资本,企业想筹集更多的资金时每 1 元的成本也会上升。

根据上一步计算出的筹资突破点,可以得到七组筹资总额范围:① 30 万欧元以内;② 30 万～50 万欧元;③ 50 万～60 万欧元;④ 60 万～80 万欧元;⑤ 80 万～100 万欧元;⑥ 100 万～160 万欧元;⑦ 160 万欧元以上。对以上七组筹资范围分别计算加权平均资金成本,即可得到各种筹资范围的边际资金成本。计算结果如表 11-3 所示。

表 11-3

边际资金成本的计算

筹资总范围(欧元)	资金种类	资本结构	资金成本	边际资金成本	
300 000 内	长期借款	15%	3%	3%×15%=0.45%	10.75%
	长期债券	25%	10%	10%×25%=2.5%	
	普 通 股	60%	13%	13%×60%=7.8%	
300 000～500 000	长期借款	15%	5%	5%×15%=0.75%	11.05%
	长期债券	25%	10%	10%×25%=2.5%	
	普 通 股	60%	13%	13%×60%=7.8%	

（续表）

筹资总范围(欧元)	资金种类	资本结构	资金成本	边际资金成本	
500 000～600 000	长期借款	15%	5%	5%×15%=0.75%	11.65%
	长期债券	25%	10%	10%×25%=2.5%	
	普通股	60%	14%	14%×60%=8.4%	
600 000～800 000	长期借款	15%	7%	7%×15%=1.05%	11.95%
	长期债券	25%	10%	10%×25%=2.5%	
	普通股	60%	14%	14%×60%=8.4%	
800 000～1 000 000	长期借款	15%	7%	7%×15%=1.05%	12.2%
	长期债券	25%	11%	11%×25%=2.75%	
	普通股	60%	14%	14%×60%=8.4%	
1 000 000～1 600 000	长期借款	15%	7%	7%×15%=1.05%	12.8%
	长期债券	25%	11%	11%×25%=2.75%	
	普通股	60%	15%	15%×60%=9%	
1 600 000 以上	长期借款	15%	7%	7%×15%=1.05%	13.05%
	长期债券	25%	12%	12%×25%=3%	
	普通股	60%	15%	15%×60%=9%	

第二节　杠杆效应

自然界中的杠杆效应是指人们通过利用杠杆，可以用较小的力量移动较重物体的现象。国际财务管理中也存在着类似的杠杆效应，它是指由于固定费用(包括生产经营方面的固定费用和财务方面的固定费用)的存在，当业务量发生较小的变化时，利润会产生较大的变化。了解这些杠杆的原理，有助于国际企业合理地规避风险，提高盈利水平。

国际财务管理中的杠杆效应有三种形式，即经营杠杆、财务杠杆和复合杠杆。

一、经营杠杆

(一) 经营杠杆的概念

经营杠杆是指企业在经营决策时对经营成本中固定成本的利用，由于固定成本不随产销量的变动而变动，或者说固定成本在一定产销量范围之内保持不变，所以增加企业的产销量将会使每单位的产品所分摊的固定成本减少，息税前利润增加，因而就产生了经营杠杆，给企业带来额外收益。

【例 11-8】 某跨国公司在销售量相关范围内（1～10 000），其单位变动成本 10 万美元，固定经营成本总额 4 000 万美元，销售单价 16 万美元，分别计算销售量在 1 000、2 000、3 000、4 000 件时的息税前利润，见表 11-4。

表 11-4

经营杠杆效应分析表

单位：万美元

销售量	销售额	变动成本总额	固定成本总额	息税前利润
1 000	16 000	10 000	4 000	2 000
2 000	32 000	20 000	4 000	8 000
3 000	48 000	30 000	4 000	14 000
4 000	64 000	40 000	4 000	20 000

（1）当销售量增长幅度为（2 000－1 000）÷1 000＝100％时，息税前利润增长幅度为（8 000－2 000）÷2 000＝300％。

（2）当销售量增长幅度为（3 000－1 000）÷1 000＝200％时，息税前利润增长幅度为（14 000－2 000）÷2 000＝600％。

（3）当销售量增长幅度为（4 000－1 000）÷1 000＝300％时，息税前利润增长幅度为（20 000－2 000）÷2 000＝900％。

可见，在一定销售量范围内，即相关范围内，若固定成本总额保持不变，随着销售量的增长，息税前利润以更快的速度增长，这就给企业带来了额外收益；反之，销售量若减少，息税前利润会以更快的速度下降，这就给企业带来了经营风险。

（二）经营杠杆的计量

经营杠杆作用的大小一般用经营杠杆系数（DOL）表示，它是企业计算利息和所得税之前的盈余（息税前利润）变动率与销售额变动率之间的比率。计算公式如下：

$$DOL=\frac{\Delta EBIT/EBIT}{\Delta Q/Q}$$

式中　DOL——经营杠杆系数；

$\Delta EBIT$——息税前利润变动额；

$EBIT$——变动前息税前利润；

ΔQ——销售变动量；

Q——变动前销售量。

【例 11-9】 以[例 11-8]数据为例,经营杠杆系数计算如下:

$$DOL=\frac{300\%}{100\%}=\frac{600\%}{200\%}=\frac{900\%}{300\%}=3$$

本例说明,该企业在其固定成本总额为 4 000 万美元,销售量在 1 000 件的基础上,如果销售量增加 1 倍,息税前利润就增加 3 倍,这就给企业带来了经营杠杆利益。如果销售量减少 1 倍,息税前利润就减少 3 倍,这就给企业带来了经营风险。

假定企业的成本—销售量—利润保持线性关系,变动成本在销售收入中所占的比例不变,固定成本也保持稳定,经营杠杆系数便可通过销售量或销售额来求得。这又有两种公式:

$$DOL_Q=\frac{Q(P-V)}{Q(P-V)-F}=\frac{Q}{(Q-Q_{BE})} \tag{1}$$

式中 DOL_Q——销售量为 Q 时的经营杠杆系数;
P——产品单位销售价格;
V——产品单位变动成本;
F——总的生产经营性固定成本;
Q_{BE}——保本销售量。

$$DOL_s=\frac{S-VC}{S-VC-F}=\frac{EBIT+F}{EBIT} \tag{2}$$

式中 DOL_s——销售额为 S 时的经营杠杆系数;
S——销售额;
VC——变动成本总额。

在实际工作中,公式(1)可用于计算单一产品的经营杠杆系数,它只需要求出两项信息:Q 和 Q_{BE},这两者都是用“件”等数量单位表示的;公式(2)除了用于单一产品外,还可用于计算多产品的经营杠杆系数,它也只需要求出两项信息:$EBIT$ 和 F,这两者都是用金额单位表示的。

【例 11-10】 某跨国公司本年销售收入为 1 000 万欧元,边际贡献率为 40%,固定成本总额为 200 万欧元。要求计算:

(1) 企业的经营杠杆系数。

(2) 预计下年销售收入增长 20%,下年息税前利润为多少?

(3) 若预计下年销售收入降低 30%,则下年息税前利润为多少?

分析:(1) $DOL=\frac{1\,000-1\,000\times(1-40\%)}{1\,000-1\,000\times(1-40\%)-200}=2$

(2) $EBIT=200\times(1+20\%\times2)=280$(万欧元)

(3) $EBIT=200\times(1-30\%\times2)=80$(万欧元)

(三) 经营杠杆与经营风险的关系

经营风险是指企业因经营状况及环境的变化而导致利润变动的风险。经营风险不仅因行业而异，而且即使同一行业也差别很大。影响企业经营风险的因素很多，主要是市场需求和成本等因素的不确定性，经营杠杆本身并不是利润不稳定的根源，但是，销售量增加时，息税前利润将以经营杠杆系数倍数的幅度增加；而销售量减少时，息税前利润又将以经营杠杆系数倍数的幅度减少。可见，经营杠杆扩大了市场和生产等不确定因素对利润变动的影响。而且经营杠杆系数越高，利润变动越激烈，企业的经营风险就越大。于是，企业经营风险的大小和经营杠杆系数有重要关系。一般来说，在其他因素不变的情况下，固定成本越高，经营杠杆系数越大，经营风险也越大。

【例 11-11】 某跨国公司生产 A 产品，固定成本 60 万港币，变动成本率为 40%，当企业的销售额分别为 400 万港币、200 万港币、100 万港币时，经营杠杆系数分别为多少？

$$DOL=\frac{400-400\times 40\%}{400-400\times 40\%-60}=1.33 \tag{1}$$

$$DOL=\frac{200-200\times 40\%}{200-200\times 40\%-60}=2 \tag{2}$$

$$DOL=\frac{100-100\times 40\%}{100-100\times 40\%-60}=\infty \tag{3}$$

以上计算结果说明：

在固定成本不变的情况下，经营杠杆系数说明了销售额增长(减少)所引起利润增长(减少)的幅度。比如，经营杠杆系数(1)说明在销售额 400 万港币时，销售额的增长(减少)会引起利润 1.33 倍的增长(减少)；经营杠杆系数(2)说明在销售额 200 万港币时，销售额的增长(减少)将引起利润 2 倍的增长(减少)。

在固定成本不变的情况下，销售额越大，经营杠杆系数越小，经营风险也就越小；反之，销售额越小，经营杠杆系数越大，经营风险也就越大。比如，销售额为 400 万港币时，经营杠杆系数为 1.33；当销售额为 200 万港币时，经营杠杆系数为 2。显然后者的经营风险大于前者。

在销售额处于盈亏临界点前的阶段，经营杠杆系数随销售额的增加而递增；在销售额处于盈亏临界点后的阶段，经营杠杆系数随销售额的增加而递减；当销售额达到盈亏临界点时，经营杠杆系数趋于无穷大。此时企业经营只能保本，销售额稍有增加便可出现盈利，若销售额稍有减少便会发生亏损。

需要指出的是，经营杠杆系数仅是衡量企业总的经营风险的一个很重要的组成部分。导致经营风险的原因除了固定性生产经营成本外，还包括销售量、单位变动成本、销售价格等因素的不确定性。这样，经营杠杆系数将放大这些其他因素对息税前利润的变化性的影响。当然，经营杠杆系数应当只被看作是对“潜在风险”的衡量，这种潜在风险只有在销售和生产成本的变动性存在的条件下才会被“激活”。因此，企业一般可以通过增加销售金额、降低产品单位变动成本，降低固定成本比重等措施使经营杠杆系数下降，降低经营风险。但这往往要受到多种非主观因素的制约。

二、财务杠杆

(一) 财务杠杆的概念

企业不论其营业利润为多少,债务的利息通常都是固定不变的。当息税前利润增大时,每1元盈余所负担的固定财务费用就会相对减少,这就给企业带来更多的盈余;反之,当息税前利润减少时,每1元盈余所负担的固定财务费用就会相对增加,这就会大幅度减少企业的盈余。这种由于债务的存在而导致企业利润变动大于息税前利润变动的杠杆效应,称作财务杠杆。

【例 11-12】 现有甲、乙两个跨国公司,2014 年和 2015 年有关财务指标如表 11-5 所示。

表 11-5

甲、乙公司的资金结构与普通股利润表

单位:万美元

时间	项　　目	甲公司	乙公司	备　　注
2014 年	普通股发行在外股数(股)	2 000	1 000	(1) 已知
	普通股股本(每股面值:100 美元)	200 000	100 000	(2) 已知
	债务(年利率 8%)	0	100 000	(3) 已知
	资金总额	200 000	200 000	(4)=(2)+(3)
	息税前利润	20 000	20 000	(5) 已知
	债务利息	0	8 000	(6)=(3)×8%
	利润总额	20 000	12 000	(7)=(5)-(6)
	所得税(税率 25%)	5 000	3 000	(8)=(7)×25%
	净利润	15 000	9 000	(9)=(7)-(8)
	每股利润	7.5	9.0	(10)=(9)÷(1)
2015 年	息税前利润增长率(%)	20	20	(11) 已知
	增长后的息税前利润	24 000	24 000	(12)=(5)×[1+(11)]
	债务利息	0	8 000	(13)=(6)
	利润总额	24 000	16 000	(14)=(12)-(13)
	所得税(税率 25%)	6 000	4 000	(15)=(14)×25%
	净利润	18 000	12 000	(16)=(14)-(15)
	每股利润	9.0	12.0	(17)=(16)÷(1)
	每股利润增加额	1.50	3.0	(18)=(17)-(10)
	普通股利润增长率(%)	20	33.3	(19)=(18)÷(10)

在表 11-5 中，甲、乙两个跨国公司的资金总额相等，息税前利润相等，息税前利润的增长率也相同，不同的只是资金结构。甲公司全部资金都是普通股，乙公司的资金中普通股和债券各占一半。在甲、乙两公司息税前利润均增长 20％的情况下，甲公司每股利润增长 20％，而乙公司却增长了 33.3％，这就是财务杠杆效应。当然，如果息税前利润下降，乙公司每股利润的下降幅度要大于甲公司每股利润的下降幅度。

（二）财务杠杆的计量

从上述分析可知，只要企业存在固定利息，就一定会存在财务杠杆效应。但不同企业财务杠杆的作用程度是不完全一致的，为此，需要对财务杠杆进行计量。对财务杠杆进行计量的最常用指标是财务杠杆系数。所谓财务杠杆系数(DFL)是指利润的变动率相当于息税前利润变动率的倍数。其计算公式如下：

$$DFL=\frac{\Delta EPS/EPS}{\Delta EBIT/EBIT}$$

式中　DFL——财务杠杆系数；

ΔEPS——普通股每股收益变动额；

EPS——变动前的普通股每股收益；

$\Delta EBIT$——息税前利润变动额；

$EBIT$——变动前的息税前利润。

把表 11-5 中的有关资料代入公式，可求得甲、乙两个跨国 2015 年的财务杠杆系数分别如下：

$$DFL_{(甲)}=\frac{1/5}{40\,000/200\,000}=\frac{20\%}{20\%}=1$$

$$DFL_{(乙)}=\frac{2/6}{40\,000/200\,000}=\frac{33.33\%}{20\%}=1.67$$

计算结果表明，甲公司由于无负债，财务杠杆系数等于 1，即息税前利润增加 1 倍，税后利润也只增加 1 倍。乙公司在债务利息为 80 000 美元的基础上，财务杠杆系数等于 1.67，即息税前利润增加 1 倍，税后利润就增加 1.67 倍(20％×1.67＝33.33％)，这就给公司带来了财务杠杆利益。当然，如果息税前利润减少 1 倍，税后利润就减少 1.67 倍，这就给公司带来了财务风险。

若企业发行优先股，上述公式还可以推导如下：

$$DFL=\frac{EBIT}{EBIT-I-\frac{E}{1-T}}$$

式中　I——债务利息；

E——优先股股利；

T——所得税税率。

若企业不发行优先股，上述公式可简化如下：

$$DFL=\frac{EBIT}{EBIT-I}$$

必须说明的是，上式的 $EBIT$、I、E、T 均为基期数。

将表 11-5 中 2005 年的有关资料代入上式，可求得甲、乙两公司 2015 年的 DFL。

$$DFL_{(甲)}=\frac{200\ 000}{200\ 000-0}=1$$

$$DFL_{(乙)}=\frac{200\ 000}{200\ 000-80\ 000}=1.67$$

同理，按表 11-5 中 2015 年资料，可求出两公司 2016 年财务杠杆系数分别为 1 和 1.5。

（三）财务杠杆与财务风险

财务风险是指企业为取得财务杠杆效应而利用负债资金时，增加了破产机会或利润大幅度变动所带来的风险。企业为取得财务杠杆效应，就要增加负债，一旦企业息税前利润下降，不足以补偿固定利息支出，企业的利润就会下降得更快。一般来说，在其他因素不变的情况下，固定利息支出越多，财务杠杆系数越大，财务风险也越大。换句话说，如果企业没有负债，财务杠杆系数就等于 1，企业就没有财务风险。否则，财务杠杆系数就一定大于 1。

下面，结合每股利润标准离差和标准离差率的计算，来说明财务杠杆与财务风险的关系。

【例 11-13】 甲、乙、丙三家跨国公司普通股面值均为 10 美元元/股，甲公司发行在外 200 万股，乙、丙公司发行在外各 100 万股。乙公司债务利息率为 6%，丙公司债务利息率为 12%。其他有关资料见表 11-6 所示。要求计算期望每股利润、每股利润的标准离差、标准离差率和财务杠杆系数。

表 11-6

相关指标计算表

单位：万美元

公司名称	资金总额	普通股	负债	经济情况	概率	息税前利润	利息	税前利润	所得税（50%）	净利润	每股利润
甲	2 000	2 000	0	较好	0.20	320	0	320	160	160	0.80
				一般	0.60	200	0	200	100	100	0.50
				较差	0.20	80	0	80	40	40	0.20
乙	2 000	1 000	1 000	较好	0.20	320	60	260	130	130	1.30
				一般	0.60	200	60	140	70	70	0.70
				较差	0.20	80	60	20	10	10	0.10
丙	2 000	1 000	1 000	较好	0.20	320	120	200	100	100	1.00
				一般	0.60	200	120	80	40	40	0.40
				较差	0.20	80	120	−40	0	−40	−0.40

甲公司期望每股利润＝$0.80\times0.20+0.50\times0.60+0.20\times0.20=0.50$(美元/股)

甲企业每股利润标准离差＝$\sqrt{(0.8-0.5)^2\times0.2+(0.5-0.5)^2\times0.6+(0.2-0.5)^2\times0.2}$

＝0.19

甲企业每股利润标准离差率＝$\dfrac{0.19}{0.50}=0.38$

甲企业财务杠杆系数＝$\dfrac{200}{200-1}=1$

同理：

乙公司期望每股利润＝0.70(美元/股)
乙公司每股利润标准离差＝0.38
乙公司每股利润标准离差率＝0.54
乙公司财务杠杆系数＝1.43
丙公司期望每股利润＝0.36(美元/股)
丙公司每股利润标准离差＝0.45
丙公司每股利润标准离差率＝1.25
丙公司财务杠杆系数＝2.5

从以上分析可知，甲公司全部靠自有资金经营，其期望每股利润为0.50美元，财务杠杆系数为1，标准离差率为0.38。乙公司利用了利息率为6%的负债1 000万美元，自有资金与负债资金的比率为1∶1，负债比率为50%，则乙公司的期望每股利润上升到0.70美元，财务杠杆系数上升到1.43，标准离差率上升到0.54。公司期望每股利润上升，说明应用财务杠杆取得了比较好的效益，当然，随之也加大了财务风险。丙公司利用了利息率为12%的负债1 000万元，负债比率也为50%，但丙公司的期望每股利润却下降到0.36美元，财务杠杆系数上升到2.5，标准离差率为1.25。说明此时利用财务杠杆只能加大公司财务风险，而不能取得财务杠杆利益。这就是说，公司利用财务杠杆，可能会产生好的效果，也可能会产生坏的效果。

三、复合杠杆

从以上介绍可知，固定成本的存在产生经营杠杆效应，利息费用的存在产生财务杠杆效应，若两种杠杆共同起作用，则销售量稍有变动就会使利润产生更大的变动，通常将这两种杠杆的连锁作用称作复合杠杆。复合杠杆的大小通常用复合杠杆系数(DCL或DTL)表示。

复合杠杆系数是指每股收益变动率相当于产销量(或额)变动率的倍数。其计算公式如下：

$$DCL=\frac{\Delta EPS/EPS}{\Delta S/S}$$

$$DCL = DOL \times DFL$$

$$= \frac{Q\times(P-V)}{Q\times(P-V)-F} \times \frac{EBIT}{EBIOT - I - \frac{E}{1-T}}$$

$$= \frac{Q\times(P-V)}{EBIT - I - \frac{E}{1-T}}$$

【例 11-14】 某跨国公司的经营杠杆系数为 2,财务杠杆系数为 1.5,复合杠杆系数是:

$$DCL = 2\times1.5 = 3$$

复合杠杆作用的意义,首先,在于能够估计出销售额变动对每股收益造成的影响。比如上例中销售额每年增长(减少)1 倍,就会造成每股收益增长(减少)3 倍。其次,它使我们看到了经营杠杆与财务杠杆之间的相互关系,即为了达到某一复合杠杆系数,经营杠杆和财务杠杆可以有很多不同的组合。比如,经营杠杆程度较高的公司可以在较低的程度上使用财务杠杆;经营杠杆程度较低的公司可以在较高的程度上使用财务杠杆,等等。这有待公司在考虑了各有关的具体因素之后作出选择。

在复合杠杆作用下,企业产销量的上升会引起每股利润的更大幅度的上升,产销量下降会引起每股利润的更大幅度的下降。由于复合杠杆作用使每股利润大幅度波动而造成的风险,称为复合风险。复合风险直接反映着企业的整体风险。在其他因素不变的情况下,复合杠杆系数越大,复合风险越大;复合杠杆系数越小,复合风险越小。在实务中可以通过计算分析复合杠杆系数以及每股利润的标准离差了解复合杠杆同复合风险的内在联系。

第三节 资金结构

资金结构又称资本结构,是指企业各种长期资金筹集来源的构成和比例关系。短期资金的需要量和筹集是经常变化的,在整个资金总量中所占的比重不稳定,因此不列入资金结构管理范围,而作为营运资金管理。在通常情况下,企业的资金结构由长期债务资金和权益资金构成。从前面章节分析可知,国际企业有多种筹资方式,它们的资金成本各不相同。在筹资决策中,企业应确定最佳资本结构,并在最佳筹资中保持最佳结构。

一、资金结构理论

资金结构理论的研究始于 20 世纪 50 年代初期。美国财务管理学家大卫·杜兰特(David Durand)关于财务杠杆的作用对于公司价值的影响,提出了两种极端的理论,分别是净收入法(Net Income Approach)以及净营业收入法(Net Operating Income Approach)。随后在 20 世纪 50 年代末期与 60 年代，美国另外两名著名财务管理学家毛第林尼(Franco Modigliani)与米勒(Mertor Miller)发表了一系列的经典著作，创建了 MM 理论，更强化了资金结构理论的内涵。现对资金结构理论简要分述如下。

（一）净收入理论

净收入理论认为，负债可以降低企业的资金成本，负债程度越高，企业的价值越大。这是因为债务利息和权益资金成本均不受财务杠杆的影响，无论负债程度多高，企业的债务资金成本和权益资金成本都不会变。因此，只要债务成本低于权益成本，那么负债越多，企业的加权平均资金成本就越低，企业的价值就越大。当负债比率为 100%时，企业加权平均资金成本最低，企业价值将达到最大值。

（二）净营运收入理论

净营运收入理论认为，不论财务杠杆如何变化，企业加权平均资金成本都是固定的，因而企业的总价值也是固定不变的。这是因为企业利用财务杠杆时，即使债务成本本身不变，但由于加大了权益的风险，也会使权益成本上升，于是加权平均资金成本不会因为负债比率的提高而降低，而是维持不变。企业的总价值也就固定不变。按照这种理论推论，企业不存在最佳资金结构，筹资决策无关紧要。可见，净营运收入理论和净收入理论是完全相反的两种理论。

（三）传统理论

传统理论是一种介于净收入理论和净营运收入理论之间的理论。传统理论认为：企业利用财务杠杆尽管会导致权益成本的上升，但在一定程度内却不会完全抵销利用成本率低的债务所获得的好处，因此会使加权平均资金成本下降，企业总价值上升。但是，超过一定程度利用财务杠杆，权益成本的上升就不再能为债务的低成本所抵销，加权平均资金成本便会上升。以后，债务成本也会上升，它和权益成本的上升共同作用，使加权平均资金成本上升加快。加权平均资金成本从下降变为上升的转折点，是加权平均资金成本的最低点，这时的负债比率就是企业的最佳资金结构。

（四）MM 理论

当前最有影响力的资金结构理论是 MM 理论。

1. 未考虑公司所得税的 MM 理论

1958 年 M&M 在美国经济评论(American Economic Review)杂志上发表了一篇震撼性文章，假设在无公司所得税的前提下，认为不存在最佳资金结构，也就是说一个公司举债与否并不影响它的资金成本，或者说公司价值的大小与负债比率无关，即所谓的杠杆无关论。

为了证明这个论点 M&M 两位学者做了许多假设，其中包括一个无税、无交易成本与完全资本市场存在的世界。

两位学者认为，在没有公司所得税的情况下，公司的价值应满足下列关系式：

$$V=\frac{EBIT}{K_w}=\frac{EBIT}{K_{su}} \tag{1}$$

式中 K_w——加权平均资金成本；

K_{su}——未举债公司的权益资金成本；

V——公司总价值。

若上式成立，则 $K_w=K_{su}$。

此外，两位学者推导出下面这个公式，来说明当两家公司的信用等级相同时，已举债公司的加权平均资金成本会等于未举债公司的加权平均资金成本：

$$K_{sl}=K_{su}+\frac{(K_{su}-K_b)\times D}{S} \tag{2}$$

式中 K_{sl}——已举债公司的权益资金成本；

K_b——负债的资金成本；

D——负债的总市价；

S——股东权益的总市价。

由公式(2)的结果，可以知道虽然负债的资金成本较低，但是举债会让公司的权益资金增加，增加的幅度就是公式(2)等式右边第二项风险溢酬的部分。因此，举债所带来的好处与坏处会相抵。两位学者认为在无公司所得税的情况下，资金结构中的负债比例上升，是无法提高公司的价值的。

【例 11-15】 某跨国公司今年的息税前利润为 100 万美元，在未举债下的权益资金成本为 12.5%，如果进行举债则其负债的资金成本为 9%。假设该公司目前的负债与股东权益的总市价相等，该公司总价值与股东权益的资金成本计算如下：

$$V=\frac{EBIT}{K_w}=\frac{EBIT}{K_{su}}=\frac{\$1\,000\,000}{0.125}=\$8\,000\,000$$

再将各项财务资料代入公式(2)，可以得出举债后股东权益的资金成本(K_{sl})：

$$\begin{aligned}K_{sl}&=K_{su}+\frac{(K_{su}-K_b)\times D}{S}\\&=12.5\%+[(12.5\%-9\%)\times\$4\,000\,000]\div\$4\,000\,000\\&=16\%\end{aligned}$$

由上面的运算结果也可知道举债对于权益资金的风险溢酬为：

$$16\%-12.5\%=3.5\%$$

2. 考虑公司所得税的 MM 理论

两位学者在资金结构领域的第二个重要贡献，是推导出考虑公司所得税的 MM 理论。由于无税状况的假设与现实世界相差太大，引起相当多的批评，因此 M&M 两位学者在1963年又发表了一篇论文，在有公司所得税的情况下，导出了与无税情况截然不同的结论，认为公司举债越多越好，因为负债的利息支出可以抵减所得税，举债可以使公司的资金成本减少，价值增加，这就是所谓杠杆有关论。

根据两位学者的看法，在考虑公司所得税时，一家未举债公司的价值(V_u)如下：

$$V_u=\frac{EBIT(1-T)}{K_{su}} \tag{3}$$

由公式(3)中，可以明显地看出未举债公司没有债息费用，因此也无法享有赋税上的好处。但是若是一家有举债的公司，其公司的价值(V_l)如下：

$$V_l=V_u+DT \tag{4}$$

公式(4)等号右边第二项就是举债后公司价值增加的部分，其额度是所得税率乘以目前负债的总市价，即为税盾效果。

至于在考虑公司所得税下，举债对于股东权益资金成本的影响如下：

$$K_{sl}=K_{su}+(K_{su}-K_b)(1-T)\frac{D}{S} \tag{5}$$

公式(5)等号右边第二项，为使用负债对于股东权益资金成本所增加的风险溢酬，M&M两位学者认为举债虽然会提高股东权益的风险，进而增加股东权益的资金成本，但是低成本的负债资金与债息支出可以抵税的双重好处，超越举债所产生的负面效应，因此资本结构中的负债比例上升，可以提高公司价值。

【例11-16】 某跨国公司今年的息税前利润为100万美元，在未举债下的权益资金成本为12.5%，若进行举债则其负债的资金成本为9%，假设该公司目前的负债总市价为400万美元，则公司价值与股东权益的资金成本计算如下：

(1) 未举债下的公司价值：

$$V_u=\frac{EBIT(1-T)}{K_{su}}=\frac{\$1\,000\,000(1-40\%)}{12.5\%}=\$4\,800\,000$$

(2) 举债下的公司价值：

$$V_l=V_u+DT=\$4\,800\,000+(\$4\,000\,000)\times 0.40=\$6\,400\,000$$

(3) 举债下公司的股东权益总市价：

$$S=V_l-D=\$6\,400\,000-\$4\,000\,000=\$2\,400\,000$$

(4) 股东权益的资金成本：

$$\begin{aligned}K_{sl}&=K_{su}+(K_{su}-K_b)(1-T)\frac{D}{S}\\&=12.5\%+(12.5\%-9\%)\times(1-40\%)\times[(\$4\,000\,000/\$2\,400\,000)]\\&=16\%\end{aligned}$$

将 K_{sl} 与 K_{su} 相减，可得知举债后对股东权益的资金成本所增加的风险溢酬如下：

$$16\% - 12.5\% = 3.5\%。$$

（五）权衡理论

权衡理论是在MM理论的基础上产生的。权衡理论针对MM理论只考虑负债带来的纳税利益，忽略了负债带来的风险和额外费用的不足之处，既考虑负债带来的利益，又考虑负债带来的各种费用，并对它们进行适当平衡来确定企业价值的理论。由于权衡理论考虑了更多的现实因素，因而更符合实际情况。

1. 财务拮据成本

财务拮据是指企业没有足够的偿债能力，不能及时偿还到期债务，债权人纷纷上门讨债，企业不得不以高利率借款清偿到期债务，或为解燃眉之急，管理人员不得不采用短期行为，如推迟机器的大修、变卖企业有用的资产以获取现金、降低产品质量来节省成本费用等，这些短期行为会降低企业市场价值。

2. 破产成本

一家公司发生破产的几率决定于企业经营风险与财务风险这两方面的因素。每家公司或多或少都会面临经营风险，财务风险可说是一种额外增加的风险，只有当公司利用负债筹集资金时才会遭遇到。

当企业的客户和供应商意识到企业出现严重财务拮据时，他们往往不再来购买该企业的产品和供应材料，这就可能会引起企业破产。当破产案件发生时，一方面所有者和债权人常常产生长期争执，从而导致存货和固定资产的损坏或过时，损害企业资产价值；另一方面破产案件发生时支付的律师费、诉讼费和其他行政开支将花费企业大量财富，这也会降低企业价值。

3. 代理成本

所谓的代理关系是指在公司制企业中，股东和债权人均把资金交给企业的管理人员，由管理人员代其管理。代理成本是指使公司代理问题最小化的成本。一般来说，债权人贷款给企业时，主要根据以下几方面来确定贷款利率的高低：企业现有资产的风险程度；对企业新增资产风险的评估；企业目前的资金结构；对企业未来资金结构变化的预测。这些因素决定着一个企业的现金流量的风险，因而也决定着给企业贷款的安全程度。

我们可以从风险与报酬的角度来解释代理成本。债权人向公司收取的利息费用标准决定于公司本身的经营风险与财务风险。管理者如果想要图利股东的话，可以在发行公司债券的任务完成后，进行一些会产生高风险的项目。若高风险项目非常成功，绝大部分的好处必定会由股东所享有，而非债权人；若是高风险项目不幸失败，损失则是由债权人与股东共同承担。为了避免这种不公平现象，债权人在贷款时往往要通过各种保护性条款对自己进行保护。这些条款在一定程度上会限制企业的经营，影响企业的活力，降低企业效率。另外为了保证这些条款的实施，还必须用特定的方法对企业进行监督，这必然会发生额外的监督费用，增加负债成本。以上增加企业费用支付和约束企业行为发生的成本就是代理成本。代理成本的存在会提高企业负债成本而降低负债利益。

前面我们说过权衡理论是在 MM 理论的基础上产生的，如果 MM 理论（税后）成立的话，那么随着负债比率的增加，企业的价值也会不断增加，当负债为 100%时，DT 和 V_l 达到最大。当我们把财务拮据成本、破产成本和代理成本考虑进去后，负债企业价值的计算则有所变化，其公式如下：

$$V_l = V_u + DT - CPV$$

式中 DT——负债税额庇护利益的现值（税盾效果）；

CPV——预期财务拮据成本、破产成本和代理成本的现值。

资金结构理论为融资决策提供了有价值的参考，可以指导决策行为。但是应该指出的是，由于融资活动本身和外部环境的复杂性，目前还很难准确显示出存在于财务杠杆、每股收益、资金成本以及企业价值之间的关系，所以在一定程度上融资决策还要依靠有关人员的经验和主观判断。

小知识

跨国企业资金成本和资金结构

跨国企业的资金成本比一般的国内企业资金成本低，是由跨国企业的特性所决定的，如它的规模、进入国际资本市场和国际化分散的程度。然而也有某些跨国企业的特性使得跨国企业资金成本增加，如汇率风险和国家别风险。

国家间的资金成本也有差异，主要是因为资金成本的组合因素不同所产生的，特别是无风险利率、负债及股东权益的风险溢酬在各国间的差异，越高的无风险利率一般会产生越高的资金成本。

跨国企业资本结构决策受到公司的特性所影响，如跨国企业现金流量的稳定、信用风险和可使用的保留盈余。它也受到当地国特性的影响，如股票的限制、利率、当地币值的强弱、国家风险及其税法。某些特性使得跨国企业采用权益倾向的资本结构，因为当地国限制使用负债融资；某些特性则倾向采用负债的资本结构，因为需要保护母公司利益借由使用负债以对抗风险。由于影响资金成本的因素在各个国家都不同，则跨国企业的资金成本可能依赖所有营运国家间资本结构因素的组合。

二、资金结构的管理

（一）资金结构与股票价格

资金结构的变化会引起财务风险的变化，而财务风险的变化又会引起股票价格的变化。因此在对筹资活动进行管理时，有必要研究资金结构对股票价格的影响。

资金结构不仅会影响普通股每股净利润，而且还会影响普通股的价格。一般说来，企业的负债比率越高，财务风险越大，股票就越不受投资者的欢迎，股票的价格也就越低。从股票的估价模式可以看到资金结构及财务风险对股票价格的影响。

每股股票的现值(P)的计算公式如下：

$$P=\sum_{i=1}^{n}\frac{D_i}{(1+K)^i}$$

如果企业支付的每股股利将在很长的时期内($T\rightarrow\infty$)固定不变，那么上述公式可以简化如下：

$$P=D/K$$

假设企业的税后利润全部用于发放股利，那么以上公式中预期的每一股股利(D)就是预期的每股净利润。公式中股票贴现率(K)包括了货币的时间价值、经营风险的价值和财务风险的价值。股票贴现率(K)可用公式表示如下：

$$K=I+\theta$$

＝货币时间价值＋风险价值

＝货币时间价值＋(经营风险的价值＋财务风险的价值)

风险价值θ可以用公式计算如下：

$$\theta=f\times[\delta/(e-I)]$$

式中　f——计算风险价值的系数，是一个常数，与标准差率相乘即得风险价值θ；

δ——标准差，反映经营风险的大小；

e——期望息税前利润；

I——负债利息。

由此可见，一方面借款越多，借款利率越高，期望税前净利润就减少，标准差就越大，风险价值就越大，股票现值就越低；另一方面每股利润越多，股票现值就越高。因此，财务风险经常从两个相反的方向去影响股票的价格。当第二个方面的影响大于第一个方面的影响时，负债经营对企业是有利可图的，它可使股票价格上升；反之，股票的价格会下降，对企业不利。

（二）利息抵税与资金结构的关系

根据税法规定，利息是在税前支付的，而股利必须用税后利润支付，因而采用不同的资金结构，给企业本身带来的实际经济利益是不同的。

【例 11-17】 假定有 A、B、C 三个跨国企业，它们的息税前利润均为 100 万美元，但资金结构不同。又假定三家企业的股东权益全部为普通股，每股面值 100 美元，流通在外的股数 A 企业为 8 万股，B 企业为 6 万股，C 企业为 4 万股，根据以上的资料利息抵税与资金结构的关系见表 11-7。

表 11-7

利息抵税与资金结构的关系

单位：万美元

项　　目	A 企 业	B 企 业	C 企 业
负债总额	200	400	600
股东权益总额	800	600	400
负债和股东权益总计	1 000	1 000	1 000
负债比率(%)	20	40	60
息税前利润	100	100	100
利息支出(8%)	16	32	48
税前利润	84	68	52
所得税(40%)	33.6	27.2	20.8
税后利润	50.4	40.8	31.2
息前税后总收益	16＋50.4＝66.4	32＋40.8＝72.8	48＋31.2＝79.2

从表中可以看出虽然负债比率不同的企业息税前利润都为 100 万美元，但由于利息抵税，负债比率不同的企业所缴纳的所得税金额不同，三个企业所缴纳的所得税额分别为 33.6 万美元、27.2 万美元和 20.8 万美元，即负债比率越高，利息抵税就越大，所缴纳的所得税就越少。利息抵税为利息支出与所得税税率的乘积，三个企业利息抵税分别为 6.4 万美元、12.8 万美元和 19.2 万美元，它们之间的差额正好是 A 企业、B 企业和 C 企业息前税后总收益的差额。

因此，从利息抵税的角度看，企业负债比不负债好，利息抵税对企业资金结构的确定有着重要的影响。但是正如前文所述，企业负债经营也增加了企业的财务风险。

（三）最佳资金结构的确定

企业资金结构与资金成本的关系表明，随着企业负债比率的提高，企业总体的加权平均资金成本开始不断地下降，这是因为利息抵税的作用，使得负债的资金成本低于股票筹资的资金成本。所以，只要企业的资产报酬率高于负债的资金成本，财务杠杆的作用对企业是有益的。在一定范围内，企业负债经营能增加每股净利润。但是随着负债比率的上升，企业的财务风险也随之增加，但负债比率增加到一定程度时，由于财务风险的加大必然会引起企业综合资金成本上升。综合上述两个方面的消长趋势，必然存在一个使综合资金成本最小的范围或点。这个使综合资金成本最小的范围或点就是最佳资金结构的范围或点。

1. 融资的每股收益分析

判断资金结构合理与否，其一般方法是以分析每股收益的变化来衡量。能提高每股收益的资金结构是合理的，反之则不够合理。由此前的分析已经知道，每股收益的高低不仅受资金结构的影响，还受到销售水平的影响，处理以上三者的关系，可以运用融资的每股收益分析的方法。

每股收益分析是利用每股收益的无差别点进行的。每股收益的无差别点是指每股收益不受融资方式影响的销售水平。根据每股收益无差别点，可以分析判断在什么样的销售水平下适宜于采用何种资金结构。每股收益无差别点可以通过计算得出。每股收益(EPS)的计算如下：

$$EPS=(S-VC-F-I)(1-T)/N=(EBIT-I)(1-T)/N$$

式中 S——销售额；

VC——变动成本；

F——固定成本；

I——债务利息；

T——所得税税率；

N——流通在外的普通股股数；

$EBIT$——息税前利润。

在每股收益无差别点上，无论是采用负债融资，还是采用权益融资，每股收益都是相等的。若以 EPS_1 代表负债融资，EPS_2 代表权益融资，则：

$$EPS_1=EPS_2$$

$$\frac{(S_1-VC_1-F_1-I_1)(1-T)}{N_1}=\frac{(S_2-VC_2-F_2-I_2)(1-T)}{N_2}$$

在每股收益无差别点上 $S_1=S_2$，则能使上述条件成立的销售额 S 为每股收益无差别点销售额。

【例 11-18】 某跨国公司原有资本 700 万美元，其中债务资本 200 万美元（每年负担利息 24 万美元），普通股资本 500 万美元（发行普通股 10 万股，每股面值 50 美元）。由于扩大业务，需要追加投资 300 万美元，企业筹资方式有二：

(1) 全部发行普通股:增发 6 万股,每股面值 50 美元。

(2) 全部筹借长期债务:债务利率仍为 12%,利息 36 万美元。

公司的变动成本率为 70%,固定成本为 180 万美元,所得税税率 40%。

将上述资料中的有关数据带入公式:

$$\frac{(S-0.7S-180-24)(1-40\%)}{10+6}=\frac{(S-0.7S-180-24-36)(1-40\%)}{10}$$

$S=1\,000$(万美元)

此时的每股收益额为 3.60 美元。

上述每股收益无差别点分析,如图 11-1 所示。

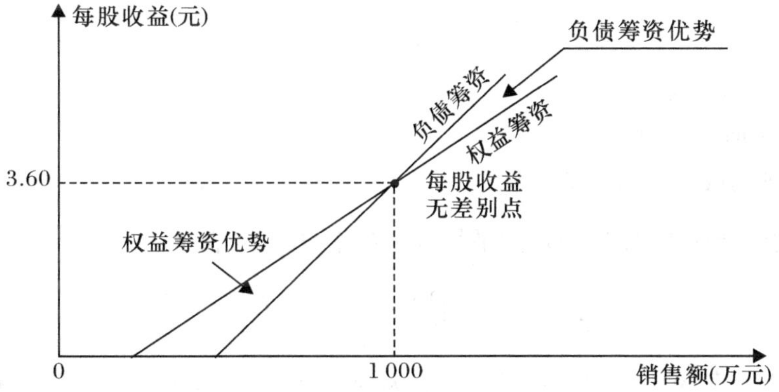

图 11-1　每股收益无差别点图

从图 11-2 可以看出,当销售额大于 1 000 万美元(每股收益无差别点的销售额)时,运用负债筹资可获得较高的每股收益;当销售额小于 1 000 万美元时,运用权益筹资可获得较高的每股收益。

2. 最佳资金结构确定

以上我们以每股收益的高低作为衡量标准对筹资方式进行了选择。这种方法的缺陷在于没有考虑风险因素。从根本上讲,财务管理的目标在于追求公司价值的最大化或股价最大化。然而只有在风险不变的情况下,每股收益的增长才会直接导致股价的上升,实际上经常是随着每股收益的增长风险性加大。如果每股收益的增长不足以补偿风险增加所需的报酬,尽管每股收益增加,股价仍然会下降。所以,公司的最佳资金结构应当是可使公司的总价值最高,而不一定是使每股收益最大的资金结构。同时,在公司总价值最大的资金结构下,公司的资金成本也是最低的。

公司的市场总价值 V 应当等于其股票的总价值 S 加上债券 D 的总价值,即:

$$V=S+D \tag{1}$$

为了简化起见，假定债券的市场价值等于它的面值。股票的市场价值则可以通过公式计算如下：

$$S=\frac{(EBIT-I)(1-T)}{K_s} \tag{2}$$

式中 $EBIT$——息税前利润；

I——年利息额；

T——公司所得税税率；

K_s——权益资金的成本。

K_s 采用资本资产定价模型计算如下：

$$K_s=R_s=R_f+\beta(R_m-R_f)$$

式中 R_f——无风险报酬；

β——股票的贝他系数；

R_m——平均风险股票必要报酬率。

而公司的资金成本，则应用加权平均资金成本（K_w）来表示：

$$K_w=K_b\times\left(\frac{D}{V}\right)(1-T)+K_s\left(\frac{S}{V}\right) \tag{3}$$

【例 11-19】 某跨国公司年息税前利润为 500 万美元，资金全部由普通股资本组成，股票账面价值 2 000 万美元，所得税税率 40%。该公司认为目前的资金结构不够合理，准备用发行债券购回部分股票的办法予以调整。经过咨询调查，目前的债务利率和权益资本的成本情况如表 11-8 所示。

表 11-8

不同债务水平对公司债务资金成本和权益资金成本的影响

债券的市场价值 D（百万美元）	税前债务资金成本 K_b	股票 β 值	无风险报酬率 R_f	平均风险股票必要报酬率 R_m	权益资金成本 K_s
0	—	1.20	10%	14%	14.8%
2	10%	1.25	10%	14%	15.0%
4	10%	1.30	10%	14%	15.2%
6	12%	1.40	10%	14%	15.6%
8	14%	1.55	10%	14%	16.2%
10	16%	2.10	10%	14%	18.4%

根据表 11-8 资料，运用公式(1)、公式(2)、公式(3)即可计算出筹借不同金额的债务时公司的价值和资金成本见表 11-9。

表 11-9

公司市场价值和资金成本

债券的市场价值 D（百万美元）	股票的市场价值 S（百万美元）	公司的市场价值 V（百万美元）	税前债务资金成本 K_b	权益资金成本 K_s	加权平均资金成本 K_w
0	20.27	20.27	—	14.8%	14.80%
2	19.20	21.20	10%	15.0%	14.15%
4	18.16	22.16	10%	15.2%	13.54%
6	16.46	22.46	12%	15.6%	13.36%
8	14.37	22.37	14%	16.2%	13.41%
10	11.09	21.09	16%	18.4%	14.23%

从表 11-9 中可以看到，在没有债务的情况下，公司的总价值就是其原有股票的市场价值。当公司用债务资本部分地替换权益资本时，一开始公司总价值上升，综合资金成本下降。在债务达到 600 万美元时，公司总价值最高，加权平均资金成本最低。债务超过 600 万美元后，公司总价值下降，加权平均资金成本上升。因此，债务为 600 万美元时的资金成本是该公司的最佳资金结构。

（四）影响资金结构的其他因素

前已述及，在实际工作中准确地确定最佳资金结构几乎是不可能的。所以，财务管理人员在进行定量分析的同时，还要进行定性分析。定性分析要认真考虑影响资金结构的各种因素，并根据这些因素来确定企业合理的资金结构。

1. 长期生存能力

企业只有生存才能实现其目标。企业长期生存的基本条件是以收抵支和到期能够偿还债务。因此对企业的财务管理者来说，一个至关重要的问题就是企业利用债务是否危及企业的长期生存发展。要防止利用财务杠杆危及企业的长期生存的能力。

2. 借款余地

企业利用债务的水平应留有余地，通常保持在略低于正常水平为好。留有余地的好处是可使企业把握住有利的机会。例如，经企业财务管理人员的预测，市场利率暂时很高,但不久可能会下降,这时企业就可以通过筹集短期负债方式,使企业获得好处。

3. 成长率

一般企业成长率越高,相应所需的外部资金也越多。成长较慢的企业发展所需要的资金通常可通过内部积累来基本解决资金需求,而成长快的企业单靠内部积累显然是不行的,必须进行外部筹资。但是从谨慎起见,成长快企业筹资通常是先债务,后发行股票,这样可使企业获得额外的利益。所以,成长率高的企业往往有更高的利用债务的倾向。

4. 保障系数

利用债务的实际可能性不仅仅取决于企业自身的状况和能力,也取决于债权人的态度以及资信评价机构对利用债务的企业的资信评价。一般来说,企业盈利能力越强,其信誉相对也就越高,投资者也就越愿意借钱给该企业。评价的标准是通过保障系数来反映的。常用的保障系数是利息保障系数。其计算公式如下:

利息保障系数=息税前利润/债务利息

利息保障系数不仅反映了企业获利能力的大小，而且反映了获利能力对偿还到期债务的保障程度。它既是企业举债经营的前提，也是衡量企业长期偿债能力大小的重要标志。由此可以得出这样的启示：若要维持正常偿债能力，从长期看，利息保障系数至少应当大于1，且比值越高，企业长期偿债能力一般也就越强。如果利息保障系数过小，企业将面临亏损以及偿债的安全性与稳定性下降的风险。究竟企业利息保障系数应为多少，才算偿付能力强，这要根据以往经验结合行业特点来判断。

本章小结

资金成本企业筹集和使用资金而付出的代价。在实际工作中,由于运用的场合不同,资金成本可以有多种形式:① 在比较各种筹资方式时,使用个别资金成本,包括优先股成本、普通股成本、留存收益成本、长期借款成本、长期债券成本;② 在进行资金结构决策时,使用综合资金成本;③ 在进行追加筹资决策时,使用边际资金成本。杠杆利益是企业资金结构决策的一个重要因素,资金结构决策需要在杠杆利益与其相关的风险之间进行合理的权衡。为了达到一定程度的复合杠杆作用,经营杠杆和财务杠杆可以有很多不同的组合。资金结构是企业各种长期资金筹集来源的构成和比例关系。资金结构的合理性和最优化判断是通过分析每股收益与资金成本的变化来衡量的。

复习思考题

1. 什么是资金成本？资金成本包括哪两部分？它有何意义？

2. 什么是经营杠杆？经营杠杆与经营风险的关系是什么？

3. 什么是财务杠杆？财务杠杆与财务风险的关系是什么？

4. 综合资金成本与边际资金成本有何区别？在企业达到最优资金结构时，它们各自具有什么特征？

5. 企业价值最大化与企业最优资金结构的关系是什么？

练习题

1. 华为公司拟筹资 1 000 万欧元，现有两个备选方案。有关资料见表 11-10。

表 11-10

有关资料表

筹资方式	甲方案		乙方案	
	筹资额(万欧元)	资金成本	筹资额(万欧元)	资金成本
长期借款	150	9%	200	9%
债券	350	10%	200	10%
普通股	500	12%	600	12%
合计	1 000		1 000	

要求：确定该公司的最佳筹资结构。

2. 太阳能公司 2015 年度的利润表有关资料如下：

销售收入	4 000 万欧元
变动成本	2 400 万欧元
固定成本	1 000 万欧元
息税前利润	600 万欧元
利息	200 万欧元
所得税	200 万欧元

要求：

(1) 计算经营杠杆系数、财务杠杆系数和复合杠杆系数。

(2) 若 2016 年销售收入增长 30%,息税前利润与净利润增长的百分比是多少?

3. 海天跨国公司目前的资金来源包括每股面值 1 美元的普通股 800 万股和平均利率为 10%的 3 000 万美元债券。该公司拟投产新产品,该项目需要资金 4 000 万美元,预期投产后每年可增加息税前利润 400 万美元。有两个筹资方案:

(1) 按 11%的利率发行债券。

(2) 按 20 美元/股的价格增发普通股。

该公司目前的息税前利润为 1 600 万美元,公司适用的所得税率为 40%,证券发行费忽略不计。

要求:

(1) 计算两个筹资方案的每股收益。

(2) 计算两个筹资方案的每股收益无差别点。

(3) 计算筹资前、后的财务杠杆系数。

(4) 分析公司应选择哪种筹资方案? 为什么?

案例分析

财务风险程度的比较分析

Aberez 公司和 Vorlas Vactor 公司的财务特征如表 11-11 所示。

表 11-11

财务特征表

项　　目	Aberez 公司		Vorlas Vactor 公司	
	本　公　司	行业平均数	本　公　司	行业平均数
债务股本比	1.10	1.43	0.78	0.47
债券评级	Aa	A	Ba	Baa
利息保障倍数	6.10	5.70	7.30	7.10
现金和有价证券占总资产比例	0.08	0.07	0.10	0.13

请根据上述资料对这两个公司的财务风险程度进行比较分析。

分析:根据以上资料可知,Aberez 公司的债务比率低于行业平均水平,Vorlas Vactor 公司的债务比率则高于行业平均水平,两家公司的利息保障倍数都较大地超过了行业平均水平。Vorlas Vactor 公司所在行业较低的债务对权益比率和较高的利息保障倍数表明它的经营风险可能要比 Aberez 公司所在行业高。Aberez 公司的流动比率要高于行业平均水平而 Vorlas Vactor 公司则低于行业平均水平。显然，对于所有三个财务比率 Vorlas Vactor 公司都要比 Aberez 公司好，但它们都比行业平均水平低。最后，Aberez 公司的债券评级要比 Vorlas Vactor 公司好，为 Aa 级并且高于行业平均水平；Vorlas Vactor 公司的债券评级是投资债券最低级别的下一级，这一级别也低于行业内一般公司的评级。如果行业平均水平能够合理代表基本的经营风险和财务风险，我们就说 Vorlas Vactor 公司的风险程度更高。

第四篇　国际投资管理

国际投资也叫对外投资，是指投资者将其本国的资本投入到其他国家，以便获取更高收益的经济行为。国际投资是一种国际间资本的流动，从投资者的角度看，对外投资可扩展生产规模，获得更高的利润；从东道国的角度看，吸收投资可利用外资来帮助本国经济的发展。

国际投资是随着金融资本的逐渐形成而出现的。国际投资经历了两个发展阶段。第一个阶段是间接投资阶段，它是国际投资的出现、形成阶段，大约是在19世纪70年代到第一次世界大战期间。从20世纪初开始，尤其是第二次世界大战以后到现在，是直接投资阶段，这是第二阶段，在此阶段国际投资主体呈多元化趋势，资金来源渠道多样化。随着国际金融市场的深入发展，国际投资已成为国际经济活动中的重要力量。

第十二章　国际直接投资

【本章学习目标】

通过本章学习，了解国际投资的类型和国际投资的理论；熟悉国际直接投资环境的特点和内容；熟悉国际直接投资的风险；熟悉国家风险评估的内容；了解国家风险的比较方法；掌握直接投资方案的决策方法。

【本章关键词】

国际直接投资(Foreign Direct Investment，FDI)

投资环境(Investment Environment)

国家政治风险(State Political Risk)

国家经济风险(State Economic Risk)

可行性研究(Feasibility Research)

垄断优势理论(Monopolistic Advantage Theory)

产品生命周期理论(Theory of Product Life Cycle)

内部化理论(Internalization Theory)

国际生产折衷理论(The Eclectic Theory of International Production)

发展水平理论(Development Level Theory)

比较优势理论(Comparative Advantage Theory)

> 21世纪，对于有些企业来讲，国际扩张和全球化已经成为战略制定和实施的重要考虑方面。国际扩张和全球化为企业提供了开发新市场的机会，以及将部分业务转移到经营更容易或成本更低的国家或地区的机会，而且可以通过增加生产规模和扩大市场来获得规模经济。当然，它们也使国内市场面临外国企业对其经济产生的新的竞争威胁，并且可能导致跨国收购和兼并的发生。当企业考虑国际扩张时，管理层必须考虑适合其相对优势的最佳进入模式和走向国际的战略理念，并且评估与企业国际扩张目的地相关的经济及政治风险。一旦确定了具体的进入模式，管理层还需获得有关目的地国家的不成文规则或文化规定的信息，以便更好地管理业务。
>
> 资料来源：公司战略与风险管理. 中国注册会计师协会. 北京：经济科学出版社，2011

第一节 国际投资方式和国际投资理论

国际投资按投资方式分为直接投资和间接投资。直接投资是指将货币资本或实物资本直接投到国外的生产领域中,投资者可以直接在国外创办企业进行生产经营活动。间接投资是证券投资活动,是指投资者将资本投放到国际金融市场,用于购买国外的股票、债券等有价证券,通过股息、利息等获取报酬。

本章主要阐述国际直接投资。

一、国际直接投资的形式

国际直接投资的特点在于对投入资本具有所有权和资本在使用过程中的经营控制权和决定权,其形式有三种:

第一种是在国外建立新的企业,可以建立独资企业、分公司或子公司,也可以和东道国联合创立合资企业或收买国外现有的公司。

第二种是通过购买外国公司的股票达到控制外国企业的股权,从而拥有控制的权利。至于按股权多少才算直接投资,目前尚无统一标准。国际货币基金组织规定拥有 25%的股权为直接投资。

第三种是以利润进行再投资,直接投资者把获得的利润的一部分或全部用于对原企业的追加投资。

二、国际直接投资的结构

国际直接投资的结构也有三种:

第一种是横向型投资结构,又叫水平投资结构,是指在国外建立的子公司在生产和经营方向上和国内的母公司完全一致,这样的子公司能够独立完成产品的全部生产和销售过程。

第二种是纵向型投资结构,是指在国外建立的子公司与母公司之间实行专业化分工,这种分工可以是母、子公司生产同一产品,但分别承担不同的工序,子公司仅是整个生产过程中的一个环节,不能独立完成生产过程。这种分工还可以是母、子公司从事不同的行业,但产品却互相衔接和关联,这种企业一般是资源开发与加工部门。

第三种是混合型投资结构,是指在国外建立的子公司与母公司的生产和经营方向完全不同,没有什么联系,这是一种跨行业、跨部门的投资。

由于国际直接投资是一种资金、设备、专有技术和科学管理方法的国际转移,因此它对促进世界经济的发展具有重要的作用。它加速了生产和资本国际化的进程,加深了各国之间经济上的依赖和协作,引起国际分工的进一步深化和国际资源的更合理调配,使各国经济日益成为世界经济的一个组成部分，同时它也促进了世界贸易的发展。

三、国际投资理论

第二次世界大战后，由于国际投资的迅速增长，推动了国际投资理论的建立。这些理论研究主要包括这样一些问题：企业为什么选择生产者的身份进行国际经营？进行国际投资的企业如何与当地的企业进行竞争并占据优势？为什么国际投资的行业分布主要集中在几个行业上？为什么进行国际投资的企业主要是一些大型的跨国公司？各种国际投资理论从不同的角度揭示了国际投资的动因，下面给予简单的介绍。

（一）垄断优势理论

“垄断优势”理论产生于20世纪60年代，由美国麻省理工学院教授海默（Hymer · S. H）提出。该理论认为：传统的国际资本流动理论已不能很好解释对外直接投资的现象，考察对外投资应从“垄断优势”着眼。“垄断优势”理论指出了直接投资与证券投资的区别。

证券投资仅涉及资金移动，而直接投资还涉及技术、知识、管理等其他方面。进行直接投资的企业不仅是为了获得高额利润，更主要的是为了控制国际经营权，从而控制国际市场。

直接投资与证券投资的运动形式也不同，直接投资不仅可以在当地金融市场上筹措资金进行投资，而且还可以用工业产权、专有技术及专利权等无形资产作为投资手段，不会发生国际资本的流动。

另外，直接投资不一定是从资本充裕的国家向资本稀缺的国家流动，也不一定是从低利率的国家向高利率的国家流动，因此考察直接投资应从“不完全竞争”出发。

“垄断优势”理论假定：进行国际直接投资的企业具有某种垄断优势，这种优势使它在外国生产比在当地同类企业生产要有利。因此进行直接投资的企业一般是一些具有独特优势的少数部门。企业进行国际生产的主要动机是为了充分利用自己的各种优势，如资本集约程度高、技术先进、具有完善的销售体系、管理能力强等。海默认为“垄断优势”理论不仅可以解释发达国家的企业在国外的横向投资，即在多个国家设厂生产相同产品的成因，而且还可以解释它的纵向投资，即在国外设厂生产某些原材料或中间产品，供母公司或其他子公司使用，或把一些不太关键的劳动密集型工序分离出来，在国外完成的动因。

以后一些学者对“垄断优势”理论进行了补充和发展，比较有影响的观点有三种：

第一种观点认为，在一般情况下国际直接投资企业不如本地企业所处的环境有利。在东道国，跨国公司是个外来者，它们处于一种不太熟悉、不太和谐的政治、经济、文化和社会环境中，唯有凭借胜过当地企业的强有力的垄断优势，才能成功地进行国际经营活动。

第二种观点认为,进行国际直接投资的企业所具有的垄断优势主要是对知识资本的占有和使用。知识资本的生产过程即研究与开发过程,生产成本相当高,直接投资建立的子公司利用母公司的知识资产而不必花费很多,但当地企业想要得到同样的知识资产却要付出全部成本。因此,跨国公司具有当地企业无法比拟的垄断优势。

第三种观点认为,跨国公司所具有的垄断优势体现在它能够使产品产生异常的能力。跨国公司能够根据不同的层次、不同的偏好,设计并生产出适合不同消费层次的产品,并能运用强有力的促销手段说服消费者购买其产品,这正是跨国公司进行直接投资的真正优势。

(二) 产品生命周期理论

"产品生命周期"理论是指产品像任何事物一样,有一个诞生、发展、衰退的过程。美国经济学家弗农(Vernon)于 20 世纪 60 年代中期把这一概念用于分析国际直接投资现象。

"产品生命周期"理论认为,每种新技术产品要经历三个阶段:

第一个阶段是始创阶级。这一阶段企业垄断技术诀窍,国内市场潜力很大,研究与开发资金雄厚的国家在开发新产品、新工艺方面居有优势,此时有利于安排国内生产。

第二个阶段是产品成熟阶段。此时产品样型已经稳定,产品的成本下降,技术模仿率增大,开发产品的企业面临新生产同类产品企业的威胁。再加上国内外劳动成本的差异,在国外生产显然比较有利。企业为了降低成本,接近市场,防止其他竞争者介入,开始在国外设立分公司和子公司。

第三个阶段是产品标准化阶段。此时生产已进入常规阶段,新加入者不断增加,市场竞争日益激烈。企业为了保住市场,充分发挥研究与开发产品的潜力,就会以扩大国际投资的方式遏制竞争对手的攻势。

"产品生命周期"理论以差异化产品为基础,认为新产品由引进、成熟到衰退期,将导致企业对外直接投资的发生。

一般说来,投资企业在技术、管理、资金、信息等方面具有优势,东道国在资源、劳动力、运输方面具有优势。直接投资者必须把这两者结合起来,才能克服在国外生产所产生的附加成本和风险。而在产品生命周期成熟阶段,尤其是标准化阶段,竞争的关键是降低成本,这时它所具有的优势开始下降,因此企业必须进行直接投资,在国外造厂,进行生产。所以弗农提出:在不同的阶段,企业应采取不同的投资策略,在产品成熟尤其是标准化以后,应以直接投资的方式将生产转移到工资低或成本小的地区。

(三) 内部化理论

"内部化"理论的基本思想最早由科斯(Coase)于 1937 年提出,但当时未能引起人们的注意。20 世纪 70 年代,英国学者巴克雷(Buckley)和卡森(Casson)把这一原理应用于分析国际直接投资。

“内部化”理论认为：由于市场的不完全，企业之间通过市场而进行的买卖关系不能保证企业盈利，因而会出现企业之间固定的供需合作。这种供需合作与市场上的商品买卖有所不同，这是在一个共同的大企业内部进行的供求交换，这种变市场上的买卖关系为企业内部的供需交换关系的现象，被称为“市场的内部化”。该理论认为，以前的直接投资理论缺乏综合性的理论基础，而且未能很好地解释许多跨国经营活动。例如，中间产品的流动，不仅指半加工的原材料流动，而且更重要的是指技术密集型的零部件流动，这些流动与研究、开发、专利、人力资本等有着密切的关系。公司在跨国经营活动中，还面临着关税、配额等许多贸易壁垒，要想实现利润最大化，就必须使中间产品在公司内部自由流动，而不是通过市场，这样可以减少贸易壁垒的影响。内部化贸易可以通过“转移价格”使税收支出最小化，并且可以使买卖双方对商品的质量和价格有准确的认识，从而减少通过市场进行贸易的风险。当内部化过程超越了国界，便是跨国公司的产生。正是这种内部化的动机，促使企业进行国际直接投资。

20 世纪 70 年代末到 80 年代初，“内部化”理论更趋于完善，研究的主要问题有内部化产生的原因和动机、内部化的决定因素、内部化利益的来源等。

（四）国际生产折衷理论

国际生产折衷理论也叫国际生产综合理论，由英国经济学家邓宁(Dunning)于 20 世纪 70 年代提出。20 世纪 80 年代初，邓宁又对该理论进行了系统的整理和阐述，提出以地区因素解释为何企业会以直接投资、外销、授权或经营契约等形式对市场提供服务活动。

邓宁认为，当代国际生产理论可以分为三种类型：工业组织理论、厂商理论和金融理论。但这三种理论只对国际生产做出片面的解释，因此，他主张把对外投资的目的，对外投资的条件和能力以及投资区位的分析综合起来，形成一种新的综合理论。

邓宁认为，新的综合理论具有三个方面的特点：一是吸收了过去 20 多年中出现的各种理论；二是与直接投资的一切形式都有关系；三是能够解释企业进行直接投资、出口贸易和技术转让这三种主要的国际经济活动的形式。

该理论认为对外直接投资主要是由所有权特定优势、内部化优势和区位特定优势三个基本因素所决定。

所有权特定优势又叫厂商优势，是指某国企业拥有其他企业所没有并无法获得的资产、技术、规模和市场等方面的优势，主要包括生产要素禀赋（自然资源、资金、技术以及劳动力）、生产工艺和技术的密集程度、发明创造的能力、企业生产和市场的多样化，等等。一家企业的知识资产能够以专利权转让的形式转移到国外的其他企业，这就是许可证贸易方式。具有“所有权特定优势”，只具备了进行直接投资的必要条件，还应该具有第二个优势——内部化优势。

内部化优势是指为了避免不完全市场给企业带来的影响，企业应该保持所拥有的优势。该理论认为:一个企业如果存在产品多阶段生产的特点,很容易产生“跨地区化”以致“跨国化”,因为在产品多阶段生产过程中必然存在中间产品,中间产品的供求如果在外部市场进行,会造成生产成本的提高,因此,把市场上的买卖关系变成企业内部关系,用企业自己的控制来配制资源使产品生产的全部过程都在企业内部完成,才能使企业的垄断优势发挥最大的效用,由此导致企业的国际直接投资。但邓宁又认为,一个企业具备了所有权特定优势,并且使这些优势内部化,还不能完全解释直接投资活动,还应考虑另一种吸引直接投资的优势即区位特定优势。

区位特定优势是指一国企业拥有上述两项优势后,就可以选择是在国内投资还是在国外投资生产。如果在国外生产比在国内生产能使企业获得更大的利润,那么就会导致对外直接投资。所以,对外直接投资的流向取决于区位禀赋的吸引力。区位条件由投资国和东道国的多种因素决定。这些因素包括:贸易障碍、政府的政策、市场的特征、劳动成本、当地的生产水平及原料的可供性等。如果东道国严格实行进口替代政策,会诱使外国投资者进行直接投资。

“国际生产折衷”理论可用下列简单公式表示:

国际直接投资=所有权特定优势+内部化优势+区位特定优势

上述公式中的三种因素能够决定一个企业是否具有对外直接投资的优势,也能说明企业是否可以通过出口贸易、技术转让或其他渠道更好地开拓这些优势。企业要想对外直接投资必须同时具备这三种优势。如果只具备前两种优势,可以出口;如果只具有所有权特定优势,最好采用许可证贸易方式。

(五) 发展水平理论

邓宁于20世纪80年代提出“发展水平”理论,进一步说明了国际生产折衷理论。邓宁通过对67个国家在1967—1978年直接投资和经济发展阶段之间联系的研究,提出对外直接投资与各国经济发展阶段有着密切的关系。该理论认为:人均国民生产总值(GNP)应分为下列四个等级,处于不同等级的国家对外投资的地位不同。

(1) 人均GNP为0～400美元为第一等级,这些国家由于最贫穷,对投资国的吸引力很小。同时由于经济落后,几乎没有对外投资。

(2) 人均GNP为400～2 000美元为第二等级,处于这一等级的国家对外资的吸引力明显增大。但由于国内经济发展水平有限,对外投资处于较低水平,对外净投资为负数。

(3) 人均GNP为2 000～4 750美元为第三等级,这些国家的对外直接投资明显增加,但仍是负数。其原因是某些拥有知识产权优势的企业开始向外投资,但拥有区位优势的企业仍在设法吸引外资。

(4) 人均GNP在4 750美元以上的国家为第四等级,这些国家均为发达国家。其企业都拥有技术垄断优势,资本流出水平较高,对外净投资是正数。

据此，邓宁提出了“国际直接投资发展阶段论”。随着一个国家的经济由较低水平向较高水平发展，资本的流入和流出也有一个发展过程。人均国民生产总值越高的国家，对外直接投资的净额越大。这在某种程度上反映出国际投资活动带有某种规律性的趋向。即经济实力最雄厚，生产力最发达的国家，往往也是资本输出最多、对外直接投资最活跃的国家。邓宁认为，对外直接投资的发展阶段也能用“国际生产折衷”理论来进行解释。

（六）比较优势理论

20世纪70年代中期，日本学者小岛清教授在其代表作《对外直接投资》一书中，从国际分工原则出发，系统阐述了比较优势理论。

小岛认为，海默的“垄断优势”理论是从微观经济理论出发，强调厂商内部垄断优势对直接投资的影响，重视对海外投资企业进行微观经济分析和公司管理的研究，但忽略了宏观经济因素的分析，尤其忽略了国际分工原则的作用。这种从美国实际情况得出的国际投资理论不能解释日本的对外直接投资现象，两国的国情不同。

小岛认为，美国的对外投资企业主要分布在制造部门，这种直接投资是建立在贸易替代型结构基础上，也就是说美国从事直接投资的企业正是美国具有比较优势的产业部门。根据国际分工的原则，美国应将这类企业留在国内，通过不断扩大出口来获得比较利益。但由于这些企业竞相到国外投资设厂，把产品的生产基地转移到国外，结果造成很多弊端。由于美国的出口被直接投资所替代，致使美国的出口减少，国际收支逆差加大，出口贸易条件恶化。

该理论认为，日本的对外投资方式与美国不同，资源开发型投资占很大比例，而在制造业方面的投资也属于贸易创造型，而不是贸易替代型，也就是说日本在制造业的投资不仅没有替代国内同类产品的出口，反而会带动与此相关的其他产品的出口，从而使直接投资和出口贸易结合起来。日本向国外投资的企业，一般均为在日本国内生产已丧失比较优势的部门。为了继续维持这些企业的生产规模，需要到比较优势更大的国家进行生产，而在日本国内集中发展新兴产业，使国内的产业结构更加合理。这样可以促进对外贸易的发展，因此日本的直接对外投资实际上是补充日本比较优势的一种手段。

总之，该理论认为，日本的对外投资动因与欧美等国不同，它是遵循国际贸易中的比较利益原则进行的。这样进行直接投资企业的必要条件不是垄断优势，投资者大多数是中小型企业，他们的技术水平与东道国更接近，更适合当地的生产条件，更能为东道国所接受。

除上述这些比较著名的国际投资理论外，解释对外投资的原因还有一些其他的理论或提法。例如，“风险分散”理论，该理论认为当东道国的投资不能得到较高收益时，应到国外去投资，以便分散经营风险。该理论还在一定的假设前提下，证明了国际性投资能降低公司资产风险，改善公司资产的管理等。

第二节　国际直接投资环境和风险

一、国际直接投资环境的特点和内容

（一）国际直接投资环境特点

国际直接投资环境是指投资目标地的东道国所处的国内外社会、政治、经济等各方面的条件。投资条件如何是进行投资行为的前提，投资者在进行投资决策前，必须对环境条件进行审慎的了解。

国际直接投资环境总的特点是不确定性、脆弱性和风险性，具体表现在以下几个方面：

（1）国际直接投资环境涉及的范围广，包含的内容多，是一个庞大、复杂、不规则的系统。对于这样的环境条件一般难以把握。

（2）国际直接投资在东道国国内会引起诸如税收、外汇管理、国际收支、国际结算、进出口贸易等一系列问题。

（3）由于投资者、东道国和国际金融组织之间对投资目的、管理程序和方法，以及意识形态等方面的问题存在着很大差别，导致投资环境复杂化。

（4）国际直接投资环境的稳定性差，风险大。国际投资很容易受到国内外政治、经济、军事形势的影响，投资者对这些事件非常敏感，一有风吹草动，国际投资的流向和流量就会发生变化，常常会使辛辛苦苦的努力毁于一旦。

（二）国际直接投资环境的内容

国际直接投资环境的内容是指从哪些方面和角度来了解国际投资环境，一般来说对环境的了解应从不同的方面和层次来展开。

1. 从客观角度即国际环境、国内环境和区域环境来了解

（1）国际环境是指国际政治、经济形势，国际政治局势，双边关系，新技术的出现及产业结构的调整情况，发达国家剩余资本的增长情况，发展中国家的经济形势，以及各国的社会制度、意识形态、文化背景，等等，这些大环境从根本上制约资本的国际流动。只有在国际政局稳定，双边关系正常，双方经济形势发展适宜的情况下才进行国际直接投资。

（2）国内环境是指东道国国内的政治经济情况。它是进行国际直接投资的决定因素，包括该国国内政局的稳定性、党政体制、意识形态、经济发展水平、生产结构状况、国家法律、财政税收政策、投资政策，外经贸政策、货币金融情况、工资物价水平，等等。这些从不同的方面影响或制约着投资的规模和效果。若一个国家国内政局动荡，意识形态落后，经济衰退，资金缺乏，直接投资很难取得实效。

（3）区域环境是指投资所在地的具体环境。它包括该地区的文化水平、基础设施、交

通运输、资源状况，劳动供给、公共服务、通讯设备、甚至气候条件等方面的情况。它是投资者关心的具体环境，只有在创办企业的种种条件都具备的环境下才能进行直接投资。

2. 从具体方面即软环境和硬环境方面来了解

第一，软环境是指具有人为可以控制特征的环境，它一般包括东道国法律体系的构成、健全性、稳定性，是否和国际惯例相通，以及在吸引国外投资方面是否有各种法规，如合资企业法，所得税法，诉讼法等。这是从事一切生产经营活动的基础和准则。其具体内容有：

政策环境，指各级政府制定的宏观政策，尤其是关于国际投资方面的制度和规定，如鼓励外商投资的政策、财政税收政策、金融政策、流通和物价政策、劳动人事政策，等等。投资者要对东道国有关政策的优惠性、合理性、完备性及稳定性进行分析考察。

宏观经济环境，包括经济增长速度、经济的协调性和稳定性，产业结构是否合理，市场体系是否健全，运行机制是否完善等，投资者需要在一个稳定的经济环境中投资。

文化环境，指东道国历史传统、文化水平、社会风俗、意识形态以及价值观念，等等。

社会环境，指劳动力的供应、社会治安状况、社会风险、人的道德和文明程度。

管理环境，即政府在审批、监督、协调时的方式、方法和效率。如果政府不廉洁，存在官僚主义，办事拖拉，会贻误投资时机。另外，对遇到的问题，是否会帮助解决。在一个管理措施不当，管理效率很低，政府机构做事不灵敏的国家，投资效率会很差，对此要进行特殊的考虑。

技术环境，是指东道国的技术水平、技术结构和公务员的素质。

协作环境，是指能否进行协作和协作的方便程度。在专业化协作的时代，需要一个较好的协作环境，才能提高工作的效率。

上述软环境是看不见的社会环境，通过人为地控制和努力可以改变，然而不经过深入细致地了解和分析很难看到。软环境是影响直接投资的主要因素。

第二，硬环境是指客观具有的物质基础环境。其主要内容包括：

交通运输条件，如港口、铁路、公路、航空等运输能力，交通是否发达。

邮电通讯设施，如电话、电报、电传设备是否健全，邮电、通讯设施是否发达。邮电通讯设施的现代化关系到生产经营的效果，是对外投资主要的基础条件。

能源供应，如电力、煤炭、石油、天然气等能源供应条件如何，这是能否保证企业正常从事生产经营及达到预定目标的一个重要方面。

市政工程建设，如供排水系统、市内交通、市内环境污染等。

公用设施单位建设，如学校、医院、商店、公园等，这些都是创办企业所离不开的辅助性生活设施。

土地是否充足及其价格高低。

以上这些具体内容构成一个实实在在的、进行投资的环境条件。

小知识

新加坡的投资环境

作为亚洲“四小龙”之一的新加坡,在短短的30年间创造了举世瞩目的经济奇迹。新加坡的经济发展很大程度上是靠外资的作用,1992年,外来投资占社会总投资的比例高达81%,制造业方面的投资89%来自外资。其投资环境如下:

(1) 政治环境。新加坡的人口中78%为华人,因而它吸收了中国儒家的伦理思想:服从权威和勤劳工作。这种伦理思想构成是新加坡“家长式”的管理得以有效实施的牢固基石。新加坡实施的政府严厉管制下的市场经济是世界上独一无二的经济体系。这种经济体系有效地把市场这只“看不见的手”与政府的宏观调控紧密地结合起来。在过去的几十年里,政府所取得的成就赢得了人民的信任和支持。

(2) 经济环境。新加坡经济一直保持着很高的增长率,尤其是80年代,新加坡经济平均增长率在8%左右,进入90年代,在亚洲金融危机爆发前,仍然有5%的年均增长率。另外物价稳定,通货膨胀率维持在1%～3%之间,汇率也基本保持不变,约为1美元兑1.66新元。在基础设施方面,新加坡有着优越的地理位置和天然的深水港,新加坡是世界上最繁忙的港口之一,自1986年起,进出新加坡港的船只和吨位连续数年居世界第一位。在空运方面,新加坡是东南亚航空转运中心,有两个机场。新加坡的通讯设施是世界上最先进的,100%采用数据网络,1990年就实现了通讯的综合化。新加坡处于欧亚及南太平洋海底电缆的汇合处,电传、国际直拨电话连接世界各大城市,国内通讯业很发达。

(3) 法律环境。新加坡的法律环境以完备、严厉、透明和紧密联系实际为主要特征。新加坡在经济方面进行了全面立法,如知识产权法、专利法以及国际商务往来等方面的法律。新加坡经常调整其经济法规,尤其是与外商投资有关的法律,目的是不断适应国内和国际形势,改善投资环境并保护投资者利益。

(4) 有关政策管理方面的规定。国外的经济实体可以自由地在新加坡建立自己的企业,开展经济活动。在所有权方面,对外商无特别要求,也不规定外来投资者必须购买本地生产的原材料或规定生产产品出口的百分比,外商可以自由获取必要的生产要素和纪念性融资活动, 并自由地支配所生产产品的销售市场。新加坡对外汇交易和资本流动及技术转让也没有限制。另外,为优化产业结构,新加坡经济发展委员会与贸易发展局、金融管理局及国家科技局一起为外来投资及本地企业的经营提供了一些优惠政策,如为企业采用新技术和新技能等给予投资折让、风险资本、研发费用免税等。

二、国际直接投资的风险

国际直接投资的目的是要扩大生产规模，获得更多的盈利，但同时也将遇到更大的风险。

（一）影响风险的因素

国际直接投资是一种跨越国界的投资，其风险较之国内投资要大得多。影响风险的因素有的来自内部，有的来自外部，一般有以下几个方面：

（1）投资者制定的目标是否合理。

（2）项目是否合理。

（3）投资者的经营管理水平。

（4）投资项目的寿命周期。

（二）国际投资风险的类型

国际投资风险按风险产生的原因进行分类，可以分为以下几种类型。

1. 国家政治风险

国家政治风险是指由于东道国发生政局变动，或以往采取的政策措施变化所造成的风险。政治风险一般难以预测，并无法控制，一旦出现往往损失巨大，无法弥补。最严重的后果是“资产国有化”，即东道国政府没收投资方资产，也可能资产全部交公没有赔偿金。还有可能出现政策上的变动。

影响政治风险的具体因素有以下几个方面：

（1）战争因素。

（2）东道国政府对外国投资的态度。

（3）人们的意识形态，即人们对外来投资的产品是否欢迎。

2. 国家经济风险

国家经济风险是指由于东道国国民经济的剧烈变动使投资造成风险。经济风险的大小，主要取决于东道国的经济状况。经济状况的好坏从以下这些因素中可以反映出来：

一是国民生产总值增长率，它标志着经济发展的速度。

二是利率水平，高利率会减缓经济发展的速度，从而减少对商品的需求；低利率能刺激经济的发展，增加对商品的需求。

三是汇率水平，汇率高会限制进口，鼓励出口；汇率低则恰好相反。

四是通货膨胀率，它对消费者的购买力、对商品的需求会产生影响。

此外还有财政状况、对外贸易情况、就业水平，等等。

如果一个国家的经济处于良性循环的发展阶段，它会产生对国外资金、先进技术和商品的需求，会出现良好的投资环境；反之，一旦该国经济情况出现恶化，经济倒退和萧条，会减少对外国商品的需求。而且，激烈的经济变动会给国外投资造成严重威胁。

3. 自然风险

自然风险是由于意外的自然因素所造成的风险。如水灾、台风、地震等。这种风险在每一个对外投资企业都有可能出现,而且这种风险是完全不可控的。

4. 汇率和利率的风险

国际投资是跨越国界的投资行为,它必然涉及国与国之间不同货币的兑换问题,因此不可避免地承担着汇率风险。

由于利率随市场的供求变化和在多种因素的作用下,经常处于变动的状态中,所以,在国外直接投资中,如果投资者是在高利率的情况下筹措的长期款项,以后利率若很快下降,这就会给投资者造成损失。

此外在投资过程中,投资者与金融机构、供销商等发生各种关系,也存在着因对方违约而造成损失的信用风险。

总之,在上述这些风险中,国家政治风险是影响国际投资的基本风险,其他三种风险的大小又直接决定对外投资的环境。所以对投资风险的分析,也就是对投资环境分析的过程。

三、国家风险评估

(一) 国家风险评估的重要性

以上论述的几种主要的国际投资风险中,国家政治风险和国家经济风险统称为国家风险,概括起来,是指由于东道国政治、经济状况的优劣以及发生变动所造成的政策不连续性带来的风险。对国家风险的评估是对投资环境所做出的最基本最重要的分析。一个国家的政治、经济状况及其政策的连续性,对于投资者来说是最主要的问题。特别是近几年来,国际债务危机的出现,使得一些发达国家的投资者深感忧虑。由于出现国家风险,投资的巨额款项可能不能收回,从而使投资者陷入资金周转的困难境地,甚至蒙受巨大的损失。

(二) 国家风险评估的内容

进行国家风险的评估从两个角度进行:一是从宏观角度对东道国潜在的投资风险进行总体评估,也就是不考虑国际企业的经营特点,只是对一个国家总的风险进行评估;二是从微观角度即只对与国际企业经营范围相关的国家风险进行评估。

1. 国家风险的宏观评估

宏观评估涉及所有影响国家风险的变量,暂时不考虑仅与某公司或行业独有特点相关的因素。这种风险评估执行起来比较方便,主要体现在无论对哪一个行业或公司来说,国家风险评估结果都是相同的。但缺陷是它把可能会改善评估准确性的相关信息排除在外。尽管国家风险宏观评估对单个国际企业的使用并不理想,但它仍旧提供了一种基础,可以经调整后反映国际企业欲参与特定业务的风险特点。

任何宏观评估模型都应该考虑被评估国家的政治和财务特征。

政治因素包括东道国政府与投资国政府之间的关系，东道国对投资国的态度，东道国目前国内的政局状况，历史上政局是否稳定，东道国政府应付政局变动的能力，东道国政府与邻国发生战争的可能性，以及东道国的法律和政策等政治方面的因素。

宏观评估模型的财务因素包括国民生产总值增长的情况，通货膨胀趋势，财政状况，利率水平，人口素质，自然资源，劳动力成本，失业率，对出口贸易的依赖程度，贸易平衡状况和外汇管制，市场体系的健全性等经济因素。

2. 国家风险的微观评估

尽管对国家风险的宏观评估说明了一个国家的总体状况，然而它没有从特定相关企业的角度来评估国家风险。假定 A 国，由于其不良的财务状况，大多数专家都给出了相对较低的宏观评估值。再假定有两个跨国公司正在决定是否要在 A 国建立子公司。一个跨国公司考虑设立子公司生产汽车，而另一个跨国公司计划创立子公司生产军事装备。A 国政府可能会承诺购买一定量的军事设备，而不论该国经济有多么不景气。这样设立生产军事设备的子公司可能就是可行方案，而设立生产汽车的子公司则可能不是可行方案。

当然，A 国政府寻求本国公司生产军事设备的可能性总是存在的，因为它希望对采购军事装备的情况进行保密。这种可能性也是一种国家风险，因为它会影响一个项目的可行性。然而这种特征仅仅与生产军事装备的子公司相关，而与生产汽车的子公司不相关。这个例子说明了合适的国家风险评估是怎样随公司、行业和相关项目的不同而不同，这也是国家风险宏观评估的局限性。在评价一个特定公司提出的特定项目相关的国家风险时，微观评估是必需的。

对国家风险进行微观评估除了政治变量和财务变量是必需的外，还包括公司业务对国民生产总值实际增长率、通货膨胀趋势和利率等的敏感性。由于公司业务特点的不同，一些公司比其他公司对东道国经济状况更敏感。

综上所述，国家风险总体评估包括四个部分的内容：宏观政治风险、宏观财务风险、微观政治风险和微观财务风险。尽管可以把这四个部分综合起来对一个国家风险进行评级，但把它们分开评估也是有用的，这样跨国公司可以认识到它的对外直接投资具体面临怎样的国家风险。

（三）国家风险评估方法

一旦一家跨国公司找出了在国家风险评估中必须考虑的所有宏观和微观因素，它就希望建立一套体系来评估这些因素，进而确定国家风险等级。实现此目的的有各种各样的方法可以采用，下面介绍一些常用的方法。

1. 清单分析法

这种方法是将影响国家风险的所有因素进行分类整理，择其主要因素排列成清单，然后按一定标准进行分析和评分，最后汇总得出总分。

2. 预警指标评价法

这种方法是选取能反映国家风险的若干重要指标，建立一个早期预警指标系统，通过考察这些指标的变动情况，来判断国家风险的性质和程度。

3. 评分定级法

这是从整体上测量投资对象国的国家风险的方法。它是用一组固定的评分标准，对考察国家的主要风险因素加以衡量，在此基础上确定国家风险等级，AAA 级表示投资风险最小，D 级表示投资风险最大。

4. 国家风险指数分析法

这是利用国际上专业情报机构提供的国家风险指数，进行对比分析和判断，在此基础上做出正确的投资决策。

另外还有矩阵比较法、评估报告法、情景分析法、宏观经济流动比率计算法等。这些方法各有特色，也可以作为国际投资者评估国家风险时的参考。

（四）国家风险的比较分析

一个跨国公司为了决定在何处设立子公司，可能会评估多个国家的国家风险。国家风险的比较分析是指在从事某一项国际投资以前，应在国家风险评估的基础上，对几个潜在投资国的政治、经济状况进行对比分析，以便确定在哪个国家投资最好，然后做出最后的投资决策。国家风险的比较分析的方法有多种，下面介绍政治风险和经济风险评估值的加权计量法。其具体计算方法如下：

首先确定在某国投资的政治风险评估值和经济风险评估值。政治风险评估值的计算方法是：

（1）根据各种调查资料，确定影响政治风险的具体因素。

（2）确定每一种政治风险因素的风险值。风险值的确定是根据实际情况在选定的取值范围内主观判定，例如取值范围可以选定在 1～5 的数值内，把风险值 5 定为最低风险因素，把 1 定为最高风险因素。

（3）对政治风险因素依照其重要程度确定权数，各因素权数总和为 1。

（4）计算政治风险的各个因素的风险值与其相应权数乘积之和，便是该投资项目的政治风险评估值。

经济风险评估值的计算方法和政治风险评估值的计算方法相同。

然后在计算出投资的政治风险评估值和经济风险评估值以后，接着依据政治风险和经济风险对该项投资的各自影响程度进行加权计算，汇总以后便是国家风险评估值。

【例 12-1】 某跨国汽车公司要在 H 国建立一个子公司，首先对此项投资的国家风险进行评估，资料如表 12-1 所示。

对该投资项目的风险通过各种方法进行评估，得出以下结论：

表 12-1

总体国家风险评级

<table>
<tr><td rowspan="11">总风险评估值</td><td>风险比例(%)</td><td>风险评估值类别</td><td>政治因素</td><td>风险值</td><td>权数</td></tr>
<tr><td rowspan="3">70</td><td rowspan="3">政治风险评估值</td><td>A</td><td>4</td><td>30%</td></tr>
<tr><td>B</td><td>3</td><td>20%</td></tr>
<tr><td>C</td><td>2</td><td>50%</td></tr>
<tr><td rowspan="6">30</td><td rowspan="6">经济风险评估值</td><td>经济因素</td><td>风险值</td><td>权数</td></tr>
<tr><td>A</td><td>5</td><td>20%</td></tr>
<tr><td>B</td><td>4</td><td>10%</td></tr>
<tr><td>C</td><td>4</td><td>40%</td></tr>
<tr><td>D</td><td>5</td><td>10%</td></tr>
<tr><td>E</td><td>3</td><td>20%</td></tr>
</table>

政治风险影响的权数为 70%，经济风险的权数为 30%。即政治风险的影响大于经济风险。在政治风险的结构中，影响政治风险的因素有三个：A，表示 H 国的政治稳定情况；B，表示 H 国与投资国的关系；C，表示 H 国对该公司项目的态度。风险值是根据风险评估值中的经验或定量分析判定的，影响程度的权数也是根据分析结果判定的，带有一定的主观性。

表中影响经济因素的风险有五个：A，表示国民生产总值增长情况；B，表示 H 国对汽车的需求情况；C，表示劳动力成本；D，表示通货膨胀情况；E，表示利率水平。

这些影响因素的风险值及影响程度大小的权数都是在评估分析的过程中判定的。投资风险的计算如表 12-2 所示。

表 12-2

投资风险计算

(1) 政治风险因素	(2) 风险值(取值域 1～5)	(3) 权数	(4)＝(2)×(3) Σ＝政治风险评估值
A	4	30%	1.2
B	3	20%	0.6
C	2	50%	1.0
			2.8

（续表）

经济风险因素			Σ＝经济风险评估因素
A	5	20％	1.0
B	4	10％	0.4
C	4	40％	1.6
D	5	10％	0.5
E	3	20％	0.6
			4.1
(1) 风险类别	(2) 风险评估值	(3) 权数	(4)＝(2)×(3) Σ＝总投资风险评估值
政治风险	2.8	70％	1.96
经济风险	4.1	30％	1.23
			3.19

投资风险计算的分析：

根据投资风险的评估和计算，可以看到H国的经济风险因素的风险值普遍高于政治因素风险值。风险值高表示风险因素低，这说明H国的经济状况很好，相比而言，经济状况好于政治状况。影响政治风险的主要因素是C项，即H国对投资国的项目不太欢迎，而且影响的程度较大，权数为50％。由于C项风险值最低，说明风险比较大，且影响的程度也大，所以政治风险的评估值为2.8，说明政治风险比较大。经济风险的评估值为4.1，高于政治风险比较评估值，说明经济风险比较小，其C项风险值为4，权数最大为40％，说明劳动力的成本较低，很有吸引力。但是把政治风险和经济风险综合在一起考虑，政治风险的影响程度占70％，经济风险的影响程度只占30％，说明政治的影响是主要的。通过最后的计算，总的投资风险评估值为3.19，低于经济风险评估值。虽然H国的经济状况良好，但H国对投资的项目汽车不需求，使得该投资项目具有一定风险，应该慎重考虑。

由于在计算过程中，各影响因素的风险值和影响程度大小的权数都是根据评估判定的，所以对于计算出来的最后的总的国家风险评估值怎样理解，没有确定的数量界限来说明风险的大小，一般来说，取值域为1～5时，总风险评估值在4以上说明风险较小，在4以下说明风险较大。

根据上例的分析，是否应该在H国投资还要取决于该项投资对这种风险的忍受程度和下一步的可行性研究。

在实际的风险评估中,构成国家政治风险和经济风险的各种因素及其数量因国家不同和投资项目的特点不同而有所差别。这些因素的风险值以及影响程度的权数也因国家不同、投资项目不同而有所差别。实际投资风险评估中考察的风险因素比上述举例要多,要复杂。

在正常情况下,投资风险小,而潜在收益大的项目最有吸引力,最可取。如果投资风险很大就没有必要进一步研究,但有时投资风险虽然很大,但潜在收益也很大,就有待于进一步分析。

第三节 国际直接投资决策实例

一、国际投资项目的评价观点

一般来说,国际企业向国外投资,首先面临的问题就是评价观点问题。以跨国公司为例,以子公司的观点对投资项目进行评价,还是以母公司的观点进行评价。评价的结果可能不一样。之所以会产生评价结果的差异,主要是由以下几方面的原因造成的。

(一) 税收差异

假定母公司考虑扩大子公司的经营规模,又假定东道国政府税率极低,如果来自该项目的收益以后汇回母公司,而母公司所在国对汇回的收益课以高税,那么从子公司的角度来看该项目可能是可行的,但是在母公司看来该项目不可行。

(二) 汇兑限制

假定东道国政府规定子公司收益的一定百分比必须留在该国,那么,在这样的国家投资可能对母公司没有吸引力,因为母公司可能永远也得不到这笔留在被投资国的资金。但是该项目对子公司却可能很有吸引力。

(二) 收费过量

假定母公司对子公司收取很高的管理费,原因就是管理集中在总部。对子公司来说,管理费构成支出。对母公司来说,这种收费就是收入,而且这种收入可能远远超过管理子公司的实际成本。在这种情况下,对子公司来说该项目收益可能很低,但母公司却认为收益不错。

(四) 汇率变动

子公司将收益汇回母公司时,通常都要把子公司所在国货币兑换成母公司所在国货币,因而母公司收到的本国货币金额会受到当前汇率的影响。如果从子公司角度来评估子公司管理的项目,那么子公司预计会收到的现金流量不需要兑换成母公司所在国货币。

一般而言,理论上比较倾向于以母公司观点评价国外投资项目,因为流向母公司的现金流量是支付股东股利、再投资于世界其他各地、支付公司债务等的最终基础。母公司的股东是公司的主人，公司所做的决策应满足股东的要求。每一个项目，无论是国外还是国内都应该最终为母公司带来足够多的现金流量，进而增加股东财富。任何会对母公司产生正现金净流量的项目都会增加股东财富。当然，以母公司的观点来看问题也会有不同于上面所说情况的出现。例如，当母公司并不全资拥有国外子公司时，这时，国外子公司有许多股东，子公司必须满足他们的全部要求，在母子公司间任何协议也应该是双方都可以接受的，这种协议会增加母子公司双方的价值。决策不能把财富从一方转向另一方，而是要增加双方的利益。不过，跨国公司的大多数国外子公司都被母公司全资拥有，本书中的例子一般都假定母公司全资拥有子公司，因此一些例子都是从母公司的角度来考察问题的。

二、风险调整

（一）母公司观点

以母公司观点分析国外投资，对于国外投资的风险可用两种方式来处理。第一种是，对国外投资项目使用比国内投资高的折现率，以反映国外营运的外汇风险、政治风险和其他不确定性因素。第二种是，用调整对外投资项目的预计现金流量的方式，来反映所有的国外风险。现分述如下。

1. 调整折现率

在其他因素不变的情况下，一个项目预计的现金流量的不确定性越大，适用于该现金流量的折现率也越大。这种调节风险的折现率会降低一个项目的价值，其降低程度视该项目风险大小而定。这种方法易于使用，但是因为有主观判断而受到批评。另外，对折现率在所有各期给以同样大小的调节值，没能反应不确定性在各期互不相同的特点。因为如果预计的各期现金流量的不确定性大小不同，对现金流量的风险调节也应该相应地变化。

假定东道国的政治形势日益严峻，资金及冻结财产被征用的概率逐渐增大。这样在较远的未来，汇回母公司现金的可能性与在最近汇回的可能性相对变得更不确定。因此，由于各期风险不同，适用于不同期间的折现率也应不同。即使这样，这种调节依然只是一种不能准确反映风险的主观心理调节。

尽管调整折现率法具有主观性，但是这种方法还是被广泛使用，也许这是因为人们可以凭主观来轻易做到的一种方法。另外，至今还没有一种可以替代这种方法而对风险进行完美调节的其他技术。

2. 调整现金流量

调整现金流量的方法，是以国内类似投资项目的必要报酬率，来折算母公司的现金流量，至于国外投资的特定风险，则在投资项目的现金流量中调整。

例如，假定国外投资项目在不发生征税的情况下，预期现金流量为100万美元，发生征税时，预期现金流量为零；如果发生征税的概率为0.25，那么这个特定时期的期望现金为750 000美元（0.75×＄1 000 000＋0.25×0）。由于决定征税的概率是困难的，在极端不确定的情况下，我们可以采取损益平衡分析。假定不发生征税时，投资项目的净现值预计为300万美元，发生征税时，投资项目的净现值预计为负200万美元，期望净现值（百万美元）为$-2P+3(1-P)$，其中P为未知的征税概率。损益平衡时：$-2P^{*}+3(1-P^{*})=0$，得出$P^{*}=0.6$。因此，如果征税概率小于0.6，这个投资项目将会有正的预期净现值。

（二）子公司观点

从子公司观点来看，国外风险仍然是存在的。例如，对国外子公司进口与出口会有外汇风险。如果我们要找出一个报酬率来比较当地不同的投资机会，合适的折现率应该是，当地投资人对类似投资项目所要求的报酬率，这个方法会促使母公司考虑当地的物价膨胀率及风险，将它们反映在投资项目的必要报酬率中。

为了使在同一个国度内比较具有可比性，不应考虑投资项目的实际融资方式或受母公司影响的举债能力，因为当地投资者的融资方式和举债能力可能不同于跨国公司；除此之外，由于跨国公司有利用市场不完善的机会，它们察觉到的风险可能不同于当地投资者所察觉到的；再者，当地投资项目可能是跨国公司国际多元化投资组合中的一个，而这却可能是当地投资者的唯一方案。既然多元化可降低风险，跨国公司可以要求比当地投资者低的必要报酬率。因此，使用当地的折现率，应该是当地投资者拥有该企业可能要求的必要报酬率。不过，使用当地折现率来折现当地现金流量，只是对投资项目提供一个粗略的衡量，只考虑了当地风险，而不是一个整体的评估。

三、实例说明

（一）资料

为了说明国际投资决策的复杂性，我们以一个总部设在美国的跨国公司在韩国的投资为例，进行分析、说明。现假定项目组已收集了以下资料：

(1) 产品：B公司是一家由美国电子零件制造厂A完全拥有的韩国子公司。B子公司原本是A母公司在韩国的配销子公司。现在A母公司考虑使其成为制造子公司。B子公司的产品主要在韩国销售，所有的销售额均以韩元表示。

(2) 销售额：第一年的销售额预计为22 000百万韩元。预计实际销售数量以每年8%的速度成长。

(3) 营运资金：B子公司需要相当于销售额20%的总营运资金。总营运资金的半数可用当地的应收款项和应付款项来融通，其余半数须靠B子公司或A母公司筹措。

(4) 通货膨胀率： 预期价格上涨如下：

韩国一般物价水平	每年上升 6%
子公司平均销售价格	每年上升 6%
韩国原料成本	每年上升 2%
韩国工资成本	每年上升 8%
美国一般物价水平	每年上升 3%

(5) 母公司供应的零部件：母公司出售给子公司的零件，其直接成本相当于售价的 96%。

(6) 折旧：预计使用年限 8 年，厂房、设备折旧采用直线法，预计残值为零。

(7) 特许权使用费：B 子公司将支付销售额的 2%给 A 母公司，作为特许权使用费。这个费用在韩国可扣缴税额，对 A 母公司而言，则为可课税所得。

(8) 税率：韩国公司所得税率为 30%，美国为 34%。韩国对付给外国居民的股息、利息、或特许权使用费不课征预提税。

(9) 资金成本：在韩国，具有类似风险公司的资金成本为 22%，A 母公司也以 22%作为其国外投资的资金成本。

(10) 汇率：投资当年，汇率是 1 美元兑换 800 韩元，A 母公司预期韩元每年对美元的贬值为 3%，因此，预计年底汇率如下：

年	计　算	韩元/美元
0		800.00
1	800.00×1.03	824.00
2	824.00×1.03	848.72
3	848.72×1.03	874.18
4	874.18×1.03	900.4
5	900.40×1.03	927.42

(11) 股利政策：B 子公司将支付净利润的 65%给 A 母公司，作为年度现金股利。B 子公司和 A 母公司预计在 5 年内，将其余 35%的净利润再投资以融通营运资金。

(12) 融资：A 母公司将以 90 万美元购买 7 200 百万韩元的 B 子公司股票，使 B 子公司完全为 A 母公司所拥有。

(二) 假设

为了预计现金流量，项目小组作了以下假设：

(1) 第一年营运的销售收入预计为 22 000 百万韩元。以韩元表示的销售收入，每年将因实际成长而增加 8%，再因售价上升而增加 6%，因此，销售收入每年将成长 1.1448 倍(1.08×1.06)，或每年增加 14.48%。

(2) 第一年韩国原料成本预计为 3 000 百万韩元。韩国原料成本预期每年实际成长 8%，因原料价格上升再增加 2%，因此，原料成本每年将成长 1.1016 倍(1.08×1.02)，或每年增加 10.16%。

(3) 第一年母公司供应零件的成本预计为 8 000 百万韩元。母公司供应零件的成本预期每年实际成长 8%，因美国通货膨胀率再额外上升 3%，另外加上 3%的韩元对美元贬值，因此，以韩元表示的母公司零件成本，每年将成长 1.1458 倍(1.08×1.03×1.03)，或每年增加 14.58%。

(4) 第一年直接人工成本预计为 4 000 百万韩元。韩国的直接人工成本预计每年实际成长 8%，因韩国工资率上升额外上升 8%，因此直接人工成本每年成长为 1.1664 倍(1.08×1.08)，或每年增加 16.64%。

(5) 第一年的管理费用预计为 5 000 百万韩元。虽然管理费用大部分是固定的，但因子公司生产和销售的扩展，预期每年仍将成长 1%。

(6) 清算价值：5 年后，这个投资项目(包括营运资金)将以 8 000 百万韩元卖给韩国投资者，预期汇率为 927.42 韩元/美元，因此相当于 8 626 081 美元。这个售价在韩国及美国都不必课税，视为资本预算的终值。

根据以上资料和假设，编制表 12-3 至表 12-6 如下。

表 12-3

子公司期初资产负债表(第 0 年)

	韩　元(百万元)	美　元(千元)
资产		
现金余额	720	900
应收账款	0	0
存货	1 280	1 600
固定资产净值	6 000	7 500
资产合计	8 000	10 000
负债及所有者权益		
应付账款	800	1 000
普通股权益	7 200	9 000
负债及所有者权益合计	8 000	10 000

表 12-4

B 子公司的预计收入及成本资料

单位：百万韩元

项　目	年		度		
	1	2	3	4	5
总销售收入(1)	22 000	25 186	28 832	33 007	37 787
韩国原料(2)	3 000	3 305	3 641	4 010	4 418
购自母公司的零件(3)	8 000	9 166	10 503	12 034	13 789
韩国人工(4)	4 000	4 666	5 442	6 347	7 404
总变动成本(5)	15 000	17 137	19 586	22 391	25 611
毛利(6)	7 000	8 049	9 246	10 616	12 176
特许权使用费(7)	440	504	576	660	756
管理费(8)	5 000	5 050	5 101	5 152	5 203
折旧(9)	750	750	750	750	750
息税前盈余(10)	810	1 745	2 819	4 054	5 467
韩国所得税 30%(11)	243	524	846	1 216	1 640
净利(12)	567	1 221	1 973	2 838	3 827
现金股利(净利的 65%)(13)	369	794	1 283	1 845	2 487

说明：① (5)＝(2)＋(3)＋(4)。② (6)＝(1)－(5)。③ (7)＝(1)×2%。④ (10)＝(6)－(7)－(8)－(9)。⑤ (11)＝(10)×30%。⑥ (12)＝(10)－(11)。⑦ (13)＝(12)×65%。

表 12-5

B 子公司营运资金的计算

单位：百万韩元

项　目	年		度		
	1	2	3	4	5
总收入(1)	22 000	25 186	28 832	33 007	37 787
年底净营运资金需求(2)	4 400	5 037	5 766	6 601	7 557
年初营运资金(3)	2 000	4 400	5 037	5 766	6 601
额外营运资金需求(4)	2 400	637	729	835	956
由韩国应计款项及应付账款融通的营运资金(5)	1 200	319	365	417	478
新投资营运资金净额(6)	1 200	318	364	418	478

说明：① 根据资料，半数的营运资金将由子公司或母公司筹措，因此，每年增加营运资金的半数是额外现金流出。② (2)＝(1)×20%。③ (4)＝(2)－(3)。④ (5)＝(4)÷2。⑤ (6)＝(4)－(5)。

表 12-6

投资项目现金流量

单位：百万韩元

项　　　目	年度					
	0	1	2	3	4	5
息税前盈余(1)		810	1 745	2 819	4 054	5 467
韩国所得税 30%(2)		243	524	846	1 216	1 640
净利(3)		567	1 221	1 973	2 838	3 827
折旧(4)		750	750	750	750	750
清算价值(5)						8 000
额外营运资金之半(6)		1 200	318	364	418	478
投资项目成本(7)	(7 200)					
净现金流量(8)	(7 200)	117	1 653	2 359	3 170	12 099
22%复利现值系数(9)	1	0.820	0.672	0.551	0.451	0.370
各年现值(10)	(7 200)	96	1 111	1 300	1 430	4 477
累计净现值(11)	(7 200)	(7 104)	(5 993)	(4 693)	(3 263)	1 214
IRR=26.78%(12)						

结论：此方案以子公司观点看是可行的，因为净现值为正 1 214 百万韩元，而 IRR 为 26.78%，大于风险相当的当地方案的资金成本 22%。

说明：① (1)：表 12-3 第(10)行金额。② (2)=(1)×30%。③ [因为子公司没有长期负债，所以没有利息费用，因此本表第(3)行等于表 12-3 的第(12)行。如果子公司有利息费用，表 12-3 的第(12)行应该是利息扣除后的金额，而本表第(3)行是利息扣除前的金额](3)=(1)-(2)。④ (6)：表 12-4 第(6)行金额。⑤ (8)=(3)+(4)+(5)-(6)-(7)。⑥ (10)=(8)×(9)。

（三）评价

1. 子公司观点

表 12-6 以子公司观点预测投资项目的现金流量，由于清算价值的关系，投资项目有正的净现值，以及大于 22%的内部报酬率，因此，子公司通过两项必要报酬率的测试。

2. 母公司观点

如果以母公司观点来看，子公司是否也能通过内含报酬率大于 22%的测试呢？表 12-7是母公司从子公司处收到的预期税后股利的计算；表 12-8 计算以母公司观点获自子公司现金流量的报酬率。

表 12-7

母公司从子公司处收到的税后股利

项目	年度					
	0	1	2	3	4	5
(1) ～(3)行以百万韩元表示：						
支付的现金股利(1)		369	794	1 283	1 845	2 487
韩国所得税的 65%(2)		158	341	550	790	1 066
股利总额(3)		527	1 135	1 833	2 635	3 553
汇率,韩元/美元(4)	800	824	848.72	874.18	900.40	927.42
以下以千美元表示：						
股利总额(5)		639.6	1 337.3	2 096.8	2 926.5	3 831.1
美国税额计算 34%(6)		217.5	454.7	172.9	995	1 302.6
韩国所得税的税额抵减(7)		191.7	401.8	629.2	877.4	1 149.4
额外美国税额(8)		25.8	52.9	83.7	117.6	153.2
超额美国税的税额抵减(9)		0	0	0	0	0
母公司收到的股利(扣除所有税额)(10)		422.1	882.6	1 383.9	1 931.5	2 528.5

说明：① (1)：表 12-3 第(13)行金额。② (2)：表 12-3 第(11)行的 65%。③ (3)＝(1)＋(2),第(1)～(3)行说明在韩国原始所得的计算程序。④ (5)＝(3)/(4)×1 000,第(4)、(5)行把计算的韩元所得换成美元所得。⑤ (6)＝(5)×34%。⑥ (7)＝(2)/(4)×1 000。⑦ (8)＝(6)－(7),如果(6)较大的话。⑧ (9)＝(7)－(6),如果(7)较大的话。⑨ (10)＝(5)－(7)－(8)＝(1)/(4)×1 000－(8),第(10)行说明缴纳额外美国税额后的净股利。

表 12-8

母公司得自子公司现金流量的净现值

项目	年度					
	0	1	2	3	4	5
(1) ～(3)行以百万韩元表示						
得自子公司特许权使用费 2%(1)		440	504	577	660	756
子公司出口产品的边际利润(2)		320	367	420	481	552
收到的金额总计(3)		760	871	997	1 141	1 308
汇率：韩元/美元(4)	800	824	848.72	874.18	900.4	927.42

（续表）

项　　目	年		度			
	0	1	2	3	4	5
以下以千美元表示						
收到的金额(税前)(5)		922.3	1 026.3	1 140.5	1 267.2	1 410.4
美国税额 34%(6)		313.6	348.9	387.8	430.8	479.5
特许权使用费及出口利润(税后)(7)		608.7	677.4	752.7	836.4	930.9
税后股利(8)		422.1	882.6	1 383.9	1 931.5	2 528.5
投资项目成本(9)	(9 000)					
清算价值(10)						8 626.1
净现金流量(11)	(9 000)	1 030.8	1 560	2 136.6	2 769.9	12 085.5
复利现值系数(12)	1	0.820	0.672	0.551	0.451	0.370
各年现值(13)	(9 000)	845.3	1 048.3	1 177.3	1 248.3	4 471.6
累计净现值(14)	(9 000)	(8 154.7)	(7 106.4)	(5 929.1)	(4 680.8)	(209.2)
内含报酬率 21.26%(15)						
结论：此方案以母公司观点来看是不可行的，因为净现值为负 209.2 千美元，内含报酬率 21.26%略小于母公司的必要报酬率 22%。						

说明：① (1)：表 12-3 第(7)行。② (2)：表 12-3 第(3)行的 4%。③ (3)＝(1)＋(2)。④ (5)＝(3)/(4)×1 000。⑤ (6)＝(5)×34%。⑥ (7)＝(5)－(6)。⑦ (8)：表 12-6 第(10)行。⑧ (11)＝(7)＋(8)＋(9)。⑨ (13)＝(11)×(12)。

（四）敏感性分析

由于国际投资比在国内投资要复杂得多，除存在财务风险外，还会出现政治风险和外汇风险等特殊风险，因此，在做投资决策时，还应采用一定的方法测试政治风险和外汇风险的敏感度。较常用的方法是运用模拟法来测试净现值与盈余对政治和外汇风险的敏感度。

例如，如果韩国对支付给母公司的股利或特许权使用费进行管制，会有什么结果？管制什么时候会解除？我们可以模拟资金受限的各种情况，重新制作如表 12-11 所示的现金流量分析，就可以估计它们对母公司报酬率的影响。

又如，如果项目小组假定韩元每年对美元贬值不是 3%，而是 10%，会有什么结果？这样虽然使母公司获得预计现金流量的价值减少，但较便宜的韩元是否会使子公司更具竞争力？相反，若韩元每年对美元升值 10%，又会是什么结果呢？

另外,观察表 12-10、表 12-11,我们可以发现母公司的报酬率也受到一些其他变量的影响,包括预计清算价值的改变,出口到子公司的零件边际利润的改变,子公司支付的特许权使用费金额,投资项目成本的金额,当地筹措的营运资金额度,以及韩国和美国的税率等。这些也是敏感度分析的内容。

综上所述,国际投资决策分析用能够汇回母公司资金的观点来评判其净现值。国际投资项目的净现值与东道国内类似项目的净现值进行比较,对评估投资方案及潜在投资项目的预期绩效是很有用的。一旦最可能的结果决定后,通常应该再进行敏感度分析,因为国际投资项目的报酬率会对某些假定的改变特别敏感,像汇率变动、政治风险,以及资金如何汇回母公司所在国等。

本章小结

国际直接投资是将货币资金或实物直接投到国外,投资者可以直接在国外进行生产经营活动。国际直接投资环境是指在国际投资过程中影响国际资本运行的东道国的综合条件。国际投资环境一般由硬环境和软环境两方面组成。与国内投资环境相比,国际投资环境更为复杂、多变,对投资收益和风险产生的影响更大、更直接。进行国际直接投资前,为了避免投资风险,确保所投资项目的合理性及有效性,必须进行可行性研究。可行性研究目前已成为国际直接投资管理的重要一环,可行性研究只有做的科学、准确,才能为投资行为奠定可靠的基础。另外,第二次世界大战后,尤其是 20 世纪 60 年代后,由于国际投资的迅速增长和跨国公司的发展,推动了国际投资理论的建立。各种国际投资理论从不同的角度揭示了国际投资的动因。国际投资理论的不断探讨和完善,又进一步推动了国际直接投资的发展。

复习思考题

1. 国际直接投资有哪些形式和结构?
2. 国际直接投资环境的特点和内容是什么?
3. 国际投资风险的类型有哪些?
4. 有代表性的国际投资理论有哪些? 它们的主要观点是什么?
5. 如何对国家风险进行评估?

练　习　题

1. 一美国公司计划进行一项新的投资,可能的投资地点为美国或英国,一旦此投资计划完成，则公司将投入30%的资金。假设公司剩余的70%的资金全部投资在国内，而此新投资计划在往后5年内所产生的平均报酬率及风险如表12-9所示。

表12-9

相关资料表

项　目	投资在美国	投资在英国
每年税后预期报酬率	25%	25%
年报酬率的标准差	0.09	0.11
投资方案的报酬率与公司目前营运项目报酬率的相关系数	0.80	0.02

假设公司欲根据5年的预期报酬率与风险来评估投资计划的可行性，且此公司主要营运项目每年的预期税后报酬率是20%，报酬率的标准差是0.1，要求：分别计算该公司在国内外进行这项投资计划的整体绩效。

2. 承上题资料，考虑投资计划的风险，分别计算该公司在国内外进行这项投资计划的组合报酬率的变异数，并作评价。

案例分析

天客隆败走俄罗斯——对外直接投资遭遇政治风险

北京天客隆集团有限责任公司是首创集团旗下的企业。短短几年间，就已经拥有跨北京十个区县的连锁店，并在石家庄、唐山、秦皇岛、温州等地也设有分店，初步形成了一个以商业零售、批发为主业的综合连锁商业网络，位列北京连锁超市三甲。

良好的发展势头激起了天客隆老总挥旗海外的念头，于是，1999年8月2日，北京天客隆集团公司的第24家分店取俄罗斯作为公司走出国门的第一站。这并不是拍脑袋脱口而出的，该选择经过经济、政治等多方面的考虑：

(1) 经济方面：俄罗斯是个轻工产品短缺的国家，它的弱项恰好是中国的一大强项。据专家估计，如果在俄罗斯开办超市日销售额可能达到2万美元，毛利可能达到41%，纯利可能达到23%，而在大陆的纯利仅为0.7%，如此的利润空间非常诱人。

(2) 政治方面：天客隆集团由原国家计委、北京市、冶金部等所属实力较强的公司共同注册，作为一个由国有资产控股的公司，其决策的制定不可避免地要带有一定政治色彩。天客隆挥军俄罗斯恰恰具有配合“到本世纪末，两国贸易额达到200亿美元”政策的实施和树立国民形象两方面的考虑。

1999年8月2日，莫斯科天客隆店开业。开业第二天，天客隆销售额达到42万卢布,到 8 月 8 日已经攀升至 56 万卢布(按当时汇率,超过 2 万美元),一些货架很快被买空。各种各样、琳琅满目的中国商品,让大量曾被中国假劣商品坑惨了的俄罗斯消费者真正长了见识。在这里,价格 10 倍于中国本土的国产酱油,俄罗斯老大妈一买就是 20 多瓶。热销热卖,真正的"开门大吉"。

可是很快各种问题接踵而至。经营场地、供货来源、政策法规等全都出现了问题。在这些问题中,由于俄罗斯当地的政治风险带来的问题最为严重。

(1) 车臣战争。1999 年 11 月车臣战争打响,北京至莫斯科上万公里的铁路线被阻断,所有铁路都在调运军用物资,全部火车重新编组;从 1999 年 11 月起至次年 3 月,天客隆第二批货停在半路一压就是 4 个多月,出现了超市经营中最怕的严重断档现象。为了使商品不断档,天客隆临时改用芬兰航空空运,这样从北京到芬兰再到莫斯科,商品成本大幅增加。最典型的例子是酱油,到了莫斯科一瓶普通国产酱油要 70 元人民币。而更不幸的是,中国政府方面还不允许天客隆价格随成本涨,本来在战争中物价上涨是较平常的事,加之天客隆在莫斯科作为外国超市,物价大幅上升完全是市场行为,但是中国政府却强行进行干预,给本身已经陷入困境的天客隆进一步雪上加霜。

(2) 政局不稳。1998 年底到 1999 年 8 月超市开业的 10 个月筹备期中,俄罗斯历经 4 轮总理,政局不稳,海关政策变化无常,朝令夕改,给经营带来巨大风险。

公司于 1999 年 2 月下旬运抵莫斯科 2 400 箱二锅头酒,由于等待商检的时候,俄罗斯海关委员会主席被撤职,原批准出关命令失效,剩余 14 个集装箱被扣在海关。俄罗斯于 3 月 5 日发布新的法令,所有进口酒的酒精度不得超过 40 度,从 4 月 1 日起,所有进口酒必须在进口前办理酒类专项批文,加封专用封条。这意味着天客隆当时已运到的酒需补贴封条,一瓶二锅头封条费即达 8 美元/瓶,其成本之高使该酒根本无法销售。东道国政策的不稳定性是国外投资面临的重要政治风险之一,国外经营一旦展开,深受东道国经济政策的影响,没有一个持续的政府政策上的承诺,国外投资者的经营环境就有可能受到不断冲击,天客隆在俄罗斯的遭遇就是很好的例证。

(3) 官僚主义及贪污腐败。东道国的官僚化程度、腐败问题也是影响对外直接投资的政治风险。官僚主义盛行、腐败严重、政府信用低等都加大了天客隆的经营成本。原本莫斯科当地领导曾承诺给予天客隆开具超市内面包房和洗衣房的许可证,但是直到 2000 年 3 月仍未能兑现,这主要是由于当地行政效率低、政府办事拖沓、官僚作风严重。此外,有关俄方人员还不断地以检查为名私拿商品,第一批被俄方人员无偿拿走的商品价值就达 11 万元之多。

2003 年 6 月 11 日起,天客隆莫斯科店的房产被出售,莫斯科的天客隆超市关闭。

为什么当初设想的宏伟蓝图在短短的 1 000 多天的时间内就破灭了呢?我们来反观一下当初天客隆的管理层制定在莫斯科建立超市的计划的过程。天客隆当初决定建超市时主要考虑到了经济方面的因素。在政治方面虽然有中国当时与俄罗斯签订的协议,但是对天客隆来说，他们在莫斯科建超市仅靠着一个协议显然是不够的。心怀树立国民形象的理想当然是好事，但是单凭理想，面对政治风险却没有任何防范措施。如果天客隆的管理层在当初建立超市时能够考虑一下俄罗斯的政治风险，或者说充分认识到政治风险的严重性，采取必要的防范措施，也许天客隆不会这么早就黯然离去。

例如，俄罗斯国内车臣问题由来已久，早在1994年，俄罗斯当局为了维护国家统一和领土完整，就曾出兵车臣。这场内战持续了20个月之久。天客隆在1999年选择在莫斯科建超市时，忽视了这一点。又如，政局不稳问题，前苏联解体以来，俄罗斯政府频繁换届，很多优惠经贸政策也是一换再换。这些对天客隆建超市都是影响重大的。再如，官僚主义及贪污腐败问题严重，早在天客隆打算建立超市时，就已存在了。像前面提到的乱拿商品，执法人员以权谋私等现象相当普遍，天客隆的管理层却没有过多地考虑到这一因素。天客隆在莫斯科遭遇的政治风险正是其倒闭的致命之伤。

资料来源：吴丛生等．国际财务管理理论与中国实务．北京：北京大学出版社，2006

第十三章 国际证券投资

【本章学习目标】

通过本章学习，了解国际证券投资的概念；了解股票和债券投资的价值及影响因素；熟悉国际证券投资收益的计算方法和风险的来源；掌握国际证券投资分析的主要方法；掌握国际证券投资组合的策略与方法。

【本章关键词】

国际证券投资(International Securities Investment)

股票价值(Share Value)

股票收益率(Stock Yield)

债券收益率(Bond Yield)

道氏理论(Dowthcory)

每股收益(Earnings per Share)

市盈率(Price-earning Ratio,P/E)

资本资产定价模型(Capital and Assets Pricing Model,CAPM)

证券市场线(Securities Market Line,SML)

β系数(Beta Coefficient)

生于2016年1月4日，卒于1月7日。4天之内，4次触发“熔断”。尽管监管层的措辞还是“暂停”，但“熔断机制”也许将成为中国证券史上最命短而狼狈的重大变革之一。

2015年9月6日，证监会负责人表示证监会将研究制定实施指数熔断机制。

2015年9月7日，上交所、深交所和中金所发布征求意见通知拟在保留现有个股涨跌幅制度的前提下，引入指数熔断机制。

2015年12月4日，经证监会同意，上交所、深交所和中金所正式发布指数熔断相关规定。

2016年1月1日，指数熔断机制正式实施。

2016年1月4日，沪深300指数先后触发5%和7%的熔断阈值，股票现货和股指期货市场于13时33分暂停全天交易。

2016年1月7日，A股再度出现熔断，沪深300指数相继触发两级熔断阈值，开盘后不足半小时就提前结束全天交易。

2016年1月8日经证监会批准，暂停实施指数熔断机制。

第一节 国际证券投资的意义和类别

一、国际证券投资的概念与意义

国际证券投资是指投资者在国际金融市场上购买其他国家政府、金融机构和企业公司发行的债券以及公司股票。投资者购买债券支付的资金，由筹资者自主运用和管理，而投资者对于投出去的这部分资金，不能直接控制和管理，只能按规定获得利息，因此属于间接投资。需要指出的是，投资者若在国外股票市场上购买外国公司相当数量的股票，掌握该公司的控制权，参与该公司经营决策与管理，则属于直接投资。但如果购买的股票数量少，未达到一定的比例，不能控制该公司，不直接参与经营决策与管理，只能按规定获得股息和红利，也属于间接投资。

企业进行国际证券投资，一方面可以比较灵活地运用资本，便于资本的随时调动和转移，投资被冻结或没收的风险较小；另一方面企业进行国际证券投资，其最终目的是要通过持有证券获取经济利益，使投资资金增值。因此，在国际经济日趋一体化和国际金融市场日渐发达的情况下，国际证券投资已成为跨国投资者普遍采用的一种方法。

二、国际证券投资的类别

国际证券投资可以按各种不同的标准进行分类。

（一）按投资的目的与期限分为短期投资和长期投资

短期投资是指企业以暂时多余的闲置资金，购入不准备长期持有，并可随时变现的证券，借以获取一定收益的短期性质的投资，主要包括从证券市场上购入的各种上市股票和债券。长期投资指企业以积累整笔资金或对其他企业进行控股而购入的准备长期持有的各种证券，主要包括从证券市场上购入的上市股票和债券，以及不能上市的股票和期限在一年以上的债券。

（二）按投资的对象与性质分为债券性、权益性和混合性证券投资

债权性证券投资是指企业投资于政府债券、金融债券和公司债券；权益性证券投资是指公司购入的其他公司的普通股股票；混合性证券投资是指企业购入的那些既有债券特点又有股票特点的两重性的证券，如公司购入的优先股，它可像债券那样定期获取固定的收益，但又与普通股一样没有到期日，不能收回股本。

（三）按投资收益是否固定分为固定收益投资与不固定收益投资

证券的种类很多，其性质、期限等因素又各不相同，因而其收益的高低和支付方式也有所不同。有的是收益固定的证券，如债券和优先股，称为固定收益投资；有的是收益不

固定的证券，如普通股，称为不固定收益投资。

三、国际证券的价值

（一）股票的价值及影响因素

1．股票价值的几种表示方法

（1）票面价值。股票的票面价值是股票上所标明的金额。股票的票面价值仅在初次发行时有一定意义，如果股票以面值发行，则股票票面总和即为公司的资本金总和。随着时间的推移，公司的资产会发生变化，股票的市场价格会逐渐背离面值，股票的票面价值也逐渐失去原来的意义。

（2）账面价值。账面价值又称股票净值或每股净资产，是指每股股票所代表的实际资产的价值。每股账面价值是以公司净资产除以发行在外的普通股的股数求得的，它是投资者分析股票投资价值的重要指标。

（3）市场价值。市场价值是指在证券市场股票的实际买卖价格，它是公司未来获利能力、股利政策、每股账面价值、公司资本结构，以及市场供求等多种因素综合作用的结果。每股市场价值和每股账面价值可能极不相同。

（4）清算价值。清算价值是指企业被清算时，每一股份所代表的实际价值。理论上清算价值应与账面价值一样，但是由于资产负债表上的资产按历史成本计价，加上清算时会发生清算损益，所以清算价值一般少于账面价值。

（5）内在价值。内在价值是指证券分析家们在分析了公司的财务状况、盈利前景及其他影响公司增长因素后，认为股票真正代表的价值。它是一种理论价值，股票的市场价值变化要以此为依据，人们往往以它来检查股票市场价值是否合理。

2．影响股票价格的因素

股票价值的货币表现就是股票的价格。影响股价的因素很多，一般可以分为两类：

（1）影响股价的基本因素：① 经济因素；② 政治因素；③ 心理因素；④ 人为操纵因素。

（2）影响股价的技术因素：① 股票的交易量；② 交易方式。

（二）债券的价值及影响因素

债券的价格是由债券的价值来决定的。债券的价值等于债券面值的现值和未来各期收入的现值之和，其折现率按市场利率计算。因此影响债券价值的因素主要有以下几个方面。

（1）市场利率。对于固定利率债券，当市场利率水平上升时，市场利率超过票面利率，从而折现率增大，使现值利息系数和年金现值系数变小，债券价格下降，债券将折价发行；反之，当市场利率下降，超过票面利率，债券将溢价发行，债券价格上升。对于浮动利率债券来说，市场利率则对债券价格影响不大。

小知识

主要国际股票市场的价格指数

主要国际股票市场的价格指数有道·琼斯股价指数、金融时报指数、日经225股价指数、恒生指数、纳斯达克综合指数等。

道·琼斯股价指数是世界上最早、最享盛誉和最有影响的股票价格指数，由美国道·琼斯公司计算并在《华尔街日报》上公布。它以1928年10月1日为基期，基期指数为100点，是以65家公司股票(工业股30家，运输股20家，公用事业股15家)为编制对象的股价综合平均数。

金融时报指数是英国最具权威性的股价指数，由《金融时报》编制和公布。它以1962年4月10日为基期，基期指数为100点，以伦敦股市上精选的700多种股票为样本的综合股票指数。

日经225股价指数是《日本经济新闻社》编制公布，以反映日本股票市场价格变动的股价指数。它以1950年平均股价为基数，是以东京交易所上市的225种股票为样本股(150家制造业，15家金融业，14家运输业，46家其他行业)的股价平均数。

恒生指数是香港恒生银行于1969年11月24日起编制公布，是系统反映香港股票市场行情变动最有代表性和影响最大的指数。它以1984年1月13日为基期，以975.47点为基数，挑选了33种有代表性的上市股票(金融业4家，公用事业6家，地产业9家，其他商业14家)为成份股，用加权平均法计算。

纳斯达克综合指数是指在其主板上市公司的股份综合指数。

(2) 通货膨胀。通货膨胀会使债券的真实利息收入和票面价值的真实价值下降，从而使债券价格下降。

(3) 利率差异。当资金自由进入一个国家时，国外的高利率会使国内资金流向国外，结果对国内债券的要求减少，价格下降；相反，如果国内利率高于国外利率，则国外游资会流入国内，使国内债券的需求增加，价格上升。

(4) 汇率变动。国外投资者在购买某国债券时，一方面要考虑利息收入；另一方面还要考虑汇率的变动。如果国外投资者预期投资国货币将贬值，就会减少购买该国的债券，从而使该国债券价格下降；如果国外投资者预测投资国货币将升值，该国债券价格就会上升。

(5) 风险水平。在其他条件相同的情况下，风险较低债券的价格较高，风险较高债券的价格则较低。

第二节　国际证券投资的收益和风险

一、股票投资的收益

（一）股票价值的评估

企业进行国际股票投资，必须知道股票价值的评估方法，现介绍几个最常见的股票估价模型。

1. 短期持有股票、未来准备出售的股票估价模型

在一般情况下，投资者投资于股票，不仅希望得到股利收入，还希望在未来出售股票时从股票价格的上涨中获得好处。此时的股票估价模型如下：

$$V=\sum_{t=1}^{n}\frac{D_t}{(1+K)^t}+\frac{V_n}{(1+K)^n}$$

$$=\sum_{t=1}^{n}D\times(P/A,K,n)+V_n\times(P/F,K,n)$$

式中　V—— 股票的内在价值；

V_n—— 未来出售时预计的股票价格；

K—— 投资人要求的资金收益率；

D—— 预期股利；

D_t—— 第 t 期的预期股利；

n—— 预计持有股票的期数。

【例 13-1】　某跨国公司准备购入美国 A 公司股票，目前市场价格每股为 25 美元，预计每年可获得股利 3 美元/股，准备 2 年后出售，预计出售价格 30 美元/股，预期报酬率为 15%，问是否值得投资。

$$\text{股票价值}=3\times(P/A,15\%,2)+30\times(P/F,15\%,2)$$

$$=3\times1.6257+30\times0.7561$$

$$=27.56(\text{美元})$$

该股票的内在价值大于目前市场价格，因此值得购买。但是股票的价格在很大程度上受市场经济环境和利息率变化的影响，投资者还必须对此做风险分析。

2. 长期持有股票，股利稳定不变的股票估价模型

在每年股利稳定不变，投资人持有期间很长的情况下的估价模型可简化如下：

$$V=\frac{D}{K}$$

公式中符号含义同前式。

3. 长期持有股票，股利固定增长的股票估价模型

如果一个公司的股利不断增长，投资人的投资期限又非常长，则股票的估价就更困难了，只能计算近似数。设上年股利为 D_0，第 1 年的股利为 D_1，每年股利比上年增长率为 g，则：

$$V=\frac{D_0(1+g)}{K-g}=\frac{D_1}{K-g}$$

【例 13-2】 某跨国公司准备投资购买香港相城股份有限公司的股票，该股票上年每股股利为 3 港币，预计以后每年以 5% 的增长率增长，某企业经分析后，认为必须得到 12% 的报酬率，才能购买相城股份有限公司的股票，则该种股票的内在价值应为：

$$V=\frac{3\times(1+5\%)}{12\%-5\%}=45(\text{港币})$$

即相城公司的股票价格在 45 港币以下时能购买。

4. 长期持有股票，股利非固定增长的股票估价模型

在现实生活中，有的公司股利是不固定的。例如，在一段时间里高速成长，在另一段时间里正常固定成长或固定不变。在这种情况下，就要分段计算，才能确定股票的价值。

【例 13-3】 某跨国公司持有美国 B 公司的股票，它的投资最低报酬率为 15%。预计 B 公司未来 3 年股利将高速增长，成长率为 20%。在此以后转为正常增长，增长率为 12%。B 公司最近支付的股利是 2 元。B 公司股票的价值是多少？

第一步，计算非正常增长期的股利现值：

年份	股　　利	现值因数(15%)	现　值
1	2×1.2=2.4	0.870	2.088
2	2.4×1.2=2.88	0.756	2.177
3	2.88×1.2=3.456	0.658	2.274
合计			6.539

第二步，计算第 3 年年底的普通股内在价值：

$$V_3=D_3(1+g)/(K-g)=D_4/(K-g)$$

$$=3.456\times1.12\div(15\%-12\%)=129.02(\text{美元})$$

其现值为：

$$129.02\times(P/F,15\%,3)=129.02\times0.658=84.90(\text{美元})$$

第三步：计算股票目前的内在价值：

$$V=6.539+84.90=91.439\text{(美元)}$$

（二）股票收益率的计算

前面我们主要讨论如何估计股票的价值，以判断某种股票被市场高估或低估。现在，我们假设股票价格是公平的市场价格，股票的期望收益率等于其必要的收益率。

根据固定增长股利模型，我们知道：

$$V=\frac{D_1}{K-g}$$

如果将该公式移项整理，求 K，可以得到：

$$K=\frac{D_1}{V}+g$$

这个公式告诉我们，股票的总收益率可以分为两部分：第一部分是 D_1/V，叫做股利收益率，它是根据预期现金股利除以当前股价计算出来的。第二部分是增长率 g，叫做股利增长率。由于股利的增长速度也就是股价的增长速度，因此可以解释为股价增长率或资本利得增长率。g 的数值可以根据公司的可持续增长率估计。V 是股票市场形成的价格，只要能预计出下一期的股利，我们就可以估计出股东预期报酬率，在有效市场中它就是与该股票风险相适应的必要报酬率。

【例 13-4】 某股票的价格为 30 港币，预计下一期的股利是 3 港币，该股利将以大约 6%的速度持续增长。该股票的预期报酬率如下：

$$K=\frac{3}{30}+6\%=16\%$$

如果用 16%作为必要报酬率，则 1 年后的股价如下：

$$V=\frac{3\times(1+6\%)}{16\%-6\%}=31.8\text{(港币)}$$

这就是说，如果你现在用 30 港币购买该股票，年末你将收到 3 港币股利，并且得到 1.8 港币(31.8−30)的资本利得。

$$\begin{aligned}\text{总报酬率}&=\text{股利收益率}+\text{资本利得收益率}\\&=3\div30+1.8\div30\\&=10\%+6\%\\&=16\%\end{aligned}$$

这个例子使我们验证了股票期望报酬率模型的正确性。该模型可以用来计算特定公司风险情况下投资人要求的必要报酬率，也就是公司的权益资金成本。这就是说投资者希望或者说要求公司赚取16%的收益。如果投资者的要求大于16%，他就不会去购买该股票；反之，则会去争购该股票，使得价格升上去。既然投资者接受了30港币的价格，就表明他要求的报酬率就是16%。

另外，由于股票没有到期日，但投资者持有股票的时间可能是1周、1个月、1年或更长的期间。在股票持有期内所得的收益，可用持有期收益率来表示，它用来测量投资者财富增加或减少的速度。其计算公式如下：

$$持有期间收益率=\frac{年平均股利+(出售价格-购买价格)\div 持有年数}{购买价格}\times 100\%$$

【例13-5】 某投资者购买美国A公司股票，每股购入价格21美元，持有两年半，第一年获得股利每股3美元，第二年获得股利每股4美元。出售价格28美元。该投资者持有股票期间的收益率如下：

$$持有期间收益率=\frac{(3+4)\div 2+(29-21)\div 2.5}{21}=31.90\%$$

二、债券投资的收益

(一) 债券价值的评估

企业进行国际债券投资，必须知道债券价值的评估方法。债券价值是债券投资决策时使用的主要指标之一。

1. 债券估价的基本模型

模型一，分期付息到期还本债券价值的计算模型(按复利方式计算)：

$$PV=\frac{I_1}{(1+K)^1}+\frac{I_2}{(1+K)^2}+\cdots+\frac{I_n}{(1+K)^n}+\frac{M}{(1+K)^n}$$
$$=I\times(P/A,K,n)+M(P/F,K,n)$$

式中　PV——债券价值；

I——每年的利息；

M——到期的本金；

K——市场利率，或投资人要求的最低报酬率；

n——债券到期前的年数。

【例13-6】 香港市场甲种债券面值2 000港币，票面利率为8%，每年付息，到期还本，期限为5年，某跨国企业拟购买这种债券，当前的市场利率为10%，债券目前的市价是1 800港币，该跨国企业是否可以购买该债券？

$$PV=2\,000\times 8\%\times(P/A,10\%,5)+2\,000\times(P/F,10\%,5)$$
$$=160\times 3.791+2\,000\times 0.621$$
$$=606.56+1\,242$$
$$=1\,848.56(港币)$$

由于债券的价值大于市价，如不考虑风险问题，购买此债券是合算的，它可获得大于10％的收益。

模型二，一次还本付息债券价值的计算模型（按单利方式计算）：

$$V=\frac{M+M\times i\times n}{(1+K)^{n}}$$

$$=(M+M\times i\times n)\times(P/F,K,n)$$

公式中的符号含义同前式。

2. 债券价值与必要报酬率

债券定价的基本原则是：必要报酬率等于债券利率时，债券价值就是其面值。如果必要报酬率高于债券利率，债券的价值就低于面值；如果必要报酬率低于债券利率，债券的价值就高于面值。对于所有类型的债券估价，都必须遵循这一原理。

【例 13-7】 如果在［例 13-6］中，必要报酬率是 6％，则债券价值如下：

$$PV=2\,000\times 8\%\times(P/A,6\%,5)+2\,000\times(P/F,6\%,5)$$

$$=160\times 4.2124+2000\times 0.7473$$

$$=673.98+1\,494.60$$

$$=2\,168.58(\text{港币})$$

（二）债券的收益率

衡量债券收益水平的尺度为债券收益率，即在一定时期内所得收益与投入本金的比率。为便于比较，债券收益一般以年率为计算单位。债券收益率有票面收益率、直接收益率、持有期收益率和到期益率等多种，这些收益率分别反映投资者在不同买卖价格和持有年限下的不同收益水平。

1. 票面收益率

票面收益率又称息票率，是指按债券票面利率计算的年利息收入与债券面值的比率。投资者如果将按面值发行的债券持至期满，则所获得的投资收益率与票面收益率是一致的。其计算公式如下：

$$\text{票面收益率}=\frac{\text{债券年利息}}{\text{债券买入价}}\times 100\%$$

2. 直接收益率

直接收益率又称本期收益率，是指债券的年利息收入与买入债券的实际价格的比率。其计算公式如下：

$$\text{直接收益率}=\frac{\text{债券年利息}}{\text{债券买入价}}\times 100\%$$

3. 持有期收益率

持有期收益率指买入债券后持有一段时间，又在债券到期前将其出售而得到的收益率。它包括持有债券期间的利息收入和资本损益。其计算方法有以下几种：

(1) 分期付息债券持有期收益率常用的计算公式。分期付息债券又称息票债券或附息债券，是在债券到期以前按约定的日期分次按票面利率支付利息，到期再偿还本金。分期付息债券持有期收益率常用的计算公式如下：

$$\text{持有期收益率}=\frac{\text{债券年利息}+(\text{债券卖出价}-\text{债券买入价})\div\text{持有年限}}{\text{债券买入价}}\times 100\%$$

(2) 一次还本付息债券持有期收益率的计算公式。发行的债券多为到期一次还本付息债券，在中途出售的卖价中包含了持有期的利息收入，所以其实际使用的计算公式如下：

$$\text{持有期收益率}=\frac{(\text{债券卖出价}-\text{债券买入价})\div\text{持有年限}}{\text{债券买入价}}\times 100\%$$

4. 到期收益率

债券的收益水平通常用到期收益率来衡量。到期收益率是指以特定价格购买债券并持有至到期日所能获得的收益率。它是使未来现金流量等于债券购入价格的折现率。计算到期收益率的方法是求解含有贴现率的方程。

【例 13-8】 已知华美公司于 2016 年 1 月 1 日以 5 000 港币价格购买了 A 公司于 2007 年 1 月 1 日发行的面值为 5 000 港币的债券，票面利率为 9%，8 年期。A 公司每年付息一次。假定华美公司持有该债券至到期日，计算其到期收益率。

$$5\,000=5\,000\times 9\%\times(P/A,i,8)+5\,000\times(P/F,i,8)$$

解该方程要用“试误法”。

用 $i=9\%$ 试算：

$$5\,000\times 9\%\times(P/A,9\%,8)+5\,000\times(P/F,9\%,8)=5\,000(\text{港币})$$

可见，按面值购买的每年付息一次，到期还本的债券，其到期收益率等于票面利率。

【例 13-9】 假定[例 13-8]中，华美公司以 5 800 港币的价格购入 A 公司债券，则其到期收益率的计算如下：

$$5\,800=5\,000\times 9\%\times(P/A,i,8)+5000\times(P/F,i,8)$$

通过[例 13-8]的计算已知，$i=9\%$时等式右边为 5 000 港币，小于 5 800 港币，就此可判断到期收益率必定低于 9%。现降低贴现率试算。

用 i=7%试算：

$$5\,000\times 9\%\times(P/A,7\%,8)+5\,000\times(P/F,7\%,8)$$

$$=450\times5.9713+5\,000\times0.5820=2\,687+2\,910=5\,597(\text{港币})$$

由于贴现率仍小于 5 800 港币，还应继续降低贴现率。

用 $i=5\%$ 试算：

$$5\,000\times9\%\times(P/A,5\%,8)+5\,000\times(P/F,5\%,8)$$
$$=450\times6.4632+5\,000\times0.6768=2\,908+3\,384=6\,292(\text{港币})$$

贴现结果高于 5 800 港币，可以判定，收益率高于 5%。用内插法计算近似值。

$$i=5\%+\frac{6\,292-5\,800}{6\,292-5\,597}\times(7\%-5\%)=6.42\%$$

用试误法比较麻烦，在实务中可用下面简便算法求得近似结果：

$$i=\frac{I+(M-P)\div N}{(M-P)\div 2}$$

式中 I——每年的利息；

M——到期归还的本金；

P——买价；

N——年数。

式中的分母是平均的资金占用，分子是每年平均收益，将数据代入[例 13-9]，则到期收益率计算如下：

$$i=\frac{5\,000\times9\%+(5\,000-5\,800)\div8}{(5\,000+5\,800)\div2}=6.48\%$$

从此例可以看出，如果买价和面值不等，则收益率和票面利率不同。

到期收益率是指导选购债券的标准，它可以反映债券投资按复利计算的真实收益率。如果到期收益率高于投资人要求的报酬率，则应买进该债券，否则就放弃。其结论和计算债券的内在价值相同。如上例，若华美公司期望收益率为 5%，该债券到期收益率高于投资人的要求，因此，可以买入该债券；若华美公司期望收益率为 8%，则不宜买进。

需要说明的是，在实务中，债券收益率的计算除考虑购买价格外，还要考虑交易费用、通货膨胀、税收、汇率变动等因素，需要对上述计算公式作相应的调整。

三、汇率变动对国际证券投资收益的影响

进行国际证券投资，购买外币证券，是为了获得外币收益，但投资者真正关心的是以本国货币表示的投资收益率。由于外币收益要转换成本币收益，所以，以本币表示的收益率不仅取决于外币证券以外币表示的收益率的高低，而且还取决于本币对外币汇率的变动。外币证券投资的本币收益率可按公式计算如下：

$$K_1=(1+K_2)\times(1+r)-1$$

式中　K_1——以本币表示的收益率；

K_2——外币表示的收益率；

r——外币对本币汇率变动百分比。

【例 13-10】 中国某公司年初按票面金额 3 000 美元购买美国的一种债券，次年初获得收益 360 美元，以美元表示的收益率为 12%，年初汇率为 1 美元＝8 元人民币，次年初汇率为 1 美元＝8.4 元人民币，这一时期美元升值率为 5%，按照上列公式计算如下：

$$K_1=(1+12\%)\times(1+5\%)-1=17.6\%$$

由于美元升值 5%，使以人民币表示的收益率比以美元计算的收益率提高 5.6%（17.6%－12%）。如果美元贬值，则以人民币表示的收益率将低于以美元计算的收益率。

进行国际证券投资，有时要综合考虑利率高低和汇率变化两个因素。

【例 13-11】 假设中国债券的年利率为 6%，美国债券的年利率为 8%，某年 4 月 1 日即期汇率为 1 美元＝8 元人民币，远期汇票（6 个月）为 1 美元＝7.9 元人民币。中国某公司有暂时不用的货币资金 20 万元人民币，欲将其兑换为美元，到美国购买 6 个月期的美元债券，是否合算？计算过程如下：

(1) 在 4 月 1 日将 20 万元人民币按当日汇率兑换为 2.5 万美元（20÷8），同日，进行远期外汇交易，将美元投资本利卖出买回人民币。

(2) 购买 2.5 万美元债券，6 个月可获利 0.1 万美元（2.5×8%÷2）。

(3) 10 月 1 日按 1 美元＝7.9 元人民币卖出本利 2.6 万美元（2.5＋0.1），买回人民币，可得 20.54 万元人民币（2.6×7.9）。在美国投资获利 0.54 万元人民币。年利率为 5.4%（0.54×2÷20）。

如果将 20 万元人民币在中国投资 6 个月可获利 0.6 万元人民币（20×6%÷2）。

可见，美国利率虽然较高，但由于美元贬值，两个因素综合来看，在中国投资较为有利。

平衡点时的汇率为：

$$\frac{20\times(1+6\%\div2)}{2.5\times(1+8\%\div2)}=7.9231$$

如果 4 月 1 日远期汇率为 1 美元＝7.9231 元人民币，则在中国和美国投资所得是相等的。

$$2.6\times7.9231=20.6\text{（万元人民币）}$$

如果 4 月 1 日远期汇率 1 美元高于 7.9231 元人民币时，到美国投资于美元债券是有利的。假定 4 月 1 日远期汇率（6 个月）1 美元＝7.95 元人民币，则所得美元本利和折合人民币为 20.67 万元人民币（2.6×7.95），获利 0.67 万元人民币（20.67－20），年利率为

6.7%(0.67×2÷20),超过中国利率。为了简化,以上举例税费等因素均省略。

对外进行证券投资,除了考虑收益率的高低外,汇率的变动往往会影响证券投资的货币选择。

小知识

"熔断机制"(英文名 Circuit Breaker)与股市本身一样,属于"舶来品"。可简单理解为:当股票涨跌幅度达到某个"阈值"点位时,暂停或停止交易。由于其与保险丝在电压不稳时自动熔断相似,故称之为熔断制度。其目的是为了冷静投资者的情绪,控制风险进一步放大,从而保护投资者的利益。

"熔断机制"起源于美国,但与中国股市不同,美国的股市在一个交易日里,股票涨跌没有10%的涨跌停板制度。

1987 年 10 月 19 日,全球股市暴跌,美股道琼斯指数下跌 508 点,跌幅 22.61%,这天被称为"黑色星期一"。一年后的 1988 年 10 月 19 日,纽约股票交易所及芝加哥商业交易所开始实施"熔断机制"。最初,这个机制规定,当道琼斯指数下跌超过 250 点时,暂停交易 1 小时;下跌超过 400 点时,暂停交易 2 小时。

1997 年 1 月,美国修改规则,规定当道琼斯指数下跌超过 350 点时,暂停交易 30 分钟;超过 550 点时,暂停交易 1 小时。

1997 年 10 月 27 日,道琼斯指数下跌超讨 554 点,熔断机制在当天被先后触发了两次。这也是自 1988 年,美国建立"熔断机制"后的第一次触发。

美国的"熔断机制"最近的调整是在 2013 年 2 月,规定了涨跌幅 7%、13%及 20%三个不同的阈值。

四、国际证券投资的风险

证券投资风险是指由于各种原因,投资者投资于证券的实际收益率小于预期收益率,甚至遭受损失的可能性。投资者总是希望投资收益越高越好,风险越小越好。但是在证券市场上,收益高而风险小的证券是少见的。一般情况下,收益越高的投资,风险也越大。在证券市场上造成投资风险的因素很多,主要来源于以下几个方面。

(一) 经营风险

经营风险是指发行证券的公司由于决策和管理人员在经营过程中发生的失误,导致企业经营不善,从而使投资者遭受损失的可能性。这些原因有的来自外因,有的来自内因,主要来自以下几个方面:

(1) 由于自然原因引起的非正常性破坏事件,如地震、台风、火灾等,这些事件往往无法预测。但是如果公司的管理人员事先对企业的有关财产进行保险或采取过其他相应措施,就会大大减少损失。

(2) 企业生产的产品已过时，不能满足消费者的需要，又不能推出新的产品来占领市场，造成企业亏损。

(3) 在竞争顾客方面失败，原有的顾客没有保留住，新的顾客又没有吸引到。丧失顾客就是丧失市场，有时因主要客户的丧失导致企业亏损甚至破产。

（二）市场风险

市场风险是指由于证券市场行情变化而引起的风险，市场行情变化可用证券价格指数或平均数来衡量。证券市场行情的变动主要表现于看涨市场（牛市）和看跌市场（熊市），当证券价格指数持续上升时，这样趋势就是看涨市场。一旦价格指数达到一个高点后开始呈下跌趋势，看涨市场将被看跌市场所代替。在看涨市场中，投资者的收益会增多，股票价格会上升。在看跌市场中，投资者会受损失。市场风险是由于看涨市场与看跌市场的不断交替出现所引起的，其根本原因还是经济周期的变化。在经济繁荣阶段，企业盈利增加，股价上升；经济衰退时，企业开工不足，失业率增多，盈利下降，股价下降。

（三）违约风险

违约风险是指发行证券的公司由于财务状况不佳，不能按时支付债务本金和利息的可能性。一般而言，政府发行的证券违约风险小，金融机构发行的证券次之，工商企业发行的证券风险较大。

（四）利率风险

利率风险是指由于市场利率水平的变动，而引起证券投资收益率变动的可能性。因为证券价格是证券投资未来收益的现值，市场利率水平是影响计算现值折现率的重要因素。证券价格跟利率水平成反比。当市场利率上升时，证券价格下降，投资者持有期收益率也随之下降，所以证券价格的升降决定投资者资本利得或损失的多少。一般说来，长期证券投资的利率风险要大于短期投资的利率风险。但是在市场利率呈下降趋势时，对长期债券的投机，可以谋得比短期债券的投机更大的利润。

（五）购买力风险

购买力风险是指由于通货膨胀使币值变动而造成投资者实际购买力下降的可能性。投资者的实际收益率等于名义收益率减去通货膨胀率。所谓名义收益率就是投资者按证券票面利率计算所得到的货币收入，它不考虑通货膨胀因素。当通货膨胀率大于名义收益率时，投资者的实际收益率就是个负数。这时投资者虽然得到了货币的股利或利息，但实际上它的购买力已经下降。由于通货膨胀是一个常见的经济现象，购买力风险对于投资者来说不是退出投资就可以避免的，而是如何选择具有较高收益的投资对象来减少它。

（六）流动性风险

所谓流动性是指把金融资产转变为现金的快慢程度，流动性风险是指在变现过程中出现损益的可能性。当证券持有者出售证券时，证券的价格可能高于或低于购买时的价格，因而使投资者能获得资本利得或损失。是利得还是损失？金额多少？这些都是不确定的,具有风险。一般来说,短期债券流动性风险较小,其次为中长期债券,风险最大的是股票。

第三节　国际证券投资分析

一、证券投资分析的意义

一般来说,理性的证券投资过程通常包括五个基本步骤:① 确定证券投资政策;② 进行证券投资分析;③ 组建证券投资组合;④ 投资组合的修正;⑤ 投资组合业绩评估。可见,证券投资分析在证券投资过程中占有相当重要的地位。

(一) 证券投资分析是规避风险的需要

投资者选择投资证券,目的是获得预期回报,但这种回报是以投资者承担了相应的风险为代价的。投资者持有证券期间会获得与其所承担的风险相对称的回报,预期回报率与风险是一种正向的互动关系。每一种证券都有自己的风险——回报率特性。投资者通过考察分析每一种证券的风险——回报率特性,选择与自己投资政策相适应的证券进行投资。

(二) 进行证券投资分析是实施投资决策的依据和前提

不同的投资者由于资金拥有量以及其他条件的不同,会拥有不同的风险容忍度、不同的风险——回报率态度和不同的投资持有周期。同时,每一种证券的风险分析——回报率特性由于受到各种相关因素的作用,并不是一成不变的。证券的风险可以通过证券的流通加以转移。因此,在具体实施投资决策之前,投资者需要明确每一种证券在风险性、收益性、流动性和时间性方面的特点,选择同自己的要求相匹配的、合适的投资对象。

(三) 证券投资分析是降低投资风险、获得投资成功的关键

投资回报率的最大化和风险最小化是证券投资的两大具体目标。证券投资的成功与否,往往是看这两个指标的实现程度。但是,影响证券投资回报率和所承受的风险这两个目标实现程度的因素很多,其作用机制也十分复杂。因此,只有通过全面、系统和科学的专业分析,才能客观地把握住这些因素及其作用机制,从而保证在降低投资风险的同时获取较高的投资回报率。

二、证券投资分析的主要方法

证券投资分析有三个基本要素:信息、步骤和方法,其中证券投资分析的方法直接决定了证券投资分析的质量。目前,进行证券投资分析所采用的分析方法主要有两大类:第一类是基本分析,第二类是技术分析。前者主要是根据经济学、金融学、投资学的基本原理推导出来的分析方法,后者则是根据证券市场本身的变化规律得出的分析方法。

（一）基本分析方法

基本分析主要包括以下几个方面的内容。

1. 宏观经济分析

在证券投资领域中，宏观经济分析非常重要，只有把握住经济发展的大方向，才能做出正确的长期决策；只有密切关注宏观经济因素的变化，尤其是货币政策和财政政策因素的变化才能抓住市场机遇。

宏观经济分析可以通过一系列的经济指标的计算、分析和对比来进行。经济指标有三类：

(1) 先行指标。先行指标主要有货币供给量、股票价格指数等，这类指标对将来的经济状况提供预示性的信息。从实践来看，先行指标可以对国民经济的高峰和低谷进行计算和预测。

(2) 同步指标。同步指标主要包括失业率、国民生产总值等，这类指标反映的是国民经济正在发生的情况，并不预示将来的变动。

(3) 滞后指标。滞后指标主要有银行短期商业贷款利率、工商企业未还贷款等。此外，在进行宏观经济分析时经常使用国内生产总值、国民生产总值、国民收入、个人可支配收入等五个有密切联系的主要综合指标来反映和分析国民经济的重要状况。

2. 行业分析

行业分析主要分析产业所属的不同市场类型、所处的不同生命周期以及产业的业绩对于证券价格的影响。

第一，行业划分的方法。行业划分的方法主要有道·琼斯分类法和标准行业分类法。

道·琼斯分类法是在 19 世纪末为选取在纽约证券交易所上市的有代表性的股票而对各公司进行的分类，它是证券指数统计中最常用的分类方法之一。

道·琼斯分类法将大多数股票分为三类：工业、运输业和公用事业，然后选取有代表性的股票。虽然入选的股票并不包括这类产业中的全部股票，但所选择的这些股票足以表明产业的一种趋势。

在道·琼斯指数中，工业类股票取自工业部门的 30 家公司，包括了采掘业、制造业和商业。运输业包括了航空、铁路、汽车运输和航运业。

作为计算道·琼斯股价指数的股票类别，公用事业这类产业直到 1929 年才得以确认添加进去。公用事业的增长率一般是稳定的。公用事业类主要包括电话公司、煤气公司和电力公司等。

为了便于汇总各国的统计资料，进行对比，联合国经济合作和社会事务统计局曾经制定了一个《全面经济活动国际标准行业分类》简称《国际标准行业分类》)，建议各国采用。它把国民经济划分为 10 个门类：① 农业、畜牧狩猎业、林业和渔业；② 采矿业及土、石采掘业；③ 制造业；④ 电、煤气和水；⑤ 建筑业；⑥ 批发和零售企业、饮食和旅馆业；

⑦ 运输、仓储和邮电通信业；⑧ 金融、保险、房地产和工商服务业；⑨ 政府、社会和个人服务业；⑩ 其他。

第二，行业的市场类型分析。行业的市场类型根据行业中拥有的企业数量、产品性质、企业控制价格的能力、新企业进入该行业的难易程度等因素可以分为完全竞争、垄断竞争、寡头垄断、完全垄断。各种类型的特征如表 13-1 所示。

表 13-1

市场类型分析表

市场类型	完全竞争	垄断竞争	寡头垄断	完全垄断
厂商数量	很多	较多	很少	一个
产品差异	同质	存在着实际或观念上差距	同质或略有差异	独特产品不存在替代品
厂商对价格的控制能力	没有	较小	较大	很大
新产品进入难易程度	很容易	较容易	很不容易	不可能
典型行业	农业	服装、鞋等轻工工业	钢铁、汽车等重工业	公用事业

上述四种市场类型，从竞争程度来看是依次递减的。某个行业内的竞争程度越大，则企业的产品价格和利润受供求关系的影响越大、企业倒闭或破产的可能性越大，因此投资于该行业的证券风险也越大。

第三，行业的生命周期分析。一个行业如同一个人一样，会经历从出生到成长再到成熟最后走向衰退直到死亡这么一个过程。一般说来，行业的寿命周期可分为如下四个阶段：

(1) 初创期。一个新行业的诞生往往是新的技术、产品和市场需求的发展结果。在行业的初创期，产品的研究、开发费用很高，导致产品成本和价格都比较高，但其市场需求因大众对其缺乏了解而相对较小，因而这时企业的销售收入低，盈利情况也不尽如人意。

(2) 成长期。在这一阶段，随着生产技术的提高，产品成本不断降低，新产品市场需求也不断增加，这时，新行业成长较快，利润在迅速增加。当然，随着许多企业在利润的吸引下加入该行业，加剧了竞争的激烈程度。

(3) 成熟期。经成长期后，少数资本雄厚、技术强、管理好的大企业生存下来，并基本上控制和垄断了整个行业。每个企业都占有一定的市场份额，而且变化程度很小。这时，行业就进入了成熟期。在成熟期，各企业之间的竞争逐渐由价格竞争转为非价格竞争，如提高产品质量、改善产品性能服务和加强售后服务等。企业的利润增长速度较成长期大为降低，但从总量上看要比成长期大得多。由于企业所占的市场比例比较稳定，因而企业遭受的风险较小。

(4) 衰退期。经过相当长一段成熟期之后，行业会慢慢走向衰退。这主要是因新技术不断涌现，新产品不断问世，人们的消费倾向不断发生变化所致。在衰退期，企业的数量下降、利润减少、市场逐步萎缩。

需要指出的是，上述行业生命周期四个阶段的说明只是一个总体状况的描述，它并不适用于所有行业的情况。行业的实际生命周期由于受技术进步、政府政策及社会习惯的改变等许多因素影响而复杂得多。

3. 公司分析

公司分析是基本分析的重点，无论什么样的分析报告，最终都要落实在某个公司证券价格的走势上。如果没有对发行证券的公司状况进行全面的分析，就不可能准确的预测其证券的价格走势。公司分析测试中对公司的竞争能力、盈利能力、经营管理能力、发展潜力、财务状况、经营业绩以及承受风险的能力等进行分析，以此评估和预测证券的投资价值、价格及其未来变化的趋势。

(1) 公司基本分析。公司基本分析一般包括：行业的地位分析；区位分析；产品分析；公司经营管理能力分析；成长性分析。

(2) 公司财务分析。公司财务分析一般通过公司的财务报表进行分析。对于报表的具体分析方法，在财务会计学中已有详细的介绍，这里省略。

(二) 技术分析法

技术分析是相对于基本分析而言的。技术分析是指通过图表和技术指标的记录，研究市场过去及现在的行为反应，以推测未来价格的变动趋势。需要指出的是，技术分析仅从证券的市场行为来分析证券价格未来的变化趋势，其依据的技术指标主要是由股价、成交量或涨跌指数等数据计算得出的。

技术分析的理论基础是建立在以下三个假设之上的：一是市场行为包含一切信息；二是价格沿趋势移动；三是历史会重复。

技术分析理论的内容就是市场行为的内容。粗略地进行划分，可以将技术分析理论分为以下几类：道氏理论、K 线理论、切线理论、形态理论、波浪理论和循环周期理论等。其中影响最大的是道氏理论，现简要介绍如下。

1. 道氏理论的形成过程

这是一种最古老、最著名的股票价格分析理论。该理论的创始是美国人查尔斯·亨利·道(Charles · H. Dow)。为了反映市场总体趋势，他与爱德华·琼斯创立了著名的道·琼斯平均指数。他们在《华尔街日报》上发表的有关股市的文章，经后人整理，成为我们今天看到的道氏理论。

2. 道氏理论的主要原理

(1) 市场价格指数可以解释和反映市场的大部分行为。这是道氏理论对证券市场的重大贡献。目前,世界上所有的证券交易所都采用一个本市场的价格指数,各种指数的计算方法大同小异,都是源于道氏理论。

(2) 市场波动的三种趋势。道氏理论认为价格的波动尽管表现形式不同,但是,我们最终可以将它们分为三种趋势,即主要趋势、次要趋势和短暂趋势。三种趋势的划分为其后出现的波浪理论打下了基础。

(3) 交易量在确立趋势中的作用。趋势的反转点是确定投资的关键。交易量提供信息有助于我们解决一些令人困惑的市场行为。

(4) 收盘价是最重要的价格。道氏理论认为所有价格中,收盘价最重要,甚至认为只需要收盘价,不用别的价格。

3. 应用道氏理论应注意的问题

道氏理论对大形势的判断有较大的作用,对于每日每时都在发生的小波动则显得有些无能为力。道氏理论甚至对次要趋势的判断作用不大。

道氏理论的另一个不足是它的可操作性较差。一方面道氏理论的结论落后于价格变化,信号太迟;另一方面,理论本身也存在不足,从而使得一个很优秀的道氏理论分析师在进行行情判断时,也会因得到一些不明确的信号而产生困惑。

道氏理论的存在已经上百年了,对今天的投资者来说相当部分的内容已经过时,不能照搬老方法。近 30 年来,出现了很多新的技术,有相当部分是道氏理论的延伸,这在一定程度上弥补了道氏理论的不足。

三、股票价格指数

股票价格平均数和股票价格指数是衡量股票市场总体价格水平及其变化趋势的尺度,也是反映一个国家或地区社会政治经济发展状况的灵敏信号。

(一) 股票价格平均数

股票价格平均数采用股价平均法,用来度量所有样本股经调整后的价格水平平均值,它可分为简单算术股价平均数和加权股价平均数两种。

(二) 股票价格指数

股票价格指数是将计算期的股价与某一基期相比较的相对变化指数,用来反映市场股票价格的相对水平。

股票价格指数的编制分为四步: ① 选择样本股; ② 选定某基期,并以一定方法计算基期平均股价; ③ 计算计算期平均股价并作必要的修正; ④ 指数化。

股价指数的编制方法有简单算术股价指数和加权股价指数两类。股票价格指数往往先于一国的经济发展周期而上下波动。

第四节 国际证券投资组合

一、证券组合的风险与报酬

投资者通常不是把自己的全部资金,投放在单一资产上,而是同时向多项资产投资。这种同时以两项或两项以上资产作为投资对象而发生的投资,就是投资组合。如果同时以两种或两种以上的有价证券为投资对象,称为证券组合。采取证券投资组合方式进行投资决策,必然会遇到如何计算投资组合的收益及其风险的问题。

(一) 两种证券构成的投资组合的风险

在一个由两种证券构成的投资组合中,如果某一证券的收益率呈上升趋势,另一证券的收益率有可能上升,也有可能下降,或者不变。在投资组合风险分析中,通常利用协方差和相关系数两个指标来测算投资组合中任意两个投资项目收益率之间的变动关系。

1. 协方差

协方差是一个用于测量投资组合中某一具体投资项目相对于另一投资项目风险的统计指标。例如,A 股票的价格随着经济形势由衰退转向繁荣而上涨的话,B 股票此时的价格是上涨、下跌还是静止不动? 协方差就是对 A、B 两个股票价格之间的这种相互关系进行度量和评价。从本质上讲,组合内各种投资组合相互变化的方式影响着投资组合的整体方差,从而影响其风险。协方差的计算公式如下:

$$Cov(R_1,R_2)=\frac{1}{n}\sum_{i=1}^{n}(R_{1i}-\overline{R_1})(R_{2i}-\overline{R_2})$$

式中 $Cov(R_1,R_2)$—— 投资于两种资产收益率的协方差;

R_{1i}—— 在第 i 种投资结构下投资于第一种资产的投资收益率;

$\overline{R_1}$—— 投资于第一种资产的期望投资收益率;

R_{2i}—— 在第 i 种投资结构下投资于第二种资产的投资收益率;

$\overline{R_2}$—— 投资于第二种资产的期望投资收益率;

n—— 不同投资组合的种类数。

协方差的计算结果可能为正值也可能为负值。它们分别显示了两个投资项目之间收益率变动的方向。当协方差为正值时,表示两种资产的收益率呈同方向变动;协方差为负值时,表示两种资产的收益率呈相反方向变化。协方差的绝对值越大,表示这两种资产收益率关系越密切;协方差的绝对值越小,则这两种资产收益率的关系就越疏远。

2. 相关系数

由于各方面的原因,协方差的意义很难解释,至少对于应用是如此。为了使其概念能更易于接受,可以将协方差标准化,将协方差除以两个投资方案投资收益率的标准差之积，得出一个与协方差具有相同性质但却没有量化的数。我们将这个数称为这两个投资项目的相关系数，它介于－1和＋1之间。相关系数的计算公式如下：

$$\rho_{12} = \frac{Cov(R_1, R_2)}{\sigma_1 \sigma_2}$$

式中　ρ_{12}—— 第一种和第二种投资收益率之间的相关系数；

σ_1 和 σ_2—— 投资于第一种资产和投资于第二种资产的收益率的标准离差。

显然，从上式可以推导出协方差的另一计算公式：

$$Cov(R_1, R_2) = \rho_{12} \sigma_1 \sigma_2$$

相关系数的正负与协方差的正负相同。所以相关系数为正值时，表示两种资产收益率呈同方向变化，负值则意味着反方向变化。就其绝对值而言，系数值的大小，与协方差大小呈同方向变化。相关系数总是在－1到＋1之间的范围内变动，－1代表完全负相关，＋1代表完全正相关，0则表示不相关。

3. 方差和标准离差

由两种证券投资组合的风险由投资组合收益率的方差和标准离差来衡量。由两种资产组合而成的投资组合收益率方差的计算公式如下：

$$V_p = W_1^2 \sigma_1^2 + W_2^2 \sigma_2^2 + 2W_1 W_2 Cov(R_1, R_2)$$

式中　V_p—— 投资组合的方差；

W_1—— 第一项资产在总投资额中所占的比重；

σ_1—— 投资于第一项资产收益率的标准离差；

W_2—— 第二项资产在总投资额中所占的比重；

σ_2—— 投资于第二项资产收益率的标准离差；

$Cov(R_1, R_2)$—— 投资于两项资产收益率的协方差。

由两种资产组合而成的投资组合收益率的标准离差 σ_p 的计算公式如下：

$$\sigma_p = \sqrt{V_p} = \sqrt{W_1^2 \sigma_1^2 + W_2^2 \sigma_2^2 + 2W_1 W_2 Cov(R_1, R_2)}$$

（二）多种证券构成的投资组合的风险及其分散化

证券组合的总风险由系统风险和非系统风险两部分内容构成。

1. 系统风险

系统风险(不可分散风险)是指市场收益率整体变化所引起的市场上所有资产的收益率的变动性，它是由那些影响整个市场的风险因素引起的，因而又称为市场风险。这些风险因素包括宏观经济形势的变动、税制改革、国家经济政策变动、世界能源状况的改变、战争、自然灾害、通货膨胀等。这类风险涉及所有企业或投资项目，不能通过多元化投资来分散。当然，尽管绝大多数企业或项目都不可避免地受到系统风险的影响，但并不意味着对所有企业或投资项目都有完全相同的影响。有的企业或投资项目可能受系统风险的影响大些，有些则可能比较小。

2. 非系统风险

非系统风险(可分散风险)是指由于某一种特定原因对某一特定资产收益率造成影响的可能性，即发生于个别企业的特有事项所造成的风险，所以又称为公司特有风险。例如，某企业发生罢工、诉讼失败或失去销售市场等，可能会影响该企业的收益率。非系统风险与政治、经济和其他影响所有资产的系统因素无关，这类事件是随机发生的，可以通过多元化投资来分散。在多数发达国家的股票市场上，非系统风险占总风险的 60%～75%。通过分散投资，非系统性风险能够被降低或消除。

证券投资组合风险的分散情况如图 13-1 所示。

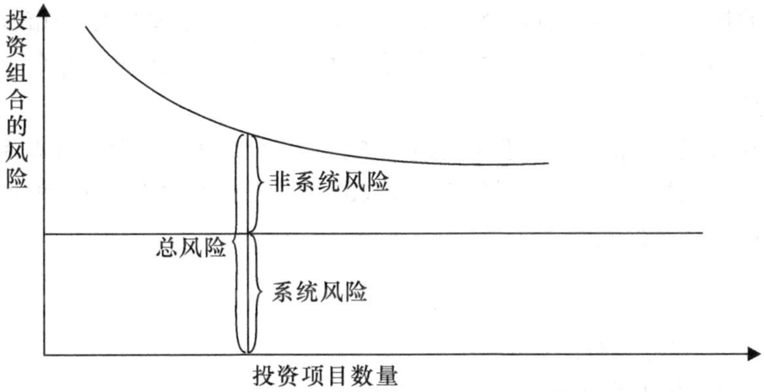

图 13-1　证券投资组合风险分散示意图

二、资本市场均衡模型

证券组合投资的方法属于规范经济学的范畴。它需要投资者预先计算出所考虑投资项目的预期收益率、方差、协方差，确定无风险收益率，然后确定最优组合。如果所有投资者都按上述方法进行投资的话，那么资本市场如何达到均衡的价格和收益率呢？资本市场均衡模型属于实证经济学的范畴，研究所有投资者的集体行为，揭示在均衡状态下投资收益率与风险之间关系的经济本质。

(一) 资本资产定价模型

1. β系数

β系数是用来计量风险的数量。由于非系统风险可通过投资多样化效果而消除，因而β系数实质上只用于计量系统风险。它是系统风险的指数。

第一，单项资产的β系数。单项资产的β系数是指可以反映单项资产收益率与市场上全部资产的平均收益率之间变动关系的一个量化指标，即单项资产所含的系统风险对市场组合平均风险的影响程度。其计算公式如下：

$$\beta=\frac{\text{某种资产的风险报酬率}}{\text{市场组合的风险报酬率}}$$

β 系数还可以按以下公式计算：

$$\beta=\frac{Cov(R_i,R_m)}{V_m}$$

式中 $Cov(R_i,R_m)$——单项资产 i 资产与市场组合的协方差（表示该资产对系统风险的影响）；

V_m——当全部资产作为一个市场投资组合时的方差（即该市场的系统风险）。

当 $\beta=1$ 时，表示该单项资产的收益率与市场平均收益率呈相同比例的变化，其风险情况与市场投资组合的风险情况一致。如果 $\beta=0.5$，说明该单项资产的收益变动幅度只有市场收益变动幅度的一半。如果 $\beta=2$，说明这种资产收益变动幅度为市场收益变动幅度的 2 倍。总之，某一单项资产 β 值的大小反映了这一资产的变动与整个市场收益变动之间的倍数关系。

第二，投资组合的 β 系数。对于投资组合来说，其系统风险程度也可以用 β 系数来衡量。投资组合的 β 系数是所有单项资产 β 系数的加权平均数，权数为各种资产在投资组合中所占的比重。计算公式如下：

$$\beta_p=\sum_{i=1}^{n}W_i\beta_i$$

式中 β_p——投资组合的 β 系数；

W_i——第 i 种资产在投资组合中所占的比重；

β_i——第 i 种投资的 β 系数。

从上式可以看出，投资组合的 β 系数受到单项资产的 β 系数和各种资产在投资组合中所占比重两个因素的影响。

2. 资本资产定价模型的建立

资本资产定价模型(Capital Asset Pricing Model，CAPM)是指财务管理中为揭示单项资产必要收益率与预期所承担的系统风险之间关系而构建的一个数学模型。这个模型被公认为是金融市场现代价格理论的主干，被广泛地应用于经济分析和实证研究，成为不同领域中决策的一个重要基础。资本资产定价模型的主要目的在于协助投资者建立最优投资组合，并通过评估与决策各种资本资产的价值来制定出最合适的投资决策。

资本资产定价模型的基本表达式如下：

$$E(R_i)=R_F+\beta_i(R_m-R_F)$$

式中 $E(R_i)$——第 i 种资产或第 i 种投资组合的必要收益率；

R_F——无风险收益率；

β_i——第 i 种资产或第 i 种投资组合的 β_i 系数；

R_m——市场组合的平均收益率。

从上式可以看出，单项资产或特定投资组合的必要收益率受到无风险收益率、市场组合的平均收益率和β系数三个因素的影响。

【例 13-12】 甲股票的β系数为 0.5，乙股票的β系数为 1.0，丙股票的β系数为 1.5，丁股票的β系数为 2.0，无风险利率为 7%，假定同期市场上所有股票的平均收益率为 12%。要求：计算上述四种股票的必要收益率，并判断当这些股票的收益率分别达到多少时，投资者才愿意投资购买。

根据题意计算结果如下：

甲股票的必要收益率 $E(R_1)=7\%+0.5\times(12\%-7\%)=9.5\%$

乙股票的必要收益率 $E(R_2)=7\%+1.0\times(12\%-7\%)=12\%$

丙股票的必要收益率 $E(R_3)=7\%+1.5\times(12\%-7\%)=14.5\%$

丁股票的必要收益率 $E(R_4)=7\%+2.0\times(12\%-7\%)=17\%$

只有当甲股票的收益率达到和超过 9.5%，乙股票的收益率达到和超过 12%，丙股票的收益率达到或超过 14.5%，丁股票的收益率达到或超过 17%时，投资者才会愿意投资购买。否则，投资者就不会去投资。

3. 证券市场线

如果将资本资产定价模型用图示形式来表示，则称为证券市场线(用 SML 表示)。一般认为，证券的期望收益与风险正相关，即投资者只有在一种证券的期望收益可以弥补其风险时才会持有这种风险性证券。β系数是衡量证券在证券组合中风险的合适指标。因此，一种证券的期望收益应与其β系数值正相关。根据[例 13-12]的计算结果绘制的证券市场线如图 13-2 所示。

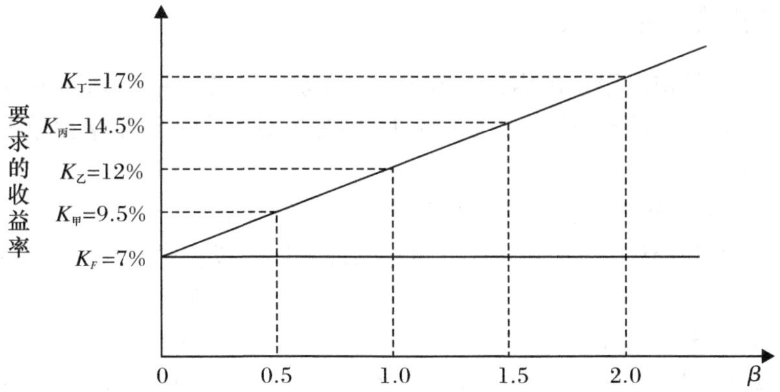

图 13-2 证券市场线

从图 13-2 可以看出风险高低与收益水平高低之间的关系，并从中可以得出以下几点结论：

(1) β 系数为零，表明此时的个别资产（或投资组合）的期望收益率为无风险收益率。

(2) β 系数小于零，表明此时的个别资产（或投资组合）期望收益率小于市场组合的平均收益率。

(3) β 系数为 l，表明此时的个别资产（或投资组合）期望收益率同市场组合的平均收益率相同。

(4) β 系数大于零，表明此时的个别资产（或投资组合）期望收益率大于市场组合的平均望收益率。

4. 投资组合风险收益率的计算

根据资本资产定价模型的基本表达式，可以推导出投资组合风险收益率的计算公式如下：

$$E(R_p)=\beta_p(R_m-R_F)$$

式中 $E(R_p)$——投资组合风险收益率。

从上式中可以看出，投资组合风险收益率也受到市场组合的平均收益率、无风险收益率和投资组合的 β 系数三个因素的影响。在其他因素不变的情况下，风险收益率与投资组合的 β 系数成正比，β 系数越大，风险收益率就越大；反之，亦然。

【例 13-13】 某跨国公司目前持有由 A、B、C 三种股票构成的证券组合，每种股票的 β 系数分别为 0.6，1.0 和 1.8。假定三种股票在证券组合中的比重分别为 25%，40%和 35%，据此计算的证券组合的 β 系数为 1.18，当前股票的市场收益率为 12%，无风险收益率为 7%。则该公司证券组合的风险收益率计算如下：

$$\text{证券组合的风险收益率 } E(R_p)=1.18\times(12\%-7\%)=5.9\%$$

三、证券投资组合的意义

证券投资组合最初运用于国内证券投资，以后逐步发展运用于国际证券投资活动之中，并形成了国际证券投资理论。该理论认为，国际证券组合能够带来比单纯的国内证券组合更高的收益。

（一）国际证券组合具有明显的分散和降低风险的效果

国际证券投资理论认为，投资于多个国家的证券比仅投资于一国证券市场，更能有效地分散风险，并保持收益水平不变。如果国际、国内证券市场的波动已经完全一致，即两者收益率已具有完全相关性，投资于国际证券市场则不能起到降低风险的作用。但是，由于各国经济波动周期的差异以及国际证券市场一体化程度较低，各国证券市场的制度性差异等客观因素，决定了各国证券市场之间的相对独立性，使其相关系数较低，为投资者在不同时期、不同国家分散风险提供了必要的条件，使国际证券投资组合具有明显的分散风险的效果。

（二）国际证券组合能够带来比单纯国内证券组合更高的收益

国际证券组合投资除了能发挥分散和降低风险的作用外，还应考虑的另一个重要因素是投资收益率。根据历史纪录，各国股票市场的相关性并不高，这有利于投资者选择有效的投资组合，又由于世界各个地区的证券投资报酬率水平有较大差距，因而充分有效的国际证券投资组合，还可能有利于提高投资的收益率。

由于不同国家之间的证券投资收益的相关性小于同一国家内证券投资收益的相关性，所以投资者通过证券在不同国别作有效的组合，可以在一定风险的条件下获得更高的收益率，或在一定收益的条件下降低风险，或同时达到以上两个目标。例如，根据有关统计资料表明，美国国内股票投资组合的风险为 0.16，收益率为 6.8％；美国国际股票组合投资的风险为 0.142，收益率为 9.4％；美国国际股票和债券组合投资的风险为 0.097，收益率为 9.4％。由此可见，美国国际股票组合、美国国际股票和债券组合，均比美国国内股票组合更有利可图，获利多且风险小；同时由于国际债券的加入，使组合的内容扩大至整个证券，所以在相同获利（9.4％）的条件下，风险损失下降幅度为 32％。

四、国际证券组合的方式

国际证券组合投资并不等于无选择地拥有多个国家的多种证券，而是要根据各国证券市场间的相关性、各种证券的性质以及证券间的相关性，有针对性地进行多种证券的选择。投资者进行国际证券组合投资的方式主要有以下几种：

（1）不同国家不同种类证券的组合投资。例如，选择同时对若干个国家的各种股票和各种债券进行投资。

（2）不同国家不同行业证券的组合投资。例如，选择同时对若干个国家公用事业、食品工业、金融业和重工业等进行投资，或者同时对收益率高但投资风险较大的新兴产业和收益率相对较低但投资风险较小的成熟产业进行投资。

（3）不同国家不同期限的证券组合投资。例如，选择同时对若干个国家的到期日不同的债券和无到期日的股票进行投资。由于投资于不同国家的不同种类证券、不同行业的证券和不同期限的证券，利用它们的收益水平和风险大小的差异，通过组合投资可以达到分散（降低）风险和提高收益的目的。

投资者通常采用以下两种形式进行国际证券组合投资：

（1）投资者自己对外国证券的收益和风险进行分析研究，选择最佳的国际证券投资组合，然后投资购买外国证券。这样做投资者将要花费大量的信息费用和交易成本。

（2）加入国际共同基金。共同基金（Mutual Fund）是一种大众化的证券投资方式，它通过发行投资受益凭证，由投资者购买形成共同基金，由专业性投资基金管理机构管理。

本章小结

在国际经济日趋一体化情况下，国际证券投资已成为跨国投资者普遍采用的一种方法。国际证券投资可以分为债券性、权益性和混合性证券投资。投资者通常不是把自己的全部资金，投放在单一资产上，而是同时向多项资产投资。这种同时以两个或两个以上资产作为投资对象而发生的投资，就是投资组合。如果同时以两种或两种以上的有价证券为投资对象，称为证券组合。采取证券投资组合方式进行投资决策，必然会遇到如何计算投资组合的收益及其风险的问题。证券组合的总风险由系统风险和非系统风险两部分内容构成。证券投资分析的方法有基本分析方法和技术分析方法两种。前者主要是根据经济学、金融学、投资学的基本原理推导出来的分析方法，后者则是根据证券市场本身的变化规律得出的分析方法。

复习思考题

1. 国际证券投资可以按哪些标准进行分类？
2. 哪些因素会影响股票的价值？股票估价的模型有哪些？
3. 如何评估债券价值？简述债券价值与必要报酬率的关系。
4. 如何计算汇率变动对国际证券投资收益的影响？
5. 证券投资基本分析主要包括哪几个方面的内容？

练 习 题

1. 一种美国证券和一种其他国家的证券，标准差都是 0.317，相关系数分别为 1（完全正相关）、0（互相独立）、−1（完全负相关），组合权数为 0.4 和 0.6，求资产组合的标准差。

2. 迅达通信公司的目标资本结构如下：优先股 15%；普通股 60%；负债 25%。普通股本由已发行的股票和利润留存组成。该公司投资者期望未来的收益和股息按 9% 的固定增长率增长，上一期股息为 3 元/股，本期股票价格为 50 美元/股。政府债券收益率为 11%，平均股票期望收益率为 14%，公司的 β 系数是 1.51。优先股为按 100 元/股的价格发行的新优先股，股息 11 元/股，每股发行成本为价格的 5%。负债是按 12% 年息率发行的新债券，发行成本忽略不计。公司的所得税税率为 25%。试计算：各类资本的资本成本，分别用资本资产定价模型和折算现金流法估算普通股的成本 K_s，并求出公司的加权平均资本成本 WACC。

3. 有一面值为1 000美元的债券,票面利率为8%,每年支付一次利息,2002年9月1日发行,2007年9月1日到期。现在是2005年8月1日,假设投资的必要报酬率为10%,问该债券的价值是多少?

案例分析

2015年:中国股市注定难忘的一年

2015年是中国股市注定难忘的一年。从牛市起步到疯牛的形成,再到股灾爆发流动性完全丧失,监管当局出手救市后又遭人民币贬值预期打压,政府不得不全球安抚,这一切仅仅在半年多的时间内完成,如梦亦如幻。

中国股市2015年的起点注定了这一年的惊心动魄。在2014年的年末,由于券商股的疯狂上涨,市场结构变得非常不稳定。整个2014年12月和2015年1月,市场几乎是在剧烈振荡中度过的。之所以有这种剧烈振荡,是因为券商股的大幅上涨引发了市场狂热,伴随着杠杆资金的运用,券商股股价和指数的波动率急剧扩大。这本就是一个警示信号,但整个市场包括各类媒体都没有对此引起足够的重视。甚至还有官方媒体鼓吹大牛市的起点。

造成这种局面的深层次原因,是中国当局再一次将中国股市抬到了一个相当的高度。由于传统经济的不景气,银行收缩信贷,无风险收益率持续下滑,央行主动或被动降息,但无益于信贷等传统方式融资规模的提升。似乎中国经济陷入了一个恶性循环。间接融资难以发力,直接融资就成为了新的期盼。中国股市就是在这样一个宏观背景下被赋予了政治色彩。

为了营造一个能够帮助债务问题缓解和经济转型的大牛市,中国股市迎来了奔放的黄金时期。金融监管在金融创新的名义下完全丧失,金融创新的快速推进又夹杂着浓厚的草莽色彩。证券这个利益链上所有人都摩拳擦掌、跃跃欲试,监管的放松令大家愿意承担更多的风险,以获取更多的利益,不仅从股价的上涨中,还从市场的功能上。券商融资补充资本金投向创新业务,业务线各种积极推进,甚至银行也通过各种方式绕开各种限制、以看似合规的方式参与到了股市之中,民间资金更是肆无忌惮的直接或间接入市。一时间,中国股市的杠杆率急升,推动了1月份剧烈振荡后急不可耐的疯牛形成。

疯狂的上涨总有尽头,尽管人们并不知道它何时到来。在狂热情绪中,许许多多的风险信号被人有意无意地忽视。比如高风险偏好的资金已经大规模入市,而市场还在憧憬资产配置的大转移。比如,机构和投资者净多仓位大规模提升,几乎买完了市场上的流动性,还在指望更多场外资金的入市。比如,当市场波动率再一次显著持续的上升时,没有人意识到这意味着流动性出了问题。直到大部分人尽可能加足杠杆站在山峰上时,才开始有人意识到自己的脚下好像已经没有太多人了。

有些投资者在狂热的情绪中对流动性风险置若罔闻，认为以当时指数顶峰时的成交额并不会出现流动性问题，且相信有股指期货的做空就不怕现货兑现不了。但这无法解释为什么市场波动率的急剧上升。波动率的急剧上升其实意味着，市场参与者为了买入或卖出股票，需要支付更多的溢价，而这些溢价隐含的就是流动性风险。

但总归有一部分市场参与者意识到了风险的存在，并开始偷偷缩减自己在股市中的头寸。其中最为领先的可能就是银行。在上证综指接近 5 000 点时，已经开始有银行控制向股市投入的杠杆资金。随后，监管层似乎意识到了疯牛不符合自己的工作开展计划，可能在一轮牛熊闪电形成后新股发行规模还未顺利持续的提升，于是着手风险控制。有些有意进行资本运作的集团高管也会发现，自己旗下上市公司市值太高，阻碍了资产评估和增加股权激励风险。当这些市场参与者渐渐清醒时，却发现稍有退却就会引发杠杆疯牛像多米诺骨牌一样排山倒海式的倾覆。

中国股市疯牛的重要原因之一是杠杆的过度运用，中国股市闪电熊的重要原因之一也是杠杆的过度运用。极高水平的杠杆是一把双刃剑。于是就在一瞬间，股灾从天而降，演变到最后就成了所有人为了逃出市场，不计成本的抛售股票，在股灾最极端的情况下，市场大部分股票都是无量跌停，并持续了数日。

极端的疯牛引来了极端的闪电熊，极端的股灾引来了极端的救市。救市是不得已而为之，因为各方利益牵涉其中，若不救市就可能引发系统性金融风险。要知道，在股灾爆发时，市场中到底有多少杠杆资金，牵涉多少金融机构，监管层和市场似乎一样心里没有底。最后证金公司筹得资金直接入市扫货，连同券商基金一起锁仓自救，再加上上市公司有史以来最大规模的停牌潮以及之后大规模的增持，甚至对恶意做空出动了公安机关，促成了代表着政府意愿的资金对股市全面控盘。股灾算是告一段落。

随之而来的是金融监管的 180 度转变，从金融管制的极度放松到金融管制的极度收紧。这是特殊时期的特殊措施。极端的特殊措施拯救了市场，却也对市场造成了伤害。很多原本行之有效的资本运作模式和投资手段被摧毁，市场的价值体系混乱接近崩溃，迫使不少投资者或更谨慎看待市场，或干脆离开市场一段时间。

股灾结束了，然而市场余震还没消散。因中国股市崩溃引发的全球投资者对中国经济、金融市场的不信任逐渐形成，当资金离开股市时，还有大量资金开始逃离中国，这造成了人民币兑美元的贬值压力释放。当中国央行迫于全球渐起的货币竞争性贬值形势，不得已一次性大幅下调人民币兑美元中间价后，8 月下旬开始，中国股市经历了又一波大幅下挫。

这次余震对中国的警示意义其实高于股灾，因为它直接触动了中国最敏感的神经——资金逃离。此时中国政府和央行正式出面，在全球进行安抚工作，传达人民币没有持续贬值的风险。中国央行为了改变全球投资者对人民币的看法，借助金融机构之手入市承接人民币，算是修正了之前一次性贬值所带来的影响。中国政府和央行的努力短期看来行之有效，人民币汇率不但被稳定住，甚至出现了明显反弹，还有全球各色重要人物表示对中国有信心。之后金融当局加强了中国资金非法出入的查处和监管，地下钱庄也被大规模冲击。

中国政府依然需要中国股市为经济提供融资功能，之前高杠杆的疯牛有百害而无一利，于是牛还是牛但模式被引导到了慢牛，至少现在看起来如此。在一系列升级的各种手段管控后，股灾时不得已推出的管制措施如今正慢慢退出。

2015 年年末的 IPO 重启标志着中国股市的重置。2016 年中国股市将继续肩负重任，在政府和监管当局的引航下，小心翼翼亦步亦趋的前行。2015 年令人窒息的疯狂和恐惧或许短期内不会重现，但必会是每一个市场参与者挥之不去的记忆。

资料来源：网易财经综合，2015. 11. 27

第十四章 国际营运资本管理

【本章学习目标】

通过本章学习，了解国际营运资本管理的内容；了解现金集中管理的优势；掌握多边净额结算的特点；了解国际企业应收账款管理考虑的因素；掌握应收账款管理的技巧；熟悉存货控制和决策的内容。

【本章关键词】

营运资本(Working Capital)
鲍莫模式(Baumol Model)
控制限度模式(Stone Model)
多边净额结算(Multi-lateral Netting)
前置与落后(Leads and Lags)
再报价中心(Reinvoicing Centers)
订货成本(Ordering Cost)
储存成本(Storage Cost)
存货控制(Inventory Control)
经济订货批量(Economic Order Quantity,EOQ)
存货储存期(Inventory Storage Period)

美国的一些学者在对579家跨国公司的联合国际调查中得到有关营运资本管理方面的信息，调查结果显示：保证销售、降低流动资产余额、投资决策最优化、提供可用资金等都可能成为跨国公司营运资本管理的目标。其中一半以上的公司经理认为营运资本管理必须提供必要的现金、应收账款、存货及短期信用以保证预期销售目标的实现，即保证销售扩大是营运资本管理的最主要的目标。这也表明了营运资本管理的积极作用，它可以直接有利于公司业务的扩大。另外，还有相当一部分经理认为尽可能降低现金、应收账款和存货的余额，即流动资产余额最小化是营运资本管理的主要目标。

同样，由于跨国公司比纯国内企业面临的环境更加复杂，因此在具体的管理中要考虑的因素和重点也有所不同。尽管不同的跨国公司对营运资本的管理提出不同的要求，但无论其最终目标怎样，国际营运资本管理的直接目标可以概括为：通过资金在全球的合理流动和有效配置，实现各种流动资产持有水平的最优化，保证企业营运资本管理最终目标的实现。

资料来源：蒋屏. 国际财务管理. 北京：对外经济贸易大学出版社，2004

第一节　现金的管理

同长期资金相对应，企业为流动资产所进行的投资称营运资本。营运资本有两种分类方法：一种称为毛营运资本，指公司流动资产总额；另一种称为净营运资本，指流动资产减去流动负债后的余额。国际营运资本管理包括两方面的内容：营运资本的存量管理和营运资本的流量管理。营运资本的存量管理着眼于资金的处置，目的是使现金、应收账款和存货处于最佳的持有水平。营运资本的流量管理着眼于资金从一地向另一地的转移，其目的是使资金得到合理的安置，以避免各种可预见的风险和损失。在国际企业中，营运资本的流量管理是回避风险的必要手段和有效途径。本章主要介绍在国际理财环境下，现金管理、应收账款管理和存货管理的特殊方法和技巧。

一、现金管理的目的和内容

这里的现金包括库存现金、银行存款、各种存单及有价证券等，现金的特点是变现能力最强，但盈利能力最差。现金是企业正常运转的"润滑剂"，如果企业缺乏足够的现金，它可能面临周转不灵的威胁，但如果企业持有过量的现金，则又将为之付出较高的成本。因此，国际企业的现金管理与国内企业一样，其目的在于使现金流量最佳化和投资超额现金。由于国际企业在理财环境、经营活动等方面与国内企业存在诸多差异，因而其现金管理的内容与国内企业相比有其特殊性，但至少应包括以下两方面的内容。

（一）确定现金的持有形式、时间及币种

现金持有形式是指现金余额在库存现金、银行存款、有价证券等持有形式之间如何分配；现金持有时间是指各种形式的现金持有多久；现金持有币种是指持有何种货币的问题。由于国际企业的分支机构遍及全球，各东道国的金融市场情况不一样，各种货币币值高低起伏，汇率波动很大，所以国际企业在现金的持有形式、时间及币种方面应视各东道国的环境和具体情况而定。

（二）合理调度和转移现金

从国内企业的角度看，调度和转移现金仅涉及转移成本和利息损失问题，但从国际企业的观点看，现金在调度和转移过程中还面临着汇率风险。因此，国际企业必须考虑设计符合全球业务活动需要的现金调度和转移网络，以便能从企业集团整体利益出发，统一调度现金，减少风险。

二、最佳现金持有量的确定

基于交易、预防、投机等动机的需要，企业必须保持一定数量的现金余额。如何确定最佳现金持有量，西方经济学家提出了许多模式，这里介绍几种常见的模式。

(一) 存货模式

存货模式又称鲍莫模式(Baumol Model),它是由美国经济学家威廉.鲍莫(William·J. Baumol)首先提出的,他认为公司现金持有量在许多方面与存货相同,存货经济订货批量模型可用于确定目标现金持有量,并以此为出发点,建立了鲍莫模型。

运用存货模式确定最佳现金持有量时,是以下列假设为前提的:

(1) 企业所需要的现金可通过证券变现取得,且证券变现的不确定性很小。

(2) 企业预算期内现金需要总量可以预测。

(3) 现金的支出过程比较稳定、波动较小,而且每当现金余额降至零时,均可通过部分证券变现得以补足。

(4) 证券的利率或报酬率以及每次固定性交易费用可以获悉。

如果这些条件基本得到满足,企业便可以利用存货模式来确定现金的最佳持有量。

存货模式的计算公式如下:

现金管理总成本=持有机会成本+转换成本

即:

$$TC=(Q/2)\times K+(T/Q)\times F \quad (1)$$

式中 T——一个周期内现金总需求量;

F——每次转换有价证券的固定成本;

Q——最佳现金持有量(每次证券变现的数量);

K——有价证券利息率(机会成本);

TC——现金管理总成本。

现金管理总成本与持有机会成本、转换成本的关系如图 14-1 所示。

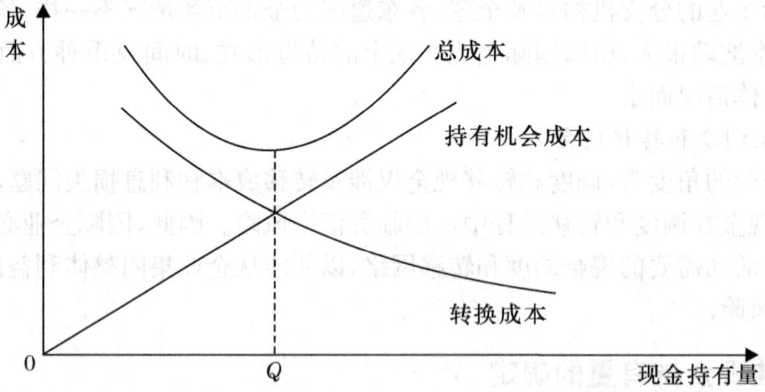

图 14-1 现金管理总成本与持有机会成本与转换成本的关系

从图 14-1 中可以看出,现金管理的总成本与现金持有量呈凹型曲线关系。持有现金的机会成本与证券变现的交易成本相等时，现金管理的总成本最低，此时的现金持有量为最佳持有量，即：

$$Q=\sqrt{2T\cdot F/K} \tag{2}$$

将公式(2)代入公式(1)得最优现金管理总成本如下：

$$TC=\sqrt{2T\cdot F\cdot K} \tag{3}$$

【例 14-1】 某国际企业预计全年(按 360 天计算)需要现金 200 000 美元，现金与有价证券的转换成本每次为 400 美元，有价证券的年利率为 10%，则：

$$Q=\sqrt{2\times 200\,000\times 400\div 10\%}=40\,000(\text{美元})$$
$$TC=\sqrt{2\times 200\,000\times 400\times 10\%}=4\,000(\text{美元})$$

其中：

转换成本＝(200 000÷40 000)×400＝2 000(美元)
持有机会成本＝(40 000÷2)×10%＝2 000(美元)
有价证券交易次数(T/Q)＝200 000÷40 000＝5(次)
有价证券交易间隔期＝360÷5＝72(天)

(二) 控制限度模式

控制限度模式也叫史东模式(Stone Model)。前面介绍的存货模式，是将现金余额视为存货处理，把管理存货的经济批量公式用来确定企业最佳现金持有量。存货模式受限于一个关键的假设，即企业现金流量消耗速度为固定值，但对于绝大多数企业来说，现金流入与流出本质上是随机的，它导致现金流量呈波动状态。控制限度模式针对现金净流量的波动性且难以预测性，根据历史经验和现实需要，先测算出一个现金的控制范围，即目标现金余额(T)，设定现金余额的控制上限(U)和下限(L)，以及内部控制限度上限($U-d_u$)与下限($L+d_l$)，允许现金余额在控制范围内随机波动。企业在现金余额界于控制上限与下限之间时，不采取任何动作，任现金流量自由波动。然而一旦现金余额超过既定的限度时，控制限度模式不是纯粹根据现金余额高于上限或低于下限的额度交易等额的有价证券，而是要求在做出买卖有价证券的动作前，先预测未来 k 日的现金净流量，然后将此额度添加到目前的现金余额之中，求出预期的总现金余额(即 k 日以后的预期现金余额)。若预期的总现金余额在内部控制限度之内，不作任何动作；若仍旧在内部控制限度之外，则立即买入或卖出相应额度的有价证券，使现金余额重新回到目标余额水平。

在控制限度模式下，上限(U)、下限(L)、目标现金余额(T)等参数的计算公式如下：

$$T=\sqrt[3]{\frac{3s\sigma^2}{4r}}+L$$

$$U=3\sqrt[3]{\frac{3s\sigma^2}{4r}}+L=3T-2L$$

$$L=\frac{3T-U}{2}$$

式中　s——为买卖有价证券的交易成本；

σ^2——为净现金流量的变异数；

r——为持有现金的机会成本。

至于 d_u 和 d_l 等参数的设定，则是需要经验与判断。

现举一实例，说明控制限度模式的运用。

假定某企业在采用控制限度模式下现金管理政策如图 14-2 所示。

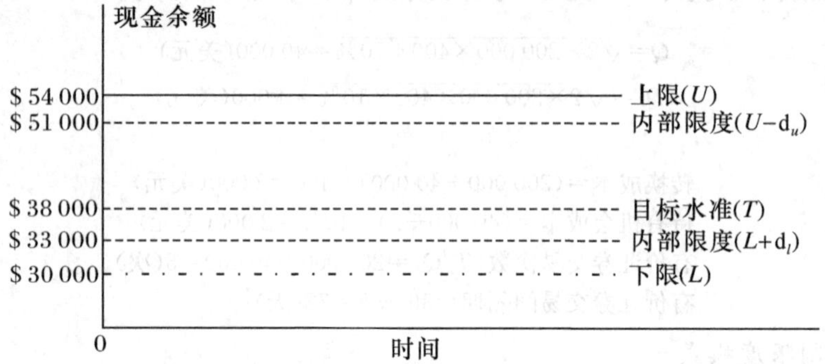

图 14-2　控制限度模式下现金管理政策

目前的现金余额正位于上限，鉴于过去的经验，上限与下限都会有 3 000 美元的误差。假定未来 5 日现金净流量的预测是－5 000 美元，该企业不必采取任何动作。因为 5 日后的预期现金余额是 49 000 美元（54 000－5 000）。这个金额仍处于内部限度的范围内。

假定未来 5 日的现金净流量预测是－1 000 美元，则该企业应采取行动。因为 5 日后的预期现金余额是 53 000 美元（54 000－1 000），这个金额超出内部限度（51 000 美元），所以企业应该买进金额达 15 000 美元（53 000－38 000）的有价证券，使现金余额在 5 日后下降到目标水平。

控制限度模式目前在西方国家颇受青睐，该模式显现出企业财务管理人员在做出决策付诸行动之前，应通盘考虑和运用所有的会计信息——已经发生的和将要发生的，而不是仅仅依据账面数据机械地做出决策。

（三）现金周转期模式

现金周转期模式是从现金周转的角度出发，根据现金的周转速度来确定最佳现金持有量。利用这一模式确定最佳现金持有量，包括以下三个步骤：

（1）计算现金周转期。现金周转期是指企业从购买材料支付现金到销售商品收回现金的时间，其计算公式如下：

现金周转期＝应收账款周转期－应付账款周转期＋存货周转期

(2) 计算现金周转率。现金周转率是指一年中现金的周转次数，现金周转次数越多，企业的现金需求就越少。其计算公式如下：

现金周转率＝日历天数(360)/现金周转天数

(3) 计算目标现金持有量。目标现金持有量的计算公式如下：

目标现金持有量＝年现金需求额/现金周转率

【例 14-2】 某国际企业的原料购买和产品销售均采取赊销方式，应付账款的平均付款天数为 30 天，应收账款的收款天数为 70 天。假设平均存货期限即企业从原料购买到产成品销售的期限为 80 天，该企业每年现金需求额为 360 万美元。有关指标计算如下：

现金周转期＝70－30＋80＝120(天)

现金周转率＝360÷120＝3(次)

目标现金持有量＝360÷3＝120(万美元)

也就是说，如果年初企业持有 120 万美元现金，它将有足够的现金支付到期债务，不必另借现金。

三、现金日常管理的方法

企业在确定了最佳现金持有量后，还应采取各种措施，加强现金的日常管理，最大限度地发挥其效用。现介绍几种常见的现金管理方法。

(一) 邮政信箱法

邮政信箱法是国际企业加速现金流转的一种常用的方法。企业可以在各主要城市租用专门的邮政信箱，并开立分行存款户，授权当地银行每日开启信箱，在取得客户支票后立即予以结算，并通过电汇再将货款拨给企业所在地银行。在邮政信箱法下，客户将支票直接寄给客户所在地的邮箱而不是企业总部，不但缩短了支票邮寄时间，还免除了公司办理收账、货款存入银行的手续，因而缩短了支票邮寄以及在企业的停留时间。但采用这种方法成本比较高，因为被授权开启邮政信箱的当地银行除了要求扣除相应的补偿性余额外，还要收取办理额外服务的劳务费，导致现金成本增加。因此，是否采用邮政信箱法，需视释放现金产生的收益与增加的成本大小而定。

(二) 银行业务集中法

这是一种通过建立多个收款中心来加速现金流转的方法。在这种方法下，企业指定一个主要开户行(通常在总部所在地)为集中银行，并在收款额较集中的若干地区设立若干个收款中心；客户收到账单后直接汇给当地收款中心，中心收款后立即存入当地银行；当地银行在进行票据交换后立即转给企业总部所在地银行。这种方法可以缩短客户邮寄支票所需时间和支票托收所需时间，也就缩短了现金从客户到企业的中间周转时间。但是，采用这种方法需在多处设立收账中心，从而增加了相应的费用支出。因此，企业应在权衡利弊得失的基础上，做出是否采用银行集中法的决策，这可通过计算分散收账收益净额来进行：

$$\text{分散收账收益净额}=\left(\text{分散收账前应收账款余额}-\text{分散收账后应收账款余额}\right)\times\text{企业综合资金成本率}-\text{因增设收账中心每年增加费用额}$$

【例 14-3】 某国际企业经研究测算，如果采用集中银行法，增设收账中心，可使企业应收账款平均余额由现在的 300 万美元减至 200 万美元，企业年综合资金成本率为 10%。但如果增设收款中心，每年将增加相关费用 8 万美元。则该企业分散收款收益净额如下：

$$\text{分散收款收益净额}=(300-200)\times 10\%-8=2(\text{万美元})$$

因为企业采用银行业务集中法的收益大于费用，所以采用银行集中法比较有利。

（三）多边净额结算法

由于国际企业的子公司遍及全球，而母子公司及子公司之间购销商品和劳务的收付款项又很频繁，为了减少外汇风险和资金转移成本，国际企业可以在全球范围内对公司内部的收付款项进行综合调度，即进行多边净额结算。

多边净额结算是指有业务往来的多家公司参加的交易账款的抵销结算。由于涉及面广，收支渠道复杂，必须建立统一的控制系统。一般要求设立一个控制中心，即中央清算中心，由它统一清算企业内部各实体的收付款。下面举例说明多边净额结算的方法。表 14-1 是一个子公司间支付矩阵的例子。

表 14-1

子公司间支付矩阵

单位：万美元

欠款子公司	收款子公司							
	加拿大	法国	英国	日本	瑞士	美国	德国	合计
加拿大	—	4	8	9	2	4	6	33
法国	6	—	4	3	6	5	3	27
英国	9	2	—	2	1	0	4	18
日本	10	3	5	—	2	3	1	24
瑞士	1	5	3	1	—	5	7	22
美国	1	6	2	2	2	—	4	17
德国	4	3	0	6	4	7	—	24
合计	31	23	22	23	17	24	25	165

表中第 1 行表示加拿大子公司欠法国子公司 4 万美元、欠英国子公司 8 万美元，等等。表中第 2 栏内，说明法国子公司欠加拿大子公司 6 万美元，英国子公司欠加拿大子公司 9 万美元，等等。

由于子公司间相互欠款，每一个子公司既是收款单位，又是付款单位，收付款总额是 165 万美元，经过表 14-2 多边净额计算，可确定每一个子公司的收付净额。

表 14-2

净额支付表

单位：万美元

欠款子公司	收款子公司							
	加拿大	法　国	英　国	日　本	瑞　士	美　国	德　国	合　计
加拿大	—	0	0	0	1	3	2	6
法　国	2	—	2	0	1	0	0	5
英　国	1	0	—	0	0	0	4	5
日　本	1	0	3	—	1	1	0	6
瑞　士	0	0	2	0	—	3	3	8
美　国	0	1	2	0	0	—	0	3
德　国	0	0	0	5		3	—	8
合　计	4	1	9	5	3	10	9	41

由于加拿大子公司欠法国子公司 4 万美元，但法国子公司又欠加拿大子公司 6 万美元，所以法国子公司向加拿大子公司支付的净额为 2 万美元，等等。收付总额也从 165 万美元下降到 41 万美元。每一个子公司只剩下一笔净收入或净支出额，如表 14-3 所示。

表 14-3

多边净额结算表

单位：万美元

子　公　司	收 入 额	支 出 额	净收入额	净支出额
加拿大	4	6		2
法　国	1	5		4
英　国	9	5	4	
日　本	5	6		1
瑞　士	3	8		5
美　国	10	3	7	
德　国	9	8	1	
合　计	41	41	12	12

在实务中，各个子公司之间的收支款项是以不同的货币表示的，所以在编制时应使用同一时间的汇率将这些款项换算成统一的货币。在上例中，如果将净支付款都汇往清算中心，则加拿大、法国、日本和瑞士子公司应分别汇出相当于 2 万美元的加拿大元，相当于 4 万美元的欧元，相当于 1 万美元的日元，以及相当于 5 万美元的瑞士法郎。清算中心收到后再分别调换成英镑、美元和欧元汇往英国、美国和德国的子公司。习惯上为了减少转移成本，节约流通时间，由清算中心直接通知付款单位汇款给收款单位，不需通过清算中心，当然这其中也必然涉及币种的转换，即外汇交易。

支付净额的方法日益普及。它的主要优点如下：

(1) 减少了子公司之间跨国经济业务的数量，从而降低了现金转移的总体管理成本。

(2) 由于交易不经常发生，它降低了对外币兑换的需求，从而降低了与外币兑换有关的交易成本。

(3) 支付净额的过程要求对子公司间交易活动的信息进行严密控制，从而各子公司会更加协调努力以正确报告和处理他们的许多账务。

(4) 由于只在每个期末支付现金净额，而不是在期内支付每笔现金，从而使现金流量的预测更为容易。改进了的现金流量预测能够增强筹资和投资决策的能力。

(四) 现金集中管理法

所谓现金集中管理是指国际企业在主要货币中心和避税地设立现金管理中心，要求它的每一个子公司所持有的当地货币现金余额仅以满足日常交易需要为限，超过此最低需要的现金余额，都必须汇往管理中心，它是国际企业中唯一有权决定现金持有形式和持有币种的现金管理机构。

为了使现金的集中管理能够行之有效，各子公司需要对现金的需求进行预测。如编制短期现金预算，预测未来时点的现金流出量；根据所在国的支付习惯和金融状况预计现金溢缺的时间和数量。同时各子公司还必须建立系统的收付款制度和现金转移的责任制度。这样才能有效地配合现金的集中管理，使之发挥更大的效应。

国际企业的现金集中管理，目前已在美国和欧洲一些国家的某些公司中推行，它之所以备受推崇，是因为这种现金管理方法具有许多优点。

首先，现金集中管理以后，可以使整个国际企业的现金持有量达到最低。这是因为管理中心集中持有各子公司出于预防动机而持有的现金余额。这样，管理中心应付各种情况所需的现金余额要远远低于各子公司独立控制此种现金余额时所需的总和。多出来的资金就可以进行短期投资，收取利润。同时，由于现金需求量的减少，降低了流动资产总额，从而减少了筹资成本，提高了整个企业的盈利能力。

其次，由于现金管理中心专门从事现金的调度，所以有充足的时间进行信息的搜集，而且能够提供在各种货币市场上进行操作的经验。例如，在现金的持有币种方面，管理中心能够全面认识各种货币的相对强、弱点，掌握它们趋于坚挺和疲软的可能性，熟知各国货币市场的利率变化，从而做出正确的决策。又如，在资金的筹集和投放方面，管理中心能全方位地获取金融市场的信息，确知何处资金成本最低，何处资金报酬最高，以便在管理中心现金不足或溢余时，做出正确的筹资或投资决策。

另外，现金的集中管理能防止各子公司的次优化观点，体现全局性优势。例如，当某地子公司发生资金短缺时，管理中心可以通过电汇的方式融通资金或经由某一世界银行在子公司所在国的分行给子公司提供紧急现金援助。又如，设在甲国的子公司有暂时闲置的现金，甲国当地的投资报酬率是 8%，而同一时期设在乙国的子公司则急需资金，当地市场的贷款利率是 10%，现通过现金管理中心调度后，甲子公司以 9%的利率贷款给乙子公司，利息通过管理中心支付，结果设在两国的子公司都得到了好处。

这里需要说明的是，在现金集中管理下，各子公司对现金的处理仍保留一定程度的自主权，并不是所有现金业务均由管理中心操纵。

小知识

子公司的绩效遭扭曲

跨国企业用以规划最佳现金流量的各种方法，经常会扭曲了个别子公司的利润。例如，价格转移或子公司间的现金转移，可能有益于整体的跨国企业，但是从个别的子公司的观点来看，一家子公司的盈余可能是因为另一家子公司所增加的费用而产生的。子公司的管理人员可能认可对跨国企业的整体利益，但也可能担心由于扭曲的盈余报告对他们的职位有所威胁。低盈余可能全然因为价格移转政策，或为了处理高税负与封锁通货等问题而采取的提前—延后(Leading-lagging)策略。因此母公司在评估个别子公司绩效时，必须将这些政策考虑进去。如果忽略了这些政策，管理人员将会专心致力于使子公司的盈余达到最大，而忽略了整体跨国企业的考量。如此将造成子公司与母公司的股东之间的目标产生冲突。股东的目标是使公司的价值达到最大化。若管理人员的决策是基于子公司利润最大化而非股东的财富，则如此的管理哲学将会限制跨国企业无法全然满足其股东。为了确保没有目标冲突，每一子公司绩效评估不应基于其个别盈余，而应以其对于全体跨国企业价值的贡献。所以，管理人员受到的奖励将基于他们所做的决策，如何影响跨国企业全面的价值。

资料来源：李宏志. 基础国际财务管理. 北京：中国税务出版社，2005

第二节 应收账款的管理

一般来说，商业竞争是促使应收账款大量形成的主要原因。应收账款是企业的一项资金投放，而投资肯定要发生成本，为此，企业需要在应收账款信用政策所增加的盈利和这种政策的成本之间做出权衡。只有当应收账款所增加的盈利超过所增加的成本时，才应当实施应收账款的赊销，如果应收账款赊销有着良好的盈利前景，就应当放宽信用条件增加销售量。

在国际企业应收账款的管理中，还必须考虑企业的国际信誉、币值变动风险和政治风险因素。

国际企业的应收账款是由两种类型的交易产生的：一是因向企业集团内部关联企业销售产品或提供劳务而产生的；二是因向企业外部无关联企业销售产品或提供劳务而产生的。这两种类型的应收账款除同样面临外汇风险外，经济影响及产生的结果差别很大，现分别说明如下。

一、国际企业内部的应收账款

国际企业内部的应收账款与外部无关联企业之间应收账款的差别体现在：一是前者无须考虑资信问题；二是付款时间不完全取决于商业习惯，而是取决于国际企业的全球性战略。因此，国际企业内部的应收账款的币种、付款条件，是国际企业资金配置的政策性问题。

一般说来，在国际企业内部应收账款的管理上有两种技巧可以运用：前置与落后和再报价中心。

(一) 前置与落后

前置与落后(Leads and Lags)，实质上是商业贷款期的改变——提前或延迟付款。运用这种技巧的原因很多，如东道国政治不稳定、外汇管制、货币贬值、利率变动，等等。其中最主要的经济上的因素是汇率和利率。

如果国际企业的某一家子公司位于货币可能贬值的国家，那么母公司一般要求这家子公司尽早支付应付其他子公司的货款；反之，则要求延迟付款。假设某跨国公司设在A国的A子公司正在扩张，且需要所在地在B国的B子公司所制造的设备。传统的方式是母公司汇款给A子公司，增加母公司的股权，然后由A子公司向B子公司购买设备，母公司根据未来可能的汇率，在往后的几年间逐渐回收这一投资。

假如因为贬值、政治上的变动、或不确定的外汇管制，母公司可以采用前置与落后的技巧，延后A子公司的长期权益性投资，母公司可以安排B子公司，以比较长期的信用，将机器设备卖给A子公司，而母公司在这一期间内供应资金给B子公司。虽然一般B子公司正常的赊销期间是 90 天，但这一交易的付款时间可以弹性地在两年之内偿还，如此一来，B 子公司增加应收账款，A 子公司增加应付账款，但对整个跨国公司而言，并没有影响。由于 A 子公司有应付账款，如果 A 国政府实施外汇管制，那么这一方式比股利汇回母公司较能被 A 子公司东道国政府所接受。

在汇率相对稳定的情况下，因利率的差异也可能运用前置与落后的技巧。因为，如果应收方资金充裕，收到的账款就可以存入银行，收取存款利息；如果资金短缺，收到的账款就可以减少银行借款，减少利息费用。应付方如果当时资金短缺，必须从银行借款来支付货款，增加利息费用；如果当时资金充裕，付出账款就等于减少银行存款，减少利息收入。而银行存款与银行借款的利率是不一致的，前者低，后者高，同时不同的国家和地区之间利率的整体水平也有差别。因此，跨国公司可以利用这些差异，有意识地提前或推迟付款，以达到节约利息费用、增加利息收入的目的。

例如，假定 A 国子公司与 B 国子公司两国的存款和贷款利率如表 14-4 所示。

表 14-4

A、B 两国存贷款利率

子　公　司	银行存款利率	银行贷款利率
A　国	5.0%	6.0%
B　国	5.5%	6.7%

假设 A 子公司向 B 子公司购入 4 000 万美元的商品，赊销期可视情况前置或落后 90 天，那么根据两子公司的资金余缺状况，可以有多种组合：

(1) 如果 A、B 两子公司都资金充裕，那么 A 子公司应尽早付款给 B 子公司。这样可多获得利息收入如下：

$$4\,000\times(5.5\%-5.0\%)\times90\div360=5\text{(万美元)}$$

(2) 如果 A、B 两子公司都资金短缺，那么 A 子公司应延迟付款，这样可节省利息费用如下：

$$4\,000\times(6.7\%-6.0\%)\times90\div360=7\text{(万美元)}$$

(3) 如果 A 子公司资金充裕，而 B 子公司资金短缺，那么应提前付款，这样可节省的利息费用如下：

$$4\,000\times(6.7\%-5.0\%)\times90\div360=17\text{(万美元)}$$

(4) 如果 A 子公司资金短缺，而 B 子公司资金充裕，那么应推迟付款，这样可节省的利息费用如下：

4 000×(6.0%－5.5%)×90÷360＝5(万美元)

总之,前置与落后在国际企业内部应付账款管理中是普遍使用的一种技巧。这种技巧的运用有利于减少外汇风险,提高企业的整体偿债能力。但值得注意的是,这种技巧的运用要受到一些限制。例如上例,如果事先没有正式的贷款契约,A 子公司东道国政府会认为这一应付账款是股利的替代形式,也许在 A 国和 B 国都会课税。另外,由于延长支付改变了各子公司的报酬率,因此,只有在母公司对子公司拥有绝对控制权的情况下,这种技巧才具有可行性,前置与落后的使用,才能发挥令人满意的效用。假如各个子公司有属于企业外部的少数股权,则会造成不公平的情况,因为少数股东不需顺从国际企业集团内部的利益,除非对遭受损失的子公司有所补偿。

(二) 再报价中心

前置与落后的技巧虽然可以在一定程度上回避风险,但这种技巧在应用上缺乏灵活性,因为两子公司只有在发生赊销或购销业务时才可能运用这种技巧。但如果设立了再报价中心(Reinvoicing Centers)以后,对原来没有业务联系的企业,也可以实现资金的融通。

再报价中心是国际企业设立的贸易中介机构,它的业务职能是,当国际企业内部成员从事贸易活动时,商品或劳务直接由子公司提供给买方,但有关收支的业务都通过这个中介机构进行。

再报价中心一般设立在低税管辖区内,由于在当地不进行购销业务,所以可以取得非居民资格,不必在当地纳税。再报价中心不仅可以起到避税的作用,而且可以达到更多的业务上的目标和财务上的目标。这里介绍的仅是在应收账款管理方面的作用。

例如,某跨国公司的四个子公司之间的业务关系是:A 国制造子公司向 B 国配销子公司赊销商品,但是 A、B 两个子公司都处于现金短缺状态;C 国制造子公司向 D 国配销子公司赊销商品,C、D 两个子公司都处于现金过剩状态。如果没有设立再报价中心,应收账款的支付如图 14-3 所示。

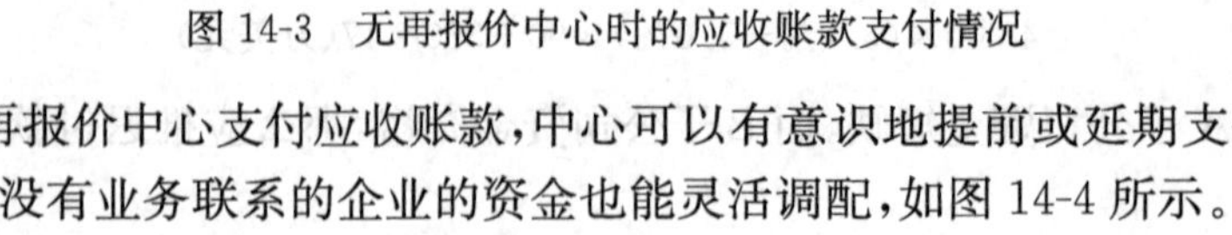

图 14-3　无再报价中心时的应收账款支付情况

如果通过再报价中心支付应收账款,中心可以有意识地提前或延期支付制造子公司的货款,从而使没有业务联系的企业的资金也能灵活调配,如图 14-4 所示。

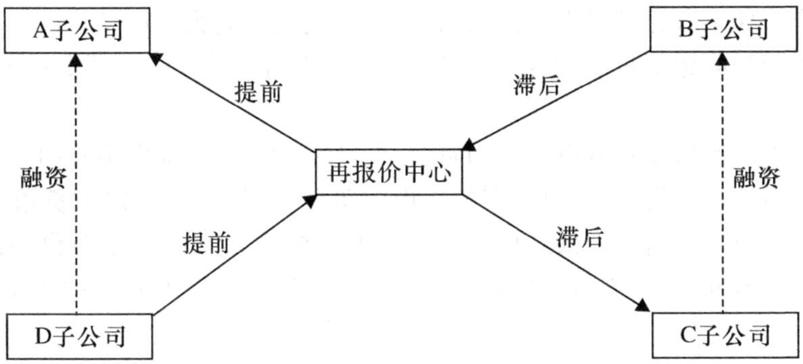

图 14-4 通过再报价中心提前或延迟付款

再报价中心管理所有子公司间的外汇交易风险，其主要优点是：

(1) 将交易集中在一处，再报价中心的人员能够发展出一种从众多的避险工具中，选择最佳技术的方法，而且由于他们通常操作较大的交易，所以他们可以从银行获得较大的外汇配额。

(2) 再报价中心能给未来的订单一个保证的汇率，再报价中心可以事先设立各个子公司当地的通货成本，这可以使配销子公司对当地的顾客大胆的报价，而免于最后订单无法履行的事情发生。无法履行的交易由于尚未发生，通常并不显示在账册上，配销子公司可以全力放在市场活动上，他们的绩效也不会因为外汇汇率变动而扭曲。

(3) 再报价中心能够管理子公司之间的现金流动，包括支出的前置或落后，及多边抵销，有了再报价中心，所有子公司就能够用当地通货移动公司间的账款。如果现金流量是单向的，如由配销子公司支付给中心，中心再付给制造子公司，就没有抵销的问题。然而，如果制造与配销子公司之间是双向流通，那么再报价中心会自然抵销，有了抵销效果后，再报价中心只需要为剩余的外汇交易再做避险工作。

再报价中心的缺点是：必须先成立一个新公司，以分开记账，而且这个中心会影响各子公司的所得税及关税，也会影响各子公司与当地银行间的外汇业务。税务当局也会加以检查，以确定是否有避税天堂的存在，结果，除了中心的人员成本外，各种专业成本会因税收及法律上的问题而增加。

二、国际企业外部的应收账款

对国际企业外部的应收账款的管理，包括两种决策：一是确定交易币种；二是确定付款时间。现分述如下。

(一) 确定交易的币种

国内销售通常是以当地通货来进行，而外销则必须考虑应该以进口国还是以出口国或第三国的通货来进行。一般来说，出口商比较喜欢以硬货币报价，而进口商则比较喜欢以软货币报价。如果双方都考虑自己的风险,结果是出口商为了用硬货币取得订单,会给予进口商一些折扣或延长付款期;或者,进口商以软货币付款,但必须支付更多而且付款时间宽限短。

除非对于货币的软硬双方有不同的看法,或某方的财务状况发生亏损,否则双方对于谈判的立场相当分歧。例如,出口商有软货币的负债,也许会愿意以软货币报价,因为这一销售能在没有损失的情况下偿还负债。但如果从机会成本的观点来看,出口商则是放弃了外汇利益。另外,如果进口商打算以硬货币再将货物销售出去,则进口商可能愿意以硬货币来支付。

(二) 确定付款时间

对应收账款管理的另外一个因素是付款的时间。根据出口商的立场,会要求尽早将软货币的销售收现,以降低销售与收款时间的汇兑损失;如果以硬货币销售,则允许货款在国外留置较久。事实上,如果出口商预期其国内通货即将贬值,他将减缓硬货币应收账款的收现,如果合法,则出口商会希望这些货款存放在国外,而不必急于汇回国内。

在某些经常发生通货膨胀的国家,以及银行体系比较趋向于贴现融资而非商品融资的国家,比较喜欢以应收账款(而非存货)作为短期融资的基础。

在通货膨胀的经济体系中,资金的需求总是大于供给。然而大企业通常比较有办法解决这个问题,它们比当地的小企业,如地区的配销商更能获得比较便宜的融资。例如,假设跨国制造商(出口商)的贷款成本是年利率10%,而零售商(进口商)的贷款成本是20%,制造商与零售商都可以从销售的极大化获得利益,因为制造商可以达到10%的成本加在销售价格内。换句话说,出口商对进口商存货以年息10%长期应收账款的方式融资,比进口商以年息20%的存货融资来得低,这样才能两蒙其利。

有些银行体系,通常由于传统的理由,比较偏好应收账款让售或贴现票据融资。而在许多欧洲国家,以应收票据抵押比较容易借到钱。

应收账款让售是指企业将应收账款出售给银行或其他有关单位,立即收到现金。虽然企业在让售中要付出一定代价,但这种做法一方面可以减少坏账损失的风险,另一方面可以采用当地商业习惯上使用的付款期,有利于竞争的展开,销售时不必对客户提出更多的要求。

应收账款的贴现即用应收账款作为抵押品,而银行则以应收账款的回收额抵充。

第三节 存货的管理

一、存货管理的意义

存货通常包括原材料、在产品和产成品。库存一定量的原材料是企业维持基本生产局面的保证。假如没有这类存货，企业只能随时订购，既无法长期适应生产变化的要求，又使本企业采购工作十分被动，而且因采购量少而无法享受供货单位给予的数量折扣。库存适量的在产品和产成品能使企业各阶段生产得以顺利衔接，既保证了企业生产经营的机动性，又能有效地安排生产销售活动，充分利用现有生产资源。

企业究竟应储存多少原材料，则取决于预期的生产水平、生产的季节性以及原料供应的可靠性等多种因素。每一生产周期的总长度以及该周期中生产阶段的多寡则决定了在产品的规模。而产成品存货的规模则要视销售速度、保证存货的成本以及存货耗尽会带来的损失（可能会失去一笔买卖甚至失去顾客）而定。总之，增加存货会使企业在销售和生产上有更多的灵活性，但也会使成本上升；相反，存货不足却又妨碍企业正常生产经营活动的进行。因此加强存货管理，是国际企业财务管理的一项重要内容。

二、存货成本的控制

尽管国际企业的存货管理与国内企业的存货管理在基本原理上是一致的，但实际上，国际企业比起国内企业来，对存货水平和实现预定的存货周转率等方面更加难以控制。以下将从跨国公司角度分析存货的管理和控制。

（一）生产厂址的选择

许多发达国家的公司都尽量选择海外设厂在当地生产，可以利用当地廉价的劳动力、税收优惠、低息贷款以及当地政府的其他优惠政策。但是，部分公司发现在国内生产有许多战略上的优势，如可以与国内客户保持紧密的关系，可以更加有效地地利用资金；而在海外设厂生产也有其缺点，特别是为了预防国际货物运输经常出现的延迟、中断，海外设厂生产的公司不得不比国内公司持有更多的存货，这就导致了更高的存货持有成本。

【例 14-4】 美国 ABC 公司专门生产价位相对较高的照相机配件，有关成本预测如下：

人工成本：国内生产每件＄160；国外生产每件＄151.8。

运输和关税每件＄6.2。

如果仅从上面这些条件看，ABC 公司应该在国外生产，但若考虑资金的机会成本，决策结果可能大不相同。国外运输比国内运输要多 40 天的时间，这就意味着国外生产一件配件的周期比国内生产周期平均要多 40 天。假设机会成本是 15%，则国外生产的额外利息费用如下：

额外利息费用＝资金的机会成本×额外的运输时间×单位成本

$$15\% \div 360 \times 40 \times \$160 = \$2.6667$$

即持有额外存货的资本成本每件＄2.6667，则在海外生产与在国内生产多付出的成本如下：

$$\$160-(\$151.8+\$6.2+\$2.667)=\$0.667$$

因此，在计算存货成本时，不能光看人工成本，关键是要看整个的存货成本。当计算存货成本时，积压存货所占用的资金成本必须考虑在内。

（二）存货购置决策

1. 提前订货

在许多发展中国家，外币期货合约受到限制或者根本不存在；除此之外，还可能有各种政策限制外汇汇款，从而限制跨国公司将多余的资金转换成硬通货。这种情况下，抵补手段之一便是提前购置存货，尤其是需要从国外进口的存货。例如，一家中国跨国公司可以提前购置那些以当地货币标价将要涨价的存货，以使在当地货币贬值时，以人民币标价的资产仍然维持原值。

【例 14-5】 德国大众公司在巴西的子公司正在考虑提前订购 A 零件。目前每件 A 零件的价格是 100 欧元，而且价格会以每月 0.5%的速度上涨。目前 A 零件的持有成本是每月 1%（以欧元表示），其中包括保险费、仓储费以及存货损耗，但不包括资金的机会成本（即因储备存货而积压资金的利息）。在这种情况下，存货的储存成本高于涨价幅度，因此该子公司应尽可能保持较低的存货量。

现假设该子公司在巴西有多余的当地货币雷亚尔，当地的名义利率是每月 2%。然而由于巴西国内缓慢的货币贬值，预计雷亚尔相对于欧元的贬值幅度在随后的 3 个月中为 3%，在第 4 个月为 2%，以后为 1%。由于巴西国内对货币市场和金融市场的管制，其他的投资机会几乎不存在，因此，在今后的 6 个月内大众汽车公司欧元的机会成本如表 14-5 所示。

表 14-5

欧元的机会成本

月　　份	1	2	3	4	5	6
资金的机会成本	2%－3% ＝－1%	2%－3% ＝－1%	2%－3% ＝－1%	2%－2% ＝0	2%－1% ＝1%	2%－1% ＝1%

将资金的机会成本加到前述的存货持有成本中，即得到今后 6 个月存货的储存成本，见表 14-6 所示。

从表 14-6 累计储存成本和累计价格上涨幅度两栏可以看出，名义利率并没有随雷亚尔的贬值而上涨，以及国际费雪效应不成立。因此，大众巴西子公司应该采取如下的抵补措施：用一部分闲置资金以当前的价格提前购买 4 个月的 A 零件。换句话说，如果巴西子公司提前购置 4 个月的 A 零件，就会最大限度地减少由于雷亚尔贬值而造成的损失。可以以图 14-5 表示如下。

表 14-6

存货储存成本(欧元)

月　　份	每月存货的储存成本(%)	累计储存成本(%)	累计价格上涨幅度(%)
1	0	0	0.0
2	0	0	0.5
3	0	0	1.0
4	1	1	1.5
5	2	3	2.0
6	2	5	2.5

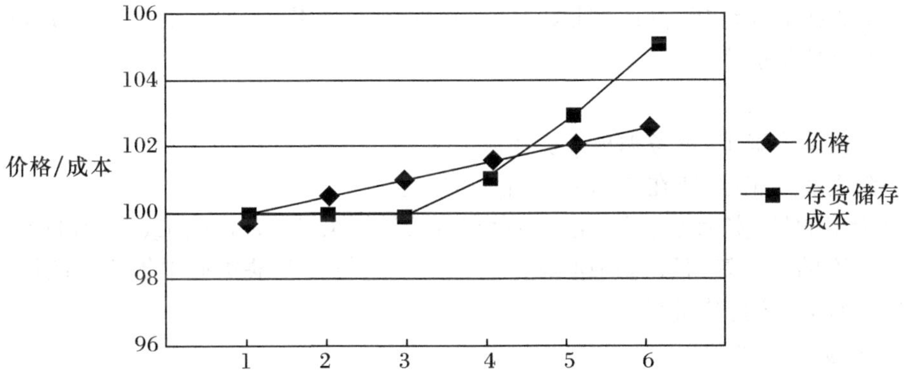

图 14-5　提前购置存货价值图

2. 存货经济批量的计算

由于交货时间过长、经济容量运输工具的缺乏以及货币限制等原因，供货短缺就成为依赖国外资源公司面临的严重问题。传统的解决策略是提前订货，然而持有大量存货会发生昂贵的储存成本。由此，最佳存货政策的制定与实施对跨国公司而言更加重要。存货经济批量是指能够使一定时期存货的总成本达到最低进货的数量。决定存货经济批量的成本因素主要包括变动订货成本和变动储存成本。不同的成本项目与进货批量呈现着不同的变动关系。减少进货批量，增加进货次数，在有利于降低储存成本的同时，也会导致订货成本的提高；相反增加进货批量，减少进货次数，尽管有利于降低订货成本，但同时会提高储存成本。因此如何协调各项成本间的关系，使其总和保持最低水平，是企业组织进货过程需解决的主要问题。订货成本与储存成本总和最低水平下的订货数量，就是经济批量。经济批量的计算公式如下：

$$Q=\sqrt{2AB/C}$$

$$T=\sqrt{2ABC}$$

$$W=QP/2=P\sqrt{AB/2C}$$

$$N=A/Q=\sqrt{AC/2B}$$

式中 Q——经济订货批量；

A——某种存货年度计划进货总量；

B——平均每次订货成本；

C——单位存货年度单位储存成本；

T——经济订货批量的存货总成本；

W——经济订货批量的平均占用资金；

N——年度最佳订货次数。

基本经济批量模式的确定，是以如下假设为前提的：

(1) 企业在需要订货时可立即取得所订货物，并且能集中到货，而不是陆续入库。

(2) 没有缺货成本。

(3) 需要量确定。

(4) 存货单价确定，不考虑现金折扣。

(5) 企业现金充足，能在市场上买到所需货物。

需要指出的是，实际工作中，通常还存在着数量优惠(即商业折扣或称价格折扣)以及允许一定程度的缺货等情形，企业必须同时结合价格折扣及缺货成本等不同的情况具体分析，灵活应用经济订货批量。

(三) 存货储存期控制

无论是什么企业，其商品产品一旦入库，便面临着如何尽快销售出去的问题。即使不考虑未来市场供求关系的不确定性，仅是存货储存本身就会给企业造成较多的资金占用费(如利息成本或机会成本)和仓储管理费。因此，尽力缩短存货贮存时间，加速存货周转，是节约资金占用，降低成本费用，提高企业获利水平的重要保证。

企业进行存货投资所发生的费用支出，按照与储存时间的关系可以分为固定储存费与变动储存费两类。前者数额的大小与存货储存期的长短无直接联系，如各项进货费用、管理费用等。后者则随着存货储存期的延长或缩短成正比例增减变动，如存货资金占用费(贷款购置存货的利息或现金购置存货的机会成本)、存货仓储管理费、仓储损耗(为计算方便，如果仓储损耗较小，亦将其并入固定储存费)等。

基于上述分析，若将本量利分析用于存货储存期控制，则本量利的平衡关系式可调整如下：

利润＝毛利－固定储存费－销售税金－变动储存费×储存天数

可见存货的储存成本之所以会不断增加，主要是由于变动储存费随着存货储存期的延长而不断增加的结果，所以，利润与费用之间此增彼长的关系实际上是利润与变动储存费之间此增彼长的关系。这样，随着存货储存期的延长，利润将日益减少。当毛利－固定储存费一销售税金的余额被变动储存费抵销到恰好等于企业目标时，表明存货已经到了保本期。无疑，存货如果能够在保利期内售出，所获得的利润便会超过目标值；反之，将难以实现既定的利润目标。倘若存货不能在保本期内售出的话，企业便会蒙受损失。其具体计算公式如下：

$$存货保本储存天数=\frac{毛利-固定储存费-销售税金}{每日变动储存费}$$

$$存货保利天数=\frac{毛利-固定储存费-销售税金-目标利润}{每日变动储存费}$$

以批进批出（即存货整批购进又整批卖出）方式经销某批存货获利或亏损数＝变动储存费×（保本储存天数－实际储存天数），即较保本期每提前一天售出，就可以节约一天的变动储存费，取得一个相当于变动储存费的利润额。

【例 14-6】 某跨国公司购进某种产品 1 000 件，单位进价 100 美元，单位售价 120 美元，经销该批商品的一次费用为 10 000 美元，若货款均来自银行贷款，年利率 10.8%，该批存货的月保管费用率 0.3%，销售税金 800 美元。要求：

（1）计算该批存货的保本储存期。

（2）若企业要求获得 3%投资利润率，计算保利期。

（3）若该批存货实际储存了 200 天，问能否实现 3%的目标投资利润率？差额是多少？

（4）若该批存货亏损了 2 000 元，则实际储存了多久？

计算结果如下：

（1）$保本储存天数=\frac{(120-100)\times 1\,000-10\,000-800}{100\times 1\,000\times(10.8\%\div 360+0.3\%\div 30)}=230(天)$

（2）$保利储存天数=\frac{(120-100)\times 1\,000-10\,000-800-100\times 1\,000\times 3\%}{100\times 1\,000\times(10.8\%\div 360+0.3\%\div 30)}=155(天)$

（3）批进批出经销该批商品实际获利额＝40×(230－200)＝1 200（美元）

利润＝实际利润－目标利润＝1 200－100×1 000×3%＝－1 800（美元）

$利润率=实际利润率-目标利润率=\frac{1\,200}{100\times 1\,000}\times 100\%-3\%=-1.8\%$

（4）$实际储存天数=230+\frac{2\,000}{40}=280(天)$

可见，通过对存货储存期的分析和控制，可以及时地将企业存货的信息传输给经营决策部门，如多少存货已过保本期或保利期，金额多大，比重多高，这样，决策者就可以针对不同情况，采取相应的措施。

（四）自由贸易区的使用

跨国公司还可以通过在自由贸易区进行装配或制造活动来加强存货管理。自由贸易区、免税贸易区和对外贸易区等，早期是通过减免税收和货物的分组、包装、储存及商品展览等，专门用于发展国际贸易的，后来则增加了吸收外资、引进技术、开展工业加工制造等内容，并逐步发展成为综合性的自由港区，以便在广泛的国际经济贸易活动中，谋求各方面的更多收益。零售商在这里分类、标签、贮存进口衣物和用件等，直到最后销售日；而制造商通常在这里完成部分装配进口商品的业务。当在自由贸易区完成各类工作后，其进口税通常只根据较低的进口成本来估计，而不是根据在此完成加工后的较高价值标准来征收。另外，进口税的支付时间通常可以推迟。自由贸易区也可以被用来防止价格冻结，因为在这一区域的商品还不能算作正式进口。通常，价格冻结不适用于还未进口到该国的商品。另外，如果商品还未正式进口，进口商仍有权以世界市场价格将其出售到其他地方，而避免进口关税和已经支付的交易成本的损失。

三、存货决策考虑的因素

与国内企业相类似，国际企业的存货管理的目标仍是存货水准最优化。但是，由于国际企业的存货周转、转移要跨越国界，各东道国的生产成本和储存成本不同，关税和其他壁垒又限制存货的自由流动，因此，国际企业的存货管理要比国内企业复杂得多。

一般说来，通货膨胀和货币贬值是国际企业存货管理中最需关注的问题。在一个通货膨胀和货币贬值的国家营运时，有时必须修正存货管理的一般方法。例如，必须维持比经济批量还要多的存货。在当地货币有贬值倾向的情况下，财务管理者必须决定是否应该储存较多的存货，因为贬值后，以当地货币而言，其价值将提高，可是存货增加会增加储存成本。另外，当地政府往往会在贬值之后冻结物资，使得已经进口的存货无法按重置价格加上适当的利润来出售。更糟糕的是，管理者预计错误，贬值可能不会发生，这时企业已积存了过多的存货，尤其是当竞争对手也采取相同的策略，购置了不少存货，这时，如何处理这些多余的存货就变成了麻烦的问题。因此，对国际企业的财务管理者来说，在存货决策时需要考虑以下因素。

（一）增加或减少存货的成本

增加存货涉及的成本是储存成本；减少存货，等到需要时才购买涉及的成本有：因通货膨胀或货币贬值导致的较高成本，因运输等原因导致缺货成本的发生等损失。因此，存货购置决策应首先取决于以上两种成本的对比。

例如，某跨国公司的子公司，所需要的某种零件的价格以每月 0.7%的幅度上涨，因储存存货而积压资金的利息率为每月 0.6%，储存成本（包括保险费、储存费、存货损耗）为每月 0.4%。那么提前购置存货的成本为每月 1%，大于涨价幅度 0.7%，所以应尽量保持较低的储存量，需要这种零件时再购置。

（二）存货的类型

尽管从理论上说国际企业应使存货保持最优水平，但许多在生产过程中依赖进口原材料或半成品的企业仍会经常保持较高的存货水平，其主要原因在于担心通货膨胀、原材料短缺、种种国际限制以及战争和冲突的影响，等等。所以在进行存货购置决策时，必须考虑存货的类型，即是否依赖进口。

(1) 如果子公司主要依赖进口建立存货，在预期当地货币贬值的情况下，应提前购置存货，这是因为货币贬值后会增加进口成本。

(2) 如果子公司主要从当地购置存货，在预期当地货币贬值的情况下，应减少存货数量，因为如果当地货币贬值果真发生，会大大减少以母公司所在国货币表示的当地存货的价值。

(3) 如果子公司既从国外进货，又在东道国进货，在预期当地货币贬值的情况下，应努力减少当地资源的存货存量，同时提前购置进口存货。如果不能精确地预见货币贬值的幅度和时间，那么子公司应设法保持同量的进口存货和当地存货，以避免外汇风险。

(三) 预期物价冻结

如果预期东道国货币贬值，政府会冻结物价，国际企业的财务管理者可将进口的存货，在当地通货的正常价格上提高一些，但在销售方面则给予一些折让，以使价格等于先前的价格。当贬值确实发生时，则以正常(公告)价格销售，而取消折让。这种技巧，只有当冻结是以公告价格而非实际价格时才有效。另一种方式，则是以当地通货的正常价格销售，结合采用促销或其他销售组合活动，尽量增加销售，等到物价冻结发生时再减少这些活动。

此外，在许多发展中国家，对远期外汇契约以及资金汇回有很多限制，国际企业很难顺利地把资金转换成本国货币，因而预先购入存货，尤其是进口物品，也是一种避险的方法。

本章小结

企业为流动资产所进行的投资称为营运资本。国际营运资本管理包括营运资本的存量管理和营运资本的流量管理。营运资本的存量管理着眼于资金的处置，其目的是使现金、应收账款和存货处于最佳的持有水平。营运资本的流量管理着眼于资金从一地向另一地的转移，其目的是使资金得到合理的安置，以避免各种可预见的风险和损失。

由于国际企业在理财环境、经营活动等方面与国内企业存在诸多差异，所以其现金管理的内容有其特殊性。它至少应包括以下两方面的内容：确定现金的持有形式、时间及币种和合理调度和转移现金。应收账款是企业的一项资金投放，而投资肯定要发生成本，为此，国际企业需要在应收账款信用政策所增加的盈利和这种政策的成本之间作出权衡。在国际企业应收账款的管理中，还必须考虑企业的国际信誉、币值变动风险和政治风险因素。尽管国际企业的存货管理与国内企业的存货管理在基本原理上是一致的，但实际上，国际企业比起国内企业来，对存货水平和实现预定的存货周转率等方面更加难以控制。

国际企业营运资本管理的直接目标可以概括为：通过资金在全球的合理流动和有效

配置，实现各种流动资产持有水平的最优化，保证企业营运资本管理最终目标的实现。

复习思考题

1. 什么是营运资本？营运资本管理的意义是什么？
2. 最佳现金持有量的计算有哪些模式？简述控制限度模式的概念和应用。
3. 简述国际企业应收账款管理的技巧。
4. 简述国际企业存货管理决策考虑的因素。
5. 现金日常管理的方法有哪些？什么是多边净额结算？如何操作？

练 习 题

1. 假定甲国子公司与乙国子公司两国的存款和贷款利率如表 14-7 所示。

表 14-7

甲、乙两国存贷款利率

子 公 司	银行存款利率	银行贷款利率
甲 国	5.0%	6.0%
乙 国	5.5%	6.7%

假设甲子公司向乙子公司购入 5 000 万美元的商品，赊销期可视情况前置或落后 120 天，问：根据两子公司的资金余缺状况，有几种组合？请加以计算，并作简要说明。

2. 某跨国公司在欧洲和美国共有五家子公司，各子公司之间互有商品交换。2007 年 3 月，这些子公司的收付情况如表 14-8 所示。

表 14-8

各子公司的收付情况

单位：百万美元

现金收款子公司	现金付款子公司				
	美 国	德 国	法 国	比利时	丹 麦
美 国	—	1.5	2.5	2	1
德 国	3	—	1	6	1
法 国	4	2.5	—	2.5	—
比利时	5	1	6	—	1
丹 麦	3.5	—	2	1	—

要求：如果该跨国公司采取多边净额结算，请根据表中给出的信息，设计一种资金付款安排。

案例分析

A、B、C三个跨国公司分别采用不同的营运资本管理策略。有关资料如表14-9和表14-10所示。

表14-9

资产负债表

单位：万美元

项　　目	A公司	B公司	C公司
流动资产	300	400	600
固定资产	700	600	400
总资产	1 000	1 000	1 000
流动负债	500	350	200
长期负债	100	250	400
普通股	400	400	400
负债和所有者权益总额	1 000	1 000	1 000

表14-10

损益表和资产负债表摘要数据

单位：万美元

项　　目	A公司	B公司	C公司
销售净额	1 800	1 800	1 800
销售成本	1 260	1 280	1 300
销售与管理费用	300	300	300
应收账款	120	160	240
存货	150	200	300
应计费用和应付账款	250	200	100
短期借款	200	150	100

短期债务利率10%，长期债务利率12%，所得税税率25%。经计算，各公司的税后净利润、现金转换周期、流动比率和净营运资本如表14-11所示。

表14-11

相关情况表

	A公司	B公司	C公司
税后净利润(万元)	139.36	117.25	95.14
现金转换周期(天)	9.29	43.27	110.9
流动比率	0.6	1.14	3
净营运资本(万元)	−200	50	400

说明：① 一年按365天计算；② 折旧费用包括在销售成本和销售与管理费用中；③ 应付账款平均付款期=(应付账款+应计费用)/[(销售成本+销售、管理费用)/365]。

讨论：不同的营运资本管理策略对公司收益和风险的影响。

第五篇　国际税务管理

国际企业在税务管理方面具有特殊性。一方面，国际企业是跨国所得纳税人，一般会比国内企业承受更重的税收负担。税负的轻重是影响竞争胜败的一个重要因素，它直接影响企业的盈利水平。如果跨国经营所得低于国内所得，将会影响国际投资和跨国经营的积极性。另一方面，由于国际企业，特别是跨国公司组织，具有全球性经营战略，是以争夺全世界消费者和以全世界市场为角逐的目标的，在经济一体化条件下，跨国公司使传统的以国内生产、对外交换为特征的贸易导向型国际分工向以国际化生产、跨国经营为特征的投资导向型转换。全球战略使跨国公司具有在世界市场调配财源的能力，利用各国税制结构的差异，以及各国税务管理合作方面的困难，把资金投放到最有利可图的地方，谋求股东财富的最大化。因此，国际税务管理也是国际财务管理的一个重要组成部分。

第十五章 跨国公司在全球的财源调配

【本章学习目标】

通过本章学习,了解跨国公司的组织机构、管理方式和全球战略;熟悉跨国公司资金转移的形式;掌握转让定价的表现形式;了解转让定价的影响;熟悉各国政府对付转让定价的措施。

【本章关键词】

全球战略(Global Strategy)
资金转移(Transfer of Fund)
使用费(Toll / Charge of Use)
存款保证贷款(Deposit Guarantee Loan)
平行贷款(Parallel Loan)
转让定价(Transfer Pricing)
独立竞争交易原则(Contraction Principal of Independent Competition)
独立竞争(Independent Competition)
正常价格(Normal Price)
比较定价法 (Comparative Pricing)
冻结资金 (Freeze the Fund)
关联企业(Affiliated Enterprise)

尽管国际联属企业内部交易的"转移定价"可能出于多种因素的考虑,但对任何一笔"转移定价"都是难以排斥隐藏其间的税收动机的。因为,在各国税负水平存在差异的条件下,通过"转移定价"将利润由高税国向低税国转移,对于以税后收益最大化为目标的跨国公司来说,无疑是一个最重要的合法避税的手段。即使在制定"转移定价"主要出于其他目的的条件下,对于税收的考虑也是定价的前提。这种定价必然要求不致扩大公司集团总税负、或扩大的总税负不能超过定价所能带来的其他方面的收益。因此,在国际税收实践中,各国都是将国际联属企业的"转移定价"问题与国际避税相联系,作为反避税的重点目标之一。

资料来源:黄济生.国际税收实务.上海:华东师范大学出版社,1995

第一节　跨国公司的全球战略计划

一、跨国公司的组织机构

按联合国的定义，跨国公司是指：“凡是在两个或更多国家里控制有工厂、矿山、销售机构和其他资产的企业。”从法律上讲，跨国公司一般是由一家母公司和若干家海外的子公司及其附属分支机构组成的跨越国界的企业群体。其中母公司是在母国依照该国公司法律登记的法人资格企业，海外子公司则是由母公司出资、在东道国依照该国有关法律注册的法人企业。当然跨国公司也包括在东道国不具有法人地位的分公司和分支机构在内。其母公司和子公司之间的关系是持控股的资产联结关系，即母公司通过持有子公司的股份达到控制子公司的目的。

跨国公司通常是从国内一些比较著名的大公司发展起来的，它的组织机构是由母公司和分散在世界许多地区的子公司共同组成的。这样的公司国外业务比重大，其组织结构的设置和国内企业相比有较大的不同。由于各跨国公司涉及的行业领域不同，其经营方式、管理体制各具特色，所以组织结构多种多样，没有统一的模式。而且，为适应国内外环境的变化，跨国公司又经常不断地调整它的组织结构。但是不论怎样，它的组织机构设置所遵循的原则是一致的，即统一控制、分级管理；职能部门责权统一、相互协调。

（一）跨国公司组织机构的演变

随着跨国公司的发展历程，其组织机构的演变大致经历了三个阶段。

1. 母子公司结构形式

这是一种比较松散的组织结构，一般在发展国际业务的初期加以运用。在这种组织结构的形式下，子公司只是母公司的被控股公司，在生产经营上有相当大的独立性，可以根据东道国的环境和具体情况不经过母公司做出相应的决策。处于这一阶段的母公司所拥有的海外子公司的数量还较少，规模也小，国外业务在整个生产经营规模中还不占重要位置。另外，母公司在这一阶段尚缺乏进行国际经营管理的经验，没有能力对子公司进行合理有效的控制。

2. 国际部组织结构形式

随着跨国公司向海外的发展，当一个公司的国际业务已远远超出产品出口，同时包括技术转让和部分对外直接投资，这时组织机构的设置也就发展成设立一个专门机构——国际部或叫国际业务部来支持这方面的工作。这种组织结构进一步发展，把国际部从一个非独立核算的职能部门扩展为具有独立法人地位的国际总部公司，或世界贸易公司，但为母公司独资拥有。这时跨国公司的子公司无论在数目上和规模上都有了一定的发展，国际经营情况已经复杂化，虽然公司已拥有一些国际经营人员，但还须培养出更多的从事国际经营的人才，因此需要一个专门的机构进行协调和控制。

3. 全球性组织结构形式

第二次世界大战以后，跨国公司的迅速发展使一批规模较大，而且国外业务比重比较大的跨国公司，为适应形势发展的需要采用了各种形式的全球性组织结构的模式。这种组织结构包括四种类型：

(1) 全球性职能结构。在这种组织形式下，跨国公司按生产、销售、财务等职能组成各个分部，各个职能部门分别主持本职能所须进行的国内外一切事务。例如，总公司的财务副总经理直接控制国内外各财务机构，监督处理母公司与子公司之间、各子公司之间或其他经营机构之间的各种财务事宜和问题。但职能部门之间的联系不够密切，协调也不够。一个子公司要受许多部门的控制，灵活性和主动性较差。因此这种结构只适合于在跨国公司的产品较为单一，产品系列不很多的情况下采用，如瑞典滚珠轴承公司。

(2) 全球性地区结构。在这种组织形式下，分别设置全球性地区分部，如北美分部、欧洲分部、中东非洲分部，等等。母公司的主要工作是确定全球性战略规划，并进行总体控制。各个地区分部的职能主要是主持本地区各种产品的生产、营销活动以及各种职能工作。它的主要特点是比较适用于产品系列较少，并且市场销售条件和生产技术水平较为接近或一致的跨国公司，如美国和西欧的石油跨国公司。另外这种组织形式的公司强调各国子公司作为“利润”中心，有利于子公司的独立发展，但也可能因此忽视公司总体的全球发展战略。

(3) 全球性产品结构。当跨国公司海外生产的产品系列日趋复杂，就出现了两种形式的组织结构。它一般按两种情况划分：一种是按不同的产品类别设立部门；另一种是按产品的不同加工程度或不同工序设立部门。每个部门都负责该类产品的全球经营，领导该类产品的国内和国外子公司。每个产品部门一般具有六种职能：研究和开发、制造、市场销售、财务、质量及人事。这种组织形式适用于产品品种较多，市场范围较广和技术要求较高的跨国公司。

(4) 矩阵式组织结构。随着跨国公司的经营越来越复杂，并向多极化发展，上述的组织结构形式没有解决各职能、地区和产品部门之间相互密切联系和协调的问题，为了适应发展的需要，跨国公司出现了矩阵式组织结构。矩阵式组织也叫系统和多维式组织，是美国一些大公司在执行宇宙航行计划时产生的，后为发达地区各公司、企业和政府部门所采用，并发展为各式各样的矩阵组织。跨国公司的矩阵组织是矩阵组织里更高级、更复杂的形式。在这种组织形式中，母公司通过职能部门、产品部门和地区部门三方面机构相互协调来实现对国外子公司的领导。这样可以克服跨国公司内部各方面之间的矛盾和问题，充分调动各方面人员的积极性以做出最佳决策，并相互协调实现总公司的全球战略方针。

(二) 跨国公司组织机构设置的形式

跨国公司通常采用股份有限公司的形式，可以分为设立在母国的母公司，设立在世界各地的分公司、子公司以及避税地公司等。

(1) 母公司。母公司是指通过拥有其他公司一定数量的股权,或通过协议方式能够实际控制其他公司经营管理决策的公司,使其他公司成为自己的附属公司。

(2) 子公司。子公司是指一定比例的股份被另一家公司拥有或通过协议方式受到另一家公司实际控制的公司。子公司在经济上和法律上都是独立的法人组织,有自己独立的财产、名称、章程和资产负债表,独立核算、自负盈亏、单独纳税并以其资产承担有限责任。

(3) 分公司。分公司是总公司的分支机构,不具有法人资格,在法律上和经济上都不具有独立性,而只是总公司的一个组成部分,因此,分公司尽管称呼上有"公司"两字,但并不是公司法意义上的"公司"。它的资产全部由总公司拥有,本身没有独立的名称、章程和资产负债表,其全部生产经营活动由总公司统一指挥和控制,并由总公司承担债务责任。

(4) 避税地公司。依照避税地法律而成立的子公司称为避税地公司。避税地又称避税天堂或避税港,是指那些无税或税率很低的国家和地区,如瑞士、百慕大、巴哈马、摩纳哥等。这些国家和地区对应税所得从宽解释,并具备有利于跨国公司进行财务调度的制度和经营的各项设施。

跨国公司组织机构设置形式的特点,决定了跨国公司具有全球范围内调配资金的渠道。

二、跨国公司的管理方式

跨国公司母公司对子公司的管理方式是随着组织机构形式的变化而变化的,它经历了一个从分权到集权,然后又到分权的过程。

在母子结构的组织形式下,跨国公司母公司与海外子公司之间只保持较为松散的关系,子公司拥有很大的经营管理自主权,它对母公司的义务主要是定期支付股息或红利。

在国际部组织结构形式下,由于经济的迅速发展,跨国公司在海外子公司的数目迅速增加,这种规模的扩大使得母公司必须加强对子公司的控制和管理,以及母子公司、各子公司之间的协调,这样就进入了集权阶段。

到了全球性组织结构形式下,国际经济环境已发生较大变化,由于竞争激烈,信息的传递要求快速、及时,决策的程序要求简单、正确,在这种情况下,集权管理方式已不适合需要,母公司应下放权力,给子公司以更多的经营自主权。

进入20世纪80年代以后,跨国公司海外子公司的规模日益扩大,产品日益多样化,研究与开发能力、营销能力都在加强,这些使母公司对子公司已不可能进行高度控制,而子公司则要求在较大程度上进行自主经营。所以从今后的发展趋势看,母公司对子公司的管理方式,是一种在配合母公司进行全球经营战略的目标下,子公司享有充分的独立经营自主权和管理自主权，其中包括在财务方面的管理。

三、跨国公司的全球战略

跨国公司的形成过程是企业国际化的发展过程，它是经过一系列的变化，逐渐由小到大，由国内到国外，由一方面到多方面，从不完善到完善，逐渐产生、发展起来的。在企业国际化的初级阶段，企业的目标比较单一，母子公司之间，子公司之间的关系也比较容易协调。但发展到今天，跨国公司的国际化经营已经发展到全世界的很多地区，涉及的产品和需要协作的方面越来越多，而且国际经济形势瞬息万变，技术发展日新月异，因此对跨国公司的管理就需要制定一个全球战略，以便有一个长远的大目标，从总体上进行协调指标，统一行动。

跨国公司的组织机构形式和它的经营特点，决定它的战略必须是一种全球战略。因为它的产品涉及同一行业的多种产品，甚至是不同行业的许多产品，而且企业分布在世界上不同国家的许多地区。所以它的战略规划的范围要以全球规划为目标，并把全球经营活动作为一个整体。主要在全球范围内合理配置资源，包括自然资源、人力资源、技术资源和财源。因此需要运用全球观点规定各个子公司的职能和经营范围，协调好母子公司以及各子公司之间的关系。

制定全球战略必须做好的几项工作。

（一）明确全球战略所规划的年限

战略规划首先要确定适当合理的发展年限，不能太长，也不能太短。从跨国公司制定全球战略的实践看，它的经验数据一般在4～5年。

（二）评估企业的经营环境

企业的经营环境包括社会环境、经济环境、政治环境和技术环境。此外，还需要对市场进行预测，对现实和潜在的竞争对手进行分析。

（三）分析企业内部的条件

跨国公司制定全球战略，首先要明确公司本身所具有的实力和水平，这种分析须从以下几方面入手：生产能力、市场营销、财务状况、管理水平、资源供给、研究能力。

（四）确定公司的发展目标

目标所包括的内容有：公司的基本经营思想，即公司的业务指导原则；公司的经营宗旨，即公司的基本驱动力量或持续追求的目的；公司的综合性目标，即在公司经营思想和使命下，公司在战略计划期内所要达到的目的和方向。公司的具体目标包括：产值、市场份额、盈利水平、投资收益率、成本水平、产品开发、政府关系、环境保护，等等。

（五）制定全球战略

在完成上述工作的基础上，就可以制定跨国公司的全球战略。全球战略通常由许多具体战略所组成，重要的具体战略有进入战略、市场选择战略、产品战略和所有权战略。

第二节　跨国公司的资金转移

由于跨国公司组织机构设置的特点，建立了跨国公司在全球转移资金的渠道。母公司在世界各地通过法律关系建立了许多子公司(或者是分公司、避税地公司)，这些公司无论是哪一种形式，都和母公司之间存在着产权方面控股的法律关系，母公司需要向各地的子公司提供开业资本，子公司需要向母公司上缴利润。这些法律联系引起公司内部的资金转移。

一、母公司向子公司提供开业资本

母公司向子公司提供开业资本的形式有两种：一是购买子公司的股票，投资在子公司的股本上；二是母公司向子公司提供贷款，采用负债形式。从目前的发展看，事实上大部分的资本表现为债务形式。母公司所提供的贷款有固定的支付期，利率固定，一般以母公司所在国的货币计价。如果是美国的母公司，通常以美元计价。这种提供资本的形式之所以比较普遍，是因为它存在着一些有利的因素。

首先，采用贷款的形式，当子公司偿还资本时是以本金和利息的形式归还，而偿还贷款本金不是母公司的收入，所以不必纳税。

其次，如果子公司所有的资本均为股本，当子公司现金出现剩余时，母公司也无法抽回，所以子公司倾向于用偿还贷款方式，而不是用股本回收的方式。

再者，从外汇管制和税收的角度，利息偿付比股息支付有利。因为利息汇往母公司，它可以抵减子公司的一部分税收。

最后，对母公司来讲，这种债务关系可以减少母公司的投资风险。所以在通常情况下，母公司以贷款的形式向子公司提供一部分的开业资本。

作为财务管理者在这里应明确的是，母公司这种以债务提供资本的方式虽然对跨国公司有利，但是它必须是在对子公司持有一定股本的基础上，而且采用大部分债务作为资本的公司，必须注意股本不能太少，因为无论是东道国政府还是母公司所在国政府对此都有限制。作为东道国尤其是发展中国家，对于外国直接投资建立的这些子公司必须保证投资的长期性，以维护东道国的经济利益。而少量的股本、大量的债务这种投资结构预示着将来资金的外流，为此有关当局会采取措施进行限制。而母公司所在国政府会把这种高债务的资本结构看作是一种逃税行为，因为母公司收到的是偿还贷款的本金，而不是投资收入，所以在母国不必纳税。

母公司在各地建立子公司提供了资金转移的渠道，母公司向子公司提供资本，使资金从母公司流动到子公司。

小知识

关联企业

所谓关联企业(Associated Enterprises)是指在国际和国内经济往来中,在企业管理、控制和资本等方面,存在直接或者间接参与,相互有特殊利益关系的企业。例如,对两个企业来说,如果其中一个企业直接或间接参与另一个企业的管理、控制或资本,或者同一个企业直接或间接参与这两个企业的管理、控制和资本,则这两个企业成为关联企业。

比较常见的企业关联关系有两种:一种是母公司与其子公司以及同一个母公司的各个子公司之间的关联关系;另一种是总公司与其分支机构以及同一个总公司的各分支机构之间的关联关系。在这两种关联企业之间都会发生大量的内部交易,为了反映各企业的经营成果,以在有关国家履行相应的纳税义务或服务于其他目的,必须对这些内部交易进行计价。出于公司集团总体利益最大化的考虑,内部交易的计价往往会偏离正常的市场交易价格,而应用转让定价。

二、子公司上缴盈利的分析与策略

资金从子公司流动到母公司是因为子公司需要向母公司上缴资金。子公司向母公司上缴资金有四种形式:一是子公司偿还母公司的贷款;二是子公司向母公司上缴资本;三是子公司向母公司支付贷款利息;四是子公司向母公司支付股利。下面我们重点介绍支付股利所遇到的问题。

子公司建立后要创造利润,有了利润需要向母公司支付股息,从子公司汇回的股息收入是资金从子公司流动到母公司的一个主要部分。作为财务管理者,当子公司向母公司支付股息时应该考虑这样一些问题:子公司和母公司对资金需要的相对程度;子公司所在国货币的汇率预测;股息对企业全球性税收支付的影响;各国当局对股息的长期和短期态度,以及对股息支付的法律限制。

(一)子公司分红的策略方法

公司在确定子公司分红策略时可采用以下不同的方法。

1. 定期支付的方法

这种方法要求各地的子公司每季或每年支付一定的股息,股息计算一般以子公司的净收益为基础,股息额不经常调整。

2. 不定期支付的方法

这种方法不要求股息定期支付,只是在公司的经营成果出现好的势头时才分红。

大部分公司结合以上两种方法，从中得出一种股息支付模式，以权衡各部分人的利益。

（二）子公司需要扩大投资时的分红策略

在不定期支付股息的分配方式下，如果子公司想扩大生产规模进行再投资时，它对资金将有额外要求，这些资金将从哪里筹集？此时企业的留存盈利是用于扩大再生产，还是分红？将会产生什么影响？这些问题都是财务管理者应该清楚的。

如果此时子公司公布股息，会使资金在子公司需要时不恰当地流回母公司，一旦母公司的收入需要缴纳税收，然后进行股东的再投资，那么这种通过分红的渠道将资金从子公司抽走则没有任何意义。

子公司可以在宣布股息后，通过重新向母公司借出股息来满足对资金的需要或延长股息公布时间，不过这些措施都无法逃脱股息公布的税收负担。

子公司也可以利用东道国的当地金融市场来筹集所需要的资金，不过有时会产生一种误解，许多东道国的政府都以为子公司在当地市场筹资的目的是想向母公司支付股息，这样会受到限制。

所以当子公司需要资金进行扩大投资时，子公司的分红策略一定要慎重，要有利于子公司对资金的需要。但是必须指出的是，如果子公司分配政策不固定，灵活性太大，又只从本公司的利益考虑，可能会影响与当地政府的关系。

（三）汇率变动对分红策略的影响

子公司所在国货币与母公司所在国货币之间的汇率的预测，是决定分红策略的一个重要因素。如果预测子公司当地货币将要贬值，这时增加股息分红或计划外分红无疑是减少当地子公司货币资产和从法律上将资金兑换成母国货币的一种方法。如果在预期货币贬值前公布股息，东道国外汇管理局可能会怀疑是否这种股息的公布方式可能不是正常的经营行为，而是一种投机的方式。如果仅是公布没有立即实际支付，这种股息的分配没经批准，可能难以汇出境外。因此，子公司当地货币将要贬值时，迅速支付股息是调整资金的一种措施。如果当地货币将要升值，可以不宣布或推迟宣布分红，假如股息已宣布，由此产生的汇兑损益资金可以借给子公司。

（四）税收对分红策略的影响

税收通常是决定子公司分红时间和数量的最重要的因素。因为税收将减少企业的最终收益。所以企业总是要采用避税策略。在许多国家，子公司分红时，要交预扣税，虽然税收协定可以减免预扣税，如美国预扣税的支付允许有信用期，但股息的分配还是要花费一定的成本。由于分红策略影响跨国公司的税收，所以一些企业从减少税收的角度来考虑子公司的分红策略，并选择那些可以减少整个公司税收的股息支付方式。

（五）分红策略的协调

以上指出了几种在分红时应注意的问题，即分红要考虑到资金的需求状况、外汇风险和税收支付，等等，这些问题在制定分红策略时可能相互矛盾或相互补充。那些较多地考虑短期财务状况的企业倾向于灵活的、不固定的股息支付方式。根据企业本身的需要，从以上几个需要注意的问题出发，在某些年度支付较高的股息，在另一些年度支付较低的股息或不支付。这样做显然对企业有利。

但是，这种做法要考虑到与东道国政府的关系。各个国家的投资环境不同，对国外直接投资的政策是不一样的。这种灵活的分配方式在高度管制的国家，会引起外汇管理当局的注意，受到限制，严重的甚至冻结股息。有的国家汇往境外的股息数量受到限制或受到税收的惩罚。例如，在巴西，分配的股息不得超过注册资本的12%，超过这一水平要支付额外的税收。

有的企业采用定期支付股息的方式，这种支付方式的好处是，它可以避免股息支付时高时低不稳定的现象，且受欢迎东道国政府。但是这种方法在遇到严重的外汇危机的情况下，会使公司无法调整资本所受到的损失。所以企业的财务管理者在适应当地投资环境的条件下，应从满足资金的需求，减少外汇风险和寻求税收最低的综合角度出发来积极管理股息的分配，采用恰当的分配策略。

最后需要指出的是，股息支付必须遵循投资者的意愿，这是由投资者投资所建立的产权上的法律关系所决定的。股息是对股东承担风险、提供资源的补偿。虽然我们将跨国公司视为一家母公司向多家不同的子公司提供股本，但是从法律和税收角度，公司的所有权可能更加复杂，子公司也可以持有其他子公司的股份，这些法律结构让我们更清楚地了解跨国公司内部各子公司之间的股本和股息的联系。

三、使用费在公司内部的运动

对于专有技术、专利权、商标权或其他的无形资产，一方面可以作为直接投资时的资本投入，另一方面也可以把它们作为无形商品转让。当跨国公司的母公司(不一定总是母公司)允许子公司使用它的无形资产时，子公司需要申请使用技术或商品的执照。执照使用通常要求支付执照费，或称使用费。一般按每单位产品支付，或按销售的百分比支付，或由使用的子公司一次性支付。这样子公司向提供给它无形资产的母公司支付使用费时就存在着资金转移的机会。

子公司汇出使用费不如汇出股息灵活、方便。一般东道国要求发执照的母公司和领取执照的子公司必须签订正式协定，说明使用费的数额。东道国外汇管理当局会密切注视协定的变动，因为想储备外汇的东道国不愿用外汇储备来支付无形资产的使用费，它们往往通过限制使用费的数额或不允许子公司将这笔费用摊入成本，来阻止子公司以使用费的形式将外汇资金汇出境外。子公司的使用费被看成是一种虚假的利润汇款。在对外汇进行管制的国家，子公司往往没有利用使用费的灵活权。

按国际惯例，子公司向母公司支付使用费和其他费用时，要代母公司向东道国政府缴预扣税。对于母公司来说，使用费是它的国外收入来源，又由于使用费的预扣税可以抵减税收，而且使用费的预扣税率通常低于母国和子公司东道国的公司税率，所以使用费是子公司向母公司汇出利润的一种特别有利的方式。

母公司还可以因其他活动向子公司收取费用，如提供技术援助费、管理费等，技术援助费和管理费在结构、管制和财务影响上与使用费大同小异。

四、公司内部信贷

由于跨国公司内部母子公司之间、子公司与子公司之间存在着资金转移的渠道，使跨国公司具有在全球筹资的可能。当一个子公司需要资金时，也可以通过内部贷款的方式来解决。贷款的方式有以下几种。

（一）子公司间直接贷款

在那些资金转移很少受到限制的世界主要金融市场上，跨国公司的一家子公司可以通过直接贷款这一简单的机制为另一家子公司提供所需要的资金。这些贷款有明确的利率，可以用任何一家子公司所在国的货币或第三国货币作为贷款的面值货币。如果东道国外汇管理当局允许的话，这种贷款还有固定的偿还计划。由于把直接贷款的利率作为资金的转移价格，母公司很难对这些子公司间的贷款再制定过高或过低的利率。

（二）存款保证贷款

这种贷款的方式是利用国际金融市场的商业银行或其他金融机构作为保证贷款中介，母公司（或者是其他提供资金来源的子公司）在中介银行里存入一定数额的款项，中介银行或通过它在子公司所在国的分行向子公司贷出或存入款项相等数额的资金。其贷款的面值货币可以是当地货币，也可以是外国货币。银行按商定的利率向存款的母公司支付存款利息，同时子公司以较高的利率向银行支付贷款利息，银行则赚取付给母公司的利息和从子公司收到利息的差额，并收取安排这一贷款的手续费。在这项贷款业务中，银行没有任何风险，因为有母公司的存款作为贷款的抵押。跨国公司之所以采用这种贷款的方法是因为直接向子公司提供贷款可能受到严格的限制（尤其是在外汇管制的国家里），或者受到差额税率，特别是预扣税的影响。有些发展中国家依靠银行从国外筹集资金，它允许子公司向国外银行偿还贷款，而不允许向国外的母子公司偿还贷款。

（三）平行贷款

向子公司进行间接贷款的第二种方式叫平行贷款。某子公司需要资金，其母公司通过银行或其他机构和另一母公司订立合同，该母公司的子公司有盈余资金。例如，A公司在墨西哥的子公司需要一笔相当于10万美元的资金，与此同时B公司在墨西哥的子公司具有相同数量的墨西哥比索盈余，因受到外汇管制无法汇出。那么A公司可以和B公司签订合同，A公司按商定的利率向B公司贷出10万美元，同时B公司在墨西哥的子公司以相同的期限按当地的利率向A公司在墨西哥的子公司贷出这笔墨西哥比索。当借款到期时，A 公司在墨西哥的子公司偿付比索本金，B 公司向 A 公司偿还 10 万美元。其结果是 A 公司向其子公司提供了需要的资金而没有承担风险，B 公司的子公司也暂时把比索汇出国外，其母公司利用了美元，双方都没有承担风险。安排平行贷款的金融中介向双方收取手续费。这种平行贷款的方式是跨国公司利用无法汇到母公司或其他子公司的资金的一种方法，也是一种减少累积冻结资金的策略。

五、冻结资金的利用

当一国子公司的资金在兑换成其他货币时，受到当地政府和金融机构的限制，这些资金就被称为"冻结资金"。当子公司东道国出现外币短缺，而又无法解决时会出现这种现象。在这种情况下，尽管当地子公司也能创造出盈利，但被冻结，也只能在东道国使用。这时转移资金的渠道也被冻结而无法使用。

这些冻结的盈余资金根据所在国当局允许使用的程度，可以在当地金融市场上进行短期投资或存放在当地银行，但这些暂时的解决方法也存在着问题，即所在国通货膨胀对它的影响，短期投资或存款的收益率能否抵销当地的通货膨胀率。

另一种方法是将冻结资金用于再投资、扩大生产规模，这是当地政府所欢迎的，但投资者有时会因考虑到投资在固定资产上会长期占用资金而不愿这么做。

如果不能把这些资金汇出境外，跨国公司通常所采取的策略是通过其他的各种渠道把这些盈余资金变通出去，以免受到通货膨胀的影响。它的方法除前面介绍的平行贷款外，此外还可以采用物物交易和补偿贸易的方法利用冻结资金。采用这种方法是利用被冻结的资金去购买实物商品，甚至是无用的商品，然后把这些商品换成那些能在世界市场上销售出去的商品，或能被母公司及其子公司用在生产上的商品，以出口贸易的形式出口到国外。巴西大众汽车公司的子公司曾用其冻结的资金购买大量的牛肉出口到德国。此外，冻结的资金只能用在当地，公司可用这些资金支付所在国会议的经费、国内差旅费和其他费用。

第三节　转让定价及其影响

一、转让定价的概念和表现形式

转让定价（Transfer Pricing）也称转移价格、划拨价格，是指跨国公司集团根据其全球经营战略目标，在集团内部关联企业之间销售商品、提供劳务和特许权或进行资金借贷等活动时确定的内部交易价格。与独立企业之间的交易价格不同，转让定价不决定于市场条件和供求关系，只服从于公司集团整体利益的需要。

在一个跨国公司集团内部的交易中，表现出跨国公司的一项整体功能，反映了内部分工与合作的要求。例如，在一个纵向联合的跨国制铝公司，其生产流程可能如下：铝矾土在牙买加开采，在美国炼成铝锭，在法国压制成板材，以装配件形式卖给一家德国联属公司做进一步加工后，直接在欧洲市场上销售。这样，每一生产阶段都涉及一项公司集团内部销售，都需要进行一次物质上和所有权上的实际转让，而且也涉及一笔转让的报酬金。可见，只要有内部交易的存在，必然就会有转让定价。由于在跨国公司的母公司与子公司之间、子公司与子公司之间、总机构与分机构之间存在着密切的联系，母公司或总机构可以通过把各种名目的费用，按其需要列入转移价格中，来调整各子公司或分支机构的产品成本，转移公司的利润收入。在实践中转让定价表现为不同形式，最主要的有以下几个方面：

（1）通过控制原材料和零部件的购销价格来影响产品的成本。例如，母公司向子公司低价提供原材料生产零部件，子公司再将生产出的零部件高价售给母公司，以此降低子公司的产品成本，使其获得较高利润；反之，通过母公司向子公司高价出售零部件产品，或由子公司向母公司低价出售零部件产品，来提高子公司的产品成本，这就减少了子公司的利润。

（2）通过对子公司固定资产的出售价格或使用年限来影响子公司的产品成本。母公司向子公司提供的固定资产的价格，直接影响子公司的产品成本。母公司对子公司规定的固定资产折旧期，也会影响折旧费的提取和分摊。若过多地提取折旧费，必然会加大子公司的当期产品成本；若过少地计提折旧费，则会减少子公司的当期产品成本，而成本的高低，决定着利润的多少。

（3）通过专利、专有技术、商标等无形资产转让收取的特许权使用费的高低，母公司对子公司的成本和利润施加影响。以专利出口为例，母公司对其全股权控制的子公司索取较低的使用费，而向少数股权控制的子公司索取较高的专利使用费。

（4）通过技术、管理、广告、咨询等劳务费用来影响子公司的成本和利润。

（5）利用产品的销售，给予子公司系统的销售机构以较高或较低的佣金、回扣来影响公司的销售收入。

（6）利用母公司控制的运输系统，通过向子公司收取较高或较低的运输装卸、保险费用，来影响子公司的销售成本。

（7）通过提供贷款和利息的高低来影响产品的成本费用。例如，母公司利用本系统的金融机构向子公司提供优惠贷款，不收或少收利息，使子公司减少产品的费用。相反，也可以通过高昂的利息费用来增加子公司的产品成本。

（8）向子公司索取过多的管理费用，或额外将母公司自身的管理费用摊入子公司的产品成本内。例如，母公司将经理人员的年薪等摊入子公司的管理费用内，以此来减少子公司的收入。

（9）在母公司与子公司之间人为地制造呆账、损失赔偿等，以此来增加子公司的费用支出。

上述各种转让定价是采用定高价还是定低价的形式，取决于母子公司所在国的税收高低和母公司对子公司的控股比例。

下面举例说明转让定价的运用。

【例 15-1】 跨国公司 A 设在法国的子公司每月向设在德国的子公司发出 1 000 个部件，每个部件在法国的成本是 50 美元。德国的子公司按标明的转移价格加上当地进一步加工的成本 40 美元，然后按每件 200 美元的价格售出最终产品。法国和德国的税率不同，法国的税率为 50%，德国的税率为 40%，当法国子公司和德国子公司所定的转移价格分别是 80 美元和 60 美元时结果如何？下面列表计算说明，见表 15-1。

表 15-1

转让定价计算表

项　目	法国子公司（税率 50%）		德国子公司（税率 40%）	
转移价格	US＄80	US＄60	US＄80	US＄60
销售收入	80 000	60 000	200 000	200 000
销售成本	50 000	50 000	120 000	100 000
毛利额	30 000	10 000	80 000	100 000
税额	15 000	5 000	32 000	40 000
税后利润	15 000	5 000	48 000	60 000
税后总利润	按 US＄80 计算：15 000＋48 000＝63 000 按 US＄60 计算：5 000＋60 000＝65 000			
总税收	按 US＄80 计算：15 000＋32 000＝47 000 按 US＄60 计算：5 000＋40 000＝45 000			

从该表可以看出，当转移价格为 80 美元时，法国子公司的销售收入为 80 000 美元，成本为 50 000 美元，毛利为 30 000 美元，税后利润为 15 000 美元。德国子公司的成本等于转移价格 80 美元加上当地生产成本 40 美元，等于 120 美元，它的税后利润是 48 000 美元，两个子公司总的税后利润是 63 000 美元。当转移价格下降到 60 美元时，法国子公司的销售收入和毛利同时增加 20 000 美元，同时德国子公司的销售成本减少 20 000 美元，而毛利增加 20 000 美元。由于法国的税率为 50%，比德国的税率高 10%，使最终总的税后利润由 63 000 美元增加到 65 000 美元，总的税负由 47 000 美元下降到 45 000 美元。即：US＄20 000×（50%－40%）＝US＄2 000。从上面的例子可以看出，跨国公司具有进行内部转移价格的优势和特点，为了获得更多的利润，将尽可能少的收入分配到高税率国，将尽可能多的收入分配到低税率国。

二、转让定价的影响

当今世界，一个跨国公司的相关联企业可以遍布全球的各个角落。利用转让定价跨国公司可以谋得很大的利益，它对跨国公司的经营管理非常重要，也是财务管理者重视的问题所在。但这种做法却给有关国家造成很大影响，结果引起了轩然大波。转让定价的影响主要有以下几个方面。

(一) 影响收入分配

转让定价影响卖方子公司和买方子公司的收入分配。从上面的例子可以看出，当一家在高税率国的子公司向另一家在低税率国的子公司销售产品时，转移价格应定在尽可能低的水平，这样将减少低税率国子公司的成本而增加它的利润，也就增加了总的利润，但是却减少了高税国的收入。相反，如果卖方子公司所在国的税率低于买方子公司所在国税率，转移价格应定在尽可能高的水平，这将增加卖方子公司的收入和利润，也就增加了总的利润。所以通过转让定价可以影响子公司之间的收入分配。需要说明的是这里没有考虑关税的影响。

(二) 影响资金流量分配

转让定价的定价决策影响资金流量的分配。从上面的例子可以看出，当转移价格为 80 美元时，德国的子公司有 48 000 美元流入(利润)，而法国子公司只有 15 000 美元流入。当转移价格下降到 60 美元时，德国子公司的资金流量增加到 60 000 美元，而法国子公司的资金流量却减少到 5 000 美元。因此，转让定价会影响资金的流向。如果在某国的子公司需要资金，而在另一国的子公司资金有盈余时，可以利用转让定价来转移资金。

(三) 逃避税收

逃避税收主要指逃避所得税和关税。从上面的例子可以看到把收入从高税率国家转移到低税率国家，可以增加总的利润额。这种增加利润的方法就是通过逃避所得税得到的。除了在两个不同税率国的子公司之间通过转让定价进行逃税外，还有一种方法是利用避税地。在避税地，所得税税率很低，或者没有所得税。因此，跨国公司纷纷在像巴哈马、摩洛哥等这样的无所得税国和像瑞士、香港等这样的低税国或地区建立子公司，以实现有效、合理的避税。在这种情况下，它的避税方式变成下面例子所示。

【例 15-2】 承接例[15-1]，假定在法国的子公司不是把产品直接卖给在德国的子公司，而是以 55 美元的低价卖给在瑞士的子公司，假设瑞士所得税率是 20%，然后瑞士的子公司转手以 140 美元的高价卖给德国的子公司，这时所得税额如下：

法国子公司：(55 000－50 000)×50%＝2 500(美元)

德国子公司：(200 000－180 000)×40%＝8 000(美元)

瑞士子公司：(140 000－55 000)×20%＝17 000(美元)

总的税负是：2 500＋8 000＋17 000＝27 500(美元)

原来在转移价格为 80 美元时，法国子公司的税额是 15 000 美元，德国子公司的税额是 32 000 美元，总的税负是 15 000＋32 000＝47 000 美元。两种方法进行比较，少纳所得税：47 000－27 500＝19 500 美元。

采用避税地的方法一般比在两个存在差异税率国家的子公司之间采用转让定价所逃避的税收更多，而且合法。在实际操作上，法国子公司的部件直接运到了德国子公司，货款也没有经过瑞士，仅是在账面上进行了一次转账，结果使法国子公司因“低价出售”而无多少盈利，德国子公司“高价购买”也无多少盈利，而设在瑞士的子公司获得了双方的收入。因为该地区税率低，减轻了公司总的税收，提高了公司总的盈利。

在关税方面，跨国公司通过转移价格，将设在高关税国家里的子公司进货价低估，降低子公司的进口额，从而减少进口税。另外，可以利用区域性关税同盟的有关关税优惠的规定。例如，欧洲自由贸易区规定，商品如系自由贸易区外生产的，由一成员国运往另一成员国时，必须缴纳关税。但是如果该商品的价值一半以上是在贸易区内成员国中增值的，并在贸易区内运销可免于缴纳关税。因此，如果一家美国跨国公司要把一批半成品运往其设在德国的子公司，制成成品后欲在自由贸易区内销售，美国的母公司就采用调低转移价格，人为压低半成品的售价，使其在德国制成成品后的价值一半以上是在德国增值的，这样该商品在运销到自由贸易区其他成员国时就不用缴纳关税了。

（四）人为调节利润

当公司担心其在国外的子公司利润过多或税赋过重时，它常通过转让定价来提高子公司的成本，降低利润。当子公司的工人要求增加工资或在利润中占有更大份额时，当子公司利润的增加必须与当地合伙人分享时，当由于高额利润使新的竞争者进入本行业时，通过运用转让定价可以调整利润水平，最终有利于跨国公司的整体利益。

（五）逃避东道国的外汇管制

在有些外汇管制的国家里存在着利润汇出的障碍，有的国家规定外国资本不准在一年内全部汇回本国，每年只能汇回一定百分比的利润，等等。利用转让定价，可以作为一种抽回资金的手段，甚至用在资金被冻结的国家里。母公司采用以高价向子公司出售货物，或以低价向子公司购买产品的方法，这一高一低和一买一卖，就使得跨国公司从其子公司抽出资金易如反掌。

（六）避免汇率变动风险

通常跨国公司母公司要等子公司进行年终结算后，方能获得子公司汇回的利润。而在此期间，汇率随时可能发生变动。跨国公司如果发现东道国或母国的汇率即将变动，就可以利用转移价格促进提前或推迟付款，以减少因货币贬值而造成的经济损失，或者获取汇率差价利益。

（七）增加子公司的竞争力

当母公司需要某地的子公司开拓市场或打败竞争对手时，母公司利用转让定价低价供货,以降低子公司的成本和销售价格,增强其竞争能力。另外在对国外子公司供应不等的情况下,可以通过转移价格向全部控股或多数控股的子公司供应燃料、原料、零部件和制成品,以占领市场。

小知识

预约定价安排

预约定价安排(Advanced Pricing Arrangement)又称预约定价协议,是将税务机关对企业转让定价的事后审计变为事前审计,使纳税人和税务机关之间就关联企业间的转让定价方法通过谈判达成一项谅解。该协议一经达成,对征纳双方都有约束力。预约定价安排克服了事后处理的一些弊病,目前已成为国际上为解决转让定价税务问题的理想方法。

美国是世界上开展预约定价安排最有经验的国家,从1992年正式实施预约定价程序以来,截至1999年年底已完成231例预约定价安排。美国最近明确规定:一切预约定价安排经由国家的专门小组办理,税务当局可向申请人收取所需的成本费用,并对小规模纳税人签订预约定价安排,以迅速解决以前年度的转让定价问题。

日本是最早为转让定价目的而介绍此体系的国家之一,于1984年制定,并称之为预先确认体系(PCS)。英国的预约定价安排条款在1999年财政法案中通过。该法案允许追溯适用期为预约定价安排申请之后的年度。纳税人在预约定价安排申请中若提出或提交虚假或误导性信息将受到严厉处罚。其他诸如加拿大、澳大利亚、比利时、法国、瑞士、墨西哥、韩国等都已开展该项工作。

三、各国政府对付转让定价的措施

从上述转让定价的影响和作用,可以看到利用转让定价对跨国公司的财务管理者是多么重要。运用得好,可以给跨国公司创造巨大额外收益。但同时也应看到,由于跨国公司大量使用转让定价,给母国和东道国带来不少损失,它减少了一个国家的税收、外汇收入、国际收支、增加了进口额等。所以转让定价不受各国政府欢迎,并受到严格的监督。各国政府纷纷采取相应对策,管理转让定价。这些对策一般包括以下几个方面。

(一) 母国政府对转让定价的对策

母国政府规定以独立、公平交易的价格为标准,要求跨国公司内部交易按“独立竞争交易原则”办理,也就是说,当母公司向子公司提供商品和劳务时,税务当局可以根据按

“独立竞争”原则计算的“局外价格”进行监督，防止跨国公司逃避税负，使母国政府蒙受少收税收的损失。美国政府 1954 年就制定了国内税收法(Internal Revenue Code)，其中第 482 节对管制公司内部转让定价作了规定。1968 年美国财政部正式确定国际定价管制措施，根据该管制措施，如果发现母公司和子公司的交易定价低于母公司应收取的价格，税务当局可按“独立竞争”的“局外价格”增加母公司所得税，从而提高其纳税金额。正是由于采取这一措施，当年美国政府额外收回税额 7 亿美元。其他发达国家，如英国、法国、日本和加拿大也有类似的对策。

（二）东道国政府对转让定价的对策

东道国政府为了维护自身利益，需要对转移价格实行监督和管制，具体措施有以下几条：

1. 以“正常价格”为基础，实行“比较定价法”

所谓“正常价格”是指“卖给无关的顾客同样商品的价格”。东道国税务当局以此为基础，审核跨国公司的转移价格，如果发现某一子公司的进货价过高或出货价过低，可以要求按“正常价格”进行营业补税，这就是“比较定价法”。

2. 对外资企业实行新的征税方法

(1) 降低外资企业纳税标准，通常低于跨国公司母国税率。其好处是，一则可以减少或避免跨国公司利用税收差异操纵转移价格，二则也有利于吸收外资。

(2) 实行税收待遇一体化，即东道国政府在一定时间内，统一各种税收的税率，在保证总的税收收入不变的情况下，减少跨国公司操纵转让定价的可能性。

3. “公式分配法税收”

东道国向跨国公司课征的税收有多种，其中以公司所得税最为重要，采用“公式分配法税收”的计算方法是，首先按一定公式估算出子公司应纳税利润，然后将该子公司应纳税利润占其他国家正常利润的一定比例课征公司所得税。

（三）加强海关对外资企业进出口货物的监管作用

海关是设立在关境上的国家行政管理机构，它是贯彻执行东道国对外贸易政策、法令和规章的重要工具。海关一旦发现外资企业进出口货物价格偏高或偏低时，有权要求对进出口货物重新估价和征税。

（四）建立和健全审计制度

在转让定价的税务稽查方面，美国 1999 年推出新的《转让定价审计准则》，长达 82 项，对国际税收稽查人员提供了周密的审计程序，对转让定价审计的深度与广度都有所发展。比利时于 1999 年 6 月公布实施了关于对跨国企业转让定价的审计准则，授权税务官员以“事实推定(Presumption of Facts)”来鉴定交易是否符合公平独立原则，并可运用各项财务指标比率比较分析，并对交易各方进行审计，来推定应税所得额。

本章小结

跨国公司一般是由一家母公司和若干家海外的子公司及其附属分支机构组成的跨越国界的企业群体。随着跨国公司的发展历程,其组织机构的演变大致经历了三个阶段:母子公司结构形式、国际部组织结构形式和全球性组织结构形式。跨国公司母公司对子公司的管理方式随着组织机构形式的变化而变化,经历了从分权到集权,然后又到分权的过程。跨国公司的组织机构形式和它的经营特点,决定它的战略必然是一种全球战略,可以在全球建立转移资金的渠道,获得集团利益最大化。转让定价是跨国公司为了实现其全球战略而制定的一种内部价格,它既不受价值规律的制约,也不受市场供求规律的影响,是一种特殊的垄断价格。转让定价给有关国家税收造成很大损失,引起各国政府的重视,并采取相应措施管理和应对转让定价。

复习思考题

1. 跨国公司的组织机构演变大致经历了哪些阶段?它与跨国公司的管理方式有什么关系?

2. 跨国公司制定全球战略必须做好哪几项工作?

3. 跨国公司内部资金转移的具体方式有哪些?

4. 什么是转让定价?转让定价的表现形式有哪些?

5. 转让定价的影响是什么?各国政府对付转让定价的措施有哪些?

练习题

1. 设在甲国的甲公司的任务是向设在乙国的乙公司提供某种产品。2006 年,甲公司预计提供产品的全部销货成本为 60 万美元,销给乙公司的售价按成本加成 10%~20%浮动,乙公司售价对外销售收入 100 万美元。两公司 2006 年全年营业费用均为 5 万美元,甲公司所得税税率为 40%,乙公司为 30%。要求:

(1) 比较高价(加成 20%)与低价(加成 10%)两者的税前净收益和税后净收益。

(2) 如果乙国政府实行外汇管制,外汇不准自由汇出,则甲公司对乙公司的转让定价以高价还是低价为好?

(3) 如果采用高价,乙公司可多汇出多少外汇?但要多缴纳多少所得税?

2. 一跨国公司在甲国的子公司每月向乙国子公司出售 30 万件产品。甲国子公司的边际税率为 30%,乙国子公司的边际税率为 40%,该产品的单位生产成本为 10 美元,在乙国的单位售价为 25 美元。公司相信产品的转让定价可在 15～18 美元之间。要求：

(1) 如果公司想使税后合并利润最大，它的转让定价应为多少？每月的合并税后利润是多少(忽略其他费用)？

(2) 为尽快将资金转移到乙国，公司采用 15 美元的转让定价。这样每月的合并税后收入减少多少？转让定价降低后，乙国子公司获得了多少额外资金？

3. 甲跨国公司的三家子公司当年各有 300 万美元收益，甲公司要求汇入股息总额为 150 万美元，甲公司现要做出从哪一个子公司汇入股息而使合并税负最轻的决策。各子公司东道国规定如下：

(1) A 国子公司的余额收益(余额收益为税前净收益扣除汇出股息后的余额)应缴所得税税率为 55%，汇出股息应缴所得税税率为 15%，另外预扣税税率 25%。

(2) B 国子公司所在国对出口型公司给予免税优惠 15 年，汇出股息免扣所得税。由于 B 国子公司全部净收益来自出口，所以全部免税。

(3) C 国子公司应付所得税税率为 50%，另外应付汇出股息预扣税税率为 10%。

案例分析

索罗斯想“做空”中国注定失败

通过做空货币获益数十亿美元的金融大鳄现在要“做空”中国？

我们有必要问一句，索罗斯究竟有多擅长做空游戏？事实上，索罗斯屡次损失数十亿美元，在做空股票市场和货币时所遭遇的失败与所取得的成功一样多。2000 年，索罗斯所管理的基金市值在 1 年内从 100 亿美元下跌至 40 亿美元。2008 年，索罗斯在雷曼兄弟即将破产之前大举买入该公司股票。2015 年第三季度，索罗斯向美国政府报告的投资组合表明，其资产总额从 107 亿美元下降到了 66 亿美元。这是大多数人所不知道的有关乔治·索罗斯的小秘密。

这让我想起了那句格言：“如果你足够聪明，那你一定会很富有”。有的富人很聪明，有的也挺蠢。而索罗斯在这两点间摇摆。这一次，他“做空”中国的举动注定将要失败。

不了解市场的人总是害怕投机者，认为是投机者推高了市场价格。事实上，像索罗斯这样的投机者不能仅凭个人力量推动股票价格上涨或下跌。他们只能从自己认为会发生的市场走向中获益。他们有时能成功，有时也会犯错。1992 年，索罗斯通过做空英镑获得大胜。但这之后的许多交易都不甚成功。

当然，索罗斯拥有比大多数投机者更多的资金。因此，他可以在一定程度上影响市场。但从我 54 年的交易经验来看，即使是索罗斯也无法逆市场潮流而动。

中国股票市场会继续探底吗？人民币会崩溃吗？中国经济有没有问题？当然有。美国有经济问题吗？当然也有。在任何时间，任何一个经济体系都不是完美的，你总能指出其问题所在。

攻击一国经济的人总是比建设一国经济的人多。或许这就是为什么前里根政府官员大卫·斯托克曼最近表示，中国人在疯狂地挖掘、建设、借贷、消费、投机，其幅度是历史上任何时候都无法比拟的。斯托克曼先生忘记了，正是人民币扩张带来了经济增长，为中国创造了大量就业岗位。

中国经济会硬着陆吗？13亿勤劳的中国人将不再工作坐等经济停滞？中国政府看不到索罗斯预言的危机？我答案是“不会”。从短期看，我认为中国股票市场不久将会反弹，而且反弹已经开始.将上证指数与黄金价格对比，或与美国股票价格相比较。用这两种办法追踪上涨区域都表明，反弹的几率大于下跌的几率。将中国股票市场的波动与美国30年期国债利率波动做比较也可以看出，当国债利率进入低估水平线以下时，大幅度的反弹就为期不远了。

就股市来说，目前最为重要的是保持反弹的力度，如果反弹势头能够维持住一段时间，股指将重新上涨，如果势头维持不住，股指将跌至新低点。

调整经济增长方式、抑制股市投机、稳定经济体系化风险，中国面临的问题和挑战并不是什么秘密。世界各国政府都竭尽所能促进经济发展，问题是，他们中有多少具备严肃的态度和强大的动员力。不管是世界银行、国际货币基金组织或其他组织和个人权威的预测，都不能替代一国政府对本国利益和形势的清醒判断。不是只有投机者、悲观主义者和“预言家”们才看得清前路崎岖，但从长远来看，我仍坚信世界将变好。

资料来源：环球时报，2016.2.2，作者拉里·威廉姆斯（美国“期货大王”、威廉指标创始人）

第十六章 国 际 税 收

【本章学习目标】

通过本章学习，了解国际双重征税的原因以及国际双重征税的影响；掌握消除国际双重征税的基本方法；了解避税地的类型和特征；熟悉国际避税的常用手段；熟悉反国际避税的方法和措施；了解国际税收协调的内容以及国际税收协定在协调国际税收过程中的作用。

【本章关键词】

国际双重征税(International Dual Taxation)
税收管辖权(Tax Jurisdiction)
收入来源地管辖权(Source Jurisdiction)
居民管辖权(Residence Jurisdiction)
公民管辖权(Citizen Jurisdiction)
免税法(Method of Full Exemption)
扣除法(Method of Tax Deduction)
抵免法(Method of Tax Credit)
直接抵免法(Method of Direct Credit)
间接抵免法(Method of Indirect Credit)
饶让抵免法(Tax Sparing Credit)
国际避税 (International Tax Avoidance)

> 20 世纪 90 年代初，美国各州税收大幅度提高，许多美国纳税人不堪重负，而美国前总统布什却巧妙且又合法地使其应纳税额始终保持在一个低水准上。1990 年布什夫妇缴纳的州立税不到他们调整后的总收入的 1%。那么这位总统先生是如何巧妙避税的呢？原来布什成功避税的诀窍在于他的安家地点。布什一家共设有三处住所：一是位于哥伦比亚特区的白宫；二是位于缅因州肯纳邦克波特的度假地；三是在休斯敦(得克萨斯州)租的一处旅馆套房。1990 年纳税年度，布什夫妇调整后的总收入为 452 732 美元，其中包括工资和投资收益。如果拥有同等收入的一家哥伦比亚特区住户得缴纳近 3 万美元的所得税；倘如住在缅因州，则应缴纳 2.9 万美元的税额。但根据得克萨斯州的法律，该州对个人收入和资本收益免征所得税，而布什夫妇将其主要住所设定在休斯敦，因而布什夫妇在 1990 年度内仅缴纳了 3 596 美元的州立税。这则美国总统巧妙避税的小事例给我们揭示出国际税收领域普遍存在的客观现象，即国际避税问题。
>
> 资料来源：李泳. 国际税收的法律与实务. 上海：上海译文出版社，1996

第一节　国际双重征税的免除

一、国际双重征税产生的原因

国际税收是指两个或两个以上国家政府，在对跨国纳税人行使各自的征税权利而形成的征纳关系中，所发生的国家之间对税收的分配关系。

国际税收的双重征税，是指两个或两个以上国家对同一纳税人的同一项收入重复课征所得税。

经济生活的国际化，使国际双重征税成为国际税收发展中始终存在的一个重大问题，它几乎伴随着国际税收的出现而出现。国际双重征税的产生，除经济因素以外，就税收本身来说有以下两方面的原因。

（一）各国所得税制的普及化

所得税创制至今不过200多年。19世纪末，世界上实行所得税的国家还不多，除了创建国英国外，只有意大利、印度、日本等屈指可数的几个国家。所以当时对所得税的国际双重征税只是个别现象。到了20世纪，情况起了很大的变化，第一次世界大战对各国经济财政的影响极为深刻，经济发达的资本主义国家纷纷进行以所得税为主体的税制变革，所得税收入从无到有，急剧上升。以1922年为例，美国所得税在税收总额中的比重占65.3%，英国占45.1%，原联邦德国占25.7%，日本占20.7%。第二次世界大战以后所得税比重快速上升，1948年美国占76.9%，英国占47.6%，原联邦德国占39.3%，日本占50.9%。到1974年，所得税在各国税收中的比重是：美国86.60%，英国61.60%，原联邦德国48.30%，日本66.90%。当今世界上，除了实行避税地税收模式的几个少数国家外，各国几乎都开征所得税。所得税制的普遍化使跨国公司被重复征税的可能性急剧增长。除此之外，各国所得税的征收范围和负担水平也明显扩大和提高。当今世界大多数国家实行的所得税制是双轨制，即公司所得税和个人所得税双轨征收。公司所获得的利润缴纳所得税后，税后留利分配给股东，股东把股息或股利收入并入个人总收入后，再缴纳一次个人所得税。而且公司所得税和个人所得税税率都很高，一般在50%以上。由于所得税征收范围的扩大和税率的提高，使国际双重征税的严重性大大加深。

（二）各国税收管辖权的差别性

当今世界上税收管辖权有两种：一是收入来源地管辖权；二是居民（公民）管辖权。

收入来源地税收管辖权是国际法里属地原则在国际税收上的反映。这个原则确认：跨国纳税人，不论他是哪一个国家的居民或公民，收入来源国有权对其发生在该国疆界范围内的所得征税。这种根据收入来源地行使税收管辖权的原则通常叫做从源征税。通俗地讲，就是收入来源发生在哪个国家，就由哪个国家征税。国际上纯粹只行使收入来源地一种税收管辖权的国家和地区不多。

居民(公民)税收管辖权是国际法里属人原则在国际税收上的反映。这个原则确认:跨国的征税所得不论其来源于境内或境外,只要是本国居民(公民)取得的,他的所在国有权对其征税。这种根据纳税人的居民或公民的法律身份行使税收管辖权的原则,通常称为从人征税。这种原则认为,收入来源的管辖权只是一种优先管辖权,而不是一种独占管辖权,税收利益应该在收入来源国和居住国(国籍国)之间进行合理分配。同样,目前国际上只行使居民(公民)税收管辖权的国家寥寥无几。事实上许多国家,特别是经济发达国家在行使收入来源地管辖权的同时,也行使居民(公民)管辖权。

管辖权引起的双重征税的原因,一是一个跨国纳税人可能同时是两个国家的居民,这样会因双重居民身份引起双重征税;另一种原因是一个跨国纳税人其收入来源在一国,而常设机构或固定基地设在另一国,这样一来也会引起双重征税。

如果我们假设世界各国都统一使用一种税收管辖权,而且管辖权的范围规定一致,一个跨国纳税人的一项所得只受一国的税收管辖,那么因管辖权交叉而导致的双重征税现象就自然消失了。然而这是不现实的,因为各国经济发展水平不一样。如果要求各国统一行使居民(公民)管辖权,经济发达国家将十分满意,因为它们的居民(公民)拥有来源于全世界的绝大部分收入。发展中国家将进行抵制,因为它们会丧失来源于本国境内的税收利益。同样道理,如果要求统一行使收入来源地管理权,发展中国家将会积极接受,因为引进外资和先进技术而实现的税收利益没有外流。可是发达国家将进行抵制,它们失去了直接投资的税收利益,会限制和影响以后资金和技术的积极性。所以现实是只能在这两种税收管辖权长期共存的条件下,寻求消除国际双重征税的途径。

二、国际双重征税的影响

国际双重征税的存在,对国际经济的发展会产生不利的影响。经济生活的国际化,是各国所得税制发展的税源基础,但是,税收国际化中出现的双重征税,反过来会影响经济生活国际化的进展。经济决定税收,税收反作用于经济,这个原理反映在国际税收领域里,同样是适用的。

(一) 国际双重征税违背了税负公平的原则

对国际企业来说,一笔所得只能承担一次纳税义务。而国际双重征税的存在,却使有的纳税人一笔所得只缴纳一次税,有的纳税人一笔所得却要多次被征税,造成地位同等的纳税人在税收及相关的范围内处于不同的竞争状态。这不利于国际企业在平等竞争的环境中发展。

(二) 国际双重征税加重了纳税人的负担

对纳税人的同一笔收入,两个或两个以上的国家同时对其征税,纳税人税后所得必然减少，如果两国均系高税率国，则跨国纳税人所剩更少，削弱了跨国纳税人在国际竞争中的地位。其结果，极大地打击了跨国纳税人的投资愿望，阻碍国际间经济、技术、文化的交流和合作，也给商品、劳务、资金、人才的国际流动带来障碍，最终会制约世界经济的发展。

免除国际双重征税，可以减轻国际投资者的税负，消除他们对国际纳税的畏惧心理，从而有利于国际资本的流动和加强各国经济的合作，促进世界经济的发展。

三、消除国际双重征税的基本方法

国际双重征税的种种危害，已为各国所共识。各国政府都希望消除彼此间税收管辖权的冲突，并在许多国际条例中列入消除国际双重征税的原则和规定，也建立了许多避免国际双重征税的方法。目前国际上消除国际双重征税的基本方法有三种：免税法、扣税法和抵免法。其中以抵免法最为普遍。

（一）免税法

免税法（Method of Full Exemption）的指导原则是承认收入来源地税收管辖权的优先地位，对居住在本国的跨国纳税人来自外国并已由外国征税的那部分所得，完全放弃行使居民（公民）管辖权，免征国内所得税。这就从根本上消除了因双重税收管辖权而导致的重复征税。

在实际应用中，根据各国实行的所得税制，是采用比例税率还是累进税率，免税法又分为全额免税法和累进免税法两种形式。

1. 全额免税法

全额免税法是指居住国（国籍国）政府放弃居民（公民）税收管辖权，在对居民（公民）来源于国内的所得征税时完全不考虑其在国外的所得，仅按国内所得额确定适用税率征税的方法。

全额免税法的计算公式如下：

居住国应征所得税税额＝居民的国内所得×适用税率

【例 16-1】 有个设在 A 国的 M 公司，某年获取总所得 35.9 万美元，其中包括在 A 国国内所得 28 万美元，和设在 B 国的分公司所得 7.9 万美元，分公司已按 B 国规定的 30％的税率缴纳了公司所得税。

A 国采用累进税率，公司所得税税率为：

年所得 30 万美元以下——30％
年所得 30 万～35 万美元——40％
年所得 30 万美元以上——50％

假如 A 国不实行免税法，对 M 公司进行征税的话，征税情况如下：

（1）A 国不实行免税法条件下应征税额＝30×30％＋5×40％＋0.9×50％＝11.45（万美元）

(2) B国已征所得税＝7.9×30％＝2.37(万美元)

(3) M公司共缴纳所得税＝11.45＋2.37＝13.82(万美元)

由于A国没有对M公司在B国缴纳的所得税予以免除，使M公司在B国的所得7.9万美元对两国都缴纳所得税，出现了双重征税，这是M公司所不能忍受的。

如果A国实行全面免税法，情况就大不相同了。

(1) A国实行全额免税法条件下应征税额＝28×30％＝8.4(万美元)

(2) B国已征所得税＝7.9×30％＝2.37(万美元)

(3) M公司共缴纳所得税＝8.4＋2.37＝10.77(万美元)

我们将实行全额免税法与不实行的情况做一比较，可以发现两点：

(1) A国对M公司在B国的所得放弃居民税收管辖权，避免了国际双重征税。

(2) 由于A国实行全额免税法，不但没有对M公司在B国的所得征税，而且由于没有将M公司在B国的所得计入其总所得额，使得对M公司国内所得征税所适用的税率下降为30％，从而少征税3.05万美元(11.45－8.4)，而M公司则得到了额外优惠。

2. 累进免税法

累进免税法是指居住国(国籍国)政府在对本国居民(公民)行使居民(公民)税收管辖权时，对居民(公民)来源于国外的所得不予征税，但在对居民(公民)来源于国内的所得征税时，其适用的税率是将其国内外的所得汇总起来，以此总所得为依据来确定的方法。

累进免税法计算公式如下：

居住国应征所得税税额＝居民的总所得×适用税率×(国内所得÷总所得)

【例16-2】 仍以[例16-1]为例，采用累进免税法进行计算，有关数据如下：

(1) A国实行累进免税法条件下应征税额＝(30×30％＋5×40％＋0.9×50％)×(28÷35.9)

＝8.93(万美元)

(2) B国已征所得税＝7.9×30％＝2.37(万美元)

(3) M公司共缴纳所得税＝8.93＋2.37＝11.3(万美元)

采用累进免税法虽然比全额免税法多缴纳所得税0.53万美元(8.93－8.4)，但是国际双重征税还是被免除掉了，因为A国并未对M公司在B国的所得征税。

(二) 扣除法

扣除法(Method of Tax Deduction)的指导原则是居住在本国的跨国纳税人在收入来源国缴纳的所得税被看作是一般的费用支出，在计税所得中扣除。其计算公式如下：

居住国应征所得税＝(居民的总所得－国外已缴纳的所得税)×适用税率

【例16-3】 有个设在A国的M公司，某年获取总所得20万美元，其中包括在A国国内所得12万美元，和设在B国的分公司所得8万美元，分公司已按B国规定的40％的税率缴纳了公司所得税。A国的所得税税率为45%。

假如A国不实行扣除法，对M公司进行征税的话，征税情况如下：

(1) A国不实行扣除法条件下应征税额＝20×45%＝9(万美元)

(2) B国已征所得税＝8×40%＝3.2(万美元)

(3) M公司共缴纳所得税＝9＋3.2＝12.2(万美元)

在这个计算过程中，A国和B国都对M公司在B国的所得8万美元行使了征税权，造成了双重征税，8万美元的所得共纳税6.8万美元(8×40%＋8×45%)，税收负担达85%，这是纳税人很难承受的。

如果A国实行扣除法，情况就会有如下变化：

(1) A国实行扣除法条件下应征税额＝(20－3.2)×45%＝7.56(万美元)

(2) B国已征所得税＝8×40%＝3.2(万美元)

(3) M公司共缴纳所得税＝7.56＋3.2＝10.76(万美元)

我们将A国家实行扣除法计算的结果，与不实行扣除法进行比较和分析：

(1) 扣除法下免除的税额＝9－7.56＝1.44(万美元)

这1.44万美元是A国实行扣除法比不实行扣除法少征的所得税，也是M公司在扣除法下比不实行扣除法少缴纳的税款1.44万美元(12.2－10.76)。扣除法免除的1.44万美元的税款是否免除了国际双重征税呢？

(2) A国免除的税额不足以抵销B国所征税款：

3.2－1.44＝1.76(万美元)

与M公司已缴纳B国3.2万美元的所得税相比，A国给予M公司免除的税额还差1.76万美元，这说明国际双重征税还没有完全被免除掉。

(3) 实际上，扣除法免除的不是M公司在B国已缴纳的所得税款，只是已缴纳税款与A国税率的乘积：

3.2×45%＝1.44(万美元)

(4) 这样，A国和B国重复征税的税款中，仍然有相当于1减去居住国(A)税率的部分没有被免除掉：

3.2×(1－45%)＝1.76(万美元)

根据以上分析，我们可以得出这样的结论：居住国(国籍国)政府实行扣除法，不能完全免除由于税收管辖权重叠造成的国际双重征税，其给予跨国纳税人扣除的一部分税款，只能对国际双重征税起到一定的缓解作用。究其原因，是居住国(国籍国)政府没有完全承认收入来源国行使收入来源地管辖权的优先地位，而只是承认了一部分，以致对跨国纳税人的双重征税问题不可能得到完全的解决。为此，有的国际税务专家认为不能把扣除法看作是免除国际双重征税的方法。

我们在前面举例分析扣除法时，为了简便起见，是用比例税率进行计算分析的。若用累进税率来计算，其结论也是一样的。

（三）抵免法

抵免法（Method of Tax Credit）的指导原则是居住国（国籍国）政府承认收入来源地管辖权的优先地位，但并不放弃行使居民（公民）管辖权。对居住在本国的跨国纳税人来源于国外的所得向外国政府缴纳的那部分所得税，允许在居住国（国籍国）缴纳的税收中，给予一定的税收抵免。由于抵免法在较好地处理了国际税收关系的同时，还维护了居住国（国籍国）的正当权益，起到了消除双重征税的作用，所以被世界上大多数国家所采用。

抵免法的计算公式如下：

$$\text{居住国(国籍国)应征所得税税额}=\text{居民的总所得}\times\text{适用税率}-\text{允许抵免的已缴来源国税额}$$

抵免法最初采用的是直接抵免法，它始于 1918 年美国的《税收法案》。以后又出现了间接抵免法。

1. 直接抵免法

直接抵免法（Method of Direct Credit）允许直接抵免的外国税款必须是跨国纳税人直接向收入来源国缴纳的税款。它的特征是外国税款可以全额直接地充抵本国税收。可能的限定条件是同一项跨国所得的外国税款抵免不能超过居住国（国籍国）的税收负担。目前很多国家对于直接抵免采取由国内税法加以认可的方式，这样就不必通过双边税收协定加以规范。这种通过国内税法对外国税款承认并予以抵免的优惠做法，通常称为“自动抵免制”。

【例 16-4】 有个设在 A 国的 M 公司，某年获取总所得 20 万美元，其中包括在 A 国国内所得 12 万美元，和设在 B 国的分公司所得 8 万美元，分公司已按 B 国规定的 30%的税率缴纳了公司所得税。A 国的所得税税率为 35%。居住国 A 国向 M 公司征收所得税的计算过程如下：

（1）抵免限额＝8×35%＝2.8（万美元）

（2）B 国已征所得税＝8×30%＝2.4（万美元）

（3）允许抵免的已缴 B 国税额：2.4（万美元）

（4）A 国政府应向 M 公司征收所得税＝20×35%－2.4＝4.6（万美元）

（5）$\text{A国政府对M公司来自B国的所得应补征的税额}=8\times(35\%-30\%)=0.4\text{(万美元)}$

此例表明，当居住国的税率高于收入来源国的税率时，M 公司设在 B 国的分公司向 B 国政府缴纳的所得税 2.4 万美元，可以全部得到抵免。但是由于 B 国的税率低于 A 国的税率，该分公司向 B 国缴纳的税额，低于按 A 国税率计算的所得税额，所以，A 国还要向M公司补征所得税0.4万美元。

【例16-5】 假定[例16-4]中的分公司已按B国规定的40%的税率缴纳了公司所得税。A国的所得税税率仍为35%。则计算结果又会怎样呢?

(1) 抵免限额＝8×35%＝2.8(万美元)

(2) B国已征所得税＝8×40%＝3.2(万美元)

(3) 允许抵免的已缴B国税额:2.8(万美元)

(4) A国政府应向M公司征收所得税＝20×35%－2.8＝4.2(万美元)

(5) $\frac{\text{A国政府对M公司来自}}{\text{B国的所得应补征的税额}}$＝8×(35%－40%)＝－0.4(万美元)

此例表明,当收入来源国的税率高于居住国的税率时,M公司的分公司已缴B国的所得税税额3.2万美元中,只有相当于抵免限额2.8万美元的部分可以得到抵免。此外,由于分公司向B国缴纳的所得税税额3.2万美元,大于按A国税率计算的所得税税额,所以,A国对M公司来自于B国的所得应补征的税额为－0.4万美元。但这并不意味着A国政府要将这0.4万美元退还给M公司。因为这个－0.4万美元是由于B国政府规定的税率比A国的税率高造成的,而居住国A国的责任是免除国际双重征税,不是替跨国纳税人去承担向来源国纳税的义务。所以,作为居住国的A国,将应补征的税额－0.4万美元视为零处理。

2. 间接抵免法

间接抵免法(Method of Indirect Credit)是在直接抵免法的基础上发展起来的。由于跨国公司组织形式的发展,出现了在国外具有法人地位的独立的子公司,其在国外缴纳的税收不能像分公司那样,由母公司直接缴纳,而只能是部分缴纳。由于各跨国公司的母公司对子公司的控股比例不相同,子公司的税后净收益作为股利形式分配给母公司的比例也不一样,所以间接抵免的原则是:母公司向居住国(国籍国)政府申报应税所得额时,不能把外国子公司的所得全部并入计算,只能合并计算母公司从国外子公司取得股息所还原出来的那一部分所得。与此相适应,子公司缴纳的所得税不能在母公司所在国全额抵免,所能抵免的只能是子公司上交股息应负担的那一部分。间接抵免与直接抵免的区别是:前者是部分的、间接的抵免;后者是全额的、直接的抵免。间接抵免又分为单层间接抵免和多层间接抵免。

单层间接抵免是指对母公司下属的一层附属公司,即子公司所纳外国公司所得税的抵免。其计算公式如下:

$$\frac{\text{母公司来源于子公司}}{\text{的股息的税前所得}}=\frac{\text{来源于子}}{\text{公司的股息}}+\frac{\text{外国子公}}{\text{司所得税}}\times\left(\frac{\text{来源于子}}{\text{公司的股息}}\Big/\frac{\text{子公司}}{\text{税后所得}}\right)$$

$$\frac{\text{母公司应}}{\text{税总所得}}=\frac{\text{母公司来源于}}{\text{居住国的所得}}+\frac{\text{母公司来源于子公司}}{\text{的股息还原税前所得}}$$

$$\frac{\text{间接抵}}{\text{免限额}}=\frac{\text{母公司应}}{\text{税总所得}}\times\frac{\text{母公司居}}{\text{住国的税率}}\times\left(\frac{\text{股息还原}}{\text{前的所得}}\Big/\frac{\text{母公司应}}{\text{税总所得}}\right)$$

$$\text{母公司应缴居住国税收}=\text{母公司应税总所得}\times\text{母公司居住国的税率}-\text{允许间接抵免税额}$$

【例 16-6】 甲国母公司 A 拥有设在乙国子公司 B 的 50%的股份。A 公司在某纳税年度在本国获利 100 万美元,B 公司在同一纳税年度在乙国获利 200 万美元,缴纳公司所得税后,按股权比例向母公司支付股息,并缴纳预提所得税。甲国公司所得税率为 40%,乙国公司所得税率为 30%,乙国预提税率为 10%。试计算甲国 A 公司的间接抵免额及向甲国应缴税额。

计算方法和步骤如下:

第一,计算子公司 B 向乙国政府纳税情况:

子公司 B 向乙国缴纳的公司所得税:200×30%=60(万美元)

子公司 B 缴纳公司所得税后所得:200-60=140(万美元)

子公司 B 支付给 A 公司的股息:140×50%=70(万美元)

子公司 B 应缴纳的预提所得税:70×10%=7(万美元)

第二,计算母公司来源于子公司 B 的股息的税前所得:

母公司 A 从子公司 B 分得的股息应承担的所得税:60×70÷140=30(万美元)

母公司 A 来自子公司 B 的股息的税前所得:70+30=100(万美元)

第三,计算母公司 A 应税总所得:

母公司 A 应税总所得:100+100=200(万美元)

第四,计算间接抵免限额:200×40%×100÷200=40(万美元)

第五,允许抵免的税额:由于母公司 A 所得承担的国外税额为 37 万美元(30+7),小于间接抵免限额 40 万美元,所以允许抵免的税额为 37 万美元。

第六,计算母公司 A 在抵免后应向甲国缴纳的所得税税额:200×40%-37=43(万美元)

多层间接抵免是居住国(国籍国)政府对本国公司境外股息应归属的多层外国附属公司已纳外国公司所得税额的抵免。

在国际经济领域,一些母公司不但有附属的外国子公司,子公司之下还有附属孙公司,孙公司之下还有附属的重孙公司。子公司来自孙公司的股息并入其总所得向所在国缴纳公司所得税后的利润又作为股息分配给母公司,这时,母公司从子公司处取得的股息不但负有子公司所得税,而且也负有孙公司所得税。同理,母公司所得股息中也可负有重孙公司乃至多层重孙公司的已纳税额。多层间接抵免就是用以消除母公司股息因多层附属关系而发生的经济性国际双重征税的一种抵免方法。多层间接抵免的计算公式与原理和单层间接抵免基本相同,可以类推,但具体计算步骤要复杂些。

四、税收饶让抵免法

(一) 税收饶让抵免法产生的背景和概念

我们知道,在国际税收分配中,许多发展中国家为了吸引外资和引进先进技术,除了实行低税率外，还采取定期减税、免税措施。按照前述的抵免法，居住国(国籍国)政府准予其居民(公民)纳税人抵免的税收必须是在有关外国实际缴纳的税款，且不能超过抵免限额。这样，在居住国(国籍国)实施抵免的情况下，发展中国家(往往是收入来源国)给纳税人提供的减免税收优惠并不能使跨国纳税人从中获益或不能完全受益，而且发展中国家因减免税而少征税收的一部分或全部，通过居住国(国籍国)的补征转为居住国(国籍国)政府的财政收入。对于发展中国家而言，给予跨国纳税人的减免税收优惠未落到实处，失去了意义，跨国纳税人也未享受到税收优惠，影响了其资本的投入。因此，对大多数发展中国家来说，为了保证自己的税收优惠措施能够真正发挥吸引外资和先进技术的积极作用，必然要求居住国(国籍国)政府对其居民(公民)在国外所获减免的税款，也视同已向收入来源国缴纳，给予饶让抵免。

税收饶让抵免法(Tax Sparing Credit)是指居住国(国籍国)政府对跨国纳税人在收入来源国得到减免的那一部分所得税，视同在外国已缴纳的税款，准予饶让抵免，不再按居住国(国籍国)税法的规定补征。

税收饶让抵免法虽与税收抵免方法直接相联系，但税收饶让抵免的作用显然已超出了免除国际双重征税的范围。因为纳税人在收入来源国并没有就其所得缴纳或足额缴纳税收，同时这部分所得应在居住国(或国籍国)承担的税收也得到了免除。实际上税收饶让抵免法免除的是纳税人的一部分税负，而不是对纳税人有关所得的国际双重征税。所以，税收饶让抵免法是通过国与国之间的配合，对有关纳税人实行的一种特殊的减免税办法。实行税收饶让抵免法涉及双方国家的利益，因而是否实行税收饶让制度并不是一个国家单方面可以决定的，需要在有关国家之间签订税收协定来加以规定和执行。

(二) 税收饶让抵免法下的抵免方法

税收饶让抵免法只有在抵免法的条件下才能使用，而在免税法的情况下并不适用。这是因为在免税法的条件下，跨国纳税人在收入来源国缴纳的税额，居住国(国籍国)政府不存在补征税额的问题。抵免法中的直接抵免和间接抵免在税收饶让条件下同样适用。

【例 16-7】 假定甲国总公司 A 在某一纳税年度在国内获得的所得额为 500 万美元，甲国的适用所得税税率为 40%，在乙国的分公司 B 在同一纳税年度内获得所得 200 万美元，乙国所得税税率为 30%，同时乙国对分公司 B 的所得税实行减半征收。在采用税收饶让抵免法的情况下，甲国应征所得税税额的计算步骤如下：

(1) 分公司 B 向乙国政府实际缴纳的所得税额：

$$200\times30\%\times(1-50\%)=30(\text{万美元})$$

(2) 分公司 B 获得减免视同缴纳的税款：

$$200\times30\%\times(1-50\%)=30(\text{万美元})$$

(3) 两项合计：30＋30＝60(万美元)

(4) 甲国允许抵免的限额：

$$(500+200)\times40\%\times200\div(500+200)=80(\text{万美元})$$

可见，该抵免限额大于两项合计，按 60 万美元抵免。

(5) 总公司 A 应向甲国纳税：

$$(500+200)\times40\%-60=220(\text{万美元})$$

从以上计算可以看出，分公司 B 在乙国享受的税收优惠已被甲国抵免。如果不实行税收饶让抵免，甲国政府将征收所得税为 250 万美元[(500＋200)×40％－30]。

(三) 对税收饶让抵免法的不同观点

如果在国际税收领域普遍实行税收饶让抵免方法，从理论上来说，对世界各国都是有利的。因为，世界上大多数国家都同时行使收入来源地管辖权和居民(公民)管辖权，作为收入来源国来说，大部分国家都在不同程度上存在着运用税收优惠政策吸引外国资金和技术的问题；作为居住国(或国籍国)来说，也存在着鼓励本国居民(公民)扩大对外投资和国际经济交流的问题。但是，由于国际资金和技术流动的非均衡性，以资金和技术输入为主的发展中国家在对跨国纳税人实行税收优惠政策时，从税收饶让抵免法中得益显然更大。而有着较多资本和技术输出的发达国家实行税收饶让抵免法较之实行一般抵免法，则会减少一部分本来可得到的财政收入。因此，不同国家基于不同的经济利益，对于税收饶让抵免方法的看法和立场是不一样的。

目前，除了广大发展中国家积极争取有关国家实行税收饶让抵免方法外，一些发达国家对此则比较消极。例如，美国就是反对实行税收饶让抵免法的主要国家之一。美国反对实行税收饶让抵免法的主要理由如下：

第一，美国税收政策的重要目标之一是保持税收中性(Tax Neutrality)；而如果对本国居民和公民纳税人实行饶让抵免，就会造成资金和人员在美国境内外的不正常流动，使资源不能得到最佳配置。

第二，如果对外实行饶让抵免，就会进一步鼓励其他国家竞相给予税收优惠，这不仅会使国际资源不能得到最有效的利用，还会造成不合理的国际避税问题。基于此种立场，迄今为止，美国与有关国家签订的国际税收协定均无税收饶让抵免条款。

随着经济全球化的发展和贸易、投资壁垒的逐渐降低和消除，对税收饶让持消极态度的发达国家日益增多。1998 年 3 月发表的《OECD 对税收饶让的重新认识》明确地阐述了 OECD 国家主张限制税收饶让的主要原因：

第一，新的全球经济格局对税收饶让的作用提出质疑。给予税收饶让的初衷是要促进发展中国家经济的发展。然而，一些 20 世纪 60～70 年代还处于发展中国家行列的国家，目前经济水平已经达到甚至超过一些 OECD 国家。这就使得许多 OECD 国家不愿在新的税收谈判时给予税收饶让条款。

第二，税收饶让条款容易被滥用。税收饶让条款本身为税收筹划和避税提供了更多的机会。不仅本国居民可能适当地利用税收饶让条款，而且第三国居民也可能利用居住国进行逃税和避税。这将给居住国(国籍国)带来巨大的损失，而收入来源国也会发现本国的税基无意中被侵蚀了。

第三，税收饶让可能鼓励超额的利润回流。税收饶让在吸收外国直接投资方面可能具有负面效应。因为它鼓励外国投资者把获取的利润以较大比例回流本国，而不是将这部分利润再投资于来源国，以巩固或扩大其初始投资，并进一步促进该国经济发展。

第四，税收饶让的管理工作也存在一些困难，如收入来源国中的相关法律明文规定税收饶让为了维护投资者的利益，但纳税人是否真的从这些条款中获得利益，纳税人自己通常不能验证这一点，而收入来源国主管当局也不愿或不能提供这方面的帮助。

因此，OECD主张要采取措施对税收饶让作出限制。例如，限制税收饶让适用的税收优惠项目，对普遍实行的免税期优惠不予税收饶让，对银行保险业、公共基础设施、出口导向型企业等的优惠不予税收饶让，从而将税收饶让限定在较小的范围内。此外也不允许来源国随时任意地扩大税收优惠的范围，对法定的税收优惠及其享受税收饶让的项目要在相当长的时期里固定不变等。

第二节　国际避税与避税地

前面，我们所论及的是如何免除国际双重征税，以消除双重征税给跨国纳税人带来的沉重税负问题。本节阐述的则是另一方面的问题，即如何解决跨国纳税人在跨国经营过程中，利用避税地进行避税和逃税的问题。如果对这个问题不加以注意和研究，那么，对跨国纳税人的税收负担，还不能说已经做到了公平、合理。

一、国际避税的定义

给国际避税下一个确切的定义似乎并不十分容易。各国学者总是依照国内法标准从各种不同的角度拿避税和逃税作比较，从而提出不尽相同的看法。

在美国，“逃税”(Tax Evasion)被视为“有意识地违反法律以逃避纳税”的行为。有逃税行为的纳税人应受到刑事处罚。而“避税”(Tax Avoidance)则是包括一切为减轻纳税义务而采取的不构成逃税行为的“技巧”。人为的、不以经济或商业为目的的避税技巧应被得到重视，但不属于民法或刑法意义上的欺诈行为。希腊学者的看法更为直截了当。他们认为：逃税是“非法的避税行为”，而避税则是“合法的避税行为”。上述说法似乎造成一种印象，即逃税是非法的，应受到法律的制裁，而避税则是合法的，不应受到法律制裁。事实上，不论是逃税还是避税，两者的动机和产生的客观效果都是相同的。动机都是逃避纳税，客观效果上都损害了国家财政利益。从这个意义上讲，逃税和避税都应该是违法行为。

国际避税可以被定义为：跨国纳税人利用各国税法规定的差异和国际税收协定的漏洞，采取变更经营地点和经营方式等种种技巧活动，以谋取最大限度减轻国际纳税义务的行为。

二、国际避税产生的原因

国际避税之所以产生和迅速发展，究其原因不外乎有两个方面：首先，从主观上来说，利润最大化是从事国际投资的跨国纳税人共同追求的目标，少纳税、多获利是国际投资者共同追求的目标；其次，在客观上，各国税务当局在税收管理方面的有效程度、各国税收制度方面的差异，以及国家之间对国际税收管理进行合作等方面存在的诸多障碍，都为跨国纳税人进行国际避税提供了可以利用的条件。

在当今国际社会，由于各国的经济、政治制度不同，在税收制度上较为常见的差异性主要表现为以下几个方面。

（一）各国行使征税权上的差别

由于各国采用不同的税收管辖权，不但会导致国际双重征税的产生，也使国际避税成为可能。

（二）各国税种和征收范围上的差别

这种差别不仅仅表现在税种的名称、形式上，就所得的征税来说，在一国属于征税的所得，在另一国可能不属于纳税范围。

（三）各国税率上的差别

在国际税收实践中，有的国家采用比例税率，有的则采用累进税率。即便实行同一种税收制度，各国也都根据本国情况来确定税率，因而税率的高低，直接影响到跨国纳税人的税负高低。

（四）各国税基计算上的差别

所得税的税基为应税所得，计算应税所得时要对有关成本费用进行扣除，而各国对扣除项目的规定差异很大。因而，在税率一定的条件下，税基的大小决定着税负的高低。

（五）各国税收减免优惠措施上的差别

发展中国家一般都在国内税法中规定有税收减免优惠措施。因此，投资者在东道国能否享受到税收减免优惠，将直接影响到跨国纳税人的税负水平。

（六）各国在避免国际双重征税方法上的差别

各国采用不同的消除双重征税的方法，会导致跨国纳税人税负不等。其中，扣除法税赋最重，抵免法次之，免税法的税负最轻。

（七）各国税法有效实施程度的差别

由于各国税务当局的稽征管理水平各异，因而在实际执行中，常常会造成应征而未征或者少征的情况。

鉴于上述情形，跨国纳税人纷纷利用各国税法上的差异及漏洞，运用种种合法或非法手段，以逃避或减轻应承担的纳税义务。这就是国际避税产生的主要原因。

三、国际避税的主要手法

国际避税的实质是回避税收管理来达到避税的目的。跨国纳税人实现国际避税的方式花样繁多，下面介绍以人和资财的移动来达到避税的一些主要手法。

（一）纳税个人居民的移动

许多国家规定，对本国居民和居住达到一定天数可视为居民的外国侨民收入拥有征税权。因此，跨国纳税人可以采取出境、流动性居住或压缩居住时间等方法来回避政府行使的居民税收管理权。一般来说，各国政府和法律多保障自己的公民和侨民享有出入境的正当权益，但由于社会、政治、经济等方面的原因，一般国家对个人出入境都有限制。从税收角度讲，居民迁出境外对税收有影响，因为它意味着纳税人向国外转移。随着国际经济交往的增多，跨国纳税人可以采取旅游的方式，把在一国停留的时间压缩到短于征税规定的时间，或不购置住所来回避征税管辖。一个居住在所得税、财产税、遗产税税率很高国家的纳税人，为了减轻负担，移居到低税国，这种行为在法律上是无可非议的。但为了保护经济上的权益，各国都有一定的限制和规定，以防止避税。

（二）纳税法人居民的移动

国际上对法人居民的判断标准有两类：一类是按机构登记所在地，如美国；另一类是按实际管理机构所在地，如英国、荷兰、德国等。按第一类的制定标准，企业只要采取变更登记地点的措施，就比较容易地达到避税的目的。第二类制定标准，从理论上讲比较严密，但在实际执行中，对什么算是"实际管理机构"的具体条件很难掌握。现在很多国家按"主要管理机构"所在地的标准来掌握，但纳税法人往往采取变化董事会会议地点，变动主要决策人员居住地，或改变决策中心的方法，把主要管理机构所在单位移到低税国，达到避税的目的。

（三）企业资金的移动

企业资金的移动，包括独立企业与独立企业之间的转移，这主要看资产、货物的相互作用是否合理。这种转移可以通过基地公司把资金转移到低税国或国外。

此外，还有一种方法是人和资金都不移动，也可以达到避税的目的。一是通过公司积累所得，不向股东分配股利，来回避对股东的课税；二是利用短期居留在国外而取得收入，既不要在收入来源国，也不要在居住国纳税。但用这种方法避税的数额一般不能太大。上述避税方法可以交叉使用。

四、国际避税地

(一) 国际避税地的类型

世界各国由于政治经济制度、经济资源结构与经济发展水平不同,实行各自不同的税收制度。税收的名称繁杂、项目不一,负担的程度互异。但如果就税收的收入结构划分,大体上有三种模式:一种是以所得税为主体,大部分经济发达国家采用;另一种是以流转税为主体,大部分发展中国家采用;再一种是"避税地",近期实行经济开放的国家或地区所采用。

那么,什么是"避税地"呢?现今世界已出现为数众多、形形色色的"避税地",很难用一个简单的定义来表述。国际税务专家肖温和爱德华在1974年发表的《避税港和海湾投资中心》一文中做过这样的概括:"避税地是这样的地方,人们在那里拥有资产或取得收入,不必负担税收,或者只负担比在主要工业国家轻得多的税收。"

根据国际流行的观念,世界上大体有三种类型的"避税地":

第一种类型的避税地是:没有个人所得税、没有财产税、没有遗产税或赠与税,如巴拿马、百慕大、开曼群岛、新赫布里底、格陵兰等。例如百慕大,对个人居民和法人居民不征所得税、资产利得税、利润汇税和累积利润税,除对本国资产净值征收5%税收外,也不征其他不动产税、继承税和遗产税,对不超过21年的信托资产免征所得税外,资产额不限,外汇进出自由。

第二种类型的避税地是:所得税、财产税等直接税种课征税负较轻,同时实行许多涉外的税收优惠。属于这一类型的有安哥拉、巴林、巴巴多斯、塞浦路斯、直布罗陀、以色列、牙买加、黎巴嫩、摩洛哥、新加坡、瑞士等。另外还有中国香港、哥斯达黎加、利比里亚、巴拿马等免征来源于境外收入的所得税。

第三种类型的避税地是:从总的看实行正常税制,只是有较为灵活的税收优惠办法,诸如加速折旧、投资扣除、专项减免税等鼓励投资的方法。希腊、爱尔兰、加拿大、荷兰、卢森堡、菲律宾等国属于这一类。

以上第一种类型的避税地,人们称之为"纯粹的避税地";第二、第三种类型,划分的标准不够严密;而且第三种类型界限有些过宽,如果把凡是实行鼓励投资优惠办法的国家和地区都视为"避税地",把"避税地"的界限扩大到无边无际的程度,那就等于否认了"避税地"的客观存在。

(二) 国际避税地的特征

有些税务专家认为,把避税地作为一种税收模式,它应该具有以下几个特征:

(1) 具有独特的"低税"结构,不但占国民生产总值的税收负担低,更重要的是直接税的负担低。

(2) 以所得税为主体,除了对少数消费品外,一般不课征流通税,商品的进出口税收也放的很宽。

(3) 有明确的避税区域范围,小的可以是一个岛、一个港口城市、一个出口加工区、一个自由贸易区,大的可以是整个国家。在那里实行统一的低税制度,以吸引人们定居和投资,借以刺激经济的繁荣。

另外,要形成一个避税地,还要实行配套的宽松的海关条例、银行管理条例、工商企业登记管理办法,等等,再加上这些地区一般是旅游胜地,风和日丽、气候宜人、交通方便、政治环境安定,真可称为"租税天堂"。

(三) 国际避税地的影响

综上所述,避税地的产生实际上是一些国家或地区通过使用低税的税收管理权来吸引国外的资本和先进的技术,以刺激这些地区经济的发展和国民财富的增加。因为税收负担的轻重成为影响国际纳税人进行投资决策的一个重要的因素,低税的税收管辖权成为引导资本流向的磁石。由于避税地的产生,低税策略的实行给国际经济生活带来广泛而深刻的影响,反映在税收上的突出问题是基地公司和转让定价。

所谓基地公司,美国的税务专家曾做过这样的叙述:"纳税人在税收管辖权极小,甚至没有税收的地区,设有一个外国基地公司,以那里为避税基地,然后通过外国基地公司累积某种类型的所得额。"他们结合美国的情况指出"外国的基地公司,是指美国母公司在低税国或无税国建立的外国子公司,以该低税国或无税国为基地,由母公司向这类子公司出售产品,公司再卖给最终的顾客,其间各种销售价格,可以精心策划,使绝大部分利润集聚在无税国的子公司,既不分配,也不汇回美国,从而逃避了美国税收,也不负担外国税收。"

通过上面的叙述可以看出,基地公司有四个特点:

第一,设立基地公司是以避税为目的的。

第二,基地公司的设立地点一般在避税地。

第三,基地公司同居住国公司和第三国公司有关联,有的就是跨国公司内部的母公司或子公司。

第四,基地公司是受母公司控制的。

基地公司之所以能够达到避税的目的,道理很简单:

第一,基地公司所在地的所得税率低,甚至不要纳税,同样一笔所得,在基地公司可以得到较大的税收利益。

第二,跨国公司内部的所得,从高税国转移到基地公司,可以得到"人为"的税收利益。

基地公司有多种形式:信箱(招牌)公司、持股公司、投资公司、财务公司、专有权持股公司、受控保险公司、海空运公司,等等。

上述基地公司可以通过销售转移、劳务转移和留存收益的投资及再投资,以避免销售、劳务所得和消极性投资所得应当负担的税收。同时还由于许多国家规定,国外子公司的利润在作为股息汇回以前不在居住国征税,所以基地公司把应当分配股息转为投资和再投资，延缓了当期应当缴纳的税收，从而达到避税的目的。

跨国纳税人把应税所得从高税国转移到“避税地”，基地公司起了依托作用，但在转移所得中，跨国纳税人还要广泛采用转让定价的办法。关于转让定价问题，前面已有介绍，这里不再细说。

鉴于避税地带来的“基地公司”和“转让定价”所产生的影响和后果，美国政府率先采取了一系列的对策，通过《国内税收法案》及其补充规定，对这种避税行为进行控制。许多经济发达国家也竞相效仿，但收效甚微。

五、反国际避税的方法和措施

为了防止利用国际避税地进行避税和逃税，许多国家和地区付出了很大的努力，采取了种种有力的反击措施。这些措施包括税收立法和加强税务行政管理等在内的单边措施，以及签订税收协定，加强各国政府之间合作的双边和多边措施。

（一）单边制定反避（逃）税法

完善税法规定、堵塞漏洞、增强各国税法自身的防护能力，是税务当局强化反避税和反偷漏税斗争的一个重要方面，各国的单边反避税方法大致有制定反避税条款，强化纳税义务等。强化纳税义务通常包括三方面的内容：

(1) 税法规定纳税人有延伸提供税收情报的义务。

(2) 税法规定纳税人对某些交易行为有事先取得政府同意的义务。

(3) 税法规定纳税人对国际避税案件有事后提供证明的义务。

（二）加强单边税务行政管理

上述单边反避税立法措施，还必须通过加强以下几方面的税务行政管理才能奏效。

1. 收集有关信息资料

例如，各国税务当局可以结合实际情况，利用税法赋予的责令举证的权利，设计不同用途的各类报表，由纳税人填报，以便从中获取反避税所需的信息资料。

2. 加强税务调查与税务审计

税务部门除了通过纳税申报表，以及跨国纳税人的合作取得有关资料以外，还必须经常通过税务调查，掌握必要的资料，以打击国际避税和偷漏税活动。

3. 争取银行合作

几乎所有国家的普通法，都允许银行为客户严格保密。有些国家或地区对泄露客户秘密的职员，还给予刑法上的制裁。不过对本国银行，还可以采取在法律条文中规定其必须履行的义务，来破除这种保密措施。例如，美国税务当局查看有关银行账目，多半是通过一份法院的决定进行的。当怀疑涉及一项纳税欺诈案时，银行将自觉服从法院的一个非正式传票的要求。但是对外国银行，就另当别论了。有些国家的税务当局只能积极争取外国银行的合作，以利于对国际避税行为做斗争。

（三）积极开展国际合作

防止国际避税和逃税，如果仅仅依靠一国的单边措施，其效果是有限的。因此，加强有关国家政府之间在税务领域中的合作，就显得十分重要。这类跨国合作主要有以下几种方式：

(1) 情报交换。

(2) 前往相关国家进行税务调查。

(3) 同步调查与审计。

(4) 跨区域多边合作。

第三节　国际税收的协调

一、国际税收协调的内容

在国际经济活动中需要协调国家与国家之间的税收分配，协调的税种主要有两大类：一类是商品税；一类是所得税。

商品税也叫流通税、流转税。这是个历史悠久，实行面很广的税种，只是各个国家征税的阶段不同。有的国家（如加拿大、澳大利亚等）只就制成品阶段征税；有的国家（如美国）只就零售阶段征税；有的国家（如巴西、印度等）对流通的每个阶段都征税。在一般情况下，课征这种税不存在国际间税务协调的问题，只要了解各国的税法、税制和特点，处理好设置在不同国家的子公司缴纳流通税即可。

但当商品流通跨越国界，发生了对外贸易而要课征商品的进口、出口或过境的税收——关税时，就出现了国际税收的协调问题。对于这方面，作为一个从事国际经营的企业需要注意两方面的问题：一是“关税壁垒”；二是“关税同盟”。所谓关税壁垒，就是主权国家一方面通过对进口商品课征重税，以保护本国商品不受世界商品的冲击；另一方面通过对出口商品不征税，甚至给予财政补贴，来刺激本国商品打入国际市场。所谓关税同盟，是指通过国家政权，缔结双边或多边的关税条约，双方同盟国家实行关税优惠，推行自由贸易。但对非同盟国家实行普通税制，以达到排他的目的。一个国家无论是建立关税壁垒，还是参加关税同盟，其目的都是为了保护本国的经济。一些国家之间能够建立关税同盟，则是进行国际税务协调的重要成果，它在一定程度上缓和了某些国家之间关税壁垒的尖锐对峙局面，疏通了国际贸易往来。

所得税的课征对象是营业所得、资本所得和财产所得等各类所得。所得税是一个历史较短的税种，但是由于生产国际化日趋发展，资本投资日益越出国界，加之跨国公司的发展，使人力、资源、技术、劳务跨越国界的活动日益频繁，这些国际化的生产经营带来纳税人收入的国际化，因而使国与国之间的税收关系问题变得非常突出。

所得税的计税依据是所得额,所得额是一个十分重要的概念,它的确定是所得税的一个基本问题。一般来说,所得额的简单计算公式可列示为:收入－费用＝所得。在这个公式中,收入和费用这两个指标非常重要,因为,这两个指标中任何一个发生变动,都会影响到所得额。因此,如何确定跨国纳税人的收入和费用,当一国纳税人有来源于另一国的所得时,究竟哪一国对他拥有征税权?跨国收入和费用在有关国家之间应如何分配?这些问题既涉及纳税人和一国政府之间的税收法律关系,也涉及国与国之间的税收分配关系,处理不好就会出现双重征税和偷税漏税的问题,这无异于成为世界经济发展的障碍。为此,有关国家政府之间就需要通过签订税收协定来协调这些问题。

小知识

我国对外签订税收协定的基本情况

我国和有关国家在经济交往中缔结税收协定起始于20世纪60年代。1966年,我国政府同巴基斯坦政府签订了海运企业运输协定,其中包含了有关两国间海运的税收问题。1973年和1974年我国又分别与前南斯拉夫、日本签订互免海运企业运输收入所得税和互免空运企业运输收入所得税的专项税收协定。1979年我国与法国在巴黎签订了《中华人民共和国政府和法兰西共和国政府关于互免航空运输企业税捐的协定》。为了适应对外开放、引进外资和技术以及对外发展经济合作的需要,从1981年起,中国开始了对外缔结综合税收协定的谈判工作。最早签订的综合税收协定是1983年在北京签订的《中华人民共和国政府和日本国政府关于对所得避免双重征税和防止偷漏税的协定》。截至2004年年底,我国已先后同日本、美国、法国、英国、比利时、德国、马来西亚、挪威、丹麦、新加坡、芬兰、加拿大、瑞典、新西兰、泰国、意大利、荷兰、前捷克斯洛伐克、波兰、澳大利亚、保加利亚、巴基斯坦、科威特、瑞士、塞浦路斯、西班牙、罗马尼亚、奥地利、巴西、蒙古、匈牙利、马耳他、阿拉伯联合酋长国、卢森堡、韩国、俄罗斯、巴布亚新几内亚、印度、毛里求斯、克罗地亚、白俄罗斯、斯洛文尼亚、以色列、越南、土耳其、乌克兰、亚美尼亚、牙买加、冰岛、立陶宛、拉脱维亚、乌兹别克斯坦、孟加拉国、前南斯拉夫、苏丹、马其顿、埃及、葡萄牙、爱沙尼亚、老挝、塞舌尔、古巴、保加利亚、突尼斯、印度尼西亚、斯里兰卡等84个国家正式签订了避免双重征税协定,其中72个协定已经生效执行。

二、国际税收协定

(一) 国际税收协定的概念

国际税收协定是主权国家为了协调相互间的税收关系和处理税务方面的问题而通过

谈判缔结的一种协议或条约。

在对跨国纳税人的跨国所得进行征税时，会遇到国际双重征税的消除、国际偷漏税收的防止以及国际税收歧视的避免等方面的问题。对于这些问题，并不是一国政府所能独立解决的。对于消除国际双重征税，是在承认跨国纳税人的国际所得只能承受一次税收负担总额的原则下，合理地分配有关国家之间的税收权益。这既不能指望某国政府的单方退让，也不能设想由某国政府对他国政府实行强制约束。当纳税人发生偷漏税行为时，由于受国家管辖权的控制，一个主权国家不拥有要求另一个主权国家提供税收情报的权利，也不允许进入他国境内进行税收检查。一国政府采用一种明显的对外税收歧视，都可能招致相关外国政府采取相应的抵制措施和报复行动。对于上述这些问题只能采取通过缔结国际税收协定的办法来解决。

国际税收协定是国际公约的一个重要组成部分，它是调整国家与国家之间税收关系的法律规范，是经济国际化和税收国际化发展的产物。

从 1843 年比利时同法国签订互换税收情报的双边协定开始，100 多年来，国际税收协定从单项向综合、从双边向多边、从随机向模式化演进。

(二) 国际税收协定范本

国际上第一个税收协定范本是由国际联盟于 1928 年提出的日内瓦协定范本，以后又出现了墨西哥协定范本、伦敦协定范本。目前最有影响的、被世界各国普遍接受并遵循的是《OECD 关于对所得和财产避免双重税收的协定范本》以及《联合国关于发达国家与发展中国家间避免双重税收的协定范本》(简称《OECD 范本》和《联合国范本》)。

1.《OECD 范本》

1955 年，欧洲经济合作组织理事会通过了第一项关于避免双重征税的建议，并于 1956 年设立 OECD 财政委员会。该委员会从 1958～1961 年，以消除双重征税为题发表了 4 份报告，列出了 25 项条款。1961 年，欧洲经济合作组织成为经济合作与发展组织(OECD)后又提出了一些新条款，并于 1963 年出版了《关于对所得和财产避免双重征税的协定草案》，又于 1966 年公布了《关于对财产和遗产避免双重征税的协定草案》。

1967 年，OECD 财政委员会(1971 年改为“财政事务委员会”)适应情况发展，开始对 1963 年协定的草案进行修改。到 1977 年，经过 15 年 OECD 成员国间 179 个全面性双边税收协定的实践，正式发表了《经济合作与发展组织关于避免双重征税的协定范本》。这就是国际上所称的经合发组织范本。这一范本，对于指导国际间税收协定的签订发挥了重要作用，但在实践中也逐渐显露出诸多不足。为此，OECD 又在长期调查研究的基础上于 1992 年提出了税收协定新范本，更名为《OECD 关于对所得和财产课税的协定范本》，以后又对新范本进行了多次修订。2003 年，《OECD 范本》在条款方面和注释方面又作了令人瞩目的改动，主要增加了征税协助条款、转让股份产生的财产收益的征税问题条款、有关反有害税收竞争的条款以及有关电子商务的征税规则等内容。

2.《联合国范本》

同《OECD 范本》具有相当影响的还有《联合国范本》。20 世纪 60 年代以后，大量的发展中国家加入联合国，它们认为《OECD 范本》倾向于发达国家的利益，没有全面反映发展中国家的要求。于是联合国于 1968 年正式成立税收专家小组，共有 18 个国家代表，其中 8 个来自发达国家，10 个来自发展中国家，研究制定能够广泛代表不同区域和不同税收制度的国际税收协定范本，于 1977 年通过了《关于发达国家与发展中国家间避免双重税收协定范本》，通常称为《联合国范本》。2001 年《联合国范本》发布了新版本，为 1980 年出版初版以来首次修订，主要在居民条款、常设机构条款、联属企业条款、财产所得条款和独立个人劳务条款等五个方面发生了变化。

3. 两个国际税收协定范本的比较

《联合国范本》虽在总体结构和多数文本条款上与《OECD 范本》基本一致，但在常设机构认定规则及其营业利润归属原则、投资所得征税权分配规则、劳务所得的征税权分配规则等方面还存在差异。两者重要差异表现在：所包含的利益导向很不相同，前者较为注重扩大收入来源国的税收管辖权，主要适用于发达国家和发展中国家之间签订双边税收协定。而《OECD 范本》虽然在某些特殊方面承认收入来源管辖权的优先征税权，但主体思想则强调居民（公民）管辖权原则，主要适用于 OECD 成员国间签订双边税收协定的工作。

（三）国际税收协定在协调国际税收中的作用

一般来说，国际税收协定在协调国际税收的过程中具有以下这些作用。

1. 体现了主权国家之间相互尊重、平等协商的关系

国际税收协定是在有关国家之间相互尊重、增进了解、互让互利，平等协商的基础上产生的，它是在排斥了任何以一国的意志强加于另一国的不平等手段中，来解决国际税收的分配矛盾和争端的，即使在协定的执行过程中，遇到一些未尽明确的问题需要处理，双方的主管当局仍然需要按协商程序来解决。

2. 赋予本国居民（公民）履行跨国纳税义务的安全保障

很多国家为了鼓励输出，使本国居民（公民）能够在国际市场上有较强的竞争能力，常常在国内法中实施税收抵免或免税，以免除跨国纳税人的国际双重征税。但是，事实证明，仅仅依靠单方面措施来解决双重征税问题毕竟是有限的。因为它不可能充分考虑到各有关国家税收制度的不同特点，因此，缔结税收协定可以使本国居民（公民）在履行有关缔约国的跨国纳税义务时，获得本国政府的保护和法律保障。

3. 可以解决有关国家之间的财权利益矛盾

由于主权国家基于各自税收制度所体现的不同利益，当发生冲突时，不可能以一方的

意志强加于另一方，使对方受损本国得益，而只能以国际法为准绳，通过平等协商，制定相应的调整规范，以税收协定的形式加以约束，才能取得妥善处理。

4. 能够促进经济技术的合作与交流

从国际税收协定的发展历史来看，它正是适应国际经济技术合作交流需要的产物。国际间税收协定的签订，可以为从事国际经济活动者实现合理的税收负担而创造条件，可以为引导投资方向提供税收鼓励。近年来，广大发展中国家，为了更多、更好地吸收外国资本和技术，加快国家经济建设的步伐，十分重视与外国签订税收协定。可以说，国际税收协定签订的状况，在某种程度上可以显示一个国家经济朝着外向型发展的趋势。

5. 防止纳税人利用跨国条件进行国际避税和逃税

一般说来，跨国纳税人在进行国际避税和逃税时所采用的种种方式，无非都是钻了各国之间税收制度的差异和税收管理缺乏合作的空子。它表明，要防止此类非法行为的发生，不仅要依靠每一个国家本身的努力，而且必须同时发挥包括相互交换情报条款在内的税收协定的作用。例如，中日双边税收协定中就规定，缔约国双方主管当局应交换为实施本协定的规定所需要的情报、缔约国双方与本协定有关税种的国内法律的情报和防止偷漏税的情报等。

本章小结

国际税收所涉及的一个最基本的范畴就是税收管辖权。国际税收分配关系中的一系列矛盾的产生，都与税收管辖权有关。因此，税收管辖权及其规范问题是研究国际税收的出发点。当今世界上税收管辖权有两种：一是收入来源地管辖权；二是居民（公民）管辖权。国际双重征税产生的原因有两个：一是各国所得税制的普及化；二是各国税收管辖权的差别性。国际双重征税的存在，对国际经济的发展产生不利的影响。消除国际双重征税的基本方法有三种：免税法、扣除法和抵免法，其中以抵免法最为普遍。实行税收饶让抵免法涉及双方国家的利益，因而是否实行税收饶让抵免法并不是一个国家单方面可以决定的，需要在有关国家之间签订税收协定来加以规定和执行。国际避税的产生原因，从主观上来说，利润最大化是从事国际投资的跨国纳税人共同追求的目标，从在客观上来说，各国在税收管理、税收制度方面的差异，以及国家之间对国际税收管理进行合作等方面存在的诸多障碍等，为跨国纳税人进行国际避税提供了利用的条件。跨国纳税人把应税所得从高税国转移到“避税地”，基地公司起了依托作用，但在转移所得中，跨国纳税人还要广泛采用转让定价的办法。国际税收协定是主权国家为了协调相互间的税收关系和处理税务方面的问题而通过谈判缔结的一种协议或条约。目前被世界各国普遍接受并遵循的是《OECD 范本》和《联合国范本》。

复习思考题

1. 什么是属人原则和属地原则？根据这两条原则，可以将税收管辖权分为哪几种类型？每种类型的含义和特征是什么？

2. 什么是国际双重征税？国际双重征税产生的原因是什么？

3. 比较分析直接抵免法和间接抵免法的适用范围以及在计算方法上有什么区别？

4. 目前最有影响的，被世界各国普遍接受并遵循的国际税收协定范本是哪两个？它们有什么重要差异？

5. 简述避税地的类型、特征以及避税地的影响。

练习题

1. 设一个A国母公司在B国设有一个子公司及附属有一个C国孙公司。A国母公司当年境内所得额为1 000万美元；C国孙公司当年所得额为500万美元，C国公司税率为40%，实纳税额200万美元，税后利润分配给B国子公司的股息为30万美元；B国子公司当年包括股息在内的所得额为400万美元，B国公司税率为50%，实纳税额200万美元，税后利润分配给A国母公司的股息为50万美元；A国公司税率为60%。要求：计算在A国实行抵免法的情况下。该母公司在A国的应纳税额（假定不考虑对股息征收预提所得税的因素）。

2. 甲国母公司C在某一纳税年度获得所得1 000万美元，甲国所得税税率为30%，乙国的子公司D在同一纳税年度在乙国获得所得500万美元，乙国所得税税率为40%，乙国对子公司的所得减征50%，乙国子公司D分给母公司C的股息为100万美元。要求：计算在税收饶让抵免的情况下，母公司C应向甲国政府缴纳的所得税税额。

案例分析

苹果公司因避税或被欧盟罚款190亿美元

欧盟对苹果等跨国企业的避税调查仍然在继续，根据近期发布的最新报告指出，国际型企业每年在欧洲地区的避税额达到1.11万亿美元，其中又以苹果等巨头的避税现象最严重。在“最糟糕”的情况下，苹果被决定罚款的金额最高可达到190亿美元。

据悉，爱尔兰一直都是苹果等大型跨国企业的“避税港湾”，因其与“第三方国家”签订的一些税收协议非常宽松。这次在对苹果进行调查之前，欧盟委员会曾经严厉批评了爱尔兰的税收政策，指出他们与“第三方国家”签订了过于宽松或者是过于自由的双重征税协议。作为欧盟成员国的其中一员，这些宽松的税收政策理应作出调整。

爱尔兰的税收政策不仅引起了欧盟的批评，也引来了美国方面的指责，因为苹果作为一家美国公司，在海外的避税即意味着财政收入的减少。

此外，意大利与澳大利亚也对这一说法表示支持。据了解，意大利监管机构曾怀疑苹果在 2008 年至 2013 年间至少逃避了 8.79 亿欧元的企业税。意大利方面表示，苹果在当地逃避交税的方式是通过爱尔兰这个“中介”，具体表现为：苹果将一部分收入计入他们在爱尔兰的分部，从而避开向意大利缴纳这部分的税额。但实际上，苹果的这部分收入是通过意大利地区的业务获取的，理应向意大利的税收部门申报。而澳大利亚方面也曾表示，过去将近 10 年的时间里，苹果已经把在当地获得的将近 90 亿美元现金成功转移到爱尔兰，而他们只需要为此支付 2 亿美元的税额。

资料来源：财会信报，2015.9

主要参考书目

1. 何宪章.国际财务管理理论和实践[M].台北:新陆书局,1995.

2. 夏乐书.国际财务管理学[M].大连:东北财经大学出版社,2006.

3. 吴丛生,郭振游,田利辉.国际财务管理理论与中国实务[M].北京:北京大学出版社,2006.

4. 李宏志.基础国际财务管理[M].北京:中国税务出版社,2005.

5. 张超英,吴海燕.国际财务管理[M].北京:北京大学出版社,2005.

6. 潘渭河.国际财务管理[M].上海:上海财经大学出版社,2005.

7. 邓力平.国际税收学[M].北京:清华大学出版社,2005.

8. 蒋屏.国际财务管理[M].北京:对外经济贸易大学出版社,2004.

9. 毛付根.跨国公司财务管理[M].大连:东北财经大学出版社,2002.

10. Jeff Madura.国际财务管理[M].杨淑娥,张俊瑞,主译.大连:东北财经大学出版社,2000.

11. 张明明,陈玉菁.国际理财[M].上海:百家出版社,2000.

12. 王化成.国际财务管理[M].北京:中国审计出版社,1998.

13. 李相国,王化成.国际财务管理[M].北京:中国人民大学出版社,1996.

14. 张明明.国际理财[M].大连:东北财经大学出版社,1996.

15. William H. Marsh.财务管理[M].杨建昌,陈智诚,译.台北:扬智文化事业股份有限公司,1996.

16. 编写组.企业有效避税定式[M].北京:企业管理出版社,2006.

17. 陈玉菁,宋良荣.财务管理[M].3版.北京:清华大学出版社,2011.

18. 刘仲文.国际会计学[M].北京:首都经济贸易大学出版社,2005.

19. 聂名华.中国境外直接投资研究[M].上海:百家出版社,2001.

20. 吴晓波.大败局[M].杭州:浙江人民出版社,2001.

21. 卢家仪,蒋冀.财务管理[M].北京:清华大学出版社,2001.

22. 林康.跨国公司与跨国经营[M].北京:对外经济贸易大学出版社,2000.

23. 圣丁.哈佛MBA案例教程[M].北京:经济日报出版社,1997.

24. 李泳.国际税收的法律与实务[M].上海:上海译文出版社,1996.

25. 黄济生. 国际税收实务[M]. 上海：华东师范大学出版社，1995.

26. 高嗣福. 国际金融市场[M]. 杭州：浙江大学出版社，1992.

27. 葛惟熹. 国际税收[M]. 北京：中国财政经济出版社，1992.

28. Richard A. Brealey&Stewart C. Myers. Principles of Corporate Finance[M]. 影印版. 北京：机械工业出版社，1998.

29. 注册会计师全国统一考试指定教材[M]. 北京：中国经济科学出版社，2011.

30. 证券业从业人员资格培训与考试统编教材(试行)[M]. 上海：上海财经大学出版社，1999.

31. 张中秀. 新编避税与反避税实务全书[M]. 北京：中国经济出版社，1995.

32. 张明明，陈玉菁. 国际财务管理[M]. 北京：高等教育出版社，2008.